中国农村发展研究报告No.9

REPORT ON CHINA'S RURAL DEVELOPMENT No.9

主编/李周　魏后凯

社会科学文献出版社
SOCIAL SCIENCES ACADEMIC PRESS (CHINA)

前　言

改革开放以来，中国农村经济发展取得巨大成就。全国粮食总产量自 2003 年以来实现"十一连增"，农民家庭收入持续快速增长，农村基础设施和公共服务明显改善，城乡发展差距稳步缩小。2010~2013 年，农民人均纯收入年均增长 10.6%，2014 年农民人均纯收入又比上年增长 9.2%，其增速比城镇居民高 2.4 个百分点。随着农民家庭收入的快速增长，城乡收入差距逐年缩小，城镇居民人均可支配收入与农民人均纯收入之比从 2009 年的 3.33 下降到 2014 年的 2.92。然而，从总体上看，中国农业生产率低，国际竞争力不强，农民增收难度加大，农村基础设施十分薄弱，公共服务严重落后，环境污染日益突出，"农业弱、农民苦、农村穷"的状况尚未得到根本改变。

当前，中国经济已经进入以"增速减缓、结构优化、动力多元、质量提升"为基本特征的新常态发展阶段。在新时期，要实现中央提出的到 2020 年全面建成小康社会的目标，重点和难点都在农村地区。正如《中共中央关于制定国民经济和社会发展第十三个五年规划的建议》所提出的，"农业是全面建成小康社会、实现现代化的基础"，"农村贫困人口脱贫是全面建成小康社会最艰巨的任务"。没有农村的小康，就不可能有全面小康。要实现如期全面建成小康社会目标，就必须高度重视"三农"问题，把农业增效、农民增收和农村发展放在更加重要的战略位置，推动农村与城市在城乡一体化的框架下实现共同发展和繁荣。

中国社会科学院农村发展研究所是专门从事中国农村问题研究的国家级学术机构，是研究"三农"问题的国家基地和高端智库，肩负着理论创新、决策咨询、编辑出版和人才培养的重任。作为每两年出版的系列研究报告，本书是《中国农村发展研究报告》第 9 卷，共收录中国社会科学院农村发展研究所研究人员在 2010~2012 年发表的 28 篇学术论文或研究报告。这些论文或研究报告按其内容分为 7 个部分，包括农业与农村发展战略、可持续发展、农民组织与乡村治理、农产品市场与贸易、农村金融、农村政策与体制改革、世界农业。

在农业与农村发展战略部分，共收录5篇论文。张晓山从农产品贸易和农业经营体制角度，探讨了全球化对中国农业、农民的影响，认为中国农产品的供给应首先立足于本国，以确保国家粮食安全。魏后凯考察了中国建制镇发展的演变阶段、现状特征和存在问题，提出了镇域经济科学发展的基本路径与政策措施，认为镇域经济应走特色化、品牌化、专业化、集约化和生态化的科学发展道路。杜志雄等分析了包容性增长理论的发展脉络、要义与政策内涵，认为经济增长、权利获得、机会平等和福利普惠是它的四个基本要义。中国社会科学院农村发展研究所课题组在分析考察"十一五"时期中国农业和农村发展的变化及存在问题的基础上，深入探讨了"十二五"时期"三农"发展的趋势及政策措施。党国英探讨了二元体制的非公正性及其矫正路径，认为城乡二元体制既会引起效率的损失，又会产生社会不平等，更可能造成社会不稳定，必须依靠城乡一体化途径来进行矫正。

可持续发展部分同样选录5篇论文。廖永松、于法稳、李周的论文侧重技术分析，探讨了宁夏人口增长的结构性差异，并采用自回归模型对宁夏2050年人口规模进行了预测。檀学文、杜志雄采用一个可持续食品供应链的分析框架，对西欧短链食品模式与山东潍坊现代生态农业模式的可持续性进行了比较分析，认为"后现代农业"将从替代农业走向"建设性"现代农业。于法稳采用虚拟水匡算方法和水资源压力指数，分析考察了粮食国际贸易对区域水资源可持续利用的影响，认为粮食国际贸易所带来的水资源要素流动对中国农业水资源压力指数具有明显的影响。包晓斌针对部分地区生态系统退化及原因，从完善政策、严格执法、创新制度、发展科技、扩大参与等方面，提出了防治生态系统退化的对策措施。陈秋红通过对内蒙古社区主导型草地共管案例的研究，认为草地共管是一种有效的草地资源可持续管理模式，而社会资本在草地共管机制形成中发挥着关键性作用。

农民组织与乡村治理部分，选录3篇代表性论文。苑鹏从农民专业合作组织的独特组织优势出发，对农民专业合作组织在推进农业社会化服务体系建设中的作用和未来发展空间进行了探讨。潘劲通过对相关数据的解读，探讨了农民成立合作社的目的、农户选择以及合作社的本质属性，认为不能放大合作社对农民的实际带动能力,应采取激励与监管并重的合作社发展政策。翁鸣对青县农村治理经验进行了总结,认为以"村代会常任制"为特征的青县模式,是中国村庄治理的一种机制创新,探索和验证了中国民主政治发展在农村基层的实现路径。

农产品市场与贸易部分,共选录 4 篇论文。李国祥考察了农产品供求关系、农业生产要素价格和货币供给量等主要经济因素对农产品价格的影响,认为无论从短期还是长期来看,中国农产品价格都面临较大的上涨可能性。胡冰川采用 2001～2009 年的经验数据和 VAR 模型,分析了消费价格指数、农产品价格、农业生产要素价格、货币供给、汇率等变量之间的关系,认为消费价格指数对农产品价格具有单向影响,货币、汇率等因素对消费价格指数以及农产品价格也有影响。罗万纯、刘锐采用 ARCH 类模型对粮价波动及非对称性进行了分析,认为籼稻、粳稻、大豆价格没有显著的异方差效应,小麦和玉米价格波动有显著的集簇性,小麦市场和玉米市场没有高风险高回报的特征,而小麦价格波动有非对称性,即价格上涨信息引发的波动比价格下跌信息引发的波动大。刘玉满、李静通过对黑龙江完达山乳业的调研,探讨了进口奶粉对国内奶业的实际影响。

农村金融部分,选录 3 篇代表性论文。张元红等利用 8 省份 1882 个农户调查数据,考察了农户民间借贷的利率及影响因素,认为农户民间借贷利率存在多样性,高利贷只是少数现象;而低利率或者"零利率"很多时候只是一种表面现象,实际上放贷人会得到除利息之外的其他可货币化的收益或非货币化的收益。孙同全、潘忠探讨了小额担保贷款中反担保存在的主要问题以及改进反担保的政策建议,认为需要寻求小额担保贷款政策效益最大化与成本最小化之间的平衡,既不能为了降低担保基金的风险而简单地提高反担保要求,也不能为了更多申请者可以得到小额贷款而简单地降低或取消反担保。任常青则探讨了村镇银行发展过程中亟须解决的问题以及促进我国村镇银行可持续发展的对策措施,认为市场定位决定了村镇银行的可持续性,只有建立适合的村镇银行商业模式,村镇银行的可持续发展才有可能实现。

农村政策与体制改革部分,共收录 6 篇相关论文。谭秋成采用不完全信息动态博弈模型考察了中央农村政策在地方的执行效果,认为如果惩罚承诺失效或失信,政策适应性高的地区的政策执行者将谎称政策在本地的适应性低,扭曲农村政策以谋取私利。吴国宝等采用系统的数据,测算了"多予少取"政策对贫困地区农民增收和减贫的影响，认为中央实施的"多予少取"政策使 2009 年扶贫重点县 97.5% 的农村人口受益，贡献了 2002~2009 年扶贫重点县农民收入增长的 14.2%、农村贫困发生率减少的近 30% 和农村贫困深度降低的 41.9%。王小映考察了中国土地征收中的同地不同价补偿问题，提出应建立国有土地和集体土地同地同价的公正补偿制度。冯兴元探讨了县乡财政管理体制的特点、问题与改革思路，认为中国基本上不存在完全规范的分税制财政管理体制，当前应该真正明确各级政府事权和财权，实行真正的分税制。于建嵘、李人庆对城乡户籍制度改革的背景、问题、争论以及各地经验进行了梳理，提出推进户籍制度综合配套改革的基本思路。崔红志从六个方面探讨了如何完善新型农村社会养老保险制度问题，提出应始终坚持农民自愿参保原则，允许参保农民退保，建立基础养老金的自然增长机制，重构新农保经办服务体系。

最后，世界农业部分选录 2 篇代表性论文。张玉环对 20 世纪 80 年代中期以来实施的美国农业资源和环境保护项目进行了评价分析，认为美国治理农业面源污染的项目和做法尤其值得中国借鉴。张海鹏利用联合国粮农组织数据库和世界银行数据库 130 个样本国家的数据，并采用多元回归方法，考察了耕地数量变化与经济发展之间的关系，结果表明，耕地数量损失与人均收入水平之间存在"倒 U"形的库兹涅茨曲线关系，但这种"倒 U"形关系在耕地数量变化与城市化水平之间并不存在，二者之间呈现正 U 形曲线关系。

本书的编写工作从 2013 年 7 月正式启动到最终完成交给出版社，经历了一个漫长的过程。本书所选论文的征集、编辑和审读等具体工作，由陈劲松负责。在论文筛选和编辑过程中，李周、杜志雄和任常青做了许多工作，刘同山承担了后期的部分事务性工作。需要说明的是，报告所选论文的观点反映了作者的思考和探索，并不代表中国社会科学院农村发展研究所的观点，学术研究是永无止境的。由于精力和水平的限制，书中难免存在不足，需要今后进一步深化研究。编者真诚地希望学术界同人提出宝贵意见，以便共同推动农村发展理论创新和学术进步。

魏后凯

2015 年 11 月 12 日

于北京中海－安德鲁斯

目　录

农业与农村发展战略

可持续发展

世界农业

农业与农村发展战略

"入世"十年：中国农业发展
的回顾与展望*

张晓山

全球化对中国的农民和农业的影响相互关联，不可能割裂开来谈。本文第一部分从农产品贸易角度谈全球化对中国农业的影响；第二部分从农业经营体制角度谈全球化对中国农民（农业劳动者）的影响；第三部分谈深化改革，抑制全球化对中国农业发展带来的负面影响。

一　从农产品贸易角度谈全球化对中国农业的影响

以"入世"（加入世界贸易组织）为标志的中国农业的全球化导致中国的农产品贸易量大增，促进了中国农业由传统农业向以市场化、商品化、区域化和专业化为特点的现代农业的过渡，纵向一体化（农业产业化经营）的步伐明显加快。

---

* 本文的基础是中国社会科学院农村发展研究所"全球化与中国农村发展"课题组的总报告，课题组主持人张晓山，成员有杜志雄、崔红志、刘长全、胡冰川、杜旻、肖卫东。

（一）比较优势理论在中国农业中的应用

全球化背景下中国农业发展的理论依据是比较优势和竞争优势；根据比较利益原则，中国土地和水资源稀缺，而农村劳动力充裕，适当进口一部分土地密集型和消耗水资源的农产品，等于进口了土地和水，如能大量出口蔬菜、水果、畜产品等劳动密集型农产品，等于大量出口了劳动力，从而改变中国农业地少人多的劣势。在中国加入 WTO 后这种理论的实际应用情况如何？

1. "入世"后中国农产品贸易量大增，但由顺差转为逆差，在贸易总额中的比重下降

全球化意味着中国农产品的生产和贸易已经被纳入全球的框架，与世界农产品的生产和贸易发生密切的联系。农产品国际贸易对中国农产品的生产和务农劳动者收入的影响也会越来越大，尤其是"入世"对中国农产品进出口的影响已逐步显现。

随着中国不断融入世界经济，中国贸易额在世界贸易额中的比重从 1980 年的 0.9% 上升到 2004 年的 6.2%；中国农产品贸易额在世界农产品贸易额中所占比重从 1980 年的 1.8% 上升到 2003 年的 3.8%。根据商务部统计口径的测算，1995~2004 年，中国农产品贸易经历了先缩小后扩大的变化过程，特别是加入 WTO 以后，中国农产品贸易规模逐步扩大。根据海关统计资料，2004 年中国农产品进出口总额达 514.2 亿美元，比上年增长 27.4%，比 1995 年的 265 亿美元增长了 94%。其中，农产品出口额 233.9 亿美元，比上年增长 9.15%；农产品进口额 280.3 亿美元，比上年增长 48.07%。农产品出口额和进口额均是连续第 5 年增长，均创造历史新纪录。2004 年中国农产品进出口总额突破 500 亿美元大关，已跨入世界农产品贸易大国的行列。若将欧盟国家作为一个统一体，当时中国列世界第 4 位；若按国别排列，中国列世界第 8 位。此后几年，中国农产品贸易额持续增长，2010 年已达 1208 亿美元（见表 1、表 2）。

在中国农产品贸易发展历程中，有两点必须指出。

第一，中国农产品贸易额在中国贸易额中所占比重急剧下降，从 1980 年的 28.5% 下降到 2004 年的 4.5%，2008 年更下降到 3.9%。城镇化和工业化是

表1　中国农产品贸易与货物贸易关系

单位：亿美元，%

年份	农产品进出口总额	货物贸易总额	农产品贸易比重
2001	279.1	5096.5	5.5
2002	306.0	6207.7	4.9
2003	403.6	8509.9	4.7
2004	514.2	11545.5	4.5
2005	562.9	14219.1	4.0
2006	634.8	17604.0	3.6
2007	781.0	21738.0	3.6
2008	991.6	25616.0	3.9

资料来源：农产品进出口数据来自农业部，货物贸易数据来自国家海关总署。

表2　农产品进出口贸易额

单位：亿美元

年份	2000	2001	2002	2003	2004	2005	2006	2007	2008	2009	2010
进出口总额	268.2	279.1	305.8	403.6	514.2	558.3	630.2	775.7	985.5	913.8	1208.0
出口额	156.2	160.7	181.4	214.3	233.9	271.8	310.3	366.0	402.2	392.1	488.8
进口额	112.0	118.3	124.4	189.3	280.3	286.5	319.9	409.7	583.3	521.7	719.2
贸易差额	44.2	42.4	57.0	25.0	-46.4	-14.7	-9.6	-43.7	-181.1	-129.6	-230.4

资料来源：2000~2009年数据摘自历年《农村经济绿皮书：中国农村经济形势分析与预测》；2010年数据摘自商务部对外贸易司《中国进出口月度统计报告（农产品）》，2011年1月发布。

中国经济社会发展的必然趋势。为加速工业化进程，长期以来，中国选择的发展模式是利用廉价的劳动力和廉价的土地吸引外国直接投资，大量出口工业产品，努力将中国打造成为世界工厂。在这样的发展模式下，中国贸易政策的重心必然转移到工业产品上来。中国农产品贸易政策必须服从于整个国家的发展模式和贸易政策，服务于大局，以保证中国工业品的出口。根据与世界贸易组织达成的协议，中国在加入WTO减让表中所包含的977种农产品的平均关税2004年已降低到15%，而世界农产品的关税平均水平为62%。如果按照中国农产品实际进口的情况加权平均，则中国的实际农产品进口关税水平仅为7.7%。中国的农产品贸易政策在一定程度上可以说是中国贸易产品与世界各国贸易进行博弈的必然结果，在这个博弈进程中，中国的农民和农业为中国贸易的大政方针的顺利实施做出牺牲。

第二，2004 年中国农产品进出口贸易差额由上年的顺差 25 亿美元转变为逆差 46.4 亿美元，改变了长达 20 年中国农产品外贸顺差的格局。此后 6 年一直是贸易逆差，2008 年逆差高达 181.1 亿美元，2010 年逆差更升至 230.4 亿美元。中国农产品对外贸易已经进入逆差时代。

2. 全球化与中国农业的竞争力

全球化对中国农业的影响，不仅要看理论上的比较优势，更重要的是要正视理论上的竞争力转化为现实竞争力的制约因素。

中国要发展劳动密集型、高附加值的农产品，但国内对这些农产品的居民最终消费需求取决于国民经济的健康快速发展、人民购买力水平的提高，而向国外出口蔬菜、花卉、水果、畜产品等则意味着要去抢占荷兰、以色列、中国台湾等国或地区早已占领的市场份额，这对"后来者"是一项艰巨的任务。中国生产出口型的农产品又一制约因素是国外的食品安全和动植物检验检疫的技术壁垒。一般来说，中国的食品企业要通过三项认证，才能取得国外消费者的信任，即管理上通过 ISO9000 认证，安全卫生上通过 HACCP（危害分析与关键控制点）认证，环保上通过 ISO14000 认证。比如欧盟在 2001 年正式解除对中国禽肉制品长达五年的进口限制，但中国禽肉的卫生检疫条件未完全与国际接轨，检疫设备尚不齐全，高学历的检疫人员不足，完善的监测体系还没有建立起来，因此欧盟要对中国出口的禽肉进行特定的检验检疫，费用每吨最少 130 美元，占销售货值的 7% 左右，这就极大地削弱了中国出口禽肉的国际竞争力。

当年在争论"入世"对农业可能产生的影响时，一些学者提出，"入世"后有可能出现的最坏的后果是：中国一些在价格、成本上具有国际竞争力的农产品在出口的质量标准、农药残留、检疫等方面存在较多的问题，被人家卡住，出不去。而由于技术壁垒的弱化，进口的农产品出现较大增长，直接影响以农业为生的纯农户和第一种兼业户的就业与收入。而窝在农村的大量剩余劳动力又转移不出去，只好退回到自给、半自给的小农经济（生存农业），勉强维持生计，这种向传统农业的回归造成农民的收入大幅度降低，农业的现代化难以实现，从而阻碍国内消费市场的启动和国民经济的发展。这是一种最黯淡的前景，也是我们应采取措施的着力点。

"入世"后的实践显示，按照比较优势理论，中国的劳动密集型农产品，特别是蔬菜、水果以及水产品应当在这一进程中在国际上获得更多的市场份额。而实际情况并非如此，越来越隐性的贸易保护措施，如苛刻的技术标准、繁杂的行政过程，使得理论上的概念不得不面对日趋残酷的贸易现实。中国的劳动密集型农产品并未如想象中的那样获得国际市场中的更多机会，中国农产品贸易逆差的格局将长期存在。

（二）全球化背景下的中国农产品进出口格局对中国粮食安全的影响

中国是世界上大豆和食用植物油进口量最大的国家，其中大豆进口量约占世界大豆贸易量的50%，豆油、棕榈油、菜籽油进口量合计约占世界食用植物油贸易量的18%。2008年，中国大豆总产量为1550万吨，其中大约1000万吨为食用大豆、550万吨为油用大豆，而进口量为3740万吨，进口量是产量的两倍多，进口大豆全部用于榨油；从地理分布来看，中国的油用大豆种植全部分布在东北地区，关内种植的大豆全部用作食物，而进口大豆种植则主要集中在沿海地区，全部用于榨油。在很大程度上，国产大豆与进口大豆是异质的，而主要竞争存在于东北油用大豆与进口大豆之间，这个现实问题也是舆论和社会关注的热点。

2009年，中国进口大豆达到4255万吨，2010年增加到5480万吨；此外，2010年中国还进口了123万吨小麦、157万吨玉米（见表3）。

表3　2010年中国主要农产品进出口情况

品种	出口（万吨）	比上年增长（%）	进口（万吨）	比上年增长（%）
大米	61.9	-18.9	38.8	8.7
小麦	1.2	-100.0	123.1	36.3
玉米	12.7	-1.5	157.3	1753.2
大豆	16.4	-52.6	5479.6	28.8
棉花	0.6	-21.8	283.7	85.8
食用植物油	11.0	-13.3	922.3	-4.0
食糖	9.4	47.6	176.6	65.8
蔬菜	844.6	5.2	15.0	70.4
水果	507.3	-3.4	202.9	-12.0
畜产品（亿美元）	47.4	21.3	96.6	46.3
水产品（亿美元）	138.4	29.2	65.4	24.3

资料来源：大米、小麦、玉米、大豆、棉花、食糖数据来源于国家海关信息中心；食用植物油、蔬菜、水果、畜产品、水产品数据来源于农业部。

　　根据中国粮网提供的平衡表数据，2009 年国内食用植物油消费量达到 2450 万吨，较 2008 年增长 100 万吨，其中：豆油消费量为 1000 万吨、菜籽油为 475 万吨、花生油为 240 万吨、棕榈油为 600 万吨、其他食用植物油为 135 万吨。在国内食用消费的 2450 万吨植物油中，1700 万吨为国内生产，750 万吨为直接进口；进一步分析，在中国消费的 1000 万吨大豆油中，其中近 900 万吨原料来自进口大豆。实际上，直接或间接的进口占国内食用油消费比例的 2/3 以上。对于这种形势，一种观点认为，农产品的大量进口缓解了国内农业资源和环境压力，丰富了国内农产品供应，满足了加工业对原料的需求。

　　相反的观点则认为，这是一种失控的贸易自由化。国外农产品的大量进口挤占了中国传统的土地密集型大宗农产品的市场，抑制了中国传统种植业的发展，剥夺了中国农民分享经济增长的机会，侵蚀了中国政府支农惠农政策的效果，延缓了中国二元结构的消除。同时外商还控制了中国部分农产品加工企业（如大豆压榨企业），对中国民间中小资本投资产生了挤出效应。

　　中国能否少进口或不进口大豆和植物油呢？中国的农产品能否完全自给？

　　1996 年 10 月，中国政府发表了《中国的粮食问题》白皮书，提出在正常情况下，中国粮食（含豆类、薯类）自给率不低于 95%，净进口量不超过国内消费量的 5%。时隔 10 年，即 2006 年中国净进口小麦、大麦和大豆 3064 万吨，净出口大米（换算成稻谷）和玉米为 383 万吨，算下来 2006 年中国净进口粮食（谷物与豆类，不算豆油）2681 万吨，按照国内消费量 5 亿吨计算，净进口量占国内消费量的 5.4%，基本符合粮食白皮书提出的标准。但 2006 年国外为中国提供的粮食净播种面积为 1629.4 万公顷，占中国当年粮食种植面积 10538 万公顷的 15.5%。

　　根据主要耕地密集型农产品（包括谷物、大豆、棉花和蔬菜）2006 年进出口数据粗略计算，2006 年中国通过出口（主要是玉米、稻谷和蔬菜）为国外提供的农产品播种面积为 85.5 万公顷，国外通过进口（主要是大豆、小麦、大麦和棉花）为中国提供的部分主要农作物播种面积为 1989 万公顷。这样，中国通过净进口农产品使用的国外耕地的播种面积为 1903.5 万公顷。

　　此外，2006 年中国还净进口了豆油 142 万吨。按照大豆出油率 15% 折算，折合为进口 947 万吨大豆，等于国外又为中国提供播种面积 542.1 万公顷。总计 2006 年国外为中国提供农作物净播种面积为 2445.6 万公顷。

2006 年，中国农作物总播种面积为 15702 万公顷，国外提供的农作物播种面积占国内面积的 15.6%。这部分播种面积按复种指数 1.29 计算，折合耕地 0.19 亿公顷，占中国全部耕地资源的 15.3%。按每公顷用水 20 立方米计算，则相当于节约国内农业用水 840 亿立方米。还应说明，以上计算未涉及畜产品净进口和食糖等净进口可能带来的耕地使用。2006 年中国畜产品出口 37.3 亿美元，进口 45.5 亿美元，畜产品净进口 8.2 亿美元，畜产品净进口所使用的国外农作物播种面积没有计算在内；2006 年中国食糖出口 15.4 万吨，食糖进口 137.4 万吨，食糖净进口 122 万吨，食糖等净进口所使用的国外农作物播种面积也没有计算在内；2006 年中国进口食用植物油 671 万吨，其他植物油 55 万吨，其中仅仅考虑了 142 万吨的豆油进口，没有考虑进口达 514 万吨的食用棕榈油（在中国主要靠进口）。

从土地资源的角度来计算国内农产品供求平衡点，笔者认为在现行食品消费模式下，满足当前国内对农产品的需求至少需要耕地 1.4 亿公顷，其中大约 13% 的耕地资源来自国外。应该指出，上述计算得出的国外提供 0.25 亿公顷播种面积或 0.19 亿公顷耕地的数据是比较保守的，而且近几年进口数量继续增长。最近有专家提出，中国用了国外 0.33 亿~0.47 亿公顷的播种面积，而实际上中国需要 2 亿公顷农作物播种面积才能保障需求。比如，2010 年中国仅大豆就进口了 5480 万吨，如果改为本国种植，按照大豆亩产量 140 公斤计算，就需要 0.27 亿公顷的播种面积。有的学者认为，按照目前大豆的进口量，如果完全由国内生产，那么相当于国内要用 0.23 亿公顷左右的耕地，这个耕地面积就相当于全部小麦的种植面积。因此，如果为了防止国外大豆对国内市场的冲击，取消大豆进口，改为国内生产的话，中国将需要进口 1 亿吨小麦。

《全球化与中国农村发展》课题组采用 GTAP 模型模拟国内进口大豆数量在 2008 年基础上降低 10%、20%、50%、完全不进口以及大豆进口增长 10%、20% 状况下的可能情景，结论是：整体来看，减少 50% 的大豆进口，将会对国内农业生产和居民消费产生重大影响。完全不进口大豆，不仅对农业生产与居民消费产生极端影响，同时也会带来社会的不稳定。限制大豆进口一方面带来食品和农产品价格的上涨，另一方面带来失业与劳动力工资的下降；而放宽大豆进口限制将会带来土地价格的下降与劳动力工资水平的上涨。

就上述模拟结果的对比来看，进口大豆即进口资源的观点是完全符合中国的国情的，特别是对中国加快的城镇化、工业化进程而言。但要警惕过量进口国外的转基因大豆从而危害国内的大豆产业，要运用好世贸组织的规则，出台相应的国内政策，保障国内大豆主产区大豆种植者和加工企业的生存与发展，确保国产非转基因大豆一定的市场份额。

2010 年中国进口小麦、大米、玉米和大豆 5798.8 万吨，出口小麦、大米、玉米和大豆 92.2 万吨，算下来 2010 年中国净进口粮食（谷物与豆类，不算豆油）5706.6 万吨，当年产量 54641 万吨，净进口量占国内消费量（按当年产量加上净进口量计）的 9.5%，已经超出粮食白皮书提出的标准。通过对农产品进出口贸易的分析，可以看出，尽管中国的粮食产量自 2004 年起将实现八连增，2011 年全年粮食产量有望超过 5.5 亿吨，但中国当前满足城乡消费者的农产品供给在相当程度上还是借助国外的耕地和水资源。这意味着中国已经由过去的农产品净出口国变为农产品需求存在缺口的国家。农产品供给首先立足于本国，提高本国农业资源的利用率，确保中国粮食安全的任务不能有丝毫放松。

（三）外资进入中国的农业以及农业的上下游产业，对中国粮食安全的影响

除了农产品进出口贸易外，外国资本已经进入中国农业和农业上下游产业，并控制了一些产业，如油脂加工企业、种子产业。外资的进入是产生"鲶鱼效应"，激活了中国的本土企业？还是产生"鳄鱼效应"，抑制甚至扼杀了民族产业，进而危及中国的粮食安全？

1. 外资进入油脂加工企业的影响分析

2003~2008 年，中国植物油生产的工业总产值年均增长 26%。一方面，植物油生产行业的增长是在市场不断放开、国有企业不断退出与转制的过程中实现的；另一方面，在植物油加工行业的不断扩张过程中，外资企业不断进入，其平均生产规模在不断扩大。2004 年 3 月的"大豆危机"之后，国内大量油脂企业由于经营困难纷纷破产，丰益国际、ADM、邦基、嘉吉、路易达孚等跨国公司则利用其资本优势来兼并收购。外资跨国集团直接、间接控制的油脂实际压榨量已经占中国总的实际有效压榨量的 50% 以上。从结构上看，外资企业的总产值已占到全行业的 2/3。2003 年外资企业平均工业总产值是国

内私营企业的 10 倍，而 2006 年这一差距扩大到 1600%，这也造成国内私营企业的相对更加"弱小"与外资企业的相对更加"强大"。

但由于中国食用植物油加工行业的充分竞争，全行业的利润率都保持在一个相对较低的水平。2007 年全行业平均利润率达到近几年最高水平，为 4.1%；其中，国有企业的利润率最低，为 1.1%，国内私营企业利润率最高，为 4.9%，外资企业的利润率为 4.5%。2008 年，全行业的平均利润率有所下降，为 2.9%；其中，国有企业利润率有所增长，为 3.6%，国内私营企业为 4.4%，而外资企业则下降到 2.3%。2009 年以来，全行业的平均利润率有所回升，为 3.7%；其中，国有企业为 2.4%，私营企业为 4.7%，外资企业为 3.7%。国内民营企业的利润率要高于外资企业与国有企业，说明在这一行业当中，国内民营企业具有更高的效率，也意味着国内民营企业可以在激烈的行业竞争中继续生存下去。

我们反对的不应该是外资，而应该是垄断。应着力于提高国内油脂加工企业的市场竞争力和市场份额，促进外资、民企与国有企业在农产品流通和加工领域进行平等竞争。未来的发展思路应该是以外资油脂加工企业为国内油脂加工企业的竞争对手和发展的动力，鼓励竞争，而不是保护落后；但为了维护国家的粮食安全和食品的有效供给，要正视外资企业与国内民营企业的规模差距越来越大的现实，对外资在油脂加工业的进一步扩张和垄断应有所警惕，加以抑制。应着力于提高国内油脂加工企业的市场竞争力和市场份额。

2. 外资进入中国种业与转基因农作物品种的推广

2010 年的中央 1 号文件提出，"继续实施转基因生物新品种培育科技重大专项，抓紧开发具有重要应用价值和自主知识产权的功能基因和生物新品种，在科学评估、依法管理基础上，推进转基因新品种产业化"。

据媒体报道，在批准转基因棉花、番茄、甜椒等作物种植后，2009 年 11 月 27 日，农业部批准了两种转基因水稻、一种转基因玉米的安全证书，这也让中国成为世界上第一个批准主粮可进行转基因种植的国家（《中国经营报》2010 年 1 月 16 日）。而据新华社报道，农业部农业转基因生物安全管理办公室负责人明确表示，截至目前，经农业部转基因生物委员会评审，先后批准了转基因棉花、大豆、玉米、油菜四种作物的进口安全证书，用途仅限于加工原料。农业部从未批准任何一种转基因粮食种子进口到中国境内种植，在国内也没有转基因粮食作物种植。农业部认为舆论报道"搞混了生物安全证书和商业化。生物安全证书并不意味着作物的直接商业化。在大规模商业化之前，还需要大规模实地实验，从获批的种类中开发出更多富有成效的转基因种子，并对这些种子再进行评价。这个过程至少还要再花5年。"

又据新华社北京2010年3月5日电，袁隆平等中国科学院和中国工程院的10位院士提出大力发展转基因技术，认为转基因不构成食品安全问题。

关于转基因的争论，现在已经不再是单纯的科学技术问题，而是上升到意识形态层面，成为政治问题。

有的学者认为："转基因技术已是大势所趋，成为农业科学技术发展的必然……转基因产品不仅为广大农民所欢迎，也将为更多的消费者所接受，转基因育种未来发展前景将更加广阔。"

有的学者则强烈反对转基因技术。比如德国学者威廉·恩道尔在为一位中国学者所写的书做的《序言》中认为："转基因是最强势的西方精英，特别是洛克菲勒家族制造出来的一种东西。他们的目的是控制地球上的食物供给，是大规模减少地球上的人口。……如果中国的农业被转基因的种子掌控，被农业化学品主导，最多再过20年，中国将不会作为一个国家而继续存在了。中国人民又会变成事实上的奴隶，这同当年英国对中国发动鸦片战争，把中国人变成奴隶，是完全相同的事件"，认为"转基因是一场中国的生死之战"。

面对这种观点截然相反的争论，有一点是清楚的，即在种子产业的生物技术和转基因技术研究领域，大型的跨国公司占据主导地位。

孟山多公司是世界上最大的种子公司。2009年11月4日，孟山多公司在北京举行仪式，宣布公司在中国的第一家研究机构——孟山多生物技术研究中心在京正式成立。宣称孟山多生物技术研究中心将进一步加强孟山多公司和中国科研机构与大学在植物生物技术和转基因技术领域的合作。印度物理学家与社区组织者凡达纳·施瓦（VandanaShiva）曾说过："如果他们（指跨国公司孟山多）控制种子，他们就控制了食物；他们对此很清楚，这是战略。这比炸弹更强有力；这比枪炮更强有力。这是控制全世界人口的最好方法。"①

① 引自《关于孟山多公司的一份资料》，http：//blog.sina.com.cn/s/blog-blog-4dade0270100htqy.html。

2007 年，孟山多的种子销售达到 49.64 亿美元，占全球市场份额的 23%。全球 90% 的抗虫棉和抗虫玉米品种中所含的抗虫基因均来自孟山多公司的产品。

中国的 7 家种业上市公司，截至 2009 年底，主营业务收入仅 82.33 亿元。国内较大的丰乐种业、登海种业、隆平高科和万向德农等 5 家种业公司 2009 年的研发投入共计为 4400 万元，不到孟山多公司 2008 年研发投入共计 9.8 亿美元的 5%。[①]

2010 年的中央 1 号文件提出，"推动国内种业加快企业并购和产业整合，引导种子企业与科研单位联合，抓紧培育有核心竞争力的大型种子企业"。在外资进入中国种业与转基因农作物品种的推广问题上，在关于转基因的争论尚无定论时，目前需要解决的问题是如何制定明确的具体的促进中国农业技术进步和种业发展的政策措施，着力培养中国有自主知识产权的作物品种（包括非转基因的作物品种和转基因的作物品种），构建中国具有自主知识产权的作物品种的技术体系，与孟山多这样的跨国公司抗衡，避免出现外资控制中国种子产业的局面。关于转基因的争论，要构建一个公开透明的公共平台，制定统一的规则，让不同的观点得以交锋和辩论；要保护和尊重消费者的权益，首先是知情权和选择权。

二 从农业经营体制角度谈全球化对中国农民（农业劳动者）的影响

在全球化进程中，从传统农业向现代农业的转换过程中，分散的小农家庭经营模式如何实现规模经济？小规模农户如何走上农业现代化道路？家庭农业是否还有生命力？这是所有发展中国家所面临的共同问题。

（一）全球化对中国农业劳动者的影响

农业劳动者必然参与不同的农业经营方式。面对全球化的冲击，中国农业

---

① 引自国务院发展研究中心调查研究报告第 133 号（总 3888 号）《构建我国具有自主知识产权的转基因技术体系》，2011。

经营方式的主要政策选择是农业产业化经营。

在由传统农业向现代农业的转变过程中，农业中形成一种产加销一体化、贸工农相结合的经营形式或经营系统，被称为现代大农业或垂直一体化经营的农业，在中国被称为农业产业化经营。农业的垂直一体化经营，依照农业关联企业与农民结合的不同方式和不同程度，可分为三种形式：①农业关联企业与农场结合在一起，形成经济实体，构成农工商综合体；②合同制，农业关联企业与农场主签订合同，在明确双方各自承担的责任和义务的条件下，把产供销统一起来，原有工商企业和农场仍保持各自独立的实体不变；③另一种替代的方式是农民组成合作社，直接参与农业垂直一体化的进程，成为一体化的主体成分。前两种形式是公司（企业）导向的垂直一体化经营，第三种是合作社导向的垂直一体化经营。

在全球化背景下来考量各种农业经营方式，关键问题是第一产业生产者的利益由于全球化得到增进，还是受损？中国农产品产业链条的利益联结机制的现状如何？如何保护中国农民（初级产品生产者）的利益？

1. 中国的农业产业化经营，是以公司(企业)为主导，以"公司＋农户"为主要形式起步的

在全球化背景下，农民被动地进入农业产业化经营。

从理念和社会发展的长远目标看，我们更应注重发展以农产品生产和营销专业户为主体的农民专业合作社，使其成为发展现代农业、扩展农业产业链、实现垂直一体化经营的重要的组织载体。但农业劳动者和经营者自己组织起来，成立合作社，发展现代农业，他们往往是从无到有，白手起家，除了资金融通遇到困难外，在技术引进、设备改造、农产品质量检测与标准化、企业管理、市场开拓、信息搜集、销售渠道以及经营网点分布等方面，都与专业化的大公司有较大的差距，这样的现代化进程肯定较为缓慢。而公司（企业）导向的垂直一体化经营，能迅速将资本、技术、信息、管理、销售渠道与劳动力、土地相结合，在走农业现代化道路时，实现跨越式发展。中国农业产业化经营的实践选择就是以公司（企业）为主导，以"公司＋农户"为主要形式起步，但在这个进程中，公司为主导的经营组织形式挤压了农民自己的经济组织发展的空间，延缓了农民组织化的进程。

　　笔者认可在农业产业化经营中的农业龙头企业，甚至农业的跨国公司在联结农民与市场方面所起到的积极作用。但也必须正视公司＋农户这种契约联结方式在现实经济生活中存在的问题。农业产业化经营中，公司追求利润最大化，农户希望自己生产出来的农产品能卖个好价钱。在初级农产品通过储藏运销、深度开发和加工增值形成的新增价值的分割上，两者显然是有矛盾的。由于初级农产品的供给正处于总量过剩的阶段，农民的组织化程度又很低，而公司掌握着技术、信息、资金、市场销售渠道、网络、产品品牌，在剩余的分割上往往占据主动和支配性的地位，在公司与农户之间的交易中公司处于强势地位，分散的个体小农户往往处于弱势地位，谈判地位严重不对等，双方的利益格局在很多情况下是失衡的，双方是一种不平等的互利关系，在劳动与资本两者的关系上，仍是资本支配劳动。

　　2. 不同的农业经营形式或经营系统折射了不同的农业现代化发展模式，并决定了农业劳动者在农业产业化经营中不同的地位与作用

　　农业现代化发展的一种思路是：发展现代农业，要尊重和保护农民的土地承包经营权，鼓励土地向专业农户集中、发展规模经营和集约经营，使他们成为发展现代农业的主体、主力军。在此基础上提高农民的组织化程度，鼓励他们之间的联合与合作。有代表性的观点是："实践看，家庭经营再加上社会化服务，能够容纳不同水平的农业生产力，既适应传统农业，也适应现代农业，具有广泛的适应性和旺盛的生命力，不存在生产力水平提高以后就要改变家庭承包经营的问题。"

　　但在发展现代农业时，长期以来也存在另一种思路和做法，认为现代农业的主体形式应当是企业，要形成一大批大规模从事农业生产的农业企业。在一些地方，大公司进入农业，取得大片农地的使用权，直接雇工从事规模化的农业生产。与工商企业进入农业、大规模租赁农户承包地相联系的是从事农业的主体由家庭经营转为雇用工人。有些地方也提出大力培育和发展农业产业化经营主体，鼓励和支持农民向农业产业工人转变。

　　在现实的中国农业现代化进程中，我们在各地看到的往往是社会主义初级阶段的一种混合型、多样化的新模式，走的是一条政策弹性较大、兼容性较强的道路。农业现代化的主要形态：一是出现对家庭经营的扩展和延伸，通过各种形式的土地承包经营权流转,专业种植、养殖和营销大户开展规模经营以及专业性质的联合与合作;二是工商外来资本或大企业进入农业,连片开发,反租倒包;三是当地的公司或合伙企业,或本地的外出创业的企业家回到地方上承包经营和进行产业化经营。这样的农业现代化发展模式又和全球化、城市化、工业化的进程交织在一起。在农业发展问题上,一些地方政府也提出,采取政府引导、市场主导、资本化运作的办法,吸引工商资本、民间资本、外商资本投资农业。华裔经济学家黄宗智曾提出:"近年来中国政府一直在积极扶持资本主义型的龙头企业,把它们认作纵向一体化的第一选择。今天,中国农业正面临一个十字路口,其将来的纵向一体化将以什么样的组织模式为主尚是个未知数。"他进一步提出:"中国农业的现实和将来主要在小规模的资本—劳动双密集型农场,而不在节省劳动力的机械化大规模农场。中国的纵向一体化不会像西方经验那样附带横向一体化,它将会主要依靠小规模的菜—果种植和兽—禽—鱼饲养。我们可以说中国农业将会是一个以'小资产阶级'为主的产业,而不是像一般城市工业那样以'资本家和工人'为主的产业。中国新时代农业将主要是'小农''农场'的天下。"①

在农业现代化道路与模式的选择上,焦点问题之一是如何看待工商资本、外国资本进入农业。在发展多种形式的适度规模经营时,农民转包、出租、转让、合作的对象是谁?"农地农用"是否只意味着"农地农民用"?包括工商资本甚至外国资本在内的各类非农业主能否有资格转包和租赁农户承包地?学界观点纷呈,在实践中做法各异,在这个问题上的争论可能将长期进行下去。

从全国来讲,以农户为基本经营单位的农业基本经营制度仍然有旺盛的生命力,发展现代农业,要在稳定和完善家庭承包经营的基础上进行。在鼓励土地向专业农户集中、发展规模经营的同时,要防止一些工商企业以发展现代农业为名,圈占农民的土地,损害和侵犯农民的经济利益。

---

① 黄宗智:《中国的新时代小农场及其纵向一体化——龙头企业还是合作组织?》,国学网,2009 年 11 月 11 日。

（二）农业经营模式的讨论在理论和实践上都是一个世界性的课题

全球化进程中究竟采取什么样的农业经营模式来实现农业现代化？在这个转换过程中家庭农业处于什么样的地位，能发挥什么样的作用？这可以说是所有发展中国家面临的挑战。

牛津大学经济学家保罗·科利尔在《外交》杂志上撰文主张，如果要使全球的粮食生产满足全球人口增长需要的话，"农业资本主义产业化"是唯一的出路。"农业资本主义产业化"产生于美国，现在正在由巴西的企业把它应用于发展中国家。而农民是这一必要转型的障碍。科利尔说，农民既不是企业家，也不是创新者，他们过于看重他们的粮食安全。

伯恩斯坦认为，小农经济方式的拥护者"很大程度上忽视了养活世界人口的问题，在现代这一问题已经成为一个普遍的问题，而这主要是因为资本主义的发展在生产力方面取得的革命性成就"。著名历史学家霍布斯鲍姆在他的颇具影响力的《极端的时代》一书中就宣称："农民的消亡是 20 世纪下半叶最具戏剧性的、最深远的社会变革。"

1993 年，农民之路（国际农民运动联盟）已经成立，在接下来的十几年中，这个由农民和小农场主组成的联盟一直在全球农业和贸易舞台上扮演着重要角色。农民之路及其联盟就资本主义农业工业化统治必然性的问题展开激烈讨论，宣称占世界人口 1/3、占世界粮食生产者 2/3 的农民和小农场主将继续成为全球粮食生产的主体。大多数水稻是由亚洲的拥有 2 公顷以下土地的小农场主生产的。根据农民和小农经济支持者的观点，粮食价格危机不是小农农业的衰落导致的，而是由农业公司化造成的。

他们认为，尽管其代表宣称农业公司化是供养全世界人口的最佳选择，但是在追求垄断利润动机的驱使下，全球生产链和全球超级市场的出现却带来更大规模的饥荒、更糟糕的食物，以及全球与农业相关的环境的更大的不稳定性，这些比历史上的任何时期都严重。此外，他们依据经验断言，农业资本主义工业化生产的优势不会持久。

如何看待公司进入农业的问题，在亚洲其他国家也同样存在。2009 年 11 月日本农林中金综合研究所佐藤纯二社长在访问中国社会科学院农村发展研究所时曾提到，由于没有农民了，大量土地抛荒。2009 年 5 月，日本《农地法》

修改，允许公司进入农业，但公司进入有一定的条件，许多制度限制企业拿得太多，大部分利润还要给农民。据有的学者研究，日本对工商资本下乡在放宽政策的同时，也出台了一些措施加以规范。一是农地流转由事前设置准入门槛，向事后严格监督土地使用的方向转变。一般法人在经营过程中，要定期向政府主管部门汇报土地使用情况，如擅自变更土地用途，政府有权收回土地使用权。2009 年修订的农地法加大了对农业企业不当行为的处罚力度，违规使用耕地最高处罚金额由此前的 300 万日元，提高到 1 亿日元。二是在发挥工商资本积极作用的同时，维护农民的利益。①工商资本不得控股农业生产法人。2003 年修订的农地法规定，工商资本持股比例和表决权不得超过 1/4，2009 年虽然有所放宽，但仍然不得超过半数，由此来保证农民在农业生产法人中起主导作用。②一般法人不得与农民争地。向工商资本开放农地流转市场受到来自农民和农业团体的强大阻力。③农民有制约工商资本的权力。根据规定，工商资本经营农地必须协调好与农业经营体的关系，接受基层农业组织的监督。日本农民组织发达，农业委员会、农协、土地改良区等承担着乡村管理的职能，这些组织有健全的民主制度，农民在其中有话语权，从而也就具备了抗衡资本的能力。三是把工商资本下乡置于法制的轨道上，使土地流转和使用有章可循。

2008 年召开的越共十届七中全会审议并通过了关于农业、农民和农村问题的重要决议，指出农村发展中的五点局限和不足。越共中央书记处书记、中央宣教部部长、中央理论委员会主席苏辉若（2008）提出："20 年前的承包政策和机制已经走到了它的顶峰，迫切需要一个新的突破，以满足农业、农民和农村的发展。"越南学者提出，越南《土地法》第 100 条（1981 年）和 1988 年第 10 条为农民重新分配了土地，但这些土地被分割成为成千上万的小块零星土地；应出台新的土地集中的政策，这样才能吸引对农业的投资。他们还认为，应该邀请像美国大米公司（AmericanRice－ARI）那样的专业的大米生产外国公司到越南，让越南农民尽早享受到加入世贸组织的利益。工商资本进入农业的利弊得失问题可能在相当长时期内仍将是许多国家农村发展领域的一个关注点。

在现有政策和制度框架下，多样化、混合型的农业现代化发展模式和经营形态在中国农村将长期存在，资本、劳动、土地等要素将不断相互碰撞和重新组合。这种组合又和农村上层建筑的权力结构交织在一起，必然影响农村土地制度的变革、农民合作社的发展方向以及农村基层治理结构的变革方向。

三 深化改革，抑制全球化对中国农业发展带来的负面影响

改革与开放应该是如影相随、同步发展的。开放就是全球化，如果越来越高程度的开放没有伴随越来越深化的改革以及体制、机制和模式的创新，全球化带来的负面影响就不可能得到有效的抑制。笔者的结论是：未来相当长一段时间，世界有可能面临不断增长的对农产品的需求和不断上扬的农产品价格。中国的农业发展要应对全球化的挑战，必须深化经济体制和政治体制改革。需要采取综合配套措施来促进农业生产和提高农民收入。

（1）马克思曾经说过："超过劳动者个人需要的农业劳动生产率，是一切社会的基础，并且首先是资本主义生产的基础。"（《资本论》第3卷，第885页）只有更少的生产经营者能使用更多的农业资源，他们生产的剩余才能更多，收入才能增加，社会才能发展。中国农业现代化进程中，必须立足于国内，增强农业的综合生产能力，在提高农业的土地生产率的基础上，促进土地承包经营权的流转，着力于提高农业劳动生产率，保护耕地资源，确保农产品的有效供给和务农劳动者收入的提高。

（2）中国粮食生产长期以来主要面临资源约束，粮食供求关系长期保持紧平衡的状态，同时，考虑到粮食生产由于受到气候、政策等多种因素影响，年际总产量波动十分明显。为了避免粮食生产的"少了喊，多了砍"的恶性循环，政策上应充分利用粮食耐储存等特点，实现以丰补歉，并借助国际市场进行调节，促进国内粮食市场供求基本平衡。

（3）建立稳定粮食生产的长效机制的关键是在稳定耕地面积的基础上，让农民愿意种地。这就需要提高农民种粮的效益，形成粮食生产投入的要素价格指数和粮食最低收购价格指数之间的联动机制，建立合理的农产品价格体系。最终目标是使得以种粮为主业的专业种植农户的收益大体相当于甚至高于

从事其他农牧业生产和非农产业的收益。

（4）考虑像建立草原生态保护补助奖励机制一样建立耕地保护补偿制度。近年来，国家增加了中央财政对粮食、油料、生猪调出大县的一般性转移支付，扩大了奖励补助规模和范围。但"粮食大县，财政穷县"的状况还没有得到根本改观。建立规范的耕地保护补偿制度，最终的目标是不能让粮食主产区吃亏、主产区的农民吃亏、主产区的地方政府吃亏。

（5）中国特色的农业现代化道路，就是要在农户家庭经营的基础上，创新农业经营体制，巩固和完善农业中的社会主义生产关系。要尊重和保护农民的土地承包经营权；在农户与龙头企业之间应建立公平合理的利益联结机制；将提高农民进入市场的组织化程度作为完善农业中社会主义生产关系的一个重要组成部分。

我们相信，通过深化改革，创新农业经营体制机制，配套实施各方面政策措施，建立一个农民增收、农业增效、农村社会稳定和谐发展的长效机制，中国的农业就能从容应对全球化带来的种种挑战，走出一条有中国特色的农业现代化道路。

参考文献

中国社会科学院农村发展研究所，国家统计局农村社会经济调查司：《1999~2000年：中国农村经济形势分析与预测（农村经济绿皮书）》，社会科学文献出版社，2000。

柯炳生：《农业：坦然应对冲击，还将负重前行》，《半月谈》2005年第3期。

柯炳生等：《入世以来中国农业发展与新一轮谈判》，中国农业出版社，2005。

张晓山：《创新农业基本经营制度，发展现代农业》，《农业经济问题》2006年第8期。

张晓山：《走中国特色农业现代化道路是历史发展的必然要求》，《农村工作通讯》2007年第12期。

高铁生等：《我国食用油市场安全和储备制度改革》，《经济与管理研究》2008年第8期。

顾秀林：《转基因战争：21世纪中国粮食安全保卫战》，知识产权出版社，2011。

中共中央政策研究室农村组、中国农村杂志社：《江总书记视察农村》，中国农业出版社，1998。

张晓山：《中国城乡经济社会一体化新格局中的农业、农村发展问题刍议》，《经济经纬》2010 年第 4 期。

李淑妍：《世界粮食战争》，《国外理论动态》2010 年第 3 期。

中国镇域经济科学发展研究[*]

魏后凯

镇是我国最基层的行政区单位。作为城镇的重要组成部分，镇区是介于市与乡之间的较低层级的城镇居民点。它起着联系城乡经济的纽带和桥梁作用，既是统筹城乡发展的重要载体，也是乡村人口和非农产业的集聚地。同时，我国镇域范围内还设有近 40 万个村民委员会，镇域总人口占全国总人口近60%。因此，加强镇域经济理论研究，推进镇域经济科学发展，对统筹城乡发展、推动新农村建设以及促进城镇化健康发展，都具有十分重要的理论意义和现实意义。

一　镇域经济的特点和作用

从空间范围看，区域经济具有一定的层次性。从省域经济到市域经济，再到县域经济和镇域经济，它们在我国国民经济中发挥着不同的功能和重要作用。作为县域经济的核心组成部分，镇域经济概念具有两方面含义：一方面，从行政区的角度看，镇域经济是指镇级行政区范围内的区域经济，它受到行政区划边界的影响和制约；另一方面，从经济区的角度看，镇域经济是以镇为中心形成的开放经济系统，是镇域范围内各种要素和产业有机构成的经济综合体。镇域的边界通常以镇的吸引或影响范围来界定。在这种情况下，镇域的边界将是模糊的、变化的。

镇域经济具有三个显著特点：一是综合性。虽然镇域的范围不大，但镇域经济所涵盖的内容却十分广泛，它是由各种要素、各种产业和各个经济领域有

* 本文系国家社会科学基金重大项目"走中国特色的新型城镇化道路研究"（项目号：08&ZD044）的阶段性成果。

机构成的综合体,具有典型的区域经济综合性特征。二是地域性。镇域经济类型多样,地域特色突出,其经济结构、产业构成、发展模式和动力机制等都呈现多元化的特征。对镇域经济而言,特色就是竞争力。三是开放性。由于地域范围较小,镇域经济的开放性和专业化程度更高。镇域消费的产品绝大部分来自镇域之外,而镇域生产的产品绝大部分销往其他地区。广东的专业镇、浙江的"块状经济"以及近年来各地快速发展的"一镇一业"、"一镇一品"等,都是这方面的典型例子。

镇域经济是县域经济的基础,是壮大县域经济总量、提升县域竞争力的关键环节。从沿海发达地区的经验来看,省域经济强往往强在县域经济,而县域经济强则往往强在镇域经济。同时,作为镇域经济的核心,小城镇也是统筹城乡发展的桥梁和纽带。它架起了融通城乡的桥梁,起到承上启下的"二传手"作用,促进了农业和工业、农村和城市的相互影响和互动融合。因此,发展和壮大镇域经济,对消除城乡二元结构、统筹城乡发展具有重要意义。此外,小城镇也是吸纳农村剩余劳动力的重要渠道。特别是在珠三角、长三角等发达地区,目前小城镇已成为吸纳农村剩余劳动力的主战场。笔者对河北迁安市的调查也表明,镇域经济的快速发展在吸纳农村劳动力就业和维护农村社会稳定方面起着关键性作用。

特别需要指出的是,在当前应对国际金融危机的背景下,大力发展镇域经济,加快小城镇建设步伐,对于拉动消费、扩大内需具有重要的作用。一方面,我国有近 2 万个建制镇,数量多、分布广、吸纳容量大,是今后我国吸纳农民进城的重要载体;另一方面,目前建制镇集聚规模小,各项基础设施落后,公共服务和居民消费水平低,今后投资和消费需求的潜力巨大。在今后一段时期内,如果每个建制镇平均吸纳 5000 个农村剩余劳动力,全国就可以吸纳 1 亿个农村剩余劳动力;若按 115 的带眷系数估算,则可以增加 1.5 亿城镇人口。根据过去的经验数据,每增加 1 个城镇人口,平均可带动一次性投资 2 万元,这样至少可以拉动 3 万亿元的投资需求。同时,1 个城镇居民的消费相当于 3.6 个农村居民的消费,新增 1.5 亿城镇人口则可以新增加 1.3 万亿元的居民消费需求(按当前消费水平估算)。因此,可以断言,加快发展镇域经济,是拉动消费、扩大内需的重要途径之一。

二 中国建制镇的发展历程

中国设镇的历史十分悠久，但直到近代才将镇作为基层行政区①。作为一级基层行政区划，新中国成立以后，我国建制镇设置标准经历了 1955 年、1963 年和 1984 年三次变化。总体上看，新中国成立以来，我国建制镇的发展大体经历了四个不同阶段。

第一阶段为过渡调整时期（1949～1961 年）。新中国成立初期，限于当时的条件，国家没有制定专门的法规明确镇的行政地位和设置标准，镇的行政属性不明确，各地设镇较为混乱。有的镇下设有乡，而有的地方一城两镇，甚至数镇。1954 年颁布的《宪法》明确了镇的行政地位，到 1954 年底，全国共有建制镇 5400 个。1955 年国家又明确提出建制镇的设置标准。根据这一标准，各地对已有的建制镇进行了审查、清理，撤销了一些不符合条件的镇，对一城多镇进行了合并。到 1958 年底，全国建制镇总数减少到 3621 个。1958 年开始了"大跃进"，全国实行"政社合一"体制。在合并小乡建立人民公社的过程中，有的乡合并为镇，一部分乡改为镇，镇的数量过快增长，到 1961 年底已达到 4429 个②。

第二阶段为萎缩停滞时期（1962～1983 年）。由于市镇人口增长过快，加上自然灾害的影响，农业特别是粮食生产大面积歉收，导致全国范围内口粮短缺，城镇居民粮油副食品供应困难。在这种情况下，中央采取了减少城镇人口的办法来压缩商品粮油需求量。1961 年，全国减少了城镇人口 1300 万人。1962 年，中央又提出全国城镇人口再减少 2000 万人。1963 年，国家又提高了设镇标准，对不符合标准的建制镇一律撤销。到 1965 年，全国建制镇的数量减少到 2000 个左右。③ 之后，在"文化大革命"期间，我国建制镇的发展基本处于停滞衰落状态。1978 年之后，随着农村商品经济的繁荣，我国建制镇有所恢复，但由于受设镇标准和"离土不离乡、进厂不进城"观念的制约，建制镇的发展仍比

① 1909 年 1 月，清政府颁布《城镇乡地方自治章程》，规定在人口达 5 万人以上的村庄、屯集地建镇，不满 5 万者为乡，并把乡镇作为一级基层行政区。
② 浦善新：《中国建制镇的形成发展与展望（二）》，《村镇建设》1998 年第 1 期。
③ 浦善新：《中国建制镇的形成发展与展望（二）》，《村镇建设》1998 年第 1 期。

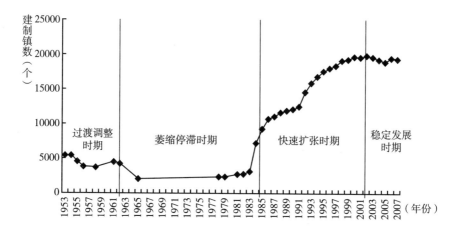

图1 新中国成立以来中国建制镇数量的变化

资料来源：1995 年以前数据来自浦善新《中国建制镇的形成发展与展望（二）》（《村镇建设》1998 年第 1 期）；1996～2007 年数据来自相关年份的《中国统计年鉴》。

较缓慢。到 1983 年底，全国建制镇仅有 2968 个，比 1961 年减少了 33%。

第三阶段为快速扩张时期（1984～2000 年）。1984 年，国务院批转了民政部《关于调整建镇标准的报告》，放宽了设镇标准，确立了以乡建镇的新模式。撤乡建镇后，实行镇管村的体制。由于采取以乡建镇的模式，1984 年全国新增建制镇 4218 个，1985 年新增 1954 个，1986 年又新增 1578 个。到 1986年底，全国建制镇总数达到 10718 个，是 1983 年的 3.6 倍和 1978 年的 4.9 倍。之后，1987～1991 年，全国建制镇数量增速放慢，平均每年新增 347 个，远低于 1984～1986 年平均每年新增 2583 个的水平。邓小平南方谈话之后，随着我国由计划经济体制向市场经济体制的加速转轨，各地设镇的步伐又开始加快，1992～1995 年平均每年新增建制镇 1269 个，其中 1992 年新增 2084 个。到1995 年底，全国建制镇总数已达到 17532 个，比 1991 年增加了 40.8%。1996～2000 年，各地设镇步伐又有所放慢，平均每年新增 432 个。2000 年，全国建制镇总数为 19692 个，比 1995 年增加了 12.3%。

第四阶段为稳定发展时期（2001 年以来）。自"十五"以来，我国建制镇的数量一直处于相对稳定时期。建镇的模式由最初的撤乡建镇逐步转变为撤乡并镇，建制镇的发展由过去注重数量扩张转变为注重质量提高，注重加强中心镇的建设和强化镇区的集聚功能。这期间，全国建制镇的数量一直维持在 1.9

万个左右，并呈现不断减少的态势。到 2007 年底，全国共有建制镇 19249 个，比上年减少 120 个，比 2000 年减少 443 个，平均每年减少 63 个。建制镇数量的减少主要是近年来各地大量并镇和城市不断扩区的结果。

三 中国镇域经济发展现状

从镇域经济的地位来看，2007 年我国建制镇总人口 7.77 亿，占全国总人口的 58.8%，其中镇区人口 1.93 亿，占全国城镇人口的 32.5%；拥有从业人员 4.11 亿，占全国总数的 53.4%；实现财政收入 6505.14 亿元，占国家财政总收入的 12.7%；财政支出 4142.94 亿元，占国家财政总支出的 8.3%；完成固定资产投资 34537.86 亿元，占全社会固定资产投资的 25.2%。由此可见，镇域经济在全国经济中占有十分重要的地位。

从镇域经济的平均规模看，2007 年我国平均每个建制镇的总人口为 40358 人，比 2001 年增长 25.4%，其中平均镇区人口为 10031 人，比 2001 年增长 74.1%；平均镇区面积为 4.28km^2，比 2001 年增长 4.6%；平均全镇从业人员为 21364 人，比 2003 年增加 14.4%；平均全镇财政收入为 3379 万元，比 2003 年增加 141.7%；平均全镇财政支出为 2152 万元，比 2004 年增加 66.7%；平均全镇完成固定资产投资为 1.79 亿元（见表 1），比 2004 年增加 92.7%。这说明，近年来我国镇域经济的平均规模在不断扩大，尤其是财政收入、投资规模和镇区人口呈快速增长态势。

表 1 2007 年中国建制镇经济的平均规模

	平均总人口（人）	镇区人口（人）	平均全镇就业人员（人）	平均全镇固定资产投资（万元）	平均全镇财政收入（万元）	财政支出（万元）	平均镇区面积（平方千米）	镇区人口密度（人/平方千米）
全　　国	40358	10031	21364	17943	3379	2152	4.28	2343
东部地区	50859	13879	27642	38071	8088	4861	5.19	2675
中部地区	42147	9777	22156	11207	1437	1009	3.35	2917
西部地区	31966	7091	16742	7635	1010	775	4.00	1771
东北地区	29975	8657	14254	5315	1468	1202	4.95	1750

资料来源：国家统计局农村社会经济调查司编《中国建制镇基本情况统计资料：2008》，中国统计出版社，2008。

从镇域就业结构看,从 2001 年到 2007 年,我国建制镇第二产业就业比重由 19.1% 提高到 27.4%,增加了 8.3 个百分点;而第三产业就业比重由 19.7% 提高到 24.3%,增加了 4.6 个百分点。[①]目前,我国建制镇第二产业就业比重已经超过第三产业,就业结构呈现出"一二三"的格局。但各地区的情况差别较大,东部地区呈现微弱的"一二三"格局,而其他地区仍然呈"一三二"格局。2007 年,我国建制镇三次产业的就业比重,东部地区为 37.4∶37.3∶25.3,中部地区为 52.6∶23.5∶23.9,西部地区为 58.4∶18.2∶23.4,东北地区为 57.7∶18.2∶24.0。也就是说,目前我国建制镇的就业仍是以农业为主体。

从镇域基础设施来看,第二次全国农业普查资料显示,2006 年末,在全国 19391 个建制镇中,72.3% 的镇实现了集中供水,19.4% 的镇生活污水经过集中处理,36.7% 的镇有垃圾处理站。2007 年,在全国建制镇的 39.36 万个行政村中,99.7% 的村通电,98.7% 的村通电话,98.2% 的村通公路,69.0% 的村通有线电视,62.1% 的村通自来水,20.6% 的村垃圾经过集中处理。这说明,目前我国建制镇的公共基础设施尤其是环境卫生设施还十分落后,远远不能适应镇域经济发展的需要。这一点在中西部和东北地区更为突出(见表 2)。

表 2　中国建制镇的基础设施情况

年份	主要指标	全国	东部地区	中部地区	西部地区	东北地区
2006	建制镇数(个)	19391	6155	4933	6800	1503
	实施集中供水的镇(%)	72.3	76.6	65.0	74.6	68.3
	生活污水经过集中处理的镇(%)	19.4	25.7	17.3	16.7	12.9
	有垃圾处理站的镇(%)	36.7	48.9	35.3	30.0	21.9
2007	村民委员会个数(个)	393590	168896	106890	99259	18545
	通电的村(%)	99.7	100.0	100.0	98.7	99.9
	通电话的村(%)	98.7	99.9	99.2	96.1	99.6
	通公路的村(%)	98.2	99.4	99.0	95.1	99.1
	通有线电视的村(%)	69.0	81.9	57.8	56.5	82.3
	通自来水的村(%)	62.1	80.8	41.9	53.0	56.2
	垃圾集中处理的村(%)	20.6	33.3	12.6	8.9	13.9

资料来源:国家统计局农村社会经济调查司编《中国建制镇基本情况统计资料:2008》,中国统计出版社,2008;国务院第二次全国农业普查领导小组办公室、中华人民共和国国家统计局:《中国第二次全国农业普查资料综合提要》,中国统计出版社,2009。

四　中国镇域经济发展存在的问题

当前，我国镇域经济发展主要存在以下几方面问题。

1. 镇区人口规模小，产业集聚水平低

2007 年，我国建制镇的平均镇区人口规模只有 10031 人，其中西部地区只有 7091 人；镇区集聚的人口占全镇总人口的比重仅为 24.9%，其中西部地区只有 22.2%。学界通常认为，小城镇的镇区人口要达到 3 万以上，才能正常发挥综合集聚的功能。然而，目前我国绝大部分建制镇达不到这一最低集聚规模要求。① 尤其在西部地区，缺少主导产业是小城镇较为普遍的现象。由于集聚规模小，缺少主导产业支撑，导致小城镇就业机会不足，其对农村剩余劳动力的吸纳能力较低。对 1990 ~ 2000 年江西省内人口迁移方向的统计分析显示，从乡村迁出的人口中有 34.21% 进入城市，只有 5.98% 进入镇，这说明建制镇接纳人口的能力很差。②

2. 产业布局分散，土地利用效率低

由于缺乏合理的规划，不少建制镇建设带有较大的盲目性，存在"小、散、低"的问题，即建设规模过小、产业布局分散、土地利用效率低。特别是非县城的一般建制镇工业用地粗放，工业区、居住区、服务区相互混杂，单位土地产出率较低。2007 年末，我国设市城市城区人均占地为 93.3m²，县城为 111.1m²，而一般建制镇建成区则高达 216.6m²，是设市城市城区的 2.32 倍，是县城的 1.95 倍。③

3. 基础设施落后，公共服务水平低

我国绝大部分建制镇由农村居民点发展而来，人口规模偏小，经济实力偏弱，交通、通信、电力、供排水、环保等基础设施落后，环境卫生较差，公共

---

① 2001 年，我国镇区人口超过 3 万的只有 365 个，仅占建制镇总数的 2%。参见国家统计局农村社会经济调查总队社区处《2001 年我国建制镇稳步发展》，《调研世界》2002 年第 11 期。

② 梁淑荣、毛建华：《江西省建制镇人口发展状况分析》，《城乡建设》2005 年第 1 期。

③ 在计算人均占地时，人口包括暂住人口，占地面积是指建成区面积。参见住房和城乡建设部《2007 年城市、县城和村镇建设统计公报》。

服务水平低。2006 年末，我国仍有 63.3% 的镇没有垃圾处理站，有 80.6% 的镇生活污水没有经过集中处理。2007 年末，我国建制镇建成区用水普及率为 76.6%，燃气普及率为 43.1%，人均道路面积为 $10.7m^2$，人均公园绿地仅有 $1.76m^2$，不仅低于县城，更远低于设市城市城区（见表3）。

表3　2007 年中国城镇主要基础设施差距比较

指标	设市城市城区	县城	建制镇建成区
用水普及率(%)	93.8	81.2	76.6
燃气普及率(%)	87.5	57.3	43.1
人均道路面积(m^2)	11.4	10.68	10.7
人均公园绿地(m^2)	8.98	5.62	1.76
建成区绿化覆盖率(%)	35.3	20.20	—
建成区绿地率(%)	31.3	15.41	—

资料来源：住房和城乡建设部，《2007 年城市、县城和村镇建设统计公报》。

4. 融资筹资难，资金制约严重

随着银行商业化改革的推进，国内各大商业银行都在由农村向城市、由小城镇向大中城市不断收缩。设在镇上的银行只吸储，不放贷，资金流向城市的问题日益加剧。[①] 目前，我国镇域经济仍以传统的农业和农村经济为主体，非农产业发展较慢，镇级政府财力有限，资金积累能力低，信贷环境差。2007 年，我国建制镇人均固定资产投资仅有 4446 元，只相当于全国平均水平的 42.8%，城镇平均水平的 22.5%。

5. 人才和技术短缺

小城镇由于基础设施落后，环境卫生较差，各种配套服务不完善，不能为优秀人才提供理想的工作和生活环境，难以吸引人才。特别是在市管县体制下，由于城镇和城乡差距的拉大，中心城市事实上起到吸纳小城镇和乡村地区人才和资金的作用，导致各种高素质人才和专门人才不断向中心城市集中。2006 年全国镇大专以上人口占 6 岁及以上人口比重为 5.9%，比 2002 年还下降了 0.4 个百分点，比同期全国城市平均水平低 12.5 个百分点；而全国镇文

---

① 祝艳：《加快镇域经济发展的几点思考》，《理论学习》2006 年第 10 期。

盲半文盲人口占 15 岁及以上人口比重达到 7.96%，比全国城市平均水平高 4.42 个百分点（见表4）。另外，小城镇各行业技术档次普遍较低，技术短缺现象也十分严重。

表4　中国城镇人口受教育程度主要指标比较

单位：%

主要指标	城市		镇	
	2002 年	2006 年	2002 年	2006 年
大专以上人口占 6 岁及以上人口比重	13.2	18.4	6.3	5.9
文盲半文盲人口占 15 岁及以上人口比重	5.67	3.54	8.71	7.96

资料来源：根据《中国人口统计年鉴2003》和《中国人口和就业统计年鉴2007》有关数据计算。

6. 地区差距大

我国镇域经济发展严重不平衡，东部地区小城镇的集聚能力较强，平均规模增长较快，而中西部地区小城镇的集聚能力较弱，平均规模增长较慢。从 1996 年到 2007 年，东部地区建制镇镇区平均人口规模增长了 1.74 倍，远高于东北地区的 70.3%、中部地区的 1.12 倍、西部地区的 1.03 倍。这期间，东部地区建制镇镇区平均占地面积扩大了 1.35 倍，也远高于东北和中西部地区（见表5）。2007 年，东部地区平均每个建制镇完成固定资产投资额分别是东北、中部和西部地区的 7.2 倍、3.4 倍和 5.0 倍，平均每个建制镇实现财政总收入分别是东北、中部和西部地区的 515 倍、5.6 倍和 8.0 倍，平均每个建制镇完成财政支出分别是东北、中部和西部地区的 4.0 倍、4.8 倍和 6.3 倍。

表5　中国各地区建制镇镇区平均规模和增长速度

	镇区平均总人口（人）			镇区平均占地面积（km²）		
	1996 年	2007 年	增长（%）	1996 年	2007 年	增长（%）
全　　国	4519	10031	122.0	2.23	4.28	91.6
东部地区	5070	13879	173.7	2.21	5.19	134.8
东北地区	5082	8657	70.3	3.70	4.95	33.5
中部地区	4623	9777	111.5	2.23	3.35	50.2
西部地区	3496	7091	102.8	1.86	4.00	115.8

资料来源：根据《中国建制镇基本情况统计资料：2008》和《中国第一次农业普查资料综合提要》有关数据计算。

再从人均指标来看，2007 年，东部地区建制镇人均实现财政收入达到
1590.2 元，是东北地区（489.8 元）的 3.3 倍，中部地区（340.8 元）的 4.7
倍，西部地区（316.0 元）的 5.0 倍；东部地区建制镇人均完成固定资产投资
额达到 7485.6 元，是东北地区（1773.3 元）的 4.2 倍，中部地区（2658.9
元）的 2.8 倍，西部地区（2388.6 元）的 3.1 倍。由此可见，我国东部地区
与其他地区在镇域经济发展方面的差距十分明显，而且近年来呈不断扩大的
趋势。1999 年东部与西部地区建制镇平均财政收入之比为 4.08∶1①，2003 年
这个比例扩大到 5.61∶1，2004 年扩大到 6.12∶1，2007 年则进一步扩
大到 8.01∶1。

五　镇域经济科学发展的基本路径与政策措施

(一) 镇域经济科学发展的路径选择

科学发展观是一种以人为本，全面、协调、可持续的发展观，是全面发
展、协调发展和可持续发展三位一体的发展观。走科学发展之路，就是在坚持
以人为本的前提下，走全面发展之路、协调发展之路、可持续发展之路。所谓
镇域经济科学发展，就是坚持以人为本，全面推进经济、政治、文化、社会和
生态建设，实现镇域经济社会的全面、协调、可持续发展，逐步形成经济繁
荣、社会进步、设施完善、环境优美、文明和谐、特色鲜明的镇域经济发展新
格局。总的来讲，实现镇域经济的科学发展，应该走特色化、品牌化、专业
化、集约化和生态化的发展道路。

一是走特色化之路。我国建制镇的类型多样，各自的自然条件、历史文化
和社会经济特点具有较大差别。因此，镇域经济发展应突出特色，注重发挥自
身优势，选择具有自身特色的产业类型和发展模式，大力发展特色产业和特色
经济，走多元化的特色发展之路，而不能千篇一律、一个模式。

二是走品牌化之路。首先，要弘扬镇域特色文化，突出小城镇建设和产业

---

① 国家统计局农村社会经济调查总队：《全国建制镇财政收入水平差距拉大》，《调研世界》
2004 年第 11 期。

发展特色，大力推进特色商业街和特色园区发展，加强镇区形象建设和推介，着力打造和提升镇域品牌；其次，以文明生态村、专业村和经济强村建设为重点，积极推进村域形象建设和宣传推介，着力塑造一批村域品牌；再次，实行农业产业化品牌战略，加强农产品认证和商标注册，强化企业品牌建设，着力培育一批知名企业品牌。这样，通过镇域品牌、村域品牌与企业品牌互动，推动镇域经济逐步走上品牌化的发展之路。

三是走专业化之路。专业化是彰显镇域经济特色，提高经济绩效的有效途径。广东专业镇和浙江"块状经济"的经验表明，经济强镇大多是依靠走专业化、集群化之路快速发展起来的。因此，要繁荣和发展镇域经济，就必须充分发挥镇域优势，强化专业化分工协作，推进实施"一镇一业"、"一村一品"，抓好产业链延伸和产前、产中、产后服务体系建设，促进产业链式发展，使镇域经济逐步走上专业化的发展之路。在专业化的基础上，有条件的镇还可以进一步向集群化方向发展。

四是走集约化之路。我国人口多，人均资源占有量少，土地资源有限，特别是耕地资源极其缺乏。为此，必须高效循环利用资源，大力推进节能、节水、节地、节材工作，强化集约、节约利用土地，进一步严格保护耕地，不断提高单位土地的产出，积极建设资源节约型和布局紧凑型小城镇，推动镇域经济逐步走上集约化的发展之路。

五是走生态化之路。要进一步加强生态、环境卫生等基础设施建设，积极发展生态农业和生态型工业，按照"减量化、无害化、资源化"的原则，全面推行清洁生产，加强对各种废弃物的回收和循环利用，着力推广节能减排和环境友好新技术，大力倡导绿色生活方式，引导群众绿色消费，努力构建环境友好的生态型企业、生态型工业园区、生态型小城镇和生态型产业体系，使镇域经济逐步走上生态化的发展之路。

（二）促进镇域经济科学发展的政策措施

为进一步加快小城镇建设，促进镇域经济科学发展，政府当前应着力采取以下政策措施。

一是加强建制镇基础设施建设。按照基本公共服务均等化和居民生活条件同质化的要求，在进一步完善建制镇尤其是镇区道路、供电、供水、通信等基础设施的基础上，加快小城镇改革开放的步伐，建立完善多元化的投融资机制，推动建制镇镇区教育、科技、医疗卫生、环境保护、园林绿化、消防、文化、体育、信息化等基础设施建设，逐步形成相对完善的基础设施和公共服务体系，提高建制镇的公共服务能力和水平，不断缩小建制镇镇区与设市城市城区在基础设施和公共服务能力方面的差距。

二是合理引导人口和产业集聚。要采取有效的政策措施，积极引导人口和非农产业向建制镇尤其是中心镇镇区集中，逐步形成集聚规模经济优势，为小城镇发展和扩大就业提供产业支撑。当前，可以考虑由中央、省、市、县财政各拿出一部分资金，对在建制镇镇区从事非农产业、吸纳农村剩余劳动力就业且符合国家产业政策和环保要求的新办企业，给予小额贴息贷款支持。同时，鼓励在外务工人员回乡到建制镇镇区创业投资，创办各类企业。政府在用地、水电气供应、手续办理、就业培训、技术和信息服务等方面给予相应支持。

三是设立小城镇建设专项资金。在现有部分省、市业已开展的小城镇建设专项资金筹集模式探索基础上，逐步建立完善国家、省、市三级小城镇建设专项资金。结合当前扩大内需政策，可以由中央财政设立国家小城镇建设专项资金，重点支持小城镇基础设施、公共服务设施和安居工程建设，省、市、县财政给予相应的配套。考虑到我国各地区建制镇发展差距较大，国家小城镇建设专项资金应重点投向中西部和东北地区。同时，为鼓励各地积极推进小城镇建设，可以考虑从专项资金中拿出一部分，采取"以奖代投"的办法，对小城镇建设实行奖励政策。

四是推行"镇改市"设市模式。目前，我国已有一批建制镇的镇区人口规模超过 20 万甚至 50 万，如东莞的虎门镇、长安镇和深圳的布吉镇。这些建制镇尽管镇区人口规模已经突破中等城市甚至大城市的界限，但其规划和管理仍沿用建制镇的体制，远不能适应城镇发展的需要。为此，应改变过去那种单纯整县改市的办法，尽快研究制定"镇改市"的设市标准，并在全国选择一批有条件的建制镇，推行"镇改市"的县辖市试点。这些新设的市，享受设市城市的建制和县级或准县级规划管理权限，但在行政区划上仍由原所在县管辖。事实上，设立这种县辖市是许多国家的普遍做法。在欧美国家，一般是"区域管城市"，而不是"城市管区域"。

五是开展小城镇科学发展示范工作。推进小城镇科学发展，是深入贯彻落实科学发展观的重要战略举措。为此，应在现行全国小城镇建设试点的基础上，由有关部门牵头，分期、分批、分类推进小城镇科学发展示范工作。要组织有关部门和专家学者，尽快研究制定小城镇科学发展评价指标体系，同时选择一批小城镇作为全国小城镇科学发展示范镇，建立完善小城镇科学发展示范体系，通过以点带面、示范引导，积极推动各地小城镇逐步走上科学发展的轨道。

六是编制小城镇建设技术规范。为促进小城镇建设和健康发展，2006 年 4 月建设部和科技部联合发布了《小城镇建设技术政策》。当前，应在此基础上，进一步编制完善全国小城镇规划和建设技术规范。首先，要补充完善《小城镇规划标准》，尤其要补充环卫、环境保护、防灾、集中供热、有线电视等规划方面的内容，并加快小城镇规划各类规范与标准的编制工作①；其次，要进一步完善小城镇基础设施、资源节约、生态环境保护和公共社会服务设施建设等方面的技术标准和规范；再次，应组织有关部门和专家，尽快编制实施《小城镇建设技术规范》，以指导各地小城镇建设，引导和促进小城镇健康发展。

---

① 樊元镇：《小城镇经济发展的规划设计和举措应对》，《企业导报》2009 年第 2 期。

包容性增长理论的脉络、要义与政策内涵

杜志雄　肖卫东　詹　琳

一　引言

2010 年 9 月以来，"包容性增长"① 这一概念受到舆论的广泛关注，更引起学术界的热议。这主要缘于 2009 年 11 月至 2010 年 9 月，中国国家主席胡锦涛两次在亚太经合组织会议②上强调要实现包容性增长，切实解决经济发展中出现的社会问题，让经济全球化和经济发展的成果惠及所有国家和地区、惠及所有人群，在可持续发展中实现经济社会协调发展。包容性增长作为一个全新的经济学概念和发展理念，其形成和发展集中体现在林毅夫《以共享式增长促进社会和谐》（2008）和世界银行《2006 年世界发展报告：公平和发展》（2006）、世界银行增长与发展委员会《增长报告——可持续增长和包容性发展的战略》（2008）等多边机构的一系列研究报告当中。目前，包容性增长和包容性发展已成为亚洲开发银行、世界银行等致力于国际减贫的国际机构的指导思想和核心战略。国内学术界对包容性增长理论的关注和研究较少，社会公

---

① 在发展经济学中，"经济发展"不仅包括经济总量的扩张，还包括经济结构的调整、发展方式的转变、资源节约和环境保护、制度优化及整个社会经济体制的转型和重构等，是一个比"经济增长"内容更为广泛的概念。但是，在现有文献有关"包容性增长"和"包容性发展"的表述中，"增长"与"发展"的内涵并无本质差异。

② 2009 年 11 月 15 日，中国国家主席胡锦涛在亚太经合组织第十七次领导人非正式会议上发表了《合力应对挑战，推动持续发展》的讲话，首次提出主张"统筹兼顾，倡导包容性增长"；2010 年 9 月 16 日，在第五届亚太经合组织人力资源开发部长级会议上，中国国家主席胡锦涛发表了《深化交流合作，实现包容性增长》的致辞，再次以致辞标题的形式强调包容性增长，并充分深刻地阐发了中国对包容性增长的认识和实现包容性增长的主要政策建议。

众和政府工作人员对此缺乏足够的认识，而将这一理念引入公共政策的讨论则更为鲜见。

有鉴于此，本文基于胡锦涛的两次讲话内容、亚洲开发银行和世界银行的相关研究报告以及学者的相关研究成果，从贫困、不平等理论发展与增长理论演进中梳理包容性增长理念的形成和演变脉络，综述包容性增长的各种定义，阐述包容性增长理论的要义和政策内涵，并在上述基础上建立一个包容性增长理论的逻辑框架和内容体系，最后指出包容性增长对中国经济社会协调发展的适用性和针对性。

二 增长理论的演进与包容性增长理念

（一）贫困、不平等与增长理论的演进

一直以来，贫困、不平等与增长是世界各国和地区经济社会发展中三个始终纠结在一起的重要问题，也是国内外学术界、许多国际机构致力研究的永恒主题。大量研究结果表明，虽然经济增长是战胜贫困最基本和最重要的力量来源（Ravallion，1995；Dollar and Kraay，2002），但经济增长的减贫成效在很大程度上还取决于一国或者地区初始的不平等程度，以及伴随经济增长的不平等状况的变化（Balisacan and Nobuhiko，2003；胡鞍钢等，2004），而且，高度不平等倾向于损害整体经济增长和减贫效果，使贫困群体陷入持续贫困的恶性循环，从而对减贫和经济增长均造成不利影响。

可见，快速的经济增长是贫困减少的必要条件，但并非充分条件，增长的性质及模式、增长成果的分享以及不平等程度的变化等因素也是影响减贫效果的重要因素。经济增长、不平等与贫困之间存在着复杂关系，这种复杂关系与人们在减贫实践推进中对贫困成因的全面深入探究、贫困内涵的深化和扩展密切相关。对贫困认识的深化，不仅使得一些国家和地区调整了减贫战略，而且也使得人们重新审视经济增长的减贫效应，从而也推进了增长理论的演进（蔡荣鑫，2010）。

国内外学术界和国际机构对于贫困内涵和影响因素的认识，经历了收入贫

困→能力贫困→权利贫困①的逐步深化过程，把贫困内涵从货币范畴扩展至非货币范畴，并逐渐揭示出贫困发生的本质根源。与此相应，自 20 世纪中期以来，人们关于经济增长的认识也在不断深化，增长理论经历了单纯强调极化涓滴增长（赫希曼，1991）→基础广泛的增长（世界银行，2001）→益贫式增长或有利于穷人的增长（ADB，1999；世界银行，2001）→包容性增长（ADB，2007；世界银行增长与发展委员会，2008）的逻辑演进，以及减贫战略和政策的不断改进和完善（见表1）。

表1　贫困内涵的深化与增长理念、减贫战略和政策的演进

贫困类型	收入贫困		能力贫困	权利贫困
贫困特征	收入水平低下、饥饿、营养不良、饮用水不安全、基本卫生服务缺乏等		贫困问题累积和持续贫困顽固存在	贫富不平等状况日益加剧，长期贫困问题严重，而机会不平等是导致结果不平等的最主要因素
贫困内涵	绝对收入贫困：从物质缺乏角度关注生存需要	相对收入贫困：从能力和资源缺乏角度关注基本生活需要和社会平均生活水平	从能力和权利缺乏角度关注财富分配不平等	从权利缺乏、贫困脆弱性和社会排斥角度关注机会不平等
增长理念	涓滴增长：增长成果通过市场机制产生的纵向涓滴效应和横向扩散效应自动地分配到社会所有阶层和群体，从而自动消除贫困，形成帕累托最优状态	基础广泛的增长：基于市场导向的一种能够充分利用劳动力并使其发挥自身最大能力的劳动密集型增长模式，重点在于扩展穷人的就业机会	益贫式增长：基于市场和非市场行动相结合的旨在实现减贫和改善财富分配不平等状况，并使穷人得益比例高于非穷人的有利于穷人的增长模式，重点在于扩展穷人的经济机会	包容性增长：基于市场和非市场行动相结合的旨在革除权利贫困和社会排斥、倡导和保证机会平等的高速、有效和可持续的增长模式，重点在于扩展发展机会以使民众的福利得以持续改善和增加，实质自由*得以扩展

① 收入贫困是指总收入水平不足以获得仅仅维持身体正常功能所需的最低生活必需品，包括食品、房租和其他项目等。能力贫困是指"一个人可以获得的各种功能性活动的不同选择组合"的能力被剥夺而产生的贫困。权利贫困是指特定的群体和个人缺乏应享有的政治、经济、文化权利和基本人权而导致的贫困（郭保熙，2005）。

贫困类型	收入贫困		能力贫困	权利贫困
减贫战略政策	通过市场机制的边际调整来实现和谐的、累积的单纯经济增长过程,以达到稳定的均衡状态	基于扩展就业机会和能力兼顾的减贫战略:一是促进对劳动力的需求,为穷人提供更多谋生的经济机会;二是广泛提供基本社会服务,增加穷人人力资本,提高其利用谋生机会的能力	基于扩展经济机会的反贫困战略:使穷人增进和积聚多种形式的资本并提高回报率,以扩展穷人的经济机会;促进赋权,以政治民主、社会平等增加穷人的经济机会;加强社会保障,以使穷人更好地利用经济机会,让经济机会更为稳固	基于机会与增长相辅相成的包容性增长战略:培育和提升人力资本,以使民众获得人力资本价值公平;增强制度设计与政策制定的公平性,以使民众获得市场竞争环境公平;建立公平的防护性保障体系,以使民众获得社会保障价值公平

注: *实质自由是指人人享有人们有理由且普遍珍视的能过上体面生活的可行能力,包括免受困苦(诸如饥饿、营养不良,可避免的疾病、过早死亡之类)的基本可行能力,以及能够识字算数、享受政治参与及权益等的自由,比如失业者有资格得到救济,收入在最低标准线之下者有资格得到补助,每一个孩子都有资格上学接受教育等权利(阿马蒂亚·森,2002)。

资料来源:根据相关理论和实证文献以及国际机构的发展报告整理。

(二)包容性增长理念的形成

相关研究表明,过去5年间,全球财富以前所未有的速度增长,然而,全球仍有3.2亿~4.43亿人处于长期贫困状态,并且这种长期贫困具有代际传承性[①]。2008年,世界银行以2005年购买力平价重新评估世界人口贫困状况,认为全世界有14亿人口(占世界人口的25.2%)生活在赤贫之中(以1.25美元贫困线衡量),其中,亚太地区贫困人口占世界贫困人口的2/3(9.03亿,占亚太地区人口的27%);同时,全世界范围内收入不平等现象加剧的国家数量大幅增加,非收入方面的不平等程度日益增强,不平等维度(经济、政治和社会不平等)日益增多。更为重要的是,这些维度之间呈现相互关联和代际传递的趋势(世界银行,2006;2008)。在亚洲,除中国以外,有数据可查的21个发展中国家中,还有14个国家的基尼系数都有所上升(Aliand Hyun,

---

① 数据来源:英国曼彻斯特大学长期贫困研究中心(CPRC):《脱离贫困陷阱:2008/2009年度长期贫困报告综述》,《国际减贫动态》2009年第2期。

2007）。显然，上述客观存在的贫困和不平等现实，不仅羁绊了经济的快速高质量增长和社会进步，更重要的是制约了经济增长所形成的福利向民众尤其是贫困和弱势群体的传导，增长成果并没有广泛惠及所有人。在这样的背景和现实下，关于"导致收入和非收入不平等的原因是什么"和"如何使经济增长过程更加公平，使增长的成果能广泛惠及所有人"的问题，就逐渐成为学术界、国际机构讨论和研究发展政策的焦点，也成为许多发展中国家在推行减贫和发展战略实践中努力探究和总结的重要内容。因此，亚洲开发银行在对上述问题进行深入研究的基础上，于 2007 年率先提出包容性增长的增长模式和理念，并在其后的形成和发展过程中发挥了重要作用。

早在 2004 年亚洲开发银行"杰出学者演说"会上，经济学家林毅夫就发表了题为"发展中亚洲国家利及所有人民的增长方式的发展战略"的演讲，提出"亚洲发展中国家应该遵循比较优势，利用后发优势，采取包容性增长，从而缩小同发达国家之间的差距"。这是他在多边国际场合首次提出这一代表新增长理念的概念，也是首次将其在 2003 年发表的学术论文"Development Strategy, Viability and Economic Convergence"[①] 中阐述的包容性增长思想从理论探讨引入公共政策和政府施政策略的讨论。他是较早提出包容性增长理念的学者，也为亚洲开发银行 2007 年"包容性增长战略"的正式形成做出重要贡献。

其实，亚洲开发银行在 2004 年提出的促进贫困减除战略中，"包容性社会发展"就是其中的一大战略支柱，而在其后的第二个中期战略中，更是将"强化包容性"作为优先战略。2006 年 6 月，为研究亚洲未来发展趋势以及亚洲开发银行在经济社会发展进程中的作用，亚洲开发银行组建了一个汇集国际机构和各国著名经济学家的名人小组[②]，该小组在 2007 年 3 月向亚洲开发银行行长提交了题为"新亚洲、新亚洲开发银行"的研究报告并指出：因应未来亚洲各国的经济发展，亚洲开发银行应从关注亚洲地区整体甚至全球视角，将战略定位从关注贫困减除扩展到促进包容性增长。这正是其后亚洲开发银行各项包容性增长政策出台的渊源。同时，基于中国加入 WTO 以后经济增长迅猛、

---

① 该文发表于：*Economic Development and Cultural Change*，51（2）：277-308，2003。
② 该小组由联合国贸发会秘书长，美国、中国、印度三国著名经济学家，索尼公司以及德意志银行集团高层组成，中国著名经济学家、现任世界银行首席经济学家林毅夫，美国总统奥巴马的首席经济顾问、白宫国家经济委员会主任劳伦斯·萨默斯均为该小组成员。

收入和非收入差距持续扩大的事实，2005 年，由亚洲开发银行赞助，亚洲开发银行经济研究局和驻中国代表处联合开展了"以包容性增长促进社会和谐"的研究课题①，旨在分析中国经济过去 30 年增长的特点、收入差距扩大的原因及所带来的问题，探讨通过实现包容性增长构建和谐社会的政策选择。在上述研究报告的基础上，2007 年 10 月，亚洲开发银行组织了一次以"新亚太地区的包容性增长与贫困减除"为主题的国际研讨会，会议达成"增长必须具备包容性、可持续性以及更为民众所认同"的共识，其后的亚洲开发银行官方成果报告明确提出：亚洲开发银行必须实现重大转变以期更好地服务于包容性增长。2008 年，亚洲开发银行正式把支持包容性增长确定为其长期战略框架的三大支柱之一（其余两大支柱分别为环境的可持续增长和区域一体化）。

　　世界银行作为长期致力于全球贫困减除和发展工作的国际机构，它关于减缓贫困与增长、不平等之间关系的认识也在不断深化，相应地，其关于包容性增长的理念和战略也在逐步形成，并为包容性增长理论的完善发挥了重要作用。世界银行关于包容性增长的理念集中体现在《2004 年世界发展报告：让服务惠及穷人》、《2006 年世界发展报告：公平与发展》和世界银行增长与发展委员会《2008 年增长报告——可持续增长和包容性发展的战略》中（见表2）。

表 2　世界银行关于包容性增长理念的核心内容

世界发展报告	包容性增长理念的核心内容
2004 年报告：让服务惠及穷人	在有些时候，穷人甚至比富人更需要基础服务，免于疾病的困扰和接受教育获取知识是穷人摆脱贫困的两个重要渠道，其他基础服务也有助于缓解贫困，为穷人从贫困中解脱出来创造条件 并非所有人能从持续的经济增长中获益，而可以获得并且也能支付得起的质量优良的服务将有助于改善穷人的状况 穷人需要的基本服务，政府有责任通过扩大公共支出、技术调整和改革激励机制以改进服务供给状况和穷人享受服务质量，这是因为：①市场失灵会导致服务的产出和质量低于社会最佳水平，需要政府干预；②政府有责任缩小甚至消除穷人与富人在享受服务方面的差距，改善穷人的健康和教育状况，以保证社会公平

---

① 该研究课题的成果已以"以共享式增长促进社会和谐"的标题于 2008 年由中国计划出版社正式出版。

世界发展报告	包容性增长理念的核心内容
2006 年报告：公平与发展	公平是指在追求自己所选择的生活方面,个人应享有均等机会,而且最终不应出现极端贫困的结果 机会不平等是导致所有不平等的基本因素,它会加剧经济绩效的低下、政治冲突和制度的脆弱性,这是因为:①当市场不完善时,权利和财富的不平等会转化为机会的不平等,从而导致资源分配效率低下;②权利的不平等会形成永久制度化的地位和财富不平等,这将不利于投资和创新 公平和增长相辅相成,广泛分享经济和政治机会对经济增长具有至关重要的作用,而且机会的质量非常重要。为此,要建立包容性增长的制度,通过公共行动实现政治和经济竞争环境的公平化,对人进行人力资本投资,扩大司法公正和基础设施的享受范围,促进劳动力市场、金融市场和产品市场的公平性
2008 年报告：可持续增长和包容性发展的战略	构建和实践可持续增长和包容性发展的战略,可取得巨大成果并为民众所广泛共享。合理充分利用经济增长造福于所有民众,将成为消除贫困的有力武器之一 持续高速增长经济体具有五个明显的共同特征:①充分利用全球经济;②着眼于未来较高的储蓄率和投资率;③充分利用市场机制来配置资源;④保持适度的通货膨胀和可持续的公共财政,以确保宏观经济稳定;⑤拥有敢作敢为、值得信赖和精明强干的政府 可持续增长和包容性发展的战略涉及的基本政策要素错综复杂,但总体上可分为五类:累积型政策、创新型政策、稳定型政策、分配型政策和就业型政策

注:2004 年报告将"穷人的服务"界定为直接有助于改善穷人卫生保健和教育状况的服务,包括医疗保健服务、教育服务以及诸如供水、排污和能源等基础服务。

资料来源:根据相关报告内容整理。

综上所述,基于机会平等视角,亚洲开发银行、世界银行等国际机构和经济学家,结合收入分配状况和贫困的动态变化以及长期贫困现象的日益突出来重新审视增长模式,丰富了增长理念,无疑具有非常重要的现实意义和深刻的政策内涵。目前,包容性增长模式和理念已成为亚洲开发银行和世界银行等国际机构致力于贫困减除和发展的指导思想和核心战略,并在国际上得到广泛接受和认可,甚至有些国家（例如中国）已宣称要致力于推进和实现包容性增长和发展。

（三）关于包容性增长的定义

包容性增长作为一个新概念,尽管在国际上受到高度关注和认可,但到目前为止还没有一个统一和公认的定义。梳理和综括现有文献,可以发现,关于包容性增长的定义主要有以下四类。

第一类，把包容性增长界定为机会平等的增长（Ali and Zhuang，2007；ADB，2007）。在该类定义中，机会平等是包容性增长的核心，包容性增长既强调通过高速和可持续的经济增长以创造就业和其他发展机会，又强调通过减少与消除机会不平等来促进社会公平和增长的共享性。唐钧（2010）认为，包容性增长的内涵就是"参与"和"共享"，只有当所有民众能够"参与"和"共享"时，经济增长才具有积极意义。Ali and Hyun（2007）甚至认为，包容性增长就是要达到以下四个结果：可持续和平等的增长、社会包容、赋予权能、安全；同时，快速且可持续的增长应该建立在广泛的部门和区域基础上，包容大部分劳动力、穷人和易受伤害群体。

第二类，基于对贫困和弱势群体的关注，有学者认为包容性增长是益贫式增长。这是因为，贫困和弱势群体很难从增长中受益，因而包容性增长应使低收入群体从经济增长中分享收益，最好是使其多受益，使他们过上有尊严的生活（Besley et al.，2007）。包容性增长作为一种发展战略，它是益贫式增长的扩展，这种发展有利于发展中国家中的大多数人，而且在经济与政治上更具有持续性（Birdsall，2007）。

第三类，基于全球视角从国内外层面界定包容性增长。杜志雄（2010）认为，（1）从中国经济发展的实际看，包容性增长是一种"普惠式增长"，即不断为民众逐步过上富裕生活创造物质基础，以实现公平分配，提高居民收入在国民收入中的比重和劳动报酬在初次分配中的比重；（2）在国际层面上，包容性增长是一种"开放性增长"，国与国之间在开展经济合作时应该互相关照，互惠互利，携手发展。马晓河认为，（1）从国内层面上看，包容性增长应具有三个层次的含义：①它是和谐增长和科学增长；②民众都能在增长中获益，尤其是低收入群体获益更多；③这种发展应该有利于社会发展、公共服务和精神文明建设；（2）从国际层面上看，国家与国家之间应该实现协调、和谐的增长、共赢和多赢的增长①。

第四类，从就业、制度、执政理念的角度界定包容性增长。Felipe（2007）把包容性增长与就业联系起来，认为包容性增长应该实现穷人的充分就业，并使工资增长速度高于资本报酬增长速度，从而缩小贫富差距。俞宪忠

---

① 资料来源：《什么是"包容性增长"？》，《中国经济周刊》2010 年第 38 期。

（2010）认为，"包容"是民生发展的制度诉求，包容性增长就是经济增长、人口发展和制度公平的有机协同，具有显著的民本主义发展取向。陈杰人（2010）则结合中国执政党的核心理念，从三个层面理解包容性增长的定义：在价值层面，人民利益至上是包容性增长的核心；在方法层面，法律和政策的调节是实现包容性增长的关键；在技术层面，要更多地照顾民营企业等各类草根利益主体。

三　包容性增长理论的基本要义与政策内涵

（一）包容性增长理论的基本要义

综上所述，尽管学者对包容性增长关注的对象和内容各有侧重，不同学者有不同的诠释，但是，综合来看，他们均认同：机会平等和成果共享是包容性增长的核心内涵；包容性增长就是要在可持续发展中实现经济社会的协调发展。可见，包容性增长既是目的，也是手段，它是一种把经济增长过程和经济增长结果有机统一的经济社会协调发展模式。具体来说，包容性增长理论蕴涵以下四个方面的基本要义。

1. 通过高速、有效和可持续的经济增长创造大量就业和发展机会

经济增长可以促进劳动力价值提高，创造大量新的就业机会，促使工资水平上升，因而能将增长成果更广泛地传导给劳动者；经济增长能创造必要的资源，用于支持实现人力资本改善和提升、教育和基本医疗卫生水平提高、技术创新能力不断提高、贫困率不断下降等经济社会发展目标；持续的经济增长还能扩大民众的选择范围，产生更多、更加平等的分配机会。因而，经济增长是让民众能更多参与生产和创造的必要条件（但并不是充分条件），是实现若干经济社会目标的工具和手段。可见，不管我们如何界定包容性增长这一概念，它本身就蕴涵着这样的基本要义：一方面，贫困的缓解和摆脱、不平等的缩小和消除离不开高速、有效和可持续的经济增长，经济增长能为民众创造新的就业机会和发展机会，创造出民众单凭一己之力难以企及的诸多选择；另一方面，经济增长并不总是有利于减贫、缩小和消除不平等，它要求民众的不懈努力作用于经济增长。从人类发展的广义内涵上看，民众的发展既是经济增长的

目的，也是实现经济增长的最重要手段（世界银行增长与发展委员会，2008）。

2. 革除民众尤其是贫困人口和弱势群体的权利贫困和所面临的社会排斥

Tandon and Zhuang（2007）认为，发展中国家除了收入差距外，非收入方面的差距也在扩大，其中最受人关注的是民众在接受基础教育、基本医疗卫生服务以及其他基本社会服务所面临的机会不平等。而这主要是由于民众尤其是贫困人口和弱势群体的各种权利（包括政治权利、经济权利和社会权利等基本人权）被剥夺和被侵蚀，以及由于等级地位、权势和财势、城乡分隔制度、地理位置、性别以及能力等原因而遭受到的各种社会排斥。不难发现，社会排斥在现实社会中有诸多表现，例如劳动力市场上的排斥、信贷市场上的排斥、与性别相关的排斥、社会保障制度上的排斥等。可见，民众的权利贫困和所面临的社会排斥是导致其贫困的重要原因。权利剥夺、能力缺失是导致贫富差距拉大的真正原因（阿马蒂亚·森，2002），社会排斥本身不但是权利剥夺和能力缺失的一部分，而且是造成各种权利剥夺和能力不足的原因之一（阿马蒂亚·森，2005）。当前世界各国或者地区民众在经济、政治等方面强烈的福利受损感和社会不公平感，其实质就是民众的权利贫困及所遭受到的各种社会排斥的重要体现。因此，倡导和推进包容性增长，就要革除民众尤其是贫困人口和弱势群体的权利贫困与所面临的社会排斥，强调和重视民众尤其是贫困人口和弱势群体平等地享有各种政治、经济和社会权利，不应将他们排斥在经济增长进程之外。人类历史发展的经验表明，社会越是向前发展，权利贫困和社会排斥对贫困的影响越大；一个良性发展的社会，其核心标志是民众逐步摆脱权利贫困和社会排斥，使个人基本权利不断得到扩展和保护，真正实现"人的全面发展"。

3. 倡导和保证机会平等，促进和实现社会公平正义

公平正义是人类永恒的价值诉求和价值追求，从某种意义上说，人类历史的发展过程就是不断追求公平正义的过程。但是，收入和非收入方面差距不断扩大所产生的严重的不良经济效应和社会效应，在很大程度上延缓和阻碍了这一进程。这是因为，过大的或者不断扩大的收入和非收入差距使得增长成果难以惠及所有民众，长此以往会削弱社会凝聚力，降低制度和政策的有效性，最终会损害经济增长和社会发展的前景。导致收入和非收入差距的原因很多，且不同的国家有不同的情况，但从政策制定的视角看，大体上可以归纳为两大类：①人的背景或者所处环境（包括家庭财富与权势、社会关系、宗教信仰、肤色、性别、所处的地理环境、所工作的行业等）的不同；②人的努力与勤奋程度的不同（Roemer，2006）。由个人背景或所处环境因素造成的收入差距，大多反映的是"机会不平等"，是社会不公平的表现，通常由制度、市场与政策的不完善与失灵所造成。同时，就可持续发展和减少贫困而言，机会不平等是对人类天赋的浪费，是有害的，它会加剧经济效率的低下、政治冲突以及制度的脆弱性（世界银行，2006），政府必须通过公共政策手段加以解决。而由个人努力和勤奋程度的不同所造成的收入差距，反映的是市场机制的酬勤惩懒，是良好的激励机制，能够鼓励创业与创新，这是促进经济增长所必不可少的。基于"不平等"的两大来源，世界银行（2006）区分了"机会的不平等（包括就业、受教育、接受基本医疗卫生服务机会的不平等）"和"结果的不平等（包括收入不平等、财富不平等）"这两个相关而又不相同的概念。从公平的角度看，机会平等要比结果平等更为重要。由个人背景或者所处环境不同导致的机会不平等是不可以接受的，而由努力程度不同导致的结果不平等却是可以接受的（Chaudhuri and Ravallion，2007）。因此，促进和实现"包容性增长"，除了要重视努力实现高速、有效和可持续的经济增长，最大限度地创造就业机会，努力革除民众尤其是贫困人口和弱势群体的权利贫困和所面临的社会排斥外，还要倡导和保证机会平等，通过机会平等改善收入和财富分配，缩小结果的不平等，促进和实现社会公平正义。从这个意义上说，机会平等和社会公平正义正是包容性增长理念的核心要义所在。

4. 增强增长的广泛共享性和共享的公平性，确保民众获得最低限度的福利，从而提升和扩展民众的实质自由

以上分析表明，包容性增长是一个内涵更加广泛的发展概念，它不仅着眼于消除贫困，更为重要的是强调人人有平等机会参与经济增长过程，并分享增长成果。包容性增长即为建立在机会平等基础上的经济增长（ADB，2007）。进而言之，为了使包容性的经济增长取得成功，还必须致力于实现机会均等，让人人都拥有分享增长成果的公平机会（世界银行增长与发展委员会，2008），以增强增长成果的广泛共享性和共享的公平性，确保民众获得最低限度的福利水平，从而提升和扩展民众的实质自由。可见，包容性增长的根本目的是改善和提升民众的福利总水平，最终的价值指向是提升民众的实质自由。这即为，收入是手段，福利是根本（杜志雄，2010），自由是价值指向。

综上分析，包容性增长理念有四个基本要义，即经济增长；权利获得；机会平等；福利普惠。依此逻辑，包容性增长就是要在革除权利贫困和社会排斥、倡导和保证机会平等的经济增长过程中，使民众的福利得以持续改善和增进，民众的实质自由得以保障和扩展。

（二）包容性增长理论的政策目标

透过上述对包容性增长理论的渊源、内涵和基本要义的综述与分析可见，包容性增长理论蕴涵着宏观层面的政策内涵。Ali and Zhuang（2007）提出，包容性增长需要保持经济的高速与持续增长；同时，包容性增长也要求通过减少与消除机会不平等来促进社会公平与增长的共享性。这两个方面是相辅相成的：没有经济增长就没有机会，没有机会，机会平等也就无从谈起；而如果机会不平等、社会不公，增长就缺乏共享性，经济也不可能保持高速而持续的增长。因此，就政策选择而言，为推进和实现包容性增长，关键在于形成一个完善的、有效的、能坚定执行的包容性宏观政策体系，在这样一个政策体系中，政策目标是实现人人都能积极地参与经济增长过程，并能有平等机会从中获得高质量的人力资本价值公平和市场竞争环境公平[1]，在合理分享增长成果方面也不会面临权利剥夺、能力缺失以及社会排斥。因此，政府政策和公共行动应该致力于使不同境况的民众实现机会均等化，以便他们能自由地配置其人力资本，并最终能达到较高的福利水平和实质自由水平。为此，政府需要在以下三个方面付诸努力。

1. 增加在培育和提升人力资本方面的投入，以提高民众特别是弱势群体的基本素质和能力，使民众获得高质量的人力资本价值公平

这是发展中国家政策制定者必须坚定承诺并努力实现的基本政策目标，也

---

[1] 市场竞争环境公平，是指在成为社会上活跃、政治上有影响力和经济上有生产力的角色方面，社会所有成员享有类似的机会（世界银行，2006）。

是推进和实现包容性增长的题中应有之义。考虑到基础教育、基本医疗卫生服务以及其他社会服务这些培育和提升人力资本方面的投资均属于公共产品，具有较强的外部性和溢出效应，因而政府在促使民众平等获得这些领域的公共服务方面应扮演关键角色。

2. 加强制度设计与政策制定的公平性，消除社会不公，完善市场机制，创造平等竞争的条件，以使民众获得高质量的市场竞争环境公平

建立和维护市场规则化、竞争秩序化、权益保障法律化的公平竞争环境，这是市场机制顺利和健康运行的条件，同时也是市场主体公平竞争的保证。这里的一个核心问题是要最大限度地创造劳动者就业和发展的机会，要通过促进竞争环境公平的制度设计和政策制定，在有效促进经济可持续增长的同时，为贫困和弱势群体提供更多的有尊严的就业机会和发展机会。

3. 建立以权利公平、机会公平、规则公平、分配公平为主要目标，以社会安全网和社会保障机制等为主要内容的防护性保障体系，以防止和消除极端贫困，使民众获得与经济增长相适应的高水平的社会保障

建立覆盖城乡民众的具有可持续性的社会保障体系；加强社会保险、社会救助、社会福利的衔接和协调，不断提高社会保障水平；加大公共财政的社会保障投入，扩大各类社会保险的覆盖面，健全社会救助体系，发展社会福利事业和慈善事业。

（三）包容性增长理论的政策措施

为推进和实现包容性增长，政府除了要从上述三个宏观战略层面上努力实现政策目标外，还需要精心制定实现包容性增长的具体政策[①]。包容性增长理论的具体政策措施大致可以分为以下几类[②]。

1. 累积型政策

强劲而持续的经济增长有赖于高投资率（包括公共投资和私人投资），重

---

① 虽然这些政策并不能保证包容性发展一定能达到既定目标，但对于一个国家或者地区能否抓住机遇，从而实现可持续的包容性发展却具有实质性的影响。将注意力集中于其中的一些根本政策要素，就可以提高加快包容性发展的可能性，并显著促进包容性发展质量的提升（世界银行增长与发展委员会，2008）。

② Bacha 把这些根本政策措施概括为"经济开放、社会包容、政府有效"。参见世界银行增长与发展委员会（2008）。

点在基础设施投资和人力资本投资（教育培训、基本医疗卫生服务）两个方面。

2. 创新型政策

从全球范围获取知识和技术，促进知识和技术的传播、吸收、创新和商业化，推进包容性创新（与经济弱势群体需求相关的知识和技术的传播、吸收和创新）。

3. 分配型政策

关注资源的优化配置，政策要点在于利用市场机制尤其是价格机制引导资源配置，主要政策措施包括：构建运作完善的劳动力市场，通过劳动力的培训和再培训项目促进和保护劳动力的流动，鼓励出口，促进资本流动和金融市场适度开放，等等。

4. 稳定型政策

确保国家宏观经济稳定，避免经济衰退、债务缠身和通货膨胀失控。这是因为，宏观经济动荡既是潜在的社会不公和与之相关的制度缺陷导致的结果，也是这两者产生的原因（世界银行，2006），并且会阻碍社会发展和社会公平的实现。为此，包容性增长还需要一个敢作敢为、值得信赖、精明强干的政府，并能发挥其强大的领导作用和治理能力。政府在制定确保宏观经济稳定增长的政策时，必须确定减贫和缩小不平等的总体战略，坚定不移地追求包容性增长的各层次目标。

5. 包容型政策

创造并扩大就业和经济机会，促进公平和机会均等，实现结果不平等最小化，建立和谐的共享型社会。把充分就业作为经济社会发展的优先目标，积极实施扩大就业的发展战略；强化政府促进就业的责任，实施更加积极的就业政策和相应的财政、金融、产业等方面政策；建设覆盖城乡的公共就业服务体系，健全面向所有困难民众的就业援助长效制度，完善就业与社会保障的联动机制，促进体面劳动；通过决定投资和修建基础设施的位置来影响产业的地理集中度和地区专业化水平，进而促进就业和发展机会的空间分布更加均等。

从上述各部分内容的梳理和分析中可以发现，包容性增长理念的形成和理论的发展，虽然时间不是很长，却隐含着一个严密的逻辑框架和完整的内容体系，如图1所示。

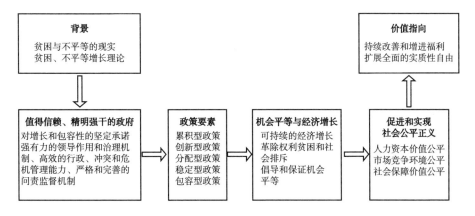

图1　包容性增长理论的逻辑框架和内容体系

四　包容性增长：中国经济社会协调发展的全新时代命题

　　2009年11月至2010年9月，包容性增长两次被胡锦涛在亚太经合组织会议上的讲话中提及和强调，表明这个全新的经济学概念和发展理念也得到当时中国最高领导人的认可和接受。而且透过胡锦涛论述的话语环境（国际正式公开场合，国内收入差距日益扩大、推进收入分配制度改革的呼声日益高涨）和话语内容，其讲话既是诠释一种全新的发展理念，阐述包容性增长的中国式理解，更为重要的是隐含了中国政府将坚定践行包容性增长的决心和信心，是在释放有关中国"十二五"时期乃至今后中长期经济社会发展走向的一种重要政策信号。

　　从当今中国经济社会发展的实际出发，倡导和坚定践行包容性增长具有深刻的现实背景和针对性。尽管30多年的改革开放使中国在制度变迁和经济绩效等方面取得举世瞩目的历史性成就，但是，客观来看，增长成果并没有等比例、惠及所有民众，甚至有些贫困和弱势群体根本就没有机会分享增长成果。中国经济高速增长的背后隐藏着许多与包容性增长相悖之处，突出表现在以下几个方面：尽管经济高速增长导致贫困人口大幅下降，但是，按照国际贫困标准，中国的贫困人口数量依然庞大，扶贫仍然任重道远，甚至在某些方面任务反而加重了。经济高速增长伴随着收入分配状况的日趋恶化，收入分配差距呈

"多层次、结构性"的扩大之势。例如，基尼系数有较大幅度的提高；城乡之间、城镇内部和农村内部、地区之间、行业之间、群体之间的收入差距日益拉大；劳动报酬在 GDP 中所占比重连年持续下降，而资本报酬所占比重在显著上升[①]；在国民收入分配格局中，居民收入所占比重逐年下降，而企业和政府部门收入所占比重逐年上升[②]，企业和政府部门更多地分享了经济增长所带来的益处；收入分配秩序混乱，严重伤及公平。不仅是收入差距，非收入方面的差距也很大，这主要表现在贫困和弱势群体在接受基础教育、享受基本医疗卫生服务和其他社会服务的机会方面虽有改进，但不平等现象仍然存在，消除非收入贫困进展缓慢。

中国最高领导人在国际正式公开场合的话语内容和中国经济社会发展的现实语境均表明，当前中国迫切地需要坚定践行包容性增长，以缓解和缩小各种形式和层次的收入差距和非收入差距；倡导和保证机会平等，从而促进增长成果的广泛共享性以及共享的公平性。走包容性增长道路，不仅是当前中国经济社会情势所必需，也是贯彻落实科学发展观、构建社会主义和谐社会、建设社会主义新农村、推进城乡一体化发展和转变经济发展方式的内在逻辑要求，更是新时期中国经济社会协调发展的一个全新时代命题。因此，中国应继续做好包容性增长的积极倡导者和坚定实践者，继续推动科学发展，促进社会和谐，这将是长期和艰巨的任务。

参考文献

Ravallion, M.: Growth and Poverty: Evidence for Developing Countries in the 1980s, Economics Letters, 48: 411 – 417, 1995.

---

① 据《人民日报》2010 年 5 月 18 日报道，中华全国总工会的统计数据显示，中国居民劳动报酬占 GDP 的比重，在 1983 年达到 56.5% 的峰值后就持续下降，2005 年已经下降到 36.7%，22 年间下降了近 20 个百分点。而从 1978 年到 2005 年，资本报酬占 GDP 的比重上升了 20 个百分点。
② 1992~2005 年，在国民收入的初次分配阶段，居民部门收入所占比重下降了 10.70 个百分点，而企业和政府部门收入所占比重则分别上升了 7.49 个和 3.21 个百分点；在国民收入的再分配阶段，居民和企业部门收入所占比重分别下降了 2.01 个和 1.16 个百分点，而政府部门收入所占比重则上升了 3.17 个百分点（白重恩、钱震杰，2009）。

Dollar, D. and Kraay, A.: Growth is Good for the Poor, *Journal of Economic Growth*, 7 (3): 195 – 225, 2002.

Balisacan, M. and Nobuhiko, F.: Growth, Inequality and Politics Revisited: A Developing Country Case, Economics Letters, 79: 53 – 58, 2003.

Ali, I. and Zhuang, J.: Inclusive Growth toward a Prosperous Asia: Policy Implications, ERD Working Paper No. 97, Economic and Research Department, Asian Development Bank, Manila, 2007.

ADB: Eminent Persons Group Report, Asian Development Bank, Manila, 2007.

Ali, I. and Hyun, H.: Defining and Measuring Inclusive Growth: Application to the Philippines, ERD Working Paper No. 98, http://www.adb·org/economics, 2007.

Besley, Timothy; Burgess, Robin and Esteve-Volart, Berta: The Policy Origins of Growth and Poverty in India, in Besley, Timothy and Cord, Lousie J. (eds.): Delivering on the Promise of Pro-poor Growth, Palgrave Macmillan and the World Bank, New York, 59 – 78, 2007.

Birdsall, N.: Reflections on the Macro Foundations of the Middle Class in the Developing World, working paper, No. 130, Centre for Global Development, Washington D. C., 2007.

Felipe, J.: Macroeconomic Implications of Inclusive Growth, mimeo, Asian Development Bank, Manila, 2007.

Tandon, A. and Zhuang, J.: Inclusiveness of Economic Growth in the People's Republic of China: What Do Population Health Outcomes Tell Us? ERD Policy Brief Series No. 47, Economics and Research Department, Asian Development Bank, Manila, 2007.

Roemer, J.: Econmic Development as Opportunity Equalization, discussion paper, No. 1583, Cowles Foundation for Research in Economics, Yale University, New Haven, 2006.

Chaudhuri, S. and Ravallion, M.: Partially Awakened Giants: Uneven Growth in China and India, in Winters, L. A. and Yusuf, S. (eds.): Dancing With Giants: China, India and the Global Economy, World Bank, Washington D. C., 2007.

ADB: Fighting Poverty in Asia and the Pacific: The Poverty Reduction Strategy of the Asian Development Bank, Manila, Philippines, 1999.

胡鞍钢、胡琳琳、常志霄：《中国经济增长与减少贫困（1978～2004)》，《清华大学学报》（哲学社会科学版）2006 年第 6 期。

蔡荣鑫：《包容性增长探源》，《第一财经日报》2010 年 9 月 29 日。

郭保熙：《论贫困概念的内涵》，《山东社会科学》2005 年第 12 期。

唐钧：《参与和共享的发展才有意义》，《人民日报》2010 年 10 月 14 日。

林毅夫、庄巨忠、汤敏、林暾：《以共享式增长促进社会和谐》，中国计划出版社，

2008。

杜志雄：《收入是手段，福利是根本》，《中国社会科学报》2010 年 5 月 13 日。

杜志雄：《胡锦涛提出要实现"包容性增长"》，中国社会科学院农村发展研究所网站，2010 年 11 月 16 日。

俞宪忠：《"包容"是民众发展的制度诉求》，《人民日报》2010 年 10 月 14 日。

陈杰人：《中国"包容性增长"为民企带来机会?》，FT 中文网，2010 年 10 月 8 日。

阿马蒂亚·森：《论社会排斥》，王燕燕译，《经济社会体制比较》2005 年第3 期。

阿马蒂亚·森：《以自由看待发展》，任赜、于真译，中国人民大学出版社，2002。

世界银行：《2000/2001 年世界发展报告：与贫困作斗争》，中国财政经济出版社，2001。

世界银行：《2004 年世界发展报告：让服务惠及穷人》，中国财政经济出版社，2004。

世界银行：《2006 年世界发展报告：公平与发展》，清华大学出版社，2006。

世界银行增长与发展委员会：《增长报告——可持续增长和包容性发展的战略》，中国金融出版社，2008。

世界银行：《1990 年世界发展报告：贫困问题》，中国财政经济出版社，1990。

赫希曼：《经济发展战略》，曹征海、潘照东译，经济科学出版社，1991。

白重恩、钱震杰：《谁在挤占居民的收入——中国国民收入分配格局分析》，《中国社会科学》2009 年第 5 期。

"十二五"时期中国农村发展若干战略问题分析与思考[*]

中国社会科学院农村发展研究所课题组

在刚刚过去的"十一五"时期，中国农业和农村发展取得历史性的成就，出现了一些值得关注的、深刻的、意义深远的新变化，这些新变化或许意味着中国农业和农村发展方式的转变已经开始。从这些新变化出发，深刻分析它们产生的原因，展望"十二五"时期中国农业和农村的发展趋势，不仅对于认识中国农业和农村发展的客观规律具有重要的理论价值，而且对于制定中国农业和农村发展政策具有重要的现实意义。

一 "十一五"时期农业和农村发展的新变化

（一）粮食连续增产，农业双层经营模式出现新突破

1. 粮食连续七年增产

"十一五"时期，中国粮食产量从4.97亿吨增长到5.46亿吨，保持了连续增长，增幅约10%。粮食增产的主要因素有：①低产的油料作物播种面积显著减少，为稳定高产的粮食播种面积发挥了作用。②良种、良法（机播机收和配方施肥）和化肥、农药、薄膜等现代生产要素的应用，使技术进步对农业增长的贡献率逐步提高。③应对自然灾害的技术措施和缓解灾害影响的救

---

* 本文是张晓山和李周主持的2010年度中国社会科学院农村发展研究所重点课题"'十二五'时期中国农村发展若干战略问题研究"初步成果的综合报告。本文是在10个专题研究报告的基础上概括而成。由于篇幅的限制，文中未能给出翔实的数据及资料支撑。农村发展研究所的部分青年科研人员在资料准备、专题研究中做了大量工作，该研究所学术委员会全体委员参与了研究方向把握、文章修改等工作。

灾措施更及时和更有效。④家庭管理的井灌设施对社区管理的渠灌设施的替代，或地下水对地表水的替代，化解了农民集体所有的水利设施恶化和有效灌溉面积增加的矛盾。⑤外出农民工的工资性收入，有效地满足了农户粮食生产的资金需求。

2. 农业出现新的双层经营模式

长期以来，消除小规模家庭经营弊端的基本思路是，通过推行以社区为纽带的农民家庭经营与农民集体经营相结合的双层经营方式，化解家庭承包责任制难以形成的困局和分享规模经济的局限性。近几年，这种双层经营方式稳健拓展，以市场为纽带的家庭经营与职业农民（或由他们组成的社会化服务体系）经营相结合的多元化的双层经营模式则后来居上。2009年麦收期间，全国共投入联合收割机44万台，其中，参加跨区作业的有28万台，就是该模式后来居上的一个例子。农民既能以社区内合作的方式分享内部规模经济的好处，又能以购买职业农民的商业化服务的方式分享外部规模经济的好处，使农业双层经营突破社区边界，丰富了其运作模式。以市场为纽带多元化的双层经营模式，简化了农业形成和分享规模经济的条件。这种普适性更强的双层经营模式，将会有力地促进中国现代农业建设的进程。职业农民对农业生产提供的商业化服务的增强，是在留村老人、妇女承担的农活越来越少，隐蔽性失业趋于消失的情形下，中国农业仍能保持稳定增长的主要原因之一。

（二）农民收入持续较快增长，农民组织化程度提高，农业经营出现新形式

1. 农民收入快速增长

①农民人均纯收入从2005年的3254.9元增加到2009年的5153.2元，年均实际增长8.35%。②2005~2009年，价格因素和政府补贴因素对农民收入增长的贡献率达到56%。其中，农产品价格提高对农民人均纯收入增长的贡献率为11.7%，农民工工资率提高的贡献率为34%，政府补贴增加的贡献率为10%。如果没有价格提高和补贴增加两大因素的贡献，"十一五"时期农民人均纯收入年均仅能增长3.7%，比1991~2000年农民人均纯收入的实际年均增长率低1个百分点。农民转移性收入的名义增长率高于城市居民，城乡居民的转移性收入比呈现下降的趋势，由2005年的17.98下降到2009年的11.34。

2. 农民组织化程度提高

"十一五"时期，农民合作经济组织、农产品行业协会和农民专业协会等都得到较快的发展。截止到 2010 年 6 月底，加入农民专业合作社的农户达到 2600 万个左右，约占全国农户总数的 10%；农民专业合作社覆盖了全国近 50% 的村庄。农业产业化经营组织保持快速增长，带动近亿农户。农民组织化程度的提高，推动了农业发展、农民增收和农村繁荣。

3. 部分农民同时成为土地出租者和农业打工者

由于投资农业的政策环境、市场环境和收入预期向好等一系列因素的影响，一些工商资本进入农业，将农业由家庭经营改为企业经营。从短期看，这部分资本通过经营农业得到预期收入，农户得到的租地收入和工资收入大于家庭经营时的农业收入，这种变化具有帕累托改进的性质。然而从长期看，如何确保农地农用和化解农民角色转换的潜在风险，是更值得关注和管理的问题。

（三）农产品供给格局出现新变化，价格波动出现新特点，食品安全监管得到加强

1. 农产品供给转向国内国际双向平衡格局

"十一五"时期，国际市场对国内农产品供需平衡的影响力显著提高。2009 年，中国进口油料 4584 万吨，食用植物油 930 万吨，按国内单产和出油率计算，相当于近 7 亿亩的播种面积。2010 年，中国大豆进口可能突破 5000 万吨的水平。随着中国对资源密集型农产品进口依赖性的提高，隐含在这类农产品里的水土资源进口不断增加。利用两种资源、两个市场与完全依赖国内资源、国内市场相比，有助于化解国内自然灾害的影响，丰富供给结构，但同时也会增加风险。从风险防范的角度来看，价格风险、市场结构风险应当由贸易商以及国内生产者、消费者共同承担；外交等政治风险在一定程度上可以通过政府储备、市场管制等方式化解。

2. 农产品市场价格波动出现新特点

"十一五"时期，中国农产品市场价格波动的因素出现了新变化。与过去农产品价格波动主要由供求关系决定不同，中国"十一五"时期农产品价格波动既源于美国大规模将粮食转化为生物质能源导致国际农产品价格波动对国

内市场的传导，也与流动性过剩导致的大量资本进入农产品流通环节相关。

3. 食品安全制度日趋完善

"十一五"时期，中国食品安全立法和标准体系不断完善，食品安全监管体系和制度逐渐健全，食品安全总体状况向好。

（四）农村要素市场发育进程加快

1. 农村土地承包经营权流转速度加快，流转主体和形式日益多样化

2009年底，农村承包耕地流转面积达到1.5亿亩，超过全国承包耕地总面积的12%，大大高于"十五"时期5%左右的水平。

2. 农民身份分化促进了劳动力市场发育

农民原先是职业概念，现在已经演变成身份概念，而与其居住地和职业无关。"十一五"时期农民分化的新特征是：主要从事非农产业且收入相对稳定的农民达22978万，占农民总数的近50%，比"十五"时期增加了8.51个百分点；承担农业生产全过程的部分农民分化为只承担特定生产环节的农民，农民的专业化促进了现代农业的发展；在工业化、城镇化的冲击下，一部分农民失去了土地，出现被动的职业变动。

3. 农村金融市场活力增强

具体表现为：①农村金融组织创新取得新进展。一是村镇银行、农民资金互助组织发展加速，一些农民专业合作社也开展了内部的资金互助，一些公益性小额信贷机构继续致力于解决贫困地区贫困人口的融资问题。二是正规金融机构专门设立了涉农贷款的机构。例如，中国邮政储蓄银行成立并在城乡广泛开展小额信贷业务，中国农业银行建立了农村金融事业部，部分地区的城市商业银行也开始向农村进军。②农村金融产品创新进一步深化。例如，中国农业银行及农村信用社推出"惠农卡"业务。③农村金融总供给扩大，农民户均贷款额增加，融资状况总体上有所好转。④农村金融机构经营绩效有所改善。2006~2009年，农村银行业金融机构不良贷款下降了44.2%。但是，同期农村信用社系统的不良贷款却增加了60%。

农村金融需求也出现了新特点：①农户临时性和应急性的消费性贷款需求增加；大额和长期性的生产性贷款需求增加。②农民专业合作社的贷款需求增加。③个体工商户的贷款需求增加较快。④农业产业化龙头企业的金融服务需

求多样化，既需要大量的流动资金作为收购原料的保障，而且资金使用时间相对集中，也需要便捷、全面的金融服务。

（五）农村基本公共服务供给实现了突破性进展

"十一五"时期，各项农村社会事业发展空前繁荣，公共服务更多更好地惠及广大农民。

1. 农村基本公共服务在若干重点领域实现了突破性进展

农村义务教育全面纳入公共财政保障范围，基本实现了免费义务教育，城乡和地区之间教育差距扩大的势头得到遏制。新型农村合作医疗制度基本覆盖了广大农村地区，截至 2009 年，新型农村合作医疗参加率达到 94.2%，人均筹资水平和补偿受益人次都有显著提高。农村最低生活保障制度全面实施，保障标准逐步提高，保障对象逐渐增多，正在逐步靠近"应保尽保"的目标。新型农村社会养老保险已在全国 10% 的县试点。

2. 财政资源配置的区域差距有所缩小，实现基本公共服务均等化的财政可支撑能力的地区差距有所缩小

在义务教育、医疗卫生等农村公共服务的主要领域，中央均加大了向欠发达地区倾斜的资金筹措力度。不少省份的省级财政也制定了平衡各县（市）提供公共服务能力的相应政策，对经济欠发达的县（市）给予一定的倾斜。

二 农业和农村发展中存在的主要问题

（一）满足不断增长的农产品需求资源约束压力依然很大

1. 耕地保有量已经逼近18亿亩红线，耕地保护形势依然严峻

中国的耕地保有量已经非常接近 18 亿亩红线。经济发展和城镇化进程加快对非农建设用地的需求依然强劲，补充耕地面积的后备资源越来越有限；同时，很多地方政府依然过度依赖"土地财政"，而且地方政府为应对"占补平衡"而修改土地布局数据，并尽可能压缩耕地指标以增加其他农业用地指标，进而减轻补充耕地的压力。由于缺乏有效的监督机制，新增耕地难以在短期内达到肥力培育目标，未能实现新增耕地与被占用耕地之间质量和生产能力的平

衡,"占补平衡"政策难以得到真正落实。

2. 节水农业的发展尚有许多技术和政策问题没有解决

虽然"十一五"时期农业用水比例下降,但在农田基本建设、发展节水农业方面还存在很多问题,不利于水资源可持续利用。这些问题是:节水农业示范基地所采取的技术措施不具有普适性;渠道衬砌解决了输水渗漏问题,但也产生一些负面的生态环境结果;农业用水技术的推广缺乏有效的人才支撑。

(二)解决农产品供求和食品安全问题的政策有效性不足,政策目标有所偏差

1. 没有从改善和优化食物分配结构方面考虑制定有效的解决农产品供求矛盾的政策

在面对农产品需求日益增长而供给能力提高的约束趋紧的矛盾时,政府所采取的应对措施就是通过不断加大投入等来增加供给,而没有考虑如何通过有效措施抑制部分不合理消费来降低需求。目前,中国人均营养指标远高于联合国粮农组织(FAO)提出的最低营养指标,从总体上看,中国已经基本解决人口营养不良问题。但是,一方面,中国有众多人口存在营养过剩,根据卫生部公布的调查数据,中国超重人数已经达到 2 亿,其中 90% 的人是因为营养过剩;另一方面,中国仍有 1.3 亿人营养不良,占人口总数的 10%。较之以营养不良,营养过剩一方面带来食物营养的浪费,另一方面也带来社会医疗资源的浪费,其社会危害更甚。当前中国所面临的主要问题在于营养不良与营养过剩并存:在面对营养不良问题时,需要考虑如何进一步增加食物供给;而在面对营养过剩问题时,则需要考虑如何控制食物的过量消费。

2. 食品安全形势依然堪忧,监管制度和体系很不完善

①化肥、农药、兽药等过量使用,造成农产品和农地污染,并对生态环境造成负面影响。成本高、见效慢的低毒农药难以替代成本低、见效快的剧毒农药。农户生产规模过小导致食品安全监管的难度加大。②各监管部门缺乏沟通,存在职能错位、缺位、越位现象。监管程序繁多,监管成本较高,监管效率较低。有关监管部门经常以"专项整治"等非常规性方式开展监管工作,缺乏日常化、规范化和制度化的监管方式。认证机构受制于行业主管部

门，缺乏独立性和公正性，存在认证多头化、认证名目和标准不统一、检测内容和方法不统一、国际认同度低等一系列问题。行业协会和中介组织的监管作用没有得到充分的发挥。③相关的法律、法规条文过于笼统，甚至存在前后矛盾，不能真正有效解决食品安全问题。④标准体系不够完善，表现为标准配套程度低、针对性不强、适应性较差，且未能随着技术的变化及时修订或重新制定。

（三）收入差距还在继续扩大

1. 城乡居民收入差距扩大

"十一五"时期，尽管农民收入快速增长，但城乡居民的名义收入差距和实际收入差距都呈现扩大趋势，名义收入差距由 2005 年的 3.22∶1 扩大到 2009 年的 3.33∶1，实际收入差距由 2005 年的 2.50∶1 扩大到 2009 年的 2.67∶1。政府部门对城乡居民收入差距有必要进行客观深入的分析和把握。第一，如果分别按照城乡居民消费价格指数水平减城乡居民收入，实际收入差距会缩小。第二，城镇居民的一部分收入是福利工资化改革的结果，比如住房补贴，如果剔除这部分不可比因素，城乡居民的实际收入差距会进一步缩小。第三，收入分配制度不合理，即垄断部门和行政事业单位职工工资增长过快，也是城乡居民收入差距扩大的重要原因。

2. 农村内部居民收入差距扩大

2005～2009 年，将农户按照人均纯收入水平由低到高排列后进行五等分，底层 20% 低收入农户与顶层 20% 高收入农户之间的收入差距从 7.26∶1 扩大到 7.95∶1。农村居民收入分配的基尼系数呈上升趋势，由 2005 年 0.3751 上升到 2009 年的 0.3850。这说明，农村居民收入分配差距呈现扩大趋势。但是，值得关注的是，与此同时，区域之间农村居民收入差距缩小。2005 年，东部地区农民人均纯收入比中部和西部地区农民人均纯收入分别高 47.3% 和 92%；到 2009 年，这两个比例分别下降到 38.6% 和 82.9%。

（四）土地制度不完善，农民的合法权益没有得到充分保障

1. 有意愿进行土地承包经营权流转的农户仍然面临操作层面的制度不完善

中国有关土地承包经营权流转的法律、制度和政策已经较为完善，但由于

缺乏具有可操作性的实施细则以及风险防范和利益分配机制，土地承包经营权流转中还存在很多问题：①流转程序多数不规范，存在纠纷隐患。②政府的不当参与以及出于政府自身利益考虑鼓励土地流转的政策措施可能导致农地的非自愿流转和农民利益受损。③农业用地用途的改变难以避免，并且在很大程度上具有不可恢复性。

2. 建设征地和建设用地制度中的一些根本性问题尚未得到解决

这些问题包括：①国家征收土地的范围远远超出公共利益的界限。②征地程序中农民的参与权受到剥夺，因而农民的主体性不能得到体现。③征地补偿标准不合理，集体土地与国有土地"同地不同权"，导致农民不能通过城乡一体的土地市场以及征地补偿的平等待遇等分享土地增值和财富增长，加剧了城乡居民财富差距。④在执行"城乡建设用地指标增减挂钩"政策的过程中，很多地方政府在"建新"指标的诱惑下，以行政手段强制实施"拆旧"。并且，在大力推动以农民集中居住和村庄合并为特征的新型农村社区建设中，没有充分考虑新型社区建成后农民是否适应、是否有还款能力、是否有新的生计、生活成本是否增加等问题。⑤职业农民（专业农户）集中居住显现出很多弊端。

（五）基本公共服务均等化目标的实现仍任重道远

1. 基本公共服务均等化和农村公共事业发展缺乏总体战略规划

①农村公共服务事业发展呈现各部门单独推进的特征，从而影响了农村公共服务的效果。以农村卫生服务为例，"十一五"时期，尽管新型农村合作医疗取得重大突破，但与之相关的其他领域的改革和发展滞后，削弱了新型农村合作医疗的功能。一是农村公共卫生没有得到充分重视；二是乡村两级医疗机构服务能力弱，影响了新型农村合作医疗制度功能的发挥；三是缺乏对医院的有效监管。②缺乏基本公共服务均等化的标准和实现时间的全国性总体规划。各地区、各部门单独实施的基本公共服务均等化方案会受到户籍制度、财政体制等因素的制约，有可能会拉大不同地区之间基本公共服务均等化程度的差距。③农村三级公共服务体系还很不完善。近年来，财政增加的对农村公共服务的投入和支持更多地集中在县乡两级，而对村级公共服务设施建设的投入严重不足，不能满足农民就近得到一定数量和较高质量公共服务的要求。

2. 城乡之间、区域之间基本公共服务均等化水平还存在实质性差距

农村居民所享受的社会保障水平远远低于城镇居民。同时，省际、三大区域之间农民享受的公共服务水平的差距仍在继续扩大。

3. 公共服务机构的"营利化"倾向，影响农村公共服务投入的效率

农村公共服务机构存在逐渐向营利性组织异化的现象。虽然政府向农村公共服务组织投入大量资金，但除了几项国家强令减少收费的服务项目（例如义务教育）外，政府增加的投入似乎并未相应降低各种公共服务的收费标准，政府投入的增量越来越多地用于公共服务组织增加人员和提高工资。据调查，"十一五"时期，这种状况并没有大的改观。

4. 农村公共事业发展过多地依赖专项资金

这种制度会导致一系列问题：一是资金跑冒滴漏。二是掌握专项资金的部门之间职能交叉、安排的项目之间内容重复，资金分配随意性强。三是项目分配中对配套资金的规定加剧了资金分配在地区之间、部门之间的不公平性。四是项目的安排与农民实际需求的优先排序不一致。

5. 政府基本公共服务项目信息发布和项目监管仍然不充分

农民在既不了解地方财政的支出数量和结构，又缺乏相应的监督渠道的情况下，难以对偏离基本公共服务均等化目标的行为进行主动监督，而"搭便车"的倾向更影响其参与监督的主动性。

（六）农村金融供给和服务环境没有得到根本改善

1. 农村金融供给状况并未得到明显改善

①部分偏远乡镇仍未覆盖金融服务网点。②农村资金通过农村金融机构从农村地区外流严重。③农业保险仍不能满足农民风险防范的需求。其主要表现是：农业保险险种较少，而且保障水平很低；缺乏多样化的商业保险和互助保险；缺乏专业的农业保险代理和保险经纪公司；缺乏农业保险的再保险机制和再保险市场。

2. 农村金融市场竞争不充分，农村金融创新不足，政策限制较多

虽然在农村金融机构与组织制度方面出现了农村合作银行和农村商业银行两类银行，并且在新农村建设政策框架下也推出了一些自上而下的可控型试点改革，以及设立了全国性的农信银资金清算中心，但是，中国新型农村正式金融组织的类型非常有限，农村信用社在满足农户贷款需求方面仍处于垄断地位。在金融监管方面，为了更好地监督管理农村合作金融机构，各地成立了省和地（市）级信用社联合社、省金融办公室、市金融办公室，但是，没有发展出自下而上建立的农村合作金融机构行业管理与服务组织。在金融产品和服务方式方面，在金融抑制政策下，正式金融机构的金融产品和服务方式创新往往会受到法规和政策的掣肘，创新往往相当于违规。

对小额信贷公司设立较高的资本金"门槛"及其经营业务上"只贷不存"的规定等政策限制不利于新型农村金融机构的发展。政府对不同农村金融机构在税收政策等方面仍存在歧视现象。

3. 农村政策性金融在经营方向上存在问题

首先，中国农业发展银行的预算软约束问题并没有减少，粮食和棉花收购贷款负盈不负亏的问题仍然存在；其次，中国农业发展银行大量发放农业产业化龙头企业、农产品加工企业、农业科技和基础设施建设等方面的贷款，虽然有助于其改善经营业绩，但这是它作为政策性银行与其他商业银行争利，在目标定位上仍然有问题。

三　"十二五"时期农业和农村发展展望

"十二五"时期，中国国民经济仍将保持稳定而快速的发展，工业化、城镇化进程仍将快速推进；可持续发展和增长成果公平分享并重的经济发展方式转变进程也将加速；国家经济实力的显著增强和财政收入的较快增长，将会使实施"工业反哺农业、城市支持农村"政策的基础越来越好。国家强农惠农的政策体系会逐渐完善。财政体制改革的深化，以及包容式发展和城乡统筹发展理念更加深入人心，都会使地方政府的发展理念更加符合科学发展观的要求，从而改善地方政府行为，并进一步推进农村基本公共服务均等化进程。随着金融体制改革的深化，农村金融组织和产品创新的环境也将进一步改善。

（一）农业：农产品供给能力提高，供求关系改善

1. 农业生产

劳动力从事农业的机会成本会随着非农就业环境的改善逐渐提高，进而促

进中国农村机械化水平进一步提高。农业机械化将有助于扩大农作物播种面积而增加总产量，提高农业的防灾减灾能力，并将成为推进农业社会化服务的主要内容之一。"十二五"时期，极端性、局部性的气候条件给农业保障供给增加了很大的压力，通过农田基础设施建设提高中国农业抗御气候灾害的能力会变得越来越重要。

2. 食物供需

"十二五"时期，随着经济发展，由人口增长和收入增加引发的食物需求总量仍将增加，但由于人均营养水平进一步快速提升的潜力有限，食物需求总量的增长速度将有所放缓。具体而言，第一，中低收入群体随着收入水平的提高，食物消费需求将快速加大，营养水平也将大幅度提高；高收入群体的食物消费需求和营养水平不会随着收入水平的提高而明显提高，甚至可能在一定程度上出现营养指标下降。第二，口粮消费仍将保持稳定，饲料粮需求将快速增长。但是，居民从吃饱到吃好再到吃健康，的确需要一个十分漫长的过程。

得益于耕地保护、种粮补贴等政策，以及农村基础设施改善，农业科研投入加大，"十二五"时期，农业生产效率将进一步提升，农产品产量将进一步增长。鉴于国际国内两个市场、两种资源更为有效地发挥作用，未来中国食物供给可以获得有效保障。

3. 食品安全

"十二五"时期，有关食品安全的法律法规体系、监管机制、标准体系、检验检疫检测体系和风险评估评价体系会进一步完善，食品安全监管的制度化、规范化、日常化水平会趋于提高，监测范围和标准会趋于扩大与提高。生产者、经营者对食品安全的责任意识和消费者对食品安全的要求会进一步提高。随着信息技术的不断创新、信息披露环境的不断改进和公众、媒体对食品安全关注度的不断提高，食品安全的社会监督机制的作用会越来越大。

随着居民收入水平的不断提高，对安全食品的需求会逐步扩大，从而有力地拉动安全食品的生产，在农产品标准化生产示范区的推动下，安全食品生产的技术体系将不断完善，增收效果不断改进，应用范围不断扩大，食品安全合格率将不断提高。

4. 农业资源利用可持续性

"十二五"时期，中国农地非农化趋势不可逆转，虽然通过实施最严格的耕地保护制度，工业化、城镇化占用耕地的数量会趋于减少，然而，实施"占补平衡"政策以维持耕地数量的资源条件变差，确保18亿亩红线的压力增大。通过培育地力、加强农田基础设施建设提高耕地质量来保障国家粮食安全的重要性会更加凸显。有关耕地管理的法律法规和政策体系会更加完善，土地整治所需的资金来源及其运作程序会更加规范，耕地质量管理会更加有力，耕地利用的集约水平会进一步提高，土地粗放利用的方式将得到有效遏制。在地方政府利益主导下，村庄整治和"迁村并居"等进程还会加快；集体土地财产权利的确定、土地承包经营权的有效流转将会提高农村土地的使用效率，增加农民的财产性收入。

"十二五"时期，水资源利用非农化这一势头仍将长期保持，提高农业用水效率的任务艰巨。农田水利设施将成为农村基础设施建设的重点和国家基础设施建设的优先领域，以公共财政为主的水利建设投融资体制将基本形成。大型灌区、重点中型灌区骨干工程续建配套与节水改造之间的衔接将会变得更好，高效节水技术将得到进一步推广，农业灌溉用水有效利用系数将会提高。农民用水者协会等组织的作用会变得越来越重要，农田水利设施管护机制会越来越完善，水资源稀缺性对农业水价形成的影响力会越来越大。

（二）农民：收入持续增长、分化加剧

1. 农民收入

"十二五"时期，农民增收的环境有望进一步改善。第一，随着综合素质提高，获取市场信息、接受新技术能力更强的新一代农民的成长，农民的增收能力也会越来越强。第二，随着工业化、城镇化的进一步推进，特别是县域经济发展，以及农产品加工业在产区布局，"十二五"时期农民的非农就业机会增多进而增收的机会越来越多；同时，由于公平分配日益受到重视，而且劳动力供给偏紧导致劳动力工资率提高，农民工工资水平将会有较大幅度提高。第三、优化种养结构、提高农业生产效益，完善农产品市场体系和价格形成机制，加上农产品低价时代终结、农产品需求增长拉动农产品价格提高，都有利于增加农民生产经营性收入。第四，制度因素对农民增收的作用有望进一步增强。例如，随着合作社、农业产业化龙头企业等组织及其运行机制的不断完善以及"农超对接"实施范围的不断扩大，农民专业合作组织和农业产业化龙

头企业对农民增收的贡献会进一步提高；随着农地转化中农民谈判地位增强，农民的土地财产性收入也会增加。

2. 农民分化

随着中国经济的发展，参与分化的农民会越来越多，农民的分化不仅会越来越活跃，而且分化会呈现越来越多样化的特征。伴随着农民的分化，农民的聪明才智以至于蕴藏在农村中的生产力会得到充分的释放，并将成为农业、农村发展和农民增收最主要的动力源。但是，农民的分化一方面会带来社会财富的创造；另一方面也会对现有政治体制施加压力，进而促进政府职能改革的深化。

（三）农村：发展环境继续改善

1. 农村基本公共服务

第一，实现城乡基本公共服务均等化目标的有利条件增多。随着财政收入的不断增加，实现基本公共服务均等化目标的财政可支撑能力不断提高；同时，随着科学发展、统筹发展和包容性增长理念的持续倡导，地方政府发展农村基本公共服务的内在激励会进一步增强。政府公共服务供给能力提高和意愿增强一定将使农村基本公共服务的水平在"十二五"时期有较大的提升。新型农村社会养老保险的全面推开、全覆盖目标的提前实现，进一步促进新型农村合作医疗等已有的农村公共服务制度等完善，这将是"十二五"时期农村公共服务事业发展的重点。第二，农村基本公共服务水平的区域差异还很难消除。沿海发达地区农村居民对公共服务既有更强的需求，又具备相应的缴费能力。虽然中西部欠发达地区农村居民对公共服务也有较大的需求，但政府的可支配财力少，农民的缴费能力低。这种地区间政府财政能力和农民缴费能力的差异，有可能使区域之间农民享受基本公共服务水平的差距继续扩大。

2. 农村金融

第一，金融政策环境有望继续改善。"十二五"时期，随着财税政策与农村金融政策衔接方式的改进，将会有更多信贷资金投向"三农"，针对农业和农村特点的金融产品和服务方式创新，将会促进农村融资难问题的解决。第二，农村金融需求规模进一步增加。随着农民生产规模的逐步扩大，农业产业化水平的提高，农户贷款需求和农村贷款总需求都将逐步扩大。除了生产性贷款需求之外，包括修建住房、教育和购买汽车等方面的消费性贷款需求也将大幅增加。第三，普惠金融的理念将逐步付诸实践。随着金融主体和金融供给的不断增加，以合理的价格、便利的方式得到金融服务的农村人口会越来越多。农村弱势群体的金融需求会得到更多关注，其金融资源的可获得性也会提高。第四，农村金融供给不足的局面难以根本扭转。按照目前的规划，新建的农村金融机构（村镇银行、贷款公司和资金互助社）难以覆盖全国农村，进而农村信贷供给不足的问题难以得到根本解决。

四 "十二五"时期"三农"发展的政策思考

（一）保障粮食安全和主要农产品供给能力

1. 调整粮食安全战略思路

从推行订单生产入手，构建粮食稳定适度增长的长效机制。中国国民人均食物营养已经达到东亚平均水平，人口增长带来的食物需求数量上升的压力也在缓解。今后除了继续强调粮食生产外，还要倡导健康和生态的饮食观念，消除或减少食物相对低价、结构不合理以及公务消费造成的食物浪费。同时，对营养不良的城乡低收入群体有针对性地发放食物补贴。

2. 保障粮农和粮食主产区的经济利益

根据粮食商品量分配农业补贴增量，将目前普惠性的补贴方式拓展为普惠性与倾斜性相结合的补贴方式；提高粮食主产区财政奖补水平，解决粮食主产区政府财政困难。继续加大对粮食主产区的基础设施建设投入，调动粮食主产区政府和农民发展粮食生产的积极性。

3. 做好土地整治和农田水利设施建设工作

从全面开展土地整治入手，着力提高耕地尤其是补充耕地的质量，提高耕地的集约化利用水平。加大农田水利设施建设投入，做好各种水利设施的配套，全面提高灌溉用水的效率。加强水利管理体制机制和制度建设，确保水利设施可持续运行。

4. 加快粮食科技创新

建立有效的激励机制和创新主体之间的联结机制，形成技术创新的合力，增强农业科技攻关能力，健全农业技术推广体系，提高农民技术应用水平。

5. 理顺粮食生产要素价格与粮食价格的关系

经济发展必然导致稀缺性不断增大的农业生产要素（土地、水资源、劳动力）的价格上涨。为提高粮食综合生产能力，实现粮食生产资源的优化配置，必须形成合理的粮食生产要素价格和粮食价格之间的联动关系。

6. 增强政府粮食调控能力

建立部门会商制度，健全预警机制，确保重点粮食品种库存吞吐和进出口调节的有效性；要做到政府宏观调控与市场机制的有机统一，培育较大的市场经济主体作为"抓手"来实现政府的调控目标。利用好农产品国际贸易，农产品国际贸易应由"出口创汇"导向向"保障国内粮食安全，丰富国内食物供给"导向转化。实施"走出去"战略，将在国外生产粮食和进口粮食结合起来。

7. 提高食品安全水平

从推进农业标准化生产和标准化生产基地建设入手，提高农产品质量；从推广食品标识入手，实现食品可追溯。对食品可追溯体系进行适当补贴。政府要借助监测检测网络做好食品安全的日常监管，及时向社会发布权威性的食品安全信息尤其是风险信息，提高公众对政府食品安全管理的信任度。同时，充分发挥行业协会和中介组织服务食品安全的作用、企业自我控制食品安全的作用以及媒体监督与评价食品安全的作用，形成政府管制、行业自律、生产者自控和社会监督四者有机结合的食品安全监管机制。开展按品种实行食品安全单一部门负责制的试点，探索简化监管程序、减少监管成本、提高监管效率、落实责任追究制的途径。建立食品质量分级标准，形成以国家标准、行业标准为主，地方标准和企业标准相配套，强制性标准和推荐性标准互有侧重的食品安全标准体系。加强食品认证认可的国际合作，加快食品认证认可的国际互认进程。细化食品安全相关的法律法规，提高法律法规的可操作性。建立消费者食品安全信心指数，了解消费者对食品安全预期的变化。

（二）增加农民收入，促进农民分化

1. 转变农民收入增长方式

农民增收的目标必须更多地依赖农民自己来实现，政府的责任是为农民发挥增收的积极性和创造性提供良好的经济环境、政策环境、市场环境和制度环境。为了实现"十二五"时期农民收入年均增长6%的目标，要采取组合型政策，促进农民收入增长方式实现六个方面的转变：第一，从提高农业生产效率入手，将低效率的农业生产方式转变为高效率的农业生产方式。从发育农业生产要素市场入手，让农村土地承包经营权、资金和农业劳动力市场活跃起来，通过要素充分流动实现农业规模经营，增加农业生产者的收入。第二，从提高食品安全和农业生产标准化水平入手，将依靠农产品数量增收的方式转变为依靠农产品质量增收的方式。第三，从让农民分享农产品分级、包装、运销、加工等环节的附加价值入手，将依靠生产初级农产品增收的方式转变为依靠增加产品附加值增收的方式。第四，从开展农村劳动力就业培训入手，将依靠体力和非专业性技术服务增收的方式转变为依靠专业技能增收的方式。第五，从改善农民创业的宏观政策环境入手，将依靠农业家庭经营、外出就业"两轮驱动"的农民收入形成格局转变为农业家庭经营性收入、外出就业工资性收入与创业收入"三轮驱动"的格局。第六，从推动耕地和林地流转、推进种植业和林业规模经营入手，增加耕地和林地流入者的农业收入和流出者的财产性收入。

2. 促进农民分化

优化农民变市民的宏观政策环境，促进农民身份的分化；设置专项补贴促进土地流转，提高职业农民的比例；通过引导劳动密集型产业向农村地区扩散，发展县域经济和加强小城镇建设，鼓励农民工回乡创业，促进农民的职业分化；完善职业培训体系，提高农民进行职业分化的技能。

深化户籍制度改革，逐步剥离各种附着在户籍制度上的福利待遇，降低城市的进入门槛，让更多的农村居民享有与城市居民同等的福利水平。可以尝试农村学生义务教育阶段的生均教育经费以教育券的形式发给流动出来的学生的家长，让这部分资金跟随学生流动，学校则按得到的教育券数量得到相应的财政经费，以打破义务教育的地域限制。

（三）深化农村改革

1. 深化农业经营制度改革

第一，完善并规范土地承包经营权流转市场，促进土地流转和专业农户发育。地方政府要为此提供服务，而无须参与农户承包土地流转的具体事宜，利用行政手段强迫农民流转承包土地的做法更应禁止。

第二，通过建立健全农民合作组织的公共服务平台，运用好财政补贴、税收优惠、贷款贴息等工具，为各类农民合作组织发育和发展提供优良的环境。鼓励和支持农民专业合作社之间的联合，以提高其市场竞争力。

第三，鼓励龙头企业与农民、农民专业合作社或农民专业合作社联合社合作，共同建设农业标准化生产基地，建立基于契约的利益联结机制。引导龙头企业和农民共同创建合作社，扶持农民专业合作社或联合社发展成为龙头企业。

第四，全面推进集体林权制度改革；加大林业社会化服务体系建设，加强对林农的科技服务；引导林农发展合作组织，解决一家一户无法解决的防病虫害、防火等社区公共产品供给不足以及产品销售难等问题。

第五，在推行草地承包经营制度的基础上充分考虑牧区水源、牧道等的共享性特征，引导牧民采取多种合作经营模式共同治理草场。要以保护牧民对草地产权的监督约束制度来替代建围栏保护产权的被动做法。

2. 深化土地管理制度改革

第一，规范土地承包经营权流转行为。政府应制定土地流转合同范本，将规范土地流转落到实处。提倡适度规模经营而不鼓励超大规模经营，提倡发展农民合作组织和培育专业农户而不鼓励城市资本下乡。土地流转当事人之间直接交易，政府和村集体仅仅做服务工作。

第二，稳步发育土地市场。农地征收补偿应该反映农地租金价值和土地增值的变化，将政府公共投资和经济社会发展带来的普遍而又普惠性的土地增值直接补偿给被征地者。劳动力安置补助费标准按照当地当年城镇职工平均工资的一定倍数来确定。土地补偿费一般情况下直接发放给被征地农户，在被征地农户重新得到新的承包地的情况下土地补偿费留归集体。鼓励采用直接瞄准被征地农户的货币补偿安置办法，集体经济组织逐步从这类土地征收事务中退出。

第三，扩大集体建设用地流转入市制度改革试点范围，稳步发育集体建设用地流转市场。对于符合流转条件的农村集体建设用地，经政府审批可以转用后，可比照城镇国有划拨土地进行市场准入监管，不再经政府征收转为国有。集体建设用地流转可以采取类似于国有土地出让的招拍挂方式，允许农村集体经济组织充当招标主体。对已经确权到户的集体建设用地例如农民的宅基地，征地补偿费全额发放给被征地农户；对村内空闲地和公益性用地，征地补偿费留归集体经济组织，优先用于社会保障性和公益性支出。

第四，开展跨区域耕地"占补平衡"政策试点。在本行政区内实施耕地"占补平衡"政策有一定的局限性，应开展跨区域耕地"占补平衡"政策试点。占熟地补生地具有客观必然性，占用者有责任采取耕地肥力培育措施，在特定的年限内实现耕地生产能力的"占补平衡"。

第五，规范"迁村并居"工作。"迁村并居"一定要尊重农民意愿，不得强制。应优先在行政村范围内实行"并居"。中国农民迁徙已开始加速，鉴于目前住在农村的很多人会迁往城镇，村级集中目前不宜全面推开。应当注意一点，专业农户由于需要较大面积的房屋存放生产工具，并不适宜集中居住。对自愿有偿腾退宅基地的农民采取出售经济适用房或置换安置用房等措施，引导农民向中心村、中心镇、新城和中心城边缘组团集中。对于严重违反农民意愿进行强制性"迁村并居"的情况，必须追究地方领导人的责任，给予严厉处罚。由"迁村并居"腾出的土地复垦后，按一定比例增加建设用地所产生的土地增值以一定比例补贴给农民。复垦土地的使用，应由农民协商决定。公地收入作为新社区公共开支的来源。

第六，强化地方政府土地管理和服务职能。要限制土地储备规模，政府新增土地储备必须和土地规划挂钩；规范政府土地财政收益的用途，政府土地财政收益必须用于城市建设和国土整治，必须重点用于农地保护和开发，其实施结果必须向社会公开；地方政府的土地管理职能从扩张建设用地、追求土地财政收入等经营型职能向规划管理、耕地保护、市场监管、收益调节、公益性用地征收等公共管理型职能转变。

3. 深化农村金融改革

第一，加快利率市场化进程。应尽快放开利率限制，尤其是农村信用社贷款利率的上限，实现利率能覆盖经营成本和风险。

第二，发展农村社区银行。可以通过以下五种途径发展农村社区银行：一是引入民间资本成立社区银行；二是将现有的农村金融机构改造为社区银行；三是鼓励经营状况良好的贷款公司、小额贷款公司转变为社区银行；四是将经营和管理良好的公益性小额信贷机构改造为社区银行；五是对农民专业合作社开展的资金互助活动进行规范，将其中管理和经营良好的改造为社区银行。

第三，降低金融准入的门槛，促进金融机构充分竞争。政府和有关部门应采取措施，真正把"允许有条件的农民专业合作社开展信用合作"的政策落到实处。对目前存在但未经注册登记的农民资金互助组织进行核准，达到要求的允许其在当地工商部门注册登记。引导农村中小企业和农户创办更多新的资金互助组织。扶持和引导公益性扶贫小额信贷机构和贫困村资金互助项目发展。

第四，加快发展农业保险。加快有关农业保险的法律法规建设，改进中央财政补贴办法；实施农业保险的再保险政策；建立由中央政府、地方政府、保险公司共同参与的巨灾风险准备机制；增加农业保险公司的有效供给，支持专业农业保险公司和互助保险机构发展；采取有效措施减少农业保险中的逆向选择和道德风险。

4. 加快基本公共服务均等化进程，完善基本公共服务供给机制和体系

第一，制定基本公共服务的最低标准。地方财力不足以支付达到最低标准所需成本的，通过转移支付补齐，以推进地区之间农村基本公共服务均等化。

第二，从以提高公共服务覆盖率为主转向以提高人均服务水平为主。城乡之间公共服务水平的差距将会长期存在，但在城镇化加快、农村人口比例不断下降的过程中，在享受公共服务方面统筹城乡的步伐不能停留在提高低水平的覆盖率上。"十二五"时期在继续提高公共服务覆盖率的同时（例如加快在全国范围普遍推行新型农村社会养老保险制度），应从"十一五"时期以提高公共服务覆盖率为主逐步转向以提高人均服务水平、缩小城乡和区域之间人均服务水平差距为主，要继续大幅度提高各种社会保障资金中来自政府财政人均筹资水平。

第三，加快新型农村社会养老保险试点，尽快实现全覆盖。争取在"十二五"时期将新型农村社会养老保险制度覆盖全国所有的农村地区，提前5年实现全覆盖。进一步完善包括建立政府财政资金保障机制、基础养老金自然增长机制和加大中央财政对中西部地区支持力度在内的筹资机制。注重培育农民对新型农村社会养老保险制度的了解和信任，促使农民自愿加入这一制度。取消父母享受基础养老金与子女参保缴费捆绑的做法，或者把"子女必须参保缴费"修改为"至少有一个子女必须参保缴费"，从而使农村所有老年人有机会分享新型农村社会养老保险的好处。

第四，强化村级组织的公共服务功能，完善农村公共服务体系。中央财政应设立村级公共服务建设专项资金，增加对村级公共服务建设的投入。县级政府可以"打包"的方式将类别相近的用于农村公共服务的资金整合起来使用。对这方面已有的试点经验应及时总结，加以规范，并全面推开。

第五，建立新型农村公共服务供给机制。对标准化、易监督、单功能的公共产品和服务，可以政府购买的方式取得，而不必完全采取政府组织生产和设置服务机构的方式供给。支持民营服务机构发育，形成多元化的服务供给主体。加强农村公共服务监管体系建设。

第六，公开农村公共服务项目实施的结果，改进项目监督办法。建立基本公共服务绩效评价与监测体系，使基本公共服务成为政府绩效评价的重要内容。各部委应向社会公开支农项目的主要实施内容，包括资金数量、责任人、目标要求、完成期限和验收记录等。项目的监督和验收，应有受益农民参与。

城乡差距的非公正性及矫正[*]

党国英

在我国，社会公正目标实现的主要障碍是城乡二元体制。中央政府为克服这一障碍所确定的战略是城乡经济社会一体化。在此，本文主要讨论城乡二元体制的非公正性以及城乡一体化与社会公正性目标的契合问题。

一 若干概念的界定

鉴于在这里使用的若干术语非经济学的标准术语，而有的术语意义广泛，与这里的使用不是完全吻合，需要先作一个简短讨论。

（一）效率

经济学的效率一般是指生产者和消费者同时实现利益最大化，社会边际成本（投入）与社会边际效用（报酬）相等，包含对外部成本（效益）内部化的要求。在讨论城乡一体化时使用的效率概念，主要是指全社会生产者所利用的要素（特别是土地、劳动）得到合理利用，即边际报酬相等。在此项分析中将引入国际比较。

（二）平等

大部分情况下，官方文件乃至学术界不大区分平等和公平（公正）的概念。公平应该是指效率与平等的兼顾，而平等是指基于公民政治权利诉求产生的收入均等。但这一表述并没有成为经济学界的共识，原因是政治权利诉求受很多复杂因素的影响，难以形成稳定的、逻辑自洽的解释。这里所用的平等，

＊ 该标题为《改革》编辑部改定标题，作者原标题为《城乡二元体制的非公正性与矫正路径》。

是指经济利益在城乡居民间的合理分配，而对"合理"的把握则与对社会意识形态的认识有关。

（三）社会稳定

社会稳定是指一个社会内生的通过法制手段预防和化解对抗性冲突的制度可能性，其中包括稳定的法律秩序、稳定的政权以及政权更迭的有序性。美国学者罗尔斯的《正义论》把社会稳定作为社会公正的一个要素，纳入其理论分析框架。

（四）公正或正义

笔者接受罗尔斯以及其他重要学者的意见，把公正看作在一定法制环境下对效率和平等的兼顾。符合公正性要求的制度特点主要是：在私人领域建立竞争性的按要素市场价格分配的机制，以保障经济活力；在公共领域确立竞争的合理秩序，并通过国民收入再分配渠道确立国民利益的基本平等；在这两个领域均通过民主、公开的原则确立利益冲突的调节政策。

（五）二元体制

二元体制的特点，一是市场不统一，特别是要素市场不统一；二是基本公共服务不均衡，公共财政不能覆盖全社会，农村地区的公共品供应不足；三是社会治理方式不统一。

（六）城乡一体化

城乡发展鸿沟与制度差异是我国的一种特殊现象，因此，城乡一体化是讨论我国发展问题时的一个特殊概念。这里的城乡一体化是指通过城乡要素市场的逐步统一，实现国家公共服务对城乡社会的全覆盖和城乡居民的权利均等。

二　二元体制的非公正性

二元体制的非公正性主要体现在效率、社会平等、社会稳定三方面。

（一）二元体制产生效率的损失

1. 劳动要素使用的效率损失

在二元体制下，劳动资源配置调整的根本特点，是城市比农村更缺乏廉价劳动力，其表现是城市的年平均工资水平高于农业领域的年均劳动报酬。学术界对于两者的差距有不同估计，但对这种差距的存在均无异议。即使将城乡劳动力换算为"标准劳动力"，其在城乡之间的报酬也是不同的。据统计，此项差距在220%倍左右（按国家统计局的资料，差距还要大一些）。如果这种差距是偶然发生，可认为与经济体制无关，但这种差距多年持续存在，则一定与体制有关。从理论上说，"标准劳动力"在城乡之间的输入差距乘以一个总数，便是因二元体制产生的劳动资源配置的效率损失总量，其中要扣除城市工资水平因竞争而产生的下降因素。据估计，这个数值可占到10%左右。

在目前已经有1.5亿的农村劳动力转移到非农部门的基础上，农村的隐形失业率仍然接近50%，考虑到我国农业技术提升的潜力，这个数据还要更大一些。

隐形失业意味着农民的劳动时间短。粗略估计，我国种粮农民的总的工作日和城市部门职工的加班时间一样。调查发现，农民群体内部的收入高低与农民的劳动时间成正比。在华北平原，如果一户农民种植1公顷大田作物，一年两季，每年的劳动时间在现有技术条件下不到3个月。他们的收入总量不多，但每个劳动日的报酬和城市体力劳动的报酬差不多，甚至还要略高。劳动时间长的主要是养殖农户以及从事蔬菜、水果生产和其他经济作物的农户，他们的收入自然会高出种粮农民许多。种植经济作物的农户和养殖户的收入高，也是因为他们每年的有效工作日比一般农户要多许多。按这个分析，要让农民致富，就必须让农民增加劳动时间，接近充分就业，而城镇化是实现这个目标的根本途径。现行的户籍制度影响这种变化。

从调查来看，统计局发布的关于单位农产品生产中农民劳动时间投入数据要高于这里的农户调查数据40%以上。实际上，随着技术的进步单位农产品的活劳动投入减少的可能性还很大。即使按照国家统计局的数据，农民的有效工作日也有限。也就是说，在已经大量转移劳动力的基础上，农民的有效工作日仍然为充分就业工作日的一半。

在市场环境下，农村廉价劳动力源源不断地流向城市。这是我国资源配置效率得以提高的主要的、根本的原因。没有过去的城镇化，就没有今天的经济成就。就大国经济成长历史来看，我国的城镇化速度创造了新纪录。近十年，我国的城镇化率每年大约提高 1 个百分点。这个速度超过美国最快时期的城镇化速度。我国的城镇化速度在最快时期每年大概提高 0.5 个百分点。我国比一些西方国家的经济发展速度快，直接原因是我国的城镇化步伐快。

2. 土地要素利用的效率损失

我国二元体制在土地要素市场方面有突出反映。一是城乡之间实行不同的土地制度，以致农村土地转为建设用地时，事实上要被征用为国有土地。二是城乡土地交易方式不同。农村土地经由征地环节后，由国家将土地送入二级市场，农民的土地即使符合建设规划，也不能直接与土地最终使用者进行交易。三是城乡土地规划体制有差异。尽管国家已经有统一的《城乡规划法》，但因所有制不同产生的复杂问题，发生了所谓土地规划及用途管理的"圈内"、"圈外"困扰。

从理论上说，地块的位置相近、用途相近，若因市场不完全造成价格差异，必然产生效率损失。在土地管理和土地交易的实践中，我国土地要素的效率损失表现为以下几个方面。

第一，城市建设用地浪费较严重。我国因城镇化带来耕地减少的程度超过多数发达国家城镇化快速增长时期的耕地减少程度。在土地资源比较紧张的发达国家中，其城镇化率提高较快的时期，英国（1771~1850 年）的耕地面积基本没有减少，日本（1920~1960 年）略有增加。法国（1851~1954 年）耕地面积以 0.324% 的速率减少，但其草地和森林面积有显著提高。我国实行耕地"占补平衡"政策以后，按官方的数据，耕地没有减少，但占优补劣的问题突出。城市建成区面积的扩大可视为优质耕地的减少。我国城市建成区面积的增长速度在"九五"、"十五"时期非常快，达到 5.34%，但在"十一五"时期的前两年速度开始下降，但仍然达到 3.84%。这种情形导致我国城市建成区面积的扩张超过城市人口的增长速度，以致城市人口密度持续下降，东部城市甚于西部城市，而东部城市政府最喜欢讲建设用地短缺[①]。

---

① 资料来源：《中国统计年鉴·2009》、《中国城市统计年鉴·2008》，中国统计出版社。

第二，因所有权制度及其对土地规划体制的负面影响，我国住房建设用地限于城市，且多是平原地区的优质耕地，浅山区土地的房地产开发基本被堵死，形成住房建设用地的紧张。

第三，土地所有制缺陷和城乡土地市场价格差异较大，也引导农民多占宅基地，造成农村土地的巨大浪费。与日本比较，1954 年日本乡村的住宅占地面积是耕地面积的 6.8%，而我国村落占地是耕地的 13.3%，超过日本的 1 倍。保守估计，通过村庄整治，我国占地约 17 万平方公里（包括乡镇企业占地）的村落占地可以节约 0.067 亿公顷，这个面积足够未来几十年搞经济建设。据笔者参与的农村调查课题，我国农村空宅数占有效总样本宅数的 10.8%。国家统计局没有关于农村住房空置情况的数据披露。笔者根据自己的调查数据和国家统计局第二次农业普查数据作综合分析①，其结果见表 1。

表 1　全国农村闲置住房和村庄闲置土地的价值估算

单位：亿元，亿公顷

	空置房屋总价值	闲置土地总面积	闲置土地总价值	价值总计
以大范围村庄调查数据为基础计算（条件 1）	11627	0.147	19555	31182
以河北省典型调查数据为基础计算（条件 2）	26914	0.073	9777	27891

注：大范围调查涉及 11 个省份，得到有效农户样本 1650 个；时间为 2008～2009 年。上表计算中，空置房屋分为 3 类，钢筋混凝土、砖混和其他；比例按第二次农业普查资料确定；价值按这里的调查数据确定，为 2008 年价格。土地价值按年地租率 3000 元/公顷和银行一年期定期储蓄利率计算。

第四，二元体制影响我国农业竞争力提高。随着城镇化的推进，粮食生产的比较优势会发生结构性下降，一部分山区耕地会逐步退出耕作，因而存在很大的粮食减产因素。据一些调查，山区的农业劳动生产率目前是平原地区的一半，以后可能还会降低。我们将越来越依赖平原地区的粮食生产能力。但因为二元体制造成劳动力转移的不稳定性和所谓"半城镇化"缺陷，加上城市建设用地价格过高等因素，给农村耕地流转造成很大困难，农业规模经济难以扩大。我国农村耕地流转比例约为 10%，且多为家族内部流转，难以产生农业

---

① 计算中参考的国家统计局第二次农业普查数据来自《第二次全国农业普查主要数据公报》，新华社，2008 年 2 月 21 日。

规模经济。在这种情形下，我国农业已经难以进一步采用劳动节约型技术，农民不得不大量使用化肥、农药增产粮食。随着我国城市工资水平的提高，这种小规模农业的机会成本将持续上升，不利于我国农业在国际上保持比较优势。

3. 宏观经济的效率损失

二元体制产生的宏观经济损失主要表现在以下三个方面。

第一，劳动市场扭曲，劳资关系紧张，就业潜能降低。因为劳动市场客观上对农民工权益保护乏力，贬低了农民工的真实工资单价。外来人口大多居住在违章建筑之中，或群租居住，这种情形导致大城市廉价劳动力聚集，以致大城市的劳动力价格甚至低于小城市，使小城市的投资环境恶化，影响小城市经济发展。我国与劳动保护相关的法律执行力度不够，劳动者劳动强度高、劳动时间长，影响城市经济体吸纳农村富余劳动力的能力。比较分析发现，我国国民经济增长对就业的拉动作用，比发达国家要小得多（见表2），这种情形制约我国农村人口向城市转移。

表2　我国与主要发达国家就业弹性系数比较

	美国	联邦德国	英国－1	英国－2	日本	中国
时间段	1919～1957	1950～1960	1911～1931	1948～1955	1929～1955	1990～2007
E－GDP 弹性系数	0.48	0.42	0.27	0.33	0.23	0.098

注：除中国外，其他国家的数据分析中用国民收入指标计算，因分析增长率，不影响结论；中国的数据未按照第二次经济普查结果调整，对结论影响微小；有关数据均根据价格指数作了调整，但价格指数类别不同，这一点对结论影响微小；时间段的设定主要是考虑数据的可比性。

资料来源：《英法美德日百年统计提要》，统计出版社，1958；《主要资本主义国家经济统计集》，世界知识出版社，1962。

第二，结构性问题弱化宏观调控杠杆的作用。宏观调控有效发挥作用的前提是市场比较统一，竞争比较充分，但这两个条件在二元体制下均不完整，以致就业和物价参数对调控杠杆反应不敏感。

第三，通过住房市场的价格扭曲，促成国民收入的不合理分配。城市住房市场价格畸高有多种原因，而二元体制是关键性原因之一。我国今后城市每年新增人口需要500万套住房，按每套房子40万元价格计算，需要资金2万亿元；考虑到住房改善性需求，大约共需4万亿元资金。而2009年我国住房市场的总规模是6万亿元。其中包括住宅区基础设施建设的费用。这6万亿元，按照一套住房 40 万元平均价格来计算,共计 1500 万套住房。超量、高价供应的房屋由市民买单,通过住房市场和税收渠道将城市居民的收入转入房地产商和城市政府手里。同时,住房市场还将国民储蓄和养老金转化为即时总需求,扩大了国民经济总量的不平衡,促发通货膨胀危机。

(二)二元体制下的社会平等

鉴于数据资料的不完整性,要比较确切地描述二元体制所产生的社会不平等,是一件困难的事情。大略来说,二元体制下主要是户籍农民的利益受到损害,其中包括真正的农民,也包括脱离农业但拥有农村户籍的中国居民。近些年,十多个省份宣布取消二元户籍制度,但那些人口的实际权利大多没有变化。

1. 国民收入初次分配中的不平等

在政策研究界,对这方面问题的研究较为笼统。事实上,因为农产品市场的竞争程度比较高,农业生产者的工资单价并不低,其实际日工资水平超过城市服务业的平均水平。

问题发生在城市劳动市场。城市劳动市场存在较为严重的结构性缺陷,实际上是把全社会的二元体制搬到了城市,导致农民工与市民之间不平等。大量关于农民工的调查表明,农民工就业主要集中在非正规领域和临时工作岗位。据韩俊领衔的课题组的研究,我国农民工的工资水平是城镇职工的一半左右,且农民工超时间劳动比较普遍,平均每周工作 6.3 天,平均每天工作 8.9 小时。课题组的农户调查表明,80% 的农民工在城市的工作时间每周在 50 小时以上,超出标准工作时间 20%。所以,等量时间里农民工的工资单价更低。这种收入差异虽然不能全部用劳动市场的结构性缺陷来解释,但将主要原因归结为这一缺陷是合理的。

2. 国民收入再分配中的不平等

国民收入再分配渠道产生的不平等与公共财政的不合理有关。国家在推动社会主义新农村建设工作以前,对公共投入极少,特别是对农民的社会保障投入接近零。农村"五保户"资金主要来自农村集体。农村资金通过财政和金融两个渠道均为净流出。

新农村建设工作推进以后,情况发生了变化,国家对"三农"领域的投入有了较快增长。2010 年,中央和地方在这一领域的投入已经超过 1 万亿元。

但是，官方一直未统计和披露这方面的具体数据。表3的数据出自新闻媒体的采访报道。

表3 中央财政"三农"支出

单位：亿元，%

	社会事业支出	四项直补	农业建设	其他	总计
2008 年	2072.8	1030.4	2260.1	—	5955.5
2009 年	2693.2	1230.8	2642.2	—	7161.4
增长率	29.93	19.45	—	—	—

从表3可以看出，在国家的"三农"投入中，涉及农民基本公共服务的支出仅占全部支出的30%左右，占国家财政预算内总支出的比重也不超过5%。这对于一个"农民"人口大国来说，实在是太少。

3. 土地要素交易的不平等

农民的主要财产是土地。多年来，土地"交易"一直是国家与农民关心的核心问题。这里有必要在数量上对这一关系作一个概略考察。

有资料显示，1949~1983年我国失去耕地近0.67亿公顷，同期新垦耕地0.54亿公顷，净减耕地0.13亿公顷。在失去的0.67亿公顷土地中，有多少是非农建设用地？从城市扩张的速度看，估计这个数值在0.27亿~0.40亿公顷。1983年以后的占地情况也不完全清楚。据国土资源部统计，1987~2001年，全国非农建设占用耕地220多万公顷。据国土资源部的另一项"不完全统计"，截至2004年，全国开发区多达6015个，规划面积3.54万平方公里，相当于353万公顷。开发区之外还存在大量非农建设用地。近几年的非农建设用地每年在15万公顷左右。保守估计，新中国成立以来，全国非农建设用地在0.2亿公顷之上。

可以用国民收入分配的一般规律，对农民的土地利益损失作大略的估计。推算的依据有两个：第一，按照一般经济理论，在比较充分的竞争态势下（如美国经济），国民收入一般分解为三大要素的收入[1]，而地租收入一般占到

---

① 经济理论分析中还会有一个"余值"，作为技术进步的报酬，但在实际的国民收入分配中，全部收入被分配为工资、利润和地租。

国民收入的 10%。第二，改革开放以前，农民的土地被大量转为非农用途后，没有获得过地租收入；而改革开放以后，农民的土地被占用，也只是获得少量的"补偿费用"。

在考虑其他一些复杂因素以后，可以推算出以下两项结果：第一，1952～2002 年，农民向社会无偿贡献的土地收益为 51535 亿元。2002 年以后，因为相关数据不完整，不好推算，但这个时期的数据暴露出问题的性质。第二，以2002 年无偿贡献的土地收益为 7858 亿元（假设没有征地制度的情形下农民应得的地租收益）计算，相当于农民无偿放弃了价值 26 万亿元的土地财产权（按照目前的银行长期利率 3% 计算）。从有关数据看，自从我国实行土地征用补偿政策以来，我国累计支付的土地征用费远不足以补偿农民的付出①。

（三）二元体制不利于社会稳定

一个稳定的社会，最关键的要素，一是中产阶层占国民多数，二是国民有统一的民族文化认同，三是民主政治发育成熟。世界历史经验证明，前两个条件大体具备以后，第三个条件才能形成。抛开第二个条件不说，其他两个条件在二元体制下均不易发育。

1. 城乡分割的土地制度不利于中产阶层的形成，不利于社会和谐

针对中产阶层的特点，经济学并没有规范性表述，笔者认为中产阶层主要有以下三个特点：一是拥有或有能力拥有房产，特别是独栋房产；二是收入高，生活比较安逸，恩格尔系数在 10% 以下；三是对社会制度有高度认同和建设性态度。在现阶段的中国，随着经济体制改革逐步深入，一部分人群可具备前两个特点；如果政治体制改革逐步推动，具备第三个特点的人群也可大量出现。

中产阶层的主要财产形态是房屋。我国城市的中高收入阶层所支付的高房价，主要是为土地支付的，但在我国的法律上，百姓不能拥有土地的所有权。土地的使用权规定为 70 年。这种情形让我国中高收入者不可能有中产阶层心态。

---

① 按 1997 年的《中国统计年鉴》，1996 年支付的征地费用为 63 亿元，而这年是土地征用量比较大的一年。

在世界上，除少数城市型国家和纽约这类城市外，一般发达国家的中产阶层拥有或住有独栋房屋。除纽约等少数城市外，发达国家的大城市居民也拥有或使用独栋房屋，楼房里的单元居所一般归低收入居民使用。

我国大部分家庭拥有独栋房屋的社会意义重大。中国人有"接地气"的说法，反映了民间对居所与心理之间关系的认识。居住不接地气，可能心浮气躁，心态激进。心理学对人们在过分拥挤情形下容易产生负面心理的现象早有研究。在拥有独栋房屋并对房基地拥有所有权的情形下，人们更容易产生财产主人的心态，同时产生平和感、富足感。可以想象，如果我国70%的家庭拥有带有一定面积院落的独栋房屋，社会心态和当下比较会有显著不同。

土地制度改革将决定未来国家粮食安全。如前文所述，我国粮食供应与土地的绝对供给量关系不大，而与优质耕地的数量关系密切。山区土地被大量撂荒，平原地区优质耕地被大量转变为建设用地，影响未来我国粮食安全。产生这种潜在危急与国土规划及土地制度有密切关系。

确立农民的土地财产权对于社会稳定也具有重要意义。强拆农民房屋的法律基础是农村宅基地的集体所有制，为了"集体利益"，农民家庭就不得不服从所谓与"公共利益"产生的"规划"。农民世代居住的房屋会突然变得与"公共利益"冲突起来。居民的世代居住权要高于公共规划权，其法理基础应是居民的房屋及宅基地的私人所有权。这个权利不确定，强拆或变相强拆的野蛮做法就不可能绝迹，社会就不稳固。同样地，农民对耕地的财产权不能确立，强制或变相强制流转耕地的做法也不可能绝迹。

2. 城乡分割体制不利于民主政治发育

民主政治发育主要不是决定于民众文化，而是决定于社会治理对民主政治的需求；民主政治是市场化社会和近现代城市社会的需求。

在传统乡村社会，生产方式基本没有变化，相应地，其公共生活也比较简单，通常按惯例习俗处理公共事务，所以很少有需要讨论的新的公共事务。大家都是习俗的接受者，所以"一致同意"事实上成为公共事务决策的通行原则，只是这种"一致同意"并不真正和谐美妙，因为居民通常以牺牲自由来服从习俗的繁文缛节。因此，在微观尺度上，传统乡村社会治理并不需要民主政治。

在市场化社会条件下，人们在公共领域的行动规则发生适应性变化。这种变化主要是两个方面，一是在民族国家形成的基础上对各级政府的首长和立法代表遴选实行"少数服从多数"的票决制，二是在社会范围里尽可能地将包括合理习惯在内的公共准则转变为法律，形成对法律的"一致遵守"准则。只要法律不禁止，任何人可自由行动。这便是所谓民主政治。

民主政治要顺利发展，需要传统乡村社会解体，向市场统一的现代经济体制过渡。尽管我国的乡村社会关系经过几十年的改革开放已经发生极大变化，但村落的传统性质在各地仍不同程度存在。城乡分割的二元体制不利于传统乡村社会的彻底解体。民主政治的发育必须与传统乡村社会的解体同步进行。

三　城乡一体化路径

要矫正城乡一体化中的非公正性，需进一步明确城乡一体化目标，实施积极的城镇化战略，推进以土地改革为核心的要素市场改革，实现城乡社会治理的一体化。

（一）明确城乡一体化目标

党的十七届三中全会提出城乡社会经济一体化发展战略，是"十一五"规划执行期的最重要的决策。会议通过的决定概述了 2020 年之前必须实现的六项具体目标。尽管会议文件没有明确勾勒城乡一体化的远景，但依据主要发达国家的发展历程和我国的实际情况，可以对这一远景目标作一个总的描述。

城乡一体化的远景有五方面的内涵。一是城乡统一市场的基本建立，特别是统一要素市场的建立；二是城乡居民收入基本一致，农民收入甚至超过全国平均水平；三是城乡居民公共服务水平基本一致，特别是社会保障制度的城乡差异完全消除；四是农业高度发达，农业产值占 GDP 比重下降到 5% 以下，全国恩格尔系数平均降到 15% 左右，专业农户成为农村的主体居民；五是城镇化率达到 70% 以上。

如果上述目标实现了，我国的城乡二元体制将不复存在。这样一些目标并非不可企及。在我国某些发达地区已经基本实现这个目标。一些东欧中等发达国家也基本上实现了城乡一体化，而发达国家多在第二次世界大战前完成这一任务。

我国土地面积大，各地经济结构也不一样，各地实现城乡一体化的指标要求也不应"一刀切"；有的地方的城镇化率可以高一些，有的则可以低一些。乐观地估计，如果一些重大改革措施能有序跟进，我国大约在 30 年的时间里可完全实现城乡一体化。

（二）实行积极的城镇化战略

总体来看，我国城镇化进程取得显著成绩。一是国家确立了积极稳妥的城镇化战略。2008 年，国家明确提出城镇化和新农村建设"两轮驱动"，以促进我国经济又好又快发展，而新农村建设不过是城镇化的一个方面。二是国家将一批城市群（带）的发展上升为国家战略，使中央和地方在城镇化发展方面有了更大共识和更一致行动。三是制约城镇化发展的一些体制性障碍正在被打破，户籍制度改革的方向更加明确，土地制度改革的原则已经确立，成都等地的改革试点取得很大突破。四是城镇化的速度比较快，1992 年以来我国城镇化的速度达到 1.2% 左右，超过美国城镇化速度最快时期 1 倍。五是城镇化对国民经济发展做出巨大贡献，城乡差距扩大的势头被有效遏制。目前，我国城乡居民的收入差距事实上比改革开放前明显缩小，且按照更科学的方法测算，近年来城乡之间的相对差距也比较稳定。

2008 年中央经济工作会议提出的"积极稳妥推进城镇化"的方针要真正落实好，必须有正确的指导思想和一揽子政策措施。大略来说，一是要加快农村人口转移，使城镇化率至少每年增加一个百分点，有的地方可以更快一些。二是要改善规划管理，逐步实现规划的法制化和民主化。国家层面上要有规划，地方也要规划。要注意合理布局各类城市，使中小城市有更大的发展空间。三是大力推进农业现代化，帮助农民富裕起来。要培养专业农民，使专业农户逐步成为农村的主体居民。四是要在城镇化过程中充分发挥市场对资源配置的基础性作用。五是要维护社会公正，不能在城镇化过程中损害人民的利益，要让市民和农民都享受到城镇化的好处。

（三）推进以土地改革为核心的要素市场改革

土地改革要摆脱一切陈旧观念的束缚，坚持以人为本的施政理念。要把人的福祉放在制度安排的首位，以人的福利水平提高为制度设计的标准。实践中，坚持这个标准的要义是处理好平等与效率的关系，在私人领域坚持效率标准，合理安排土地权属类型；在公共领域坚持平等要求，以土地规划的法制化、民主化实现公共目标。

要加快修改有关土地方面的法律法规，落实党的十七届三中全会提出的"明晰产权，用途管制，节约集约，严格管理"的土地管理改革原则。当前要突破的几个关键改革难题有以下方面。

第一，通过明晰产权，逐步形成多元化的土地产权结构。落实土地承包权长久不变政策形成农民的土地财产权；要废除城市经营性土地使用权70年有效政策，实现使用权长久不变。即使把这两种产权看作"准私有权"，其面积占国土面积也不过1%左右。

第二，进一步严格制约平原地区城市扩张，保护我国优质耕地。要重新核定平原地区城市用地的规划指标。住宅区用地的容积率必须在5以上。新辟工业区的经济密度每公顷土地的GDP应在1.5亿元以上。除"增减挂钩"政策留下的口子外，应在3年后原则上停止平原地区城市建设用地供应。凡利用增减挂钩政策增加城市建设用地的不同城市可区别对待。土地督察机构应该加强监管，督察分局的权限应扩大，其负责人的职级可定为副省级。

第三，开放浅山区建设用地市场，让70%的家庭拥有独栋房屋。这一建议，乍一看不切合我国实际，其实我国多的是山地、荒地、丘陵、滩涂等农业利用价值低的土地。但我国的制度把大量农业利用价值低的土地排除在住宅用地之外。只有极少数富豪明星在市区拥有昂贵的独栋房屋。我国的两极分化由土地政策显化为现实的存在。要让中国人在农业利用价值低的土地上建造相对昂贵的房屋，给山区、丘陵地区的城市更大的扩展空间。保守估计，仅仅利用浅山区的村庄用地，如果规划适当，就可建造5000万元左右的独栋房屋。如果再利用一些不适合农业生产的其他类型土地，再建造1亿元独栋房屋也不会有问题。加上原来农民的独栋房屋，全国70%左右的家庭拥有独栋房屋，不是一个梦想。

在改革土地制度的同时，还要积极调整劳资关系，深化劳动和人口管理体制改革。认真落实我国有关劳动保护的法律法规，解决劳动强度高、劳动时间过长的问题。以户籍制度改革为重心，全面改革城市社会管理体制。中央可以要求地方按照"保障公平、兼顾效率、维护稳定"的原则加快户籍制度的改革。鼓励地方政府学习重庆、成都户籍制度改革的经验。

（四）把乡村治理转化为城市治理，实现社会治理的一元化

在长三角、珠三角地区可以看到，那里村庄已经高度非农化，尽管在我国行政建制上把它们看作乡村，并且使用"乡村治理"这样的政治术语来指称这类工作，但在工作内容上看，已经和农业关系不大。在未来一二十年里，我国要达到这样几个目标。

第一，在全国范围里消除社会二元机制，将所谓乡村治理转化为城市治理，实现社会治理的一元化。

第二，农村大量人口一部分进入现有城市，还有一部分进入新兴城市，其余农村人口转变为专业农户，分散在300万个左右的小型居民点中，使农村真正成为农民的工作与生活区域，且农民与城市居民仅仅有职业身份的差别，其余社会身份和城市居民完全一样。小型农村居民点将不再需要设立独立的公共组织，其公共事务归并于小型城市或其他类型城市的郊区政府。

第三，在可预见的未来，我国仅仅需要大约5000万各类农户，这些农户有一定的经营规模，其收入水平可达到全国平均水平，大部分农户可进入中产阶级行列。

参考文献

中国科学院经济研究所世界经济研究室：《主要资本主义国家经济统计集》，世界知识出版社，1962。

韩俊等：《中国农民工战略问题综合研究报告》，上海远东出版社，2009。

韩洁、徐博：《"三农"投入再创新高——盘点2009年支农惠农新亮点》，《光明日报》2009年12月27日。

可持续发展

宁夏人口增长：结构性差异
和自回归预测[*]

廖永松　于法稳　李周

一　引言

　　宁夏①国土面积只有 6.64 万平方公里，但作为我国唯一的回族自治区，保持其经济社会的可持续发展对于西北地区的稳定和长治久安具有重大意义。新中国成立后特别是改革开放以来，宁夏经济社会已发生翻天覆地的变化。改革开放后宁夏 GDP 增速与全国 GDP 增速基本相当。人均名义 GDP 从 1978 年的 394 元增长到 2009 年的 21652 元，以可比价格估算，年均增速达到 8.3%，由于宁夏人口增速过快，人均 GDP 始终低于全国平均水平。2009 年，宁夏人均 GDP 在西北五省中排名第一，但只占全国人均 GDP 的 85%。

　　＊　基金项目:本文的研究得到中国社会科学院重大国情项目"水资源空间配置"和中国社会科学院基础学者项目"水资源需求远景分析的理论和方法创新及在西部地区的应用"项目的支持。
　　①　文中宁夏的全称为宁夏回族自治区。除特殊说明，文中数据来源于中国和宁夏各期统计年鉴。

1978 年，宁夏人口总量只有 364 万；2009 年，已增长到 625 万。31 年间人口净增 261 万，年均增长率达到 24‰。当地政府采取了各种措施控制人口的过快增长，到目前为止，宁夏总体上还处于高自然增长率的传统人口再生产形态。2009 年，全国人口自然增长率已下降到 5.03‰，宁夏人口自然增长率高达 11.3‰，高出全国 6 个千分点，是仅低于西藏和新疆人口自然增长率的地区。过快增长的人口对当地经济社会发展和资源环境形成巨大压力，目前宁夏人口密度达到每平方公里 101 人，大大高于干旱和半干旱区最大人口承载力的限度。

2009 年，宁夏人均粮食产量达到 554 公斤，在西北 5 省区中最高，仅次于我国农业第一大省河南省，是广东省人均粮食产量的 4 倍。宁夏是名副其实的"塞上江南"，但区内的人口分布、粮食生产和经济发展极不平衡。引黄灌区以占自治区 58% 的人口、29% 的耕地生产了自治区 83% 的国民生产总值和 70% 以上的粮食产量，是宁夏经济和社会发展最为重要的地区。宁夏南部山区，经济发展落后，人口还在快速增长，人口生育率在 20‰ 以上。除了进一步落实好自治区政府制定的"少生富民"工程、严格控制这些地区人口过快增长外，从区域经济发展的角度来看，宁夏还需要促进中部干旱地区和南部山区的人口向沿黄地区聚拢。长远看，宁夏增长的人口大部分在南部，通过沿黄带经济的发展，形成人口的集聚效应，以促进宁夏经济社会更好更快地发展，这需要加大沿黄地区的水资源供给能力建设（封志明等，2009）。

因此，分析预测未来宁夏人口增长情景是谋划自治区长远大计的基础性工作。关于宁夏人口的预测，有的认为最大为 700 万，有的认为 760 万，有的认为将超过 800 万（刘正广等，2010；管利民等，2009；徐卫红等，2010）。相差上百万的人口规模对于国土面积狭小的宁夏来说，绝不可掉以轻心。本文首先用 Chow_ 检验法检验宁夏人口变动的结构性特征，然后利用 ADF 法检验其稳定性，最后建立自回归模型（或自回归滑动平均模型）并以线性增长模型为参照，模拟预测未来宁夏人口增长情景。本文共分 5 部分。第一部分为研究背景，第二部分回顾宁夏人口增长预测的有关文献，第三部分分析宁夏人口增长特征，第四部分预测宁夏人口增长情景，第五部分是小结。

二 文献回顾

预测一个国家人口的常用方法包括队列存活法（Cohort Survival Model）、灰色系统预测、时间序列模型预测、指数平均及线性回归等方法。联合国经济及社会事务部定期开展的全球及分地区的人口预测工作，用的就是队列存活法。这种方法给定预测期各育龄组生育率以及预期寿命，假定各年龄组的死亡率，得到各年龄组人口自然增长率，再设定一个国家或地区的人口迁移情景，以此模拟预测期人口数量。贺菊煌（2001）指出这种方法的不足，并在他的中国人口与经济长期预测模型中将各育龄组的生育率、各年龄组的死亡率内生化。另外，很多学者研究了区域资源环境人口承载力，主要有土地承载力、水资源承载力、生态承载力。对区域人口预测来说，预测区域的大小至关重要。一些小区域的人口变动受经济发展的影响较大，预测其人口变动极为困难。Rees（1979）详细介绍了较大尺度上区域人口预测方法。蒋正华（1998）以1990年全国人口普查数为基础预测了全国和各省市的人口。曾毅（1998）改进了多区域人口预测模型。

预测宁夏人口数的文献相对于预测全国人口数的文献要少得多。Toth等（2003）在预测全国人口增长率的基础上，结合宁夏人口的出生率、死亡率及人口教育、城镇化率等因素，预测2030年宁夏人口将会达到802.5万。管利民（2009）以宁夏第五次人口普查资料为基础，按照不同的人口再生产方式，用高中低三种方案预测，2050年宁夏人口将分别达到816万、761万和698万人。徐卫红等（2010）认为水利系统常用的人口预测方法有线性回归、Logistic模型和GM（1，1）灰色模型。他们用这三种方法预测2030年宁夏人口将分别达到823万、746万和869万人，平均达到813万人。封志明等（2009）认为宁夏的人居环境特别是水文和地被条件，决定了其人口分布呈现"北沿黄河集聚、中部相对分散、南部相对集中"的基本格局。根据他们的评价，宁夏2006年已有人口总数的50.21%生活在水资源超载地区，有34.82%生活在水资源临界超载地区，只有14.98%的人生活在人水平衡地区。刘正广等（2010）综合宁夏各地区的资源环境条件和经济社会发展水平，计算一定生活标准下的人口容量。预测2020年的宁夏人口数为663.3万，宁夏人口容量数为692.7万，人口将主要集中在银川市等北部地区。

三 宁夏人口增长的结构性检验①

宁夏是全国回族最为集中的地区，受经济发展水平、宗教信仰、生活环境、国家计划生育政策等诸多因素影响，宁夏人口增长率要大大高于全国平均水平，使得宁夏人口数占全国人口数的比例呈现线性增长趋势。从宁夏人口数占全国人口数比例情况看，宁夏人口占全国人口比例从1952年的0.221%增长到1960年的0.322%；1978年，宁夏人口占全国的比例进一步上升到0.370%；到2009年，宁夏人口占全国人口的比例已增长到0.468%，比改革开放时的比例增长了0.1个百分点。对国土面积狭小的宁夏来说，过快增长的人口对其资源环境形成了很大压力。用t检验法可粗略验证除了在1960~1962年三年特殊时期外，新中国成立以来宁夏人口增长率显著地高于全国平均水平。

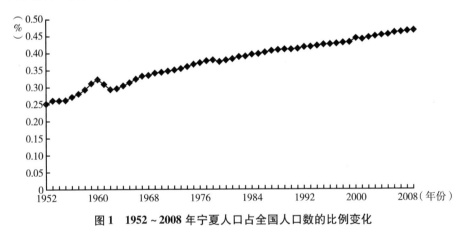

图1　1952~2008年宁夏人口占全国人口数的比例变化

---

① 目前可获得的全国人口普查数据有五次。每一次全国人口普查数据公布后，各地区的人口数都会呈现非连续性特征。让人感到困惑的是，由国家统计局公布的各地区的人口数与自治区统计局公布的人口数常常不一致，有时还会出现很大的差异。比如，宁夏统计年鉴2001年公布宁夏1999年和2000年总人口数分别为5399279人和5488053人，但中国统计年鉴2000年公布的1999年宁夏总人口为543万，2001年公布的宁夏人口普查数据为562万。这与宁夏2001年统计年鉴公布的人口数据相差了近14万人。

1959 年以前，受国家三线建设政策的影响，宁夏人口占全国人口比例呈加速上升趋势。在这一阶段，宁夏人口增长的很大部分来自外来移民，特别是在 1958 年和 1959 年，外来移民突然增加了很多。三年困难时期，宁夏与全国一样，出现了非正常的人口减少，其人口减少的幅度要大于全国平均水平。1961 年，宁夏净迁出人口 10.45 万，之后在 1961 ~ 1982 年，随着国民经济的恢复，人口出生率又迅速提高，人口年均增长率达到 3.4% 。虽然在 1982 年宁夏制定了《计划生育暂行规定》，但受人口增长惯性影响，1982 ~ 1990 年，宁夏人口出现了一个新的增长高峰。1991 年后，宁夏人口增长率逐年下降，表明人口增长正从传统人口再生产模式向低出生、低死亡和低增长率模式转变。下文用 Chow 检验法来检验宁夏人口增长是否出现了结构性变化。

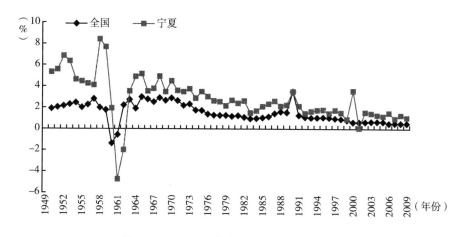

图 2　1949 ~ 2009 年宁夏和全国人口增长率

Chow 检验法的基本思想是构建不同时期的回归模型，根据约束回归和非约束回归的样本残差平方和计算 F 统计量值，并与一定显著水平下的 F 临界值进行比较，以此检验变量在不同时间段的结构是否发生了变化。假定人口增长率和人口占全国人口的比例为时间的线性函数，即

$$Y = \alpha + \beta t + \mu \tag{1}$$

其中：Y 为被解释变量，t 为年份，α 和 β 为待估参数，μ 为随机扰动项。

表 1 报告了利用 STATA 软件对宁夏人口增长率和人口占全国人口比例两个方程的 Chow 检验结果。

表 1 宁夏人口变动的结构性检验

变量	观测时期	系数		最大似然 比 LR 值	按受原假设 的概率 Ch(2)
		α	β		
人口增长率	1962～1982 年	-87. 1639	0. 0456	36. 64	0. 0000
	1983～2009 年	101. 0927 **	-0. 0498 **		
	1962～2009 年	71. 3310 *	-0. 0348 *		
人口占全国 人口比例	1962～1982 年	-8. 2733 ***	0. 0044 ***	73. 23	0. 0000
	1983～2009 年	-5. 2643 ***	0. 0029 ***		
	1962～2009 年	-6. 6502 ***	0. 0036 ***		

注：* 表示 p <.05；** 表示 p < 0.01；*** 表示 p < 0.001。

根据 Chow 检验结果，宁夏人口增长出现了显著差异，结构发生了质的变化。1962～1982 年，宁夏人口增长率显著地高于 1983 年以后。与此同时，宁夏人口占全国人口的比例增长幅度在 1983 年以前也要显著地大于 1983 年以后。随着宁夏经济的进一步发展和计划生育政策的严格执行，宁夏人口增长率与全国人口平均增长率之间有趋同的趋势，两者之间的差异在逐年缩小，但宁夏人口增长率还是显著地高于全国平均水平，两者完全趋同还需要很长的时间。

四 宁夏人口增长预测

对于时间序列数据，在建立变量自回归滑动平均模型（ARMR）前，需要对其稳定性进行检验。利用扩展的 Dickey-Fuller 检验法（ADF 检验）对宁夏人口数、增长率和占全国人口的比例时间序列进行单位根检验。检验的具体形式有回归模型不含常数项和时间趋势项、回归模型包含常数项但没有时间趋势项和回归模型包含常数项和时间趋势项三种。ADF 检验的一般形式为：

$$\Delta y_t = C + \beta_t + \gamma y_{t-1} + \sum_{i=1}^{p} \lambda_i \Delta y_{t-i} + \varepsilon_i \qquad (2)$$

原假设：$H_0: \gamma = 0$，即原序列 y_t 有单位根。

通过试运算，选择包含常数项和时间趋势项的 ADF 检验，检验结果见表 2。

表 2　宁夏人口随机过程的稳定性检验（ADF）

变量	系列	λ值	ADF 统计量值	Durbin-Watsond-staistic	5% 临界值	1% 临界值
人口数	原系列	-0.1386	-2.580	DW(4,59) = 1.944	-3.491	-4.130
	一阶差分	-0.8134	-5.070	DW(5,57) = 2.245	-3.492	-4.132
人口增长率	原系列	-0.7720	-6.581	DW(5,57) = 1.457	-3.492	-4.132
人口占全国的比例	原系列	-0.1836	-2.803	DW(6,57) = 0.053	-3.493	-4.135
	一阶差分	-0.6756	-5.346	DW(3,59) = 1.585	-3.491	-4.130

资料来源：笔者利用 Stata 软件计算结果。

用带常数项和时间趋势项的 ADF 回归模型检验，宁夏人口数序列存在单位根。对系列做一阶差分（即人口增长量），回归结果显示，宁夏人口数为一阶单整过程。用 ADF 检验宁夏人口增长率表明，宁夏人口增长率为平稳系列，这与人口数是一阶单整过程相吻合。宁夏人口占全国人口比例逐年上升，有明显的时间趋势。ADF 检验结果表明宁夏人口占全国人口比例上升是非平稳过程。一阶差分后，其 ADF 值小于 1% 显著性水平下的临界值，宁夏人口占全国人口比例是一阶单整过程。

在建立 ARMR 过程中，由于 1958 年、1959 年、1961 年、1962 年、1983 年、1990 年和 2000 年宁夏人口出现了不同于其他年份的变化特征，对这些年份用时间虚拟变量来反映。如果年份虚拟变量不显著，则删除该年份时间虚拟变量，用极大似然比检验（Lrtest）模型是否应包含时间虚拟变量。根据 Bartlett 定理，如果某个时间序列 $\{y_1, t \in T\}$ 由白噪声过程生成，其样本偏自相关函数近似服从均值为 0，标准差为 $1/\sqrt{T}$ 的正态分布。检验所有自相关函数估计值都为 0 的联合假设检验方法 Box-Pierce 的 Q 检验法。模型有关参数估计值体现于表 3 中。利用 Bartlett 残差白噪声检验方法对自回归模型的残差项进行 Bartlett 白噪声检验，检验结果显示，残差项为白噪声过程。人口增长量自回归模型和人口占全国人口比例一阶差分自回归模型总体显著有效。

宁夏人口增长在 1978 年后出现了结构性变化，预测未来宁夏人口增长的样本点以 1978 年为基础年，人口增长预测结果要显著低于以 1949 年或是 1962 年为基年的预测结果。特别值得注意的是，用极大似然比检验表明，1990 年和 2000 年宁夏人口增长数统计上显著地影响模型的参数估计。人口普查后，宁夏的人口数据发生了重大的人为调整现象。但是，从宁夏人口占全国人口比例的线性模型来看，1990 年和 2000 年的时间虚拟变量不显著，表明这两年人口比例并没有不同于其他年份，这可能是全国人口数和宁夏人口数在这两年都进行了修正。

表 3　模型参数估计结果（1978 ~ 2009 年）

模型	人口增长量（AR）		人口增长量（线性）		人口占全国人口比例一阶差分（AR）		人口占全国人口的比例（线性）	
	参数值	Z 值	参数值	T 值	参数值	Z 值	参数值	T 值
常数项			158. 5488 **	2. 28			− 5. 5003	− 50. 33
时间趋势			− 0. 0755 **	− 2. 16	1. 50e − 06	5. 59	0. 0030	54. 18
Year_1990	6. 6363	8. 41 ***	6. 8168 ***	3. 71				
Year_2000	11. 6437	2. 70 ***	11. 3714 ***	6. 15	0. 0090	2. 39		
L. ar	0. 3863	4. 31 ***						
L2. ar	0. 5958	5. 65 ***			0. 3940	8. 34		
Wald 卡方值	自由度 4；349. 87 ***		F(3,28) = 17. 76 ***		自由度 3；36. 81		F(1,30) = 2936. 00	

注：* 表示 p < 0. 05；** 表示 P < 0. 01；*** 表示 P < 0. 001；L. ar 表示变量的一阶滞后；L2. ar 表示变量的二阶滞后。Year_ 1990 和 Year_ 2000 为时间虚拟变量。

与此同时，将人口增长量和人口占全国人口比例进行线性回归，作为变量自回归预测的一个参照。用人口增长量和人口占全国人口比例一阶差分自回归模型模拟预测 2010 ~ 2050 年宁夏人口增长变动趋势。由于宁夏人口增长特点不同于其他地区，在全国人口达峰值后，其人口还会出现正增长，宁夏人口在全国人口中的比重还会持续增加。预计 2030 年和 2050 年，宁夏人口将分别达到 770 万人和 865 万人（两种方式预测的均值），在全国人口中的比重将分别增加到 0. 540% 和 0. 609% 。

表 4　宁夏人口预测

类别＼年份	2009	2020	2030	2040	2050
人口增量模型(万人)	625	703	766	822	870
人口占全国人口比例一阶差分模型(万人)	625	707	788	838	863
人口占全国人口的比例(%)	0. 468	0. 505	0. 540	0. 574	0. 609
中国人口增长预测(百万人)	1334. 7	1400	1460	1460	1417

注：对中国人口峰值的预测学界还存在很大的争议，但近期的预测数要大大低于前期，国家人口与计划生育部门的预测数往往大于其他部门的预测数。表中 2020 年中国人口数来自国家人口与计划生育委员会的《生育行为与生育政策》公布的数据。2030 年的数据来自 2010 年中国科学院《中国科学发展报告 2010》。2050 年数据来自联合国经济及社会事务部 2008 年人口预测报告。

五　小结

在回顾已有关于宁夏人口预测方法和主要结论的基础上，本文根据新中国成立以后特别是改革开放以来宁夏人口变动特性，用 Chow 检验法验证了宁夏人口出现显著的结构性差异，人口再生产模式正从传统型向现代型转变。ADF法检验结果表明宁夏人口数、占全国人口比例为单位根过程，而宁夏人口增长率为带常数和趋势项的平稳过程。虽然关于宁夏人口预测的已有研究大多指出其峰值会低于 800 万，但从过去宁夏人口变动特征看，没有迹象表明在全国人口达到峰值后，宁夏人口数也会很快达到峰值。如果没有其他有效措施控制宁夏人口的过快增长，到 2050 年，宁夏人口将会达到 865 万的总规模。宁夏人口占全国人口比例会进一步上升。增加的人口将会对宁夏经济社会发展和资源环境带来巨大压力。当地政府应采取相应的政策措施，妥善处理人口、资源环境和经济发展之间的矛盾。

参考文献

封志明等：《宁夏回族自治区人口发展功能区研究》，《人口发展功能区研究（下册）》，世界知识出版社，2009。

刘正广、马忠玉、殷平：《省级主体功能区人口分布格局探讨——以宁夏回族自治区为例》，《中国人口资源与环境》2010 年第 20 期。

管利民：《60 年宁夏人口变化及未来人口发展展望》，《宁夏人口发展研究报告（2009）》，宁夏人民出版社，2010。

徐卫红、于福亮、龙爱华、李传哲：《宁夏人口规模预测方法研究》，《人民黄河》2010 年第 32 期。

贺菊煌：《中国人口与经济长期预测模型》，《数量经济与技术经济研究》2001 年第 9 期。

蒋正华：《全国和分地区人口预测》，中国人口出版社，1998。

曾毅：《中国人口分析》，北京大学出版社，2004。

Philip H. Rees. 1979. "Regional Population Project Models and Accounting Methods", *Journal of the Royal Statistical Society. Series A (General)*, Vol. 142, No. 2 (1979): 223 – 255.

Ferenc _ L. _ Toth, _ Gui-Ying _ Cao, _ and _ Eva _ Hizsnyik _ , "Regional Population Projections for China, International Institute for Applied Systems Analysis, Interim Report R – 03 – 042", http: //www. iiasa. ac. at/Admin/PUB/ Documents/IR – 03 – 042. pdf.

United Nations, Department of Economic and Social Affairs, Population Division (2009). "World Population Prospects: The 2008 Revision, Highlights", Working Paper No. ESA/P/ WP. 210.

从可持续食品供应链分析
视角看"后现代农业"*

檀学文　杜志雄

一　问题的提出

（一）现代农业引发的问题

提出替代农业、后现代农业、可持续农业、生态农业等概念的背景是一致的，都是出自对人类健康饮食这一重大问题的不满和担忧。食品是人类生存和健康的源泉。但是人类食品消费早已经脱离自给自足的阶段，更多的是通过社会化生产和交换的方式来提供。而且食品供应系统变得越来越庞大，越来越复杂，已经超越单纯的为人类提供食品的功能，演变成一个受利益驱动的经济系统，简单地说，就是所谓的现代农业和现代食品产业，包括大农场、大型龙头企业、含有生产和销售的跨国公司等。其追求的目标不再是消费需要的满足，而是以满足食品需要为手段的经济利润。现代农业和食品体系在食品供应和食品多样化方面取得巨大成就的同时，也不可避免地产生如下严重问题。

（1）过量无机肥料和农药的使用，使农业生产立地条件（包括土壤、养殖水体等）受到破坏，生产力下降；

* 本文原为2009年11月6~8日由中国社会科学院农村发展研究所、湖南省委农工部、长沙市委市政府等联合举办的"'两型'农村与生态农业发展国际学术研讨会暨第五届中国农业现代化比较国际研讨会"准备并在会上宣读。笔者首先感谢国际研讨会上国内外专家对本文的广泛讨论和批评；同时，笔者尤其感谢匿名审稿人非常有价值、有见地的建设性修改建议。在此基础上，在本文发表前笔者对本文结构和部分内容进行了调整和修改。但文责仍由笔者自负。

（2）由于大规模开垦和过度利用，农业活动引起生态环境的恶化，如荒漠化、河湖以及地下水污染、沙尘暴等，包括全球层面的生物多样性的减少以及气候变化等；

（3）农业立地条件的破坏和外部生产环境的恶化导致较为严重的食品质量下降和食品安全问题；

（4）由于食品链的延长以及缺乏农民组织，农民从食品供应链增加值中获利最少，农民利益得不到保障，食品体系中存在严重的利益分配不公平；

（5）世界范围内，饥荒与营养过度并存，热量过剩与微量营养元素不足同在，大量食物中存在有害残留物，这些都导致人类的营养不良和疾病。

以上问题中，前三类问题在世界范围内广泛存在；第四类问题主要存在于发展中国家；最后一类问题各国情况不同，但只有从全球层面才能看清楚。这些问题的产生有复杂的原因，除了大宗农产品期货市场炒作、粮食与能源市场的连通等外部因素之外，还有现代农业和食品体系内部的因素。

（二）后现代农业及其路线争议

针对现代农业①的上述弊端，一系列新型农业②模式应运而生。对于这些新型的农业发展模式，还没有统一的称呼。但从时间顺序的角度，它们既然发生在现代农业之后，可以暂时统称为"后现代农业"③。从不同途径汇总的一些后现代农业模式可以列举如下（见表1）。

---

① 关于"现代农业"，缺乏统一、权威的定义。较多的人从投入品及技术体系角度定义。如李周简单地将现代农业定义为无机农业或者石油农业。

② 汉语里的"农业"同时具有初级生产和大农业的含义，后者即农业产业化链条，相当于食品体系。因此，本文在提到农业模式时，有时仅指农业部门，有时指整个食品体系。

③ 后现代主义在时间维度上包含三种含义，即现代主义之后、非现代主义或高级现代主义，其中后者是指进一步发展了的、更趋完善的现代化。笔者在这里首先对后现代农业简单地采取时间上的定义。笔者还认为，只要不否定理性，高级现代主义是必然出路，因此后现代农业也应该采取第三种定义。

表1　各种后现代农业模式

1	可持续农业(Sustainable agriculture)	10	公民农业(Civic agriculture)
2	生态农业(Eco-agriculture)	11	都市农业(Urban agriculture)
3	有机农业(Organic Farming)	12	野生农业(Wild farming)
4	绿色农业(Green agriculture)	13	小规模农业(Small-scale agriculture)
5	无公害农业(Non-hazardous agriculture)	14	自持续农业(Self-sustaining Farming)
6	"两型"农业(resource-saving and environment-friendly agriculture)	15	短链食品(Short-chain food)
7	生物农业(Biological Farming)	16	本地化食品(Localized food)
8	生物动力农业(Biodynamic Farming)	17	慢食(Slow food)
9	可再生农业(Regenerative agriculture)	18	永续农业(Permaculture)

　　作为"现代农业"对立面的"后现代农业"既然要实现对现代农业的突破，那么它既要证明能够解决现代农业中存在的问题，又要证明在经济效益和推广上是可行的。上述后现代农业的具体模式，有的是通称，如可持续农业或生态农业；有的是特指，如有机农业。其中大部分来自国外：一部分是国内特有的，如无公害农业；还有一部分国内外都有，如生态农业、有机农业、都市农业等。尽管替代农业至今学界也没有产生一致认可的定义①，国外的大部分后现代农业模式仍可归入替代农业，具有生态性、小规模、多功能、本地化等特征。不过"替代"的字面含义是"非此即彼的事物或行动"，基本上意味着对现代农业的批判和背离。中国的这些后现代农业模式，如都市型农业、绿色农业、无公害农业等，都是在现代农业的基础之上添加了生态农业的元素，很少做到与现代农业背道而驰。除了少数情形外②，多数情况下不融入现代农业模式难有出路，因此不能归入替代农业。这就是说，中国的后现代农业与替代农业一样，都具有生态农业的特征，但与替代农业有明显的不同，尤其是在规模方面。到目前为止，对这两类后现代农业模式之间的关系还未见有充分的说

---

① 例如，可以参考一个专门的"替代性农业"网站（http：//www. alternativeagriculture. org/）以及美国农业部的"替代性农业信息中心"网站（http：//afsic. nal. usda. gov/）。两个网站都只是列举了一些具体的替代性农业模式而没有给出其定义。
② 例如具有试验性质的市民农园以及中国各地的地方特色产品。对于后者，它们的特点应该是少而精，保持特色，以质取胜，因此针对眼前的短期商业利益而盲目扩大规模的做法是不可取的。

明。本文运用一种可持续食品供应链的分析方法，可以对这两种类型的异同进行比较，并对它们的发展趋势进行展望。

二 可持续食品供应链的分析框架

（一）基本概念

食品供应链是从食品的初级生产者到消费者各环节的经济利益主体（包括其前端的生产资料供应者和后端的作为规制者的政府）所组成的整体。食品供应链类似于食品产业链或农业产业化体系，或"从田间到餐桌"，是对同一事物的不同观察视角。

可持续食品供应链是指具有可持续性特征的食品供应链，具体地说，是指将环境保护、食品营养和健康、食品质量安全、食品链上不同环节的利益公平分配等因素纳入农业和食品体系所形成的食品的产业链条。在食品供应链基础上还可以衍生出食品体系的概念。食品体系既可以是地域性的，也可以是全球性的；可以是一系列食品供应链的集合，也可以是宏观角度的食品供求的整体。当一个地区较多的食品供应链具有可持续性特征，或者某一地区甚至全球的食品体系在经济、社会、环境等层面能够协调发展时，人们可以将其看作可持续的食品体系。

与发展的可持续性类似，可持续食品供应链也具备经济维度、社会维度和技术维度这三个维度。在此基础上，食品供应链是由一系列独立的经济主体构成的，相互之间没有隶属关系，但为了外部效应内部化的需要，有必要实施某种程度的供应链管理。这样可持续食品供应链就拥有了第四个维度：管理维度。也就是说，只有当供应链上各个环节的参与者都能够在经济、社会、技术和管理的维度上实现可持续性，我们才可以说这条食品供应链是可持续的。

（二）二元框架分析法

可持续食品供应链既是一个理想的目标，或者所谓的"理想形态"；又是一个评价或诊断的标尺，可以据此对所考察的食品供应链进行可持续性的评价和存在问题的诊断。

食品供应链上的经济主体，从源头开始，主要包括农业生产资料供应商、农民（农场）、农产品加工企业、物流和储运企业、市场以及消费者等。政府如果作为一个大的集团消费者，自然是消费环节的一部分①。但考虑到政府对食品和食品市场的全程监管、调控和扶持的重要功能，有必要将政府也视为食品供应链上一个不可或缺的环节。另外，食品供应链的可持续性包括经济、社会、技术、管理等四个维度。将经济主体维度和可持续性维度结合在一起，可以构成一个二维的框架图（见表2)②。

表2　可持续食品供应链分析的二元框架

供应链各环节＼可持续性维度	经济维度	社会维度	技术维度	管理维度
农业生产资料供应商				
农业生产者				
农产品加工商				
物流和储运商				
农产品和食品市场				
消费者				
作为规制者的政府				

对于供应链上某一特定的经济主体，可以首先考察其在经济、社会、技术、管理四个维度上的行为特征及相互影响；其次再考察供应链上其他主体各维度行为对该主体的各个维度行为的影响。如果某产品的供应链在这四个维度上同时呈现可持续性，那么我们可以认为该食品供应链的发展是可持续的；如果我们发现其中的某些维度是不可持续的，那么我们可以从其他看似可持续的维度或环节上寻找原因并提出解决问题的思路。

使用可持续食品供应链分析框架，可以有以下两方面作用。

1. 为分析复杂问题提供新的分析工具

现有的经济学分析工具只能以具有独立行为能力的经济利益主体为考察对

① 在下文中可以看到，政府作为食品采购者的角色，在欧洲的一些替代性食品体系中已经发挥作用。

② 这里提供的详细分析思路主要适用于对具体的食品供应链的分析，如本文中的田苑公司案例；对于综合的分析对象，如某个地区或某种类型的农业，只能采取示意性的分析思路，如本文中的潍坊农业以及短链食品案例。

象，针对他们所面临的复杂的、多来源、多层面的外部性问题学界无能为力，因此需要新的分析工具。当前关于可持续发展与食品供应链管理的研究进展以及世界各地出现的多样化的后现代农业实践，都为开发和使用可持续食品供应链分析框架提供了条件。

2. 拓展分析领域的维度和层次，有助于了解问题的全貌

可持续食品供应链将通常所使用的可持续农业、生态农业等概念涉及的范围大大地拓展，从初级农业生产拓展到整个食品生产、流通和消费领域，强调各环节之间的不同性质的问题的相互影响，让人意识到除了商业和技术问题之外，还有更多的社会性问题的存在，而且它们之间是密不可分的，必须通盘考虑。可持续食品供应链的应用领域还有微观和宏观之分，在微观上可以考察某个企业以及与之相联系的产业链；在宏观上可以分析一个地区的某个产业或者整个农业与食品体系。

三　两类后现代农业案例的描述和比较

（一）欧洲作为替代农业的短链食品模式

近年来在欧洲兴起的各种短链食品模式可以看作典型的替代性食品体系。短链食品建立在本地化食品的基础上。所谓本地化食品，根据欧洲同行的研究，是指利用本地原料和生产资料生产，在本地消费，并能促进本地经济发展和就业的食品。从问题导向性看，鼓励本地化食品意味着反对食品的长距离贸易和运输。短链食品是一个包容性更强的概念，指用可持续的农业生产方式生产出来的本地化、可持续的替代性食品。其中的"短"字不只是指空间距离，还与围绕着产品的各种信息的传播有关。"短"意味着各类信息都是透明和可见的，即通过尽可能减少中间环节来确保消费者尽可能了解食品生产和流动过程的全部信息。中国的地方土特产、"名特优新"产品以及近年兴起的都市型农业也可以看成是短链食品生产模式。

1. 可持续配送和可持续餐饮

意大利都灵市有一家名为 Sotral 的公共餐饮可持续配送企业，主要为学校、医院、政府等公共机构提供午餐配送服务。它不仅在本公司的食品配送业

务中，通过对车辆、燃料、路线、次序、装卸方式和材料等精心设计，尽可能
降低能源消耗，致力于做可持续配送企业，还为其他食品企业提供环境服务。
Sotral 公司建有一个研发部门"可持续餐饮研发中心"（RISTECO），如今已经
分离出来，成为一个非营利组织，从事研发和培训活动。2007 年，由 Sotral 公
司提供赞助，由 RISTECO 提供技术支持，位于都灵市中心的一家合作社餐厅
DeAmicis 开始供应所谓的"可持续餐饮"。可持续餐饮的食谱由 RISTECO 开
发，所有的原料来自距离市中心 100 公里以内的地区，包括面包、蔬菜、肉
类、乳制品、红酒等。餐厅对每种食品进行碳排放的计算，并标示在食谱上。
根据测算，运输每公斤"可持续餐饮"的原料所产生的 CO_2 平均值为 0.66 公
斤。

可持续餐饮所包含的短链食品思想就是尽可能地减少食品生产和运输过程
中的能量消耗，从而减少 CO_2 排放，主要手段之一便是采购本地化的原料[1]，
采用绿色的运输方式。Sotral 公司的生态配送业务也是通过绿色运输技术体系，
降低食品配送过程中的碳排放和能源消耗，来达到公共饮食部门的可持续餐饮
目标。由于在保护环境领域的创造性行动，Sotral 公司获得 2006 年欧盟"欧洲
企业环境奖"（European Business Awards for Environment）中的唯一的企业管理
奖项。[2]

从可持续食品供应链的视角看，包含可持续配送或可持续餐饮的食品供应
链具有可持续性特征，或者至少在可持续性方面得到改进。二者的共同贡献在
于节能减排的环境保护，并具有消费者教育和公共宣传、示范的社会意义。可
持续配送虽然没有改变公共餐饮的食品消费结构，但从食品生产与配送的全程
来看，最终的单位能量消耗和碳排放减少了。可持续餐饮不仅能教育消费者以
及减少碳排放，而且可以促进本地农业的发展。这两个例子都是企业行为，不
存在市场扭曲，但企业扮演了供应链管理者角色。更为关键的是，这两种经营

---

[1] 假设前提是本地生产的原料是优质和无污染的。
[2] 实际上，受全球气候变化议题持续发酵的影响，农业和食品部门的能源消耗和碳排放问题
已经在国际层面引起高度重视。根据联合国环境规划署"气候中和网络"（Climate Neutral
Network）的估计，欧洲各国农业与食品部门造成的碳排放约占所有的经济活动造成的碳排
放量的 30%。正因为如此惊人的高比例，联合国环境规划署和欧盟才会致力于推动农业部
门节能减排，尤其是运输环节的改进。

模式在经济上都是可行的，可持续配送业务具有不菲的利润，可持续餐饮餐厅则达到基本的盈亏平衡。

2. 慢食运动和慢食

1986年，慢食运动起源于意大利都灵的一个小镇，最初的宗旨是保护优质的地方性美食，推动一种慢节奏的生活，以此与快餐文化相抗衡。慢食（Slow food）是指"优质、洁净、公平"的食品，其中的优质是指食品独特的品质和风味，洁净是指食品和环境均不受污染，公平是指农民能得到公平合理的价格。慢食运动由非政府组织国际慢食基金会组织推动。国际慢食基金会下设"地球母亲基金会"、包括意大利在内的7个国家理事会、1所烹饪大学以及数以百计的团体性会员和数以千计的个体会员。慢食运动的主要活动包括三大类：①每两年一次的"地球母亲"大会，参会者为来自世界各地的慢食运动参与者、替代性农业和食品体系的实践者、媒体、学者、非政府组织等，主要活动内容是各种主题论坛和地区论坛；②每两年一次的"美食博览会"，致力于展销小生产者的多样化、有特色的优质食品，包括被慢食基金会认可为slow food presidia ©的手工农产品①；③在全球各地发展团体以及个体会员，推广食品社区理念，鼓励社区参与，发掘各地具有地方风味、地方种质资源、地方生产技术、地方传统文化内涵的特色农产品，以市场化方式促进这些地方特色产品的保护传承、市场销售和社区发展。

2008年10月在都灵举行了第3届地球母亲大会和第7届美食博览会，其中地球母亲大会的参会者达到7000人之众，美食博览会的参展商超过1000家，参观者达到20万人。慢食基金会发动全市郊区的市民做志愿者，为前来参会的人提供住宿和饮食，既提高了社会参与的程度，又大大降低了组织成本。在这种意义上，与其他的社会性国际论坛相比，慢食运动无疑是成功的。

从可持续食品供应链的角度看，真正的慢食供应链也是可持续的食品供应链。慢食包括两大类：手工制造的地方风味食品以及由中小企业以非标准化方式生产出来的优质食品。慢食除了要求质量好、有独特风味外，还提倡小规模、环境友好以及让农民获得合理的价格。在该链条上，生态环境得到尊重和

---

① 实际上就是认证，不过认证者是一个非政府组织，不具有官方授权，与中国国内所指的"认证"有所不同。

保护，尽可能地减少了对环境的污染；各主要生产者均得到公平的利益，尤其是通常处于不利地位的初级生产者；食品安全得到保障，各个环节都避免了对食品的污染；由于提倡小规模生产，产业链相对较短，供应链管理相对容易，交易费用较低。由于慢食运动强调地方性的品种、生产技术、环境条件以及食品加工方式，这实际上是将难以衡量的口味变成产品的可衡量、可定价的部分属性，从而使慢食的消费者得到特定的满足，实现了特色食品的内在价值增值。在慢食供应链管理方面，慢食运动组织发挥了重要作用。他们采取各种措施帮助那些原本被忽略和遗忘的地方食品成为他们所界定的慢食：组织地球母亲大会，帮助那些小生产者相互交流；实施口味教育；成立生物多样性基金会，授权使用 presidia © 标志；组织美食博览会，在消费者中推广慢食，等等。慢食运动组织利用它们所制定的慢食标准以及 presidia © 认证的标准来影响生产者的行为以及生产者和消费者之间的关系，从而在慢食供应链上扮演了积极的供应链管理者角色。

（二）山东潍坊的现代生态农业

1. 潍坊农业的可持续评价

山东省是中国的农业大省，潍坊市是山东省的农业大市，也是农副产品集中产地之一，是全国农业产业化的发祥地。其农业综合生产能力、农民组织化程度、农业科技水平和主要农产品产量在全省乃至全国都位居前列。全市组织实施"农业产业化、标准化、国际化，产业带动、科技带动、市场带动"的发展战略，在食品方面，已经形成粮食、油料、果品、水产品、蔬菜、食用菌、肉鸡等诸多具有商品优势和市场潜力的支柱产业和重点产品，建成了寿光蔬菜、诸城肉鸡、安丘姜蒜、昌乐西瓜等特色产业基地。在推动农业产业结构优化升级、发展地区经济、增加农民收入、提高农民文化科技素质等方面取得不俗的成绩。"全国农业看山东，山东农业看潍坊"，可见潍坊农业在全国的领先和示范地位。

由于在无公害、绿色、有机食品认证，严格的化肥、农药控制和食品质量安全检测，大规模的新技术利用等方面的突出表现，潍坊的现代农业与其他地区相比，已经具备一定的生态农业特征，与石油农业相比也可以在某种程度上称其为后现代农业。然而，我们利用可持续农业的理论对其进行的可持续性评价显示：虽然在经济方面，潍坊的农业已经较好地实现产出与效率的提高与稳定，但从生态与社会的角度分析，却仍然存在着一些有待改进的方面，如对于环境保护的关注不足，农业面源污染依然严重；利益分配机制尚未完全理顺，农民作为重要的主体，获得的利润份额尚不尽如人意；农业合作社尚有很大的发展空间，目前的数量和水平都不能满足发展的需要。学者可以对潍坊范围内的一些典型的产业和企业进行更为具体的分析。

2.寿光的蔬菜产业可持续性

寿光市是潍坊市下辖的一个县级市，是著名的"中国蔬菜之乡"。全市耕地面积为148万亩，其中蔬菜种植面积就达80万亩，冬暖式大棚30多万个，形成万亩辣椒、万亩西红柿、万亩香瓜、万亩韭菜和3000多亩无土栽培蔬菜等十几个成方连片的蔬菜基地。全年蔬菜产量高达40亿公斤，人均占有量4000公斤，是全国平均水平的近10倍。寿光市拥有全国最大的专业蔬菜批发市场和健全的产地批发市场体系，是全国重要的蔬菜集散中心和价格形成中心。市政府还主导建立了较为完善的质量检验检测体系、农资市场管理体系、标准化生产基地管理体系、产地环境治理体系、新技术推广网络等，使本市的蔬菜产业具有较强的生态农业特征。

寿光市的蔬菜供应链大体上可以分为三种类型，分别是批发市场主导型、内销龙头企业主导型以及出口龙头企业主导型。这三种类型涵盖了寿光蔬菜产业的绝大部分，但就规模而言，第一类供应链仍然是最主要的，第三类供应链最弱。第二类产业链的规模近年来增长相当快，农户的生产基本上与一个龙头企业或合作组织相联系，产品基本上通过保鲜包装供应超市，承担了寿光蔬菜产业结构升级的重要任务。

笔者对寿光市蔬菜产业链可持续性评价如下。

（1）在经济可持续性方面。寿光市的蔬菜产业在较长时期内还具有较大的继续发展的潜力，主要有两个潜力源泉。一方面，现有生产基地中相当大的一部分只是作为各种龙头企业的辐射基地而不是合同基地，它们的管理水平和生产技术水平还有待进一步提高；另一方面，当前的蔬菜产品形态主要是鲜活产品，加工产品的比例还很低，食品加工业的发展还具有很大的潜力。

（2）在技术可持续性方面。农民对农业新技术的掌握和使用、新投入品的获得和使用以及农业新品种的获得和使用都有良好的发展态势。可以预见，技术进步仍将是蔬菜产业继续发展的重要动力之一。在农业的生态和环境可持续性方面，外部污染对农业生产的影响正在减轻，或者至少不会加重，但是农业生产对地下水和土壤的影响还较为严重，未引起足够的重视。一些龙头企业对于合同大棚的"弃旧用新"的管理模式便是这个问题的典型表现。

（3）在供应链管理的可持续性方面。政府已经履行充分的管理责任，一些好的龙头企业实施了有效的供应链管理并打造出一些代表性的可持续食品供应链，但龙头企业主导的产业链上的合作组织发展不足，缺乏与龙头企业对等的制约力量，供应链管理仍然存在机制上的缺陷。

总体上看，寿光市的蔬菜产业的可持续性水平是比较高的，经济方面一直快速增长，技术进步贡献巨大，环境保护方面取得一定的进展，农民收益有很大的提高。不过，如上所述，以严格的可持续食品供应链的标准来看，寿光市仍然有很大差距。尤其是，我们所能观察到的那些可持续性较强的蔬菜供应链只是全部蔬菜产业中的一小部分，这意味着全市蔬菜产业体系的可持续性的提升还有更大的空间。

3. 寿光田苑果菜公司

寿光市田苑果菜生产有限公司是一家纯私人独资公司，从事蔬菜生产和销售，其蔬菜供应链属于上述第二种类型。田苑公司成立于2000年，以加工和销售无公害、绿色食品蔬菜、瓜果为主营业务。创业不久，企业负责人敏锐地捕捉到当时刚刚出现的无公害蔬菜商机，转而生产无公害蔬菜。2002年，即公司成立两年之后，他们获得由国家质检总局颁发的无公害农产品基地第一批认证，组织周围的农户采纳无公害农产品技术规范，最早地带品牌、带认证进入超市。2004年，他们获得农业部颁发的无公害果菜基地认证，截至目前该公司已经有14类产品获得无公害产品认证，有22类品种通过绿色食品认证，一批产品正在申请有机食品认证。公司所有产品主要在山东省各大城市以及国内其他部分大城市的超市内设专柜销售。2006年销售额为2000万元，利润超过100万元。今后，在无公害农产品基地认证的基础上，他们的主打产品将是绿色食品和有机食品。

田苑公司为了占领城市新鲜蔬菜的高端需求市场，经过几年的努力，建立起一条从初级生产到终端销售的完整的蔬菜供应链。在供应链上，公司牢牢控制了生产资料供应、生产环节控制、产品质量检验和销售各个环节。其中，关

键环节都属于公司内部管理流程，工作量最大的对农户生产行为和产品质量的
控制环节，也有配套的管理制度（见图1）。

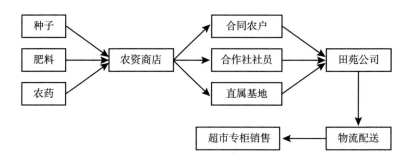

图1　田苑公司蔬菜供应链

这条供应链，就其自身的特征而言，已经在很大程度上具备可持续性特
征：①带动了产业结构的升级，满足了特定消费者的需求；②提高了食品质量
和安全水平；③带动了农户生产技术水平的提高和市场意识的增强，同时也增
加了农民的收入；④减轻了农业的环境污染。对于加入其中的农民来说，他们
的生产行为有可能完全改变。农药和化肥的使用受到限制，种子得到改良；虽
然成本可能会增加一些，但总收入提高了。这种改变，在不接受供应链管理的
情况下是不可能实现的。然而从社会的角度看，该蔬菜供应链还存在两方面的
可改进之处。一方面，公司应对所有与其签过约的耕地负责，而不是仅对合约
期间的耕地负责。将耕种过若干年的大棚舍弃对企业也许是合理的，但对社会
却是不合理的。另一方面，公司应让合作社成长为一个真正的为农户代言的机
构，为自己培养一个可合作的"对手"，这样的供应链才更具公平性和经济的
可持续性。

（三）两类案例的比较

上述中外两方面的例子，代表了各自在农业和食品领域的最新发展理念和
趋势，但是它们的差异却是明显的。欧洲的实践强调短链、本地化、节能减
排、社区发展以及文化价值，在其他的例子中还强调饮食习惯和营养问题。中
国的实践则主要强调规模的扩张、食品安全、增加农民收入以及在食品安全基
础上提高产品质量等问题。国内实践者对短链和节能减排似乎并没有考虑，反

而通过大市场和大流通将地方产品卖到全国各地仍然是一种风气。最大的差别还是在于非经济价值的实现程度和发展规模的逆向关系。潍坊案例中的生态农业具有大规模的特征，但是其可持续性与欧洲相去甚远，其与真正的生态农业或可持续农业也还有很大的差距。

四　后现代农业的走向：从替代农业　　到"建设性"现代农业

以潍坊现代生态农业为代表的中国后现代农业显然不同于欧洲的替代农业。很多替代农业从个案的角度看是成功的（或有商业价值，或有理念推广的功能），但一直难以大规模推广。也就是说，替代农业可以改变其自身，却难以"替代"掉现代农业。中国的这些后现代农业已经对早期的现代农业实施改进，而且发展势头很强劲，但也还有许多问题需要解决。这意味着，目前的后现代农业还没有针对现代农业的弊病提出圆满的解决方案。那么究竟谁能找到真正的出路呢？

（一）后现代农业必然属于生态农业

1. 概念的澄清

为了更好地理解后现代农业，首先需要澄清三个与之相关的概念，即现代农业、生态农业和可持续农业。很显然，这三个概念既相互关联，又可能存在交叉，因此需要将它们的独特性、关联性以及交叉的部分辨识清楚，在此基础上才能给多样化的后现代农业模式具体定位。

（1）现代农业。对于"现代"二字，可以有两种理解：一是从"二战"以后到目前的整个历史时期，对应于哲学意义上的现代性；二是指当前。与第一种口径相对应的现代农业主要是指石油农业，即建立在现代性思维和技术体系基础上的大规模农业。中国当前语境中的现代农业主要取第二种口径，即继承于石油农业的当前先进农业形态。例如，当前一个主流的现代农业定义是，用现代工业力量装备的、用现代科学技术武装的、以现代管理理论和方法经营的、生产效率达到现代先进水平的农业。

（2）生态农业。生态农业的定义更加复杂。其最初的定义由英国学者给出，即生态上能自我维持，低输入，经济上有生命力，在环境、伦理和审美方面可接受的小型农业（侯向阳等，2004）。国内的一种典型定义是，与现代农业革命之前的传统生态农业相区别，称之为"现代生态农业"，即在现代化装备基础上，运用生态学原理和生态经济学原理，节约使用资源，减少能量输入，适当减少化肥、农药施用量，加环增量，多层次利用生物有机质，做到废弃物资源化和物质循环再生，使农业不对环境产生污染，为人民生产出健康、安全的农产品。生态农业的另一种定义是：通过可再生资源对不可再生资源的替代，低物级（能级）资源对高物级（能级）资源的替代，实现经济再生产与生态再生产的统一。

国内外的定义相比而言，国外的定义更突出"小"，而国内的定义则不排斥甚至指向"大"。国内的两个生态农业定义都是与现代农业的定义比较之后得出的，而且有很大的相似性。用李周（2004）的话来说，就是现代农业实现了有机循环与无机循环的整合，生态农业实现了生产循环与生态循环的有机统一。

（3）可持续农业。可持续农业的定义主要来自 FAO，国内的研究大多以此为基础。FAO 在"登博斯宣言"中给出的定义是：可持续农业是旨在管理和维护自然资源基础，并实行技术变革和制度创新，以确保当代人和后代人对农产品的需求不断得到满足；这种发展能保护土地、水资源、植物和动物遗传资源，同时技术上适当，经济上可行，能够被社会所接受的农业。

可持续农业与生态农业相比，主要是秉持可持续发展的经典原则，加入当代人与后代人之间的关系。但从逻辑上推理，既然生态农业很好地减少了无机化肥和农药的施用量，减少了不可再生能源的使用，做到废弃物的资源化，那么也就必然地为后代保留良好的环境和农业生产能力。因此，可持续农业与生态农业具有内在一致性，只不过可持续农业更强调原则和目标，而生态农业更强调内容和手段。

生态农业与现代农业相比，如果说前者是对后者的批判和替代，那么现代农业只能是指一般意义上的石油农业；但如果说生态农业是"生态化的现代农业"，那么现代农业就是指当前意义上的现代农业。后者与我国官方的文件以及各地的实践是一致的，即各地大力推进的有机食品、绿色食品、无公害农产品、都市型农业等，都属于现代农业的范畴。比较而言，国外的生态农业更多的是对石油农业的反思以及替代模式试验；而国内的生态农业则更多的是对早期现代农业的反思以及改进和发展，不妨称之为"建设性"现代农业。

综上所述，如果要发展针对现代农业弊病的后现代农业，更为恰当的表述应为：西方发达国家充满了大量的后现代主义的替代农业以及替代食品体系，但它们难以撼动主流的现代农业体系；中国仍然处在现代化进程之中，对石油农业的弊病的应对是现代化进程的应有之义，因此我们的后现代农业应该是"建设性"现代农业，即用生态农业原理改造的现代化农业。西方的替代农业模式，更加重视环保、生态、营养、健康问题，所以属于纯粹的生态农业类型。我国的"建设性"现代农业已经对早期现代农业有很多改进，虽然比不上那些纯粹的生态农业[①]，但毕竟在保障食品安全、控制化肥和农药、保持土壤生产力等方面已经采取自觉的行动。不过，正如我们在潍坊的案例中看到的，它们虽然代表了现代农业的发展方向，但还是有很多缺陷，需要在保证经济可行性的条件下进一步改进。

（二）从替代农业到"建设性"现代农业

发达国家的替代农业与我国的"建设性"现代农业差别是巨大的，不过二者并非不相容。无论从中国还是从全球看，"建设性"现代农业都是发展方向，其中丰富多彩的替代农业模式将发挥重要作用。一方面，替代农业为"建设性"现代农业提供警告、借鉴以及突破口，可以看作思想者和先行者；另一方面，替代农业中的一些类型可能在寻找突破口的基础上演化为"建设性"现代农业，从而为"建设性"现代农业的实现增加一条路径。

在欧洲，无论是 Sotral 公司的可持续配送业务，还是罗马市政府强势的学生营养餐政府采购实践[②]，它们瞄准的目标都是对社会有巨大影响力的公共部门。在欧盟国家，政府不仅是规则制定者，也是实力雄厚的采购者。罗马市政府通过统一采购学生餐，成为全国名列前 10 位的食品采购者，它的选择无疑

---

① 包括欧洲的生态农业以及我国各种生态农业示范区里的农业类型。
② 根据罗马市政府教育局官员 Silvana Sari 提供的资料，罗马市政府通过公开招标的方式，每天要为全市中小学生提供约 16 万份学生餐。由于招标者倡导生态食品，最后确定的学生餐原料中，67.5% 为生态产品，平均价格为 5.03 欧元/份，比同等条件下不规定生态原料的价格高 4%，但通过竞争迫使餐饮公司的利润从 30% 下降到 6.5%。

对市场有巨大的影响。RISTECO 和罗马市政府的雄心在于通过公共部门消费模式的改变推动政府部门的观念变革，进而实现发展规则和发展模式的变化。他们所应对的问题，除了环境问题外，还有当前"坏的"食品体系所造成的健康问题，如大量的肥胖者以及相关的疾病。他们希望通过改进当前的食品体系，实现食物作为健康之源和文化之源的价值。也就是说，在权力分散的社会体制下，这些来自地方和公民社会的试验，它们的本意已经不只局限于"替代"，因为从某种意义上来说现代农业的很多优势是无法替代的，他们转而尝试改造和弥补有缺陷的现代农业，即"建设性"现代农业。

从这个意义上看，我国当前的现代生态农业实践与西方社会的某些替代农业模式具有共同的发展方向。这个共同的方向便是在各自的社会体制下，针对各自现代农业发展特点，寻找合适的途径，像"改造传统农业"一样改造现代农业，发展方向便是"建设性"现代农业，即生态化的现代农业。

参考文献

吴翰：《世界食品体系的可持续性》，载张晓山等主编《可持续食品供应链：来自中国的实践》，黑龙江人民出版社，2009。

李周：《生态农业的经济学基础》，《云南大学学报》（社会科学版）2004 年第 2 期。

张晓山等主编《可持续食品供应链：来自中国的实践》，黑龙江人民出版社，2009。

林坚等主编《农产品供应链管理与农业产业化经营》，中国农业出版社，2007。

檀学文：《可持续食品供应链的分析框架》，载张晓山等主编《可持续食品供应链：来自中国的实践》，黑龙江人民出版社，2009。

韦伯：《社会科学方法论》，中央编译出版社，2005。

杜志雄、檀学文：《食品短链的理念与实践》，《农村经济》2009 年第 6 期。

Forsman and Paananen. Local Food Systems：Explorative Findings from Finland. http：//gis-syal. agropolis. fr/Syal2002/FR/Atelier% 204/FORSMAN. pdf，2002.

Gralton，"Challenging conventional food chains"，http：//www. altglobe. com，2009.

杜志雄、苏惠婷：《可持续农业与山东潍坊的实践》，载张晓山等主编《可持续食品供应链：来自中国的实践》，黑龙江人民出版社，2009。

檀学文等：《"中国蔬菜之乡"的蔬菜产业链及其可持续性》，载张晓山等主编《可持续食品供应链：来自中国的实践》，黑龙江人民出版社，2009。

张晓山：《发展现代农业是社会主义新农村建设的首要问题》，《前线》2007 年第 4

期。

路明主编《现代生态农业》，中国农业出版社，2002。

李周：《生态农业的经济学基础》，《云南大学学报》（社会科学版）2004 年第 2 期。

FAO，Manifesto and Agenda on Sustainable Agriculture and Environment，BenBurg，1991.

侯向阳、郝志强：《生态农业与现代农业若干问题的讨论》，《中国生态农业学报》2004 年第 1 期。

粮食国际贸易对区域水资源
可持续利用的影响[*]

于法稳

1995 年，美国学者 Lester R. Brown 在《谁来养活中国》一书中指出，中国水资源短缺将影响世界的粮食安全（Brown，1995；1998；2004），这引起了全球对中国粮食安全问题的关注。水资源短缺是中国长期面临的问题。有关研究表明，2010~2015 年，中国缺水量在 100 亿~318 亿立方米之间（水利部南京水文水资源研究所等，1999）。中国工程院重大咨询项目"中国可持续发展水资源战略研究"预测，到 2030 年，中国缺水量为 130 亿立方米，2050 年基本平衡（刘昌明等，2001）。韩宇平等（2002）认为，水资源压力指数可以用来衡量一个国家和区域天然水资源的相对稀缺性，并能以此判断水资源短缺是否成为社会经济发展的障碍；而国际上常用人均水资源量和水资源开发利用程度两个指标反映人类对水生态的压力（贾绍凤等，2002）。在中国，一些学者将水资源压力指数分为水资源数量压力指数、水资源经济发展压力指数和水资源生态压力指数三种类型（韩宇平等，2002；吴佩林，2005），并在此基础上计算不同区域的综合水资源压力指数。

长期以来，农业一直是用水大户，2000 年，农业用水量占全国用水总量的 68.8%，2007 年，农业用水量占全国用水总量的 63.0%。灌溉用水是农业用水的主要部分，1980 年和 1993 年，灌溉用水量均占农业用水量的 90% 以上（沈振荣等，1996）。粮食生产对水资源需求的上升以及农业生产中水资源利

  * 本文是国家社会科学基金项目"鼓励自然资源集约利用的技术经济对策研究"（项目编号：05BJY039）和中国社会科学院重点学科项目"生态经济学重点学科建设项目"的阶段性成果。中国农业大学经济管理学院陈永福教授、北京林业大学经济管理学院张颖教授、南京农业大学公共管理学院郭忠兴教授提出了宝贵的修改建议，笔者在此表示衷心的感谢。文责自负。

用方式的变化是影响水资源利用状态的两个主要因素（于法稳，2006）。农业用水量的多少，在很大程度上取决于农业灌溉方式。采取节水技术、农艺技术等措施，可以减少农作物的灌溉定额；调整夏秋作物结构，可以平衡用水量的季节分布，同时达到节水的目的（李周等，2004）。这些措施有利于提高灌溉水资源的利用效率，减少灌溉用水量，从而实现粮食生产与灌溉用水的脱钩（于法稳，2008）。

在研究区域自身水资源问题的同时，国际上逐渐把研究视野拓展到更大的范围，特别是在英国学者 Tony Allan 于 20 世纪 90 年代初提出"虚拟水"概念（Allan，1994）之后。"虚拟水"概念的提出，改变了原有的一些思维方式，拓宽了水资源研究的领域，树立了水资源管理的新理念，引起国内外众多学者对虚拟水有关问题的研究。国内的一些学者从战略层面进行了研究，认为虚拟水贸易可以作为解决中国水资源短缺和粮食安全问题的一种途径，对保障中国农业生产以及粮食安全具有重要作用（程国栋，2003；张敦强，2004；柯兵等，2004；曹建廷等，2004；柳长顺等，2005；马静等，2006）；还有一些学者利用相关理论与方法对区域虚拟水进行了匡算（徐中民等，2003；龙爱华等，2004）。笔者认为，虚拟水并不是"虚拟"的，而是随农产品贸易而产生的水资源在区域间的流动；虚拟水是一种理念，可以用来研究产品贸易背后的水资源流动问题。不过，农产品贸易产生的水资源流动对区域水资源压力的影响程度究竟有多大？它们的时空分布特征如何？现有的相关研究，并没有对这些问题进行定量的分析，而这正是本文要解决的关键问题。

一　分析方法及资料来源

（一）分析方法

1. 虚拟水匡算方法

农作物生产需要的水资源量与农作物类型、区域的自然地理条件、灌溉条件和管理方式等因素有关（秦丽杰等，2006）。单一农作物虚拟水含量的计算公式为：

$$D_{nc} = W_{nc}/Y_{nc} \qquad (1)$$

（1）式中，D_{nc}表示 n 区域 c 作物的虚拟水含量（单位：立方米/公斤），W_{nc} 为该区域 c 作物的需水量（单位：立方米/公顷），Y_{nc} 为该区域 c 作物的产量（公斤/公顷）。

影响农作物需水量的因素有很多，例如降水、气温、气压、日照、风速、作物类型、土壤条件及种植时间等，但是，在农作物生产实践中，并不能完全按照其需水量进行灌溉。因此，需要对单一农作物的虚拟水含量进行匡算。本文选择计算的农作物种类为玉米、小麦、水稻和大豆。其计算方法是：

第一，计算区域单一农作物播种面积在粮食总播种面积中的比例（R_{nc}）：

$$R_{nc} = S_{nc}/S_{nt} \times 100\% \qquad (2)$$

（2）式中，R_{nc} 为 n 区域 c 作物的播种面积，S_{nt} 为 n 区域粮食作物的总播种面积。

第二，计算区域单一农作物生长所需要的水资源量（W_{nc}）：

$$W_{nc} = W_{nt} \times R_{nc} \qquad (3)$$

（3）式中，W_{nt} 为 n 区域的灌溉用水量。

第三，计算区域单一农作物单位产量需要的水资源量（W_{nc}'）：

$$W_{nc}' = W_{nc}/Y_{nc} \qquad (4)$$

（4）式中，Y_{nc} 为 n 区域 c 作物的产量。

粮食国际贸易背后的水资源流动量，可以根据区域单一农作物单位产量需要的水资源量与国际贸易量计算得到，即

$$W_v = \sum W_{nc}' \times Y_{nct} \qquad (5)$$

（5）式中，W_v 为 n 区域 c 作物国际贸易背后的水资源要素流动量，Y_{nct} 为 n 区域 c 作物的国际贸易量。

2. 水资源压力指数构建方法

国际上将区域水资源量的 40% 作为水资源可持续利用的警戒线。参考这个标准，将区域水资源禀赋的 40% 乘以农业用水所占比例作为用于农业的可持续利用水资源量。如果农业灌溉用水超过这个量，则其水资源利用可能是不

可持续的。

分析农业灌溉对区域水资源的压力，其方法是构建农业水资源压力指数。具体方法是：首先，计算区域用于农业的可持续利用水资源量（W_s）；其次，根据农业灌溉用水量（W_a）与 W_s 的比值，计算农业水资源压力指数（R_p）；再次，根据第二步的结果判断区域农业水资源压力及水资源利用状态。

在丰水年和枯水年，农业灌溉用水量存在很大的差异。为了消除丰水年、枯水年农业灌溉用水量的不同对农业水资源压力指数的影响，本文对农业灌溉用水量进行了相应调整。

根据农业水资源压力指数的含义及大小，参考农业可持续性评价的分类（李周等，2006），本文试图将农业水资源压力指数划分成 6 个范围，对应于水资源利用的 6 种不同状态（见表1）。

表1　农业水资源压力指数与水资源利用状态的对应关系

类型	农业水资源压力指数	水资源可持续利用状态
类型一	$R_p < 0.5$	强可持续
类型二	$0.5 \leqslant R_p < 0.8$	较强可持续
类型三	$0.8 \leqslant R_p < 1.0$	脆弱可持续
类型四	$1.0 \leqslant R_p < 1.2$	脆弱不可持续
类型五	$1.2 \leqslant R_p < 1.5$	较强不可持续
类型六	$1.5 \leqslant R_p$	强不可持续

3. 粮食贸易对水资源压力的影响

根据上文所得到的参数，本文采取如下方法对粮食贸易带来的水资源压力进行估算。首先，计算粮食贸易带来的水资源要素流动量与区域用于农业的可持续利用水资源量的比值，即如果不进行农产品国际贸易，这部分用水对区域用于农业的可持续利用水资源量的压力（R_v）；然后，通过比较两种情景下的农业水资源压力指数，得到粮食贸易中水资源要素流动量对水资源可持续利用的影响程度（r）。其计算公式分别为：

$$R_v = W_v / W_s \tag{6}$$

$$r = R_v / R_p \times 100\% \tag{7}$$

（二）资料来源

本文所利用的水资源数据来源于 1999～2007 年《中国水资源公报》[①]，不同省（区、市）不同作物的播种面积及产量来源于 2000～2008 年《中国统计年鉴》[②]，玉米、小麦、大米、大豆国际贸易量来源于 2000～2008 年《中国农村统计年鉴》[③]。

1999～2007 年，全国粮食生产灌溉用水量年平均为 2082.43 亿立方米。其中，灌溉用水量较大的江苏、新疆、黑龙江、广东、湖南、广西、河北 7 个省（区）粮食生产灌溉用水量为 910.23 亿立方米，占全国粮食生产灌溉用水量的 43.71%；用水量较少的上海、天津、北京、青海、西藏 5 个省（区、市）的粮食生产灌溉用水量所占比例合计仅为 2.11%。这 5 个省（区、市）中，北京、上海、天津这 3 个大都市农业的功能已经从单一的生产功能提升到生产、生活、生态三位一体的综合功能，而在青海、西藏这两个典型的牧区，粮食生产灌溉用水量所占的比例很小。

从 1999～2007 年粮食出口量的年平均值来看，全国粮食年平均出口量为 108.04 亿公斤。其中，吉林、黑龙江、内蒙古、辽宁 4 个省（区）的粮食出口量为 161.85 亿公斤，占全国粮食出口总量的 80.04%；青海、贵州、西藏 3 省（区）没有粮食出口，宁夏、甘肃 2 省（区）出口的粮食仅有 10 万公斤。1999～2007 年，全国粮食年平均进口量为 205.71 亿公斤，其中，江苏、广东、山东、河北、辽宁、广西、福建、浙江、北京 9 个省（区、市）粮食进口总量为 184.68 亿公斤，占全国粮食进口总量的 89.77%。

二　结果及讨论

（一）农业水资源压力指数及变化

1. 国家层面农业水资源压力指数及变化

经计算，1999～2007 年中国农业水资源压力指数的平均值为 0.2767，

---

① 中华人民共和国水利部编著《中国水资源公报》（1999～2007），中国水利水电出版社。
② 中华人民共和国国家统计局编《中国统计年鉴》（2000～2008），中国统计出版社。
③ 国家统计局农村社会经济调查司编《中国农村统计年鉴》（2000～2008），中国统计出版社。

处于水资源强可持续利用状态，即农业灌溉并没有对水资源的可持续利用构成威胁；从动态来看，中国农业水资源压力指数呈现递减的态势，从1999 年的 0.3392 递减到 2007 年的 0.2363，减小幅度为 0.1029，下降了30.32%。

2. 省级层面农业水资源压力指数及变化

从表 2 可以看出，农业水资源压力指数小于 1，即水资源处于可持续利用状态的省（区、市）有 23 个，其中，处于水资源强可持续利用状态的省（区、市）有 18 个。在 23 个省（区、市）中，东部地区有 5 个，其中，处于强可持续利用状态的 4 个，处于脆弱可持续利用状态的 1 个；中部地区有 7个，其中，处于强可持续利用状态的 4 个，处于较强可持续利用状态的 3 个；西部地区有 11 个，其中，处于强可持续利用状态的 10 个，处于脆弱可持续利用状态的 1 个。其余 8 个省（区、市）的农业水资源压力指数均大于 1，即水资源利用处于不可持续状态，其中，东部地区有 6 个省份，中部地区、西部地区各有 1 个省份。在东部地区的 6 个省份中，只有山东省处于水资源利用的脆弱不可持续状态，其余的如江苏、北京、河北、上海、天津都处于强不可持续状态。出现这种情况的原因是：北京、上海、天津 3 个大都市都在进行区域之间的调水，而山东、江苏两个省是经济比较发达的省份，河北则处于华北平原缺水区，而且还需要从北京调出水。

为了分析不同省（区、市）农业水资源压力指数的变化态势，本文将1999～2007 年划分成 1999～2003 年、2004～2007 年两个时段①，分别计算两个时段内农业水资源压力指数的平均值。分析结果表明：天津、辽宁、山东、北京、黑龙江、广东、西藏 7 省（区、市）的农业水资源压力指数增加，其中，有 5 个省（区、市）处于东部地区，辽宁省的水资源利用状态发生了根本性的逆向变化，从较强可持续状态进入脆弱不可持续状态；其余 24 个省（区、市）农业水资源压力指数都是下降的，这就表明，它们在趋向一个可持续利用的发展状态。在这 24 个省（区、市）中，内蒙古的水资源利用从较强可持续状态进入强可持续状态；甘肃省的水资源利用状态则发生了根本性的变化，从脆弱不可持续状态进入脆弱可持续状态。

① 为了使两个时间段均衡，本文以 2003 年作为划分点。

表2 农业水资源压力指数的区域分布

水资源利用状态	东部地区	中部地区	西部地区
强可持续	浙江、海南、福建、广东	江西、湖南、湖北、安徽	西藏、青海、云南、贵州、四川、广西、重庆、陕西、新疆、内蒙古
较强可持续	——	吉林、黑龙江、河南	——
脆弱可持续	辽宁	——	甘肃
脆弱不可持续	山东	山西	宁夏
强不可持续	江苏、北京、河北、上海、天津		

（二）粮食国际贸易量及变化情况

1. 粮食出口量及变化

1999～2007年，中国累计出口粮食（稻谷、小麦、玉米、大豆）972.34亿公斤，其中，吉林、黑龙江、内蒙古、辽宁4个省份累计出口粮食较多，其出口量占全国累计粮食出口量的80.04%。从中国1999～2007年粮食出口量的变化情况看，2000年、2002年、2003年和2005年，中国粮食出口量都超过100亿公斤，特别是2003年达到218.18亿公斤。

2. 粮食进口量及变化

1999～2007年，中国累计进口粮食1851.42亿公斤，其中，江苏、广东、山东、河北、辽宁5省累计进口粮食1267.76亿公斤，占全国粮食累计进口量的68.48%。从中国1999～2007年粮食进口数量的变化情况看，中国进口粮食数量整体上呈现递增的态势。从长远看，中国人多地少、水资源短缺、水资源与土地资源空间分布不均衡的国情不可逆转，需要通过增加粮食进口来弥补国内粮食生产资源的不足。

3. 粮食净出口量及变化

1999～2007年的9年中，中国粮食国际贸易有4年表现为净出口，加入WTO后经过2002年和2003年连续两年的净出口，到2004年，中国的粮食进口量又急剧增加，而且一直表现为净进口，净进口数量一直在200亿公斤以上。

1999～2007年中国累计净进口粮食879.08亿公斤。在31个省（区、市）中，有20个省（区、市）的粮食国际贸易表现为净进口，其中，江苏、广东、山东 3 省粮食净进口数量都超过 300 亿公斤，分别为 326.95 亿公斤、325.44 亿公斤、311.40 亿公斤；其余 11 个省（区、市）的粮食国际贸易表现为净出口，其中，吉林、黑龙江、内蒙古 3 省（区）粮食净出口量都超过 100 亿公斤，分别为 400.81 亿公斤、171.24 亿公斤、102.92 亿公斤。

（三）粮食贸易中水资源要素流动量及变化

1. 粮食出口中水资源要素流动量

前文的分析表明，1999 ~ 2007 年，中国累计出口粮食 972.34 亿公斤，水资源要素流动量为 420.35 亿立方米。也就是说，通过粮食出口，中国出口了 420.35 亿立方米水资源，同期中国粮食灌溉用水量累计为 18741.85 亿立方米，水资源要素流动量占灌溉用水量的 2.24%。中国粮食出口中水资源要素流动量的变化处于波动之中，到 2003 年达到极值，为 92.32 亿立方米。出现这种波动的原因有以下两个方面：一是粮食生产的波动带来了粮食出口量的波动，二是出口粮食结构的变化。与粮食出口的区域分布情况相对应，吉林、黑龙江、内蒙古、辽宁 4 个省（区）水资源流动量为 270.91 亿立方米，占中国粮食出口中水资源要素流动量的 64.45%。

2. 粮食进口中水资源要素流动量变化

1999 ~ 2007 年，中国累计进口粮食 1851.42 亿公斤，水资源要素流动量为 2039.31 亿立方米。从动态变化情况看，中国粮食进口中水资源要素流动量总体呈现上升态势，只有 2002 年出现了下降。从省级层面看，粮食进口贸易中，广东、江苏、广西、山东、福建、辽宁、浙江、河北、北京 9 个省（区、市）水资源流动量都超过 100 亿立方米，合计占中国粮食进口中水资源要素流动量的 73.63%。

3. 粮食贸易中水资源要素流动量及变化

前文已经提到，水资源要素流动量的大小一方面与粮食贸易量有关，另一方面与粮食贸易结构有关。因此，粮食贸易表现为净出口并不说明水资源要素流动量也表现为净出口。分析结果表明，1999 ~ 2007 年，中国累计净进口水资源 1618.96 亿立方米，其中，有 19 个省（区、市）表现为水资源的净进口，广东、江苏、广西、福建、山东、浙江、河北、辽宁 8 个省的净进口水资源量均超过 100 亿立方米，其余的 12 个省（区、市）则表现为水资源的净出口。

从动态来看，中国水资源净进口量与粮食进口所带来的水资源要素流动量表现出同样的变化特征：除 2002 年有所下降外，总体上呈上升趋势。中国水资源净进口量从 1999 年的 25. 50 亿立方米增加到 2007 年的 340. 75 亿立方米，增长了 12. 36 倍。

（四）中国粮食国际贸易对农业水资源压力指数的影响分析

理论上讲，粮食国际贸易带来的虚拟水对区域农业水资源压力将产生一定的影响：如果粮食贸易表现为净进口，则能缓解农业水资源压力；相反则会加大农业水资源压力，从而影响区域水资源可持续利用的状态。

1. 粮食国际贸易对农业水资源压力指数的影响程度

与前文计算所得的农业水资源压力指数相比，在粮食国际贸易情况下，中国农业水资源压力指数为 0. 2522，比没有考虑粮食国际贸易时下降了 0. 0245，降幅为 8. 86%。这表明，粮食国际贸易所带来的水资源要素进口对缓解区域水资源压力具有一定的作用，因而可以将其作为解决区域水资源短缺问题的一种有效选择。不过，过度进口水资源往往会引起区域之间、国家之间的政治摩擦。

从省级层面（见表 3）看，我国有 19 个省（区、市）的农业水资源压力指数下降，也就是说，这些省（区、市）通过粮食国际贸易进口了水资源，减少了农业对水资源的压力。天津、北京、上海、江苏、河北、山东、辽宁、广东 8 个省（市）的农业水资源压力指数下降幅度较大。在其他 12 个省（区、市）中，除海南、甘肃两省没有受到影响之外，其余 10 个省（区、市）的农业水资源压力指数上升了。也就是说，这些省（区、市）通过粮食国际贸易出口了水资源，加大了农业对水资源的压力。其中，吉林、黑龙江、青海、内蒙古 4 省（区）的农业水资源压力指数增加幅度较大。

表 3　粮食国际贸易对农业水资源压力指数的影响程度

行政区	粮食国际贸易下的水资源压力指数	绝对差值	相对程度(%)
全　国	0. 2522	− 0. 0245	− 8. 86
北　京	− 0. 9721	− 2. 8197	− 152. 61
天　津	0. 2580	− 3. 3145	− 92. 78
河　北	2. 2281	− 0. 3213	− 12. 60

行政区	粮食国际贸易下的水资源压力指数	绝对差值	相对程度(%)
山　西	1.1622	-0.0054	-0.47
内蒙古	0.5242	0.0308	6.25
辽　宁	0.7401	-0.1811	-19.66
吉　林	0.6452	0.0996	18.25
黑龙江	0.7537	0.0465	6.58
上　海	0.7265	-2.4270	-76.96
江　苏	1.2142	-0.5178	-29.89
浙　江	0.1892	-0.0700	-26.99
安　徽	0.4180	0.0035	0.83
福　建	0.1281	-0.0643	-33.42
江　西	0.1667	0.0042	2.60
山　东	0.8784	-0.2236	-20.29
河　南	0.6928	-0.0258	-3.59
湖　北	0.3110	0.0004	0.14
湖　南	0.2287	0.0002	0.08
广　东	0.1327	-0.1806	-57.64
广　西	0.1397	-0.0426	-23.38
海　南	0.1720	0.0000	0.00
重　庆	0.1771	-0.0055	-3.02
四　川	0.1339	-0.0012	-0.85
贵　州	0.1319	-0.0001	-0.09
云　南	0.1085	-0.0001	-0.06
西　藏	0.0076	0.0000	-0.08
陕　西	0.4041	-0.0059	-1.43
甘　肃	0.9875	0.0000	0.00
青　海	0.0957	0.0365	61.71
宁　夏	1.0475	0.0002	0.01
新　疆	0.4352	0.0011	0.25

2. 粮食国际贸易对区域水资源利用状态的影响

在考虑粮食国际贸易时，不同省（区、市）农业水资源压力指数发生了变化，从而使不同区域的水资源利用状态发生了改变。表4列出了粮食国际贸易下农业水资源压力指数的空间分布情况。从表4可以看出，在粮食国际贸易下，有19个省（区、市）的水资源利用处于强可持续状态，其中，东部地区6个省（市），中部地区4个省，西部地区9个省（区、市）；6个省（区、市）的水资源利用处于较强可持续状态，其中，东部地区2个省（市），中部3个省，西部1个省（区）；水资源利用处于脆弱可持续状态的有2个省，东部、西部地区各1个省；处于脆弱不可持续状态的有2个省（区），中部、西部地区各1个省（区）；水资源利用处于较强不可持续、强不可持续状态的各1个省，都分布在东部地区。

对比上述不考虑粮食国际贸易带来水资源要素流动时的情形，可以看出，在考虑粮食国际贸易带来水资源要素流动这一情况后，在中部、西部地区，除了内蒙古的水资源利用状态从强可持续状态退到较强可持续状态之外，其余19个省（区、市）的水资源利用状态都没有发生变化；而在东部地区，处于强不可持续状态的省（区、市）从原来的5个减少为1个，江苏、北京、上海、天津4个省（市）的水资源利用都脱离了强不可持续状态，其中，北京、天津进入强可持续状态，上海进入较强可持续状态，江苏进入较强不可持续状态。由此可以看出，东部省份的水资源利用状态受粮食国际贸易的影响较大。笔者认为，其原因是，东部地区经济发展水平较高，面向国际市场的开放程度较高，更容易与粮食国际市场融合，农产品国际贸易量较大，更多地表现为农产品的净进口，而且数量较大。伴随着数量较大的农产品净进口，虚拟水的进口数量也较大，其数量足以在较大程度上缓解区域农业水资源压力，改变区域水资源可持续利用状态。

表4　粮食国际贸易下农业水资源压力指数的空间分布

水资源利用状态	东部地区	中部地区	西部地区
强可持续	北京、福建、广东、浙江、天津、海南	江西、湖南、安徽、湖北	西藏、贵州、广西、重庆、云南、四川、陕西、新疆、青海
较强可持续	上海、辽宁	吉林、河南、黑龙江	内蒙古
脆弱可持续	山东	—	甘肃
脆弱不可持续	—	山西	宁夏
较强不可持续	江苏	—	—
强不可持续	河北	—	—

三　结论

从前文的分析中，笔者可以得到以下几方面的结论。

第一，1999～2007 年，中国农业水资源压力指数的平均值为 0.2767，处于水资源强可持续利用状态，即农业灌溉对水资源的可持续利用没有构成威胁；从动态看，农业水资源压力指数总体呈现递减的态势。从区域空间分布情况看，不同省（区、市）的水资源利用处于不同的状态：农业水资源压力指数小于 1，即水资源利用处于可持续状态的省（区、市）有 23 个，农业水资源压力指数均大于 1，即水资源利用处于不可持续状态的省（区、市）有 8 个。

第二，1999～2007 年，中国累计出口粮食（稻谷、小麦、玉米、大豆）972.34 亿公斤，进口粮食 1851.42 亿公斤，净进口量为 879.08 亿公斤。从区域分布情况看，吉林、黑龙江、内蒙古、辽宁 4 省（区）累计出口粮食数量较大，江苏、广东、山东、河北、辽宁 5 省累计进口粮食数量较大；江苏、广东、山东 3 省的粮食净进口量均超过 300 亿公斤，吉林、黑龙江、内蒙古 3 省（区）的粮食净出口量均超过 100 亿公斤。

第三，1999～2007 年的 9 年中，中国粮食国际贸易有 4 年表现为净出口，加入 WTO 后在经过 2002 年和 2003 年连续两年的净出口后，在 2004 年之后，中国的粮食进口量又急剧增加，而且一直表现为净进口，净进口数量每年都在 200 亿公斤以上。

第四，1999～2007 年，中国累计出口水资源 420.35 亿立方米，累计进口水资源 2039.31 亿立方米，而且进口水资源量总体呈现上升态势。从区域层面看，19 个省（区、市）表现为水资源净进口，其余的 12 个省（区、市）表现为水资源净出口。

第五，在考虑粮食国际贸易带来水资源要素流动的情况下，中国农业水资源压力指数为 0.2522，比没有考虑粮食国际贸易时下降了 0.0245，降幅为 8.86%。

从前文的分析可以看出，有必要将中国的粮食安全问题放在全球化的背景下重新认识。进口粮食等于进口水资源，也是在进口耕地，这可以大大缓解中国水资源、土地资源短缺以及空间不匹配等矛盾。因此，在农产品国际贸易中需要对相关政策进行调整，通过进口一些高耗水农产品来增加水资源的进口量，缓解中国水资源的短缺。从国内来说，中国不同区域水资源条件差异很大，特别是西部干旱半干旱地区以及华北地区，水资源十分短缺，因此，中国可以通过区域粮食贸易缓解自身水资源压力，实现区域水资源的可持续利用。

参考文献

Brown, R. L, Who Will Feed China? Wake-up Call for Small Planet, W. W. Norton and Company, 1995.

Brown, R. L. and Halweil, B. , China's Water Shortage Could Shake World Food Security, World Watch, No. 7 – 8, 1998.

Brown, R. L. Outgrowing the Earth, W. W. Norton & Company, 2004.

Allan, J. A. Overall Perspectives on Countries and Regions, in Rogers, P. and Lydon, P. , Water in the Arab World: Perspectives and Prognoses, Massachusetts: Harvard University Press, 1997.

水利部南京水文水资源研究所、中国水利水电科学研究院水资源研究所：《21 世纪中国水供求》，水电出版社，1999。

刘昌明、陈志恺：《中国水资源现状评价和供求发展趋势分析》，中国水利水电出版社，2001。

韩宇平、阮本清：《中国区域发展的水资源压力及空间分布》，《四川师范大学学报》（自然科学版）2002 年第 3 期。

贾绍凤、张军岩、张士锋：《区域水资源压力指数与水资源安全评价指标体系》，《地理科学进展》2002 年第 6 期。

吴佩林：《我国区域发展的水资源压力分析》，《西北农林科技大学学报》（自然科学版）2005 年第 10 期。

沈振荣、贺伟程：《中国农业用水的评价、存在问题及解决途径》，《自然资源学报》1996 年第 3 期。

于法稳：《西北地区农业水资源可持续利用的对策研究》，载矫勇《西部地区水资源问题及其对策高层研讨会论文集》，新华出版社，2006。

李周：《化解西北地区水资源短缺研究》，中国水利水电出版社，2004。

于法稳：《中国粮食生产与灌溉用水脱钩关系分析》，《中国农村经济》2008 年第 10 期。

程国栋：《虚拟水——中国水资源安全战略的新思路》，《中国科学院院刊》2003 年第 4 期。

张敦强：《虚拟水：缓解我国水短缺的新途径》，《中国水利》2004 年第 8 期。

柯兵、柳文华、段光明、严岩、邓红兵、赵景柱：《虚拟水在解决农业生产和粮食安全问题中的作用研究》，《环境科学》2004 年第 2 期。

曹建廷、李原园：《虚拟水及其对解决我国水资源短缺问题的启示》，《科技导报》2004 年第 3 期。

柳长顺、陈献、刘昌明、杨红：《虚拟水交易：解决中国水资源短缺与粮食安全的一种选择》，《资源科学》2005 年第 2 期。

马静、汪党献、Hoekstra，A. Y.、夏海霞：《虚拟水贸易在我国粮食安全问题中的应用》，《水科学进展》2006 年第 1 期。

徐中民、龙爱华、张志强：《虚拟水的理论方法及在甘肃省的应用》，《地理学报》2003 年第 6 期。

龙爱华、徐中民、张志强：《虚拟水理论方法与西北 4 省（区）虚拟水实证研究》，《地球科学进展》2004 年第 4 期。

李周、于法稳：《西部地区农业可持续性评价》，《中国农村经济》2006 年第 10 期。

防治生态系统退化的对策研究

包晓斌

近几十年来，随着人口膨胀和社会经济的快速发展，区域生态系统退化已成为我国严重的生态环境问题之一。生态系统退化地区的经济发展要以资源的可持续利用和生态环境的不断改善为前提，防治生态系统退化则应注重优化资源配置，提高资源利用效率，使区域具有可持续增长的能力。

一 防治生态系统退化中存在的问题

（一）防治生态系统退化的外部性

生态系统退化具有显著的负外部性特征。资源开发利用者对生态系统所造成的不利影响往往转移给社会，但其自身独享市场收益，并不承担相应的责任。如果对此没有相应的防治机制，资源开发利用者将从个体利益最大化出发，使自身的经济活动水平远离社会的最优状态，导致生态系统退化。市场配置资源的方式并不能使防治生态系统退化的行为在经济扩张过程中得到充分保障，不能达到资源的最优配置，社会福利也就不能达到最大化。

生态系统退化防治具有正外部性。如果社会不补偿资源开发利用者在防治生态系统退化中的投入，而资源开发利用者从自身利益出发，不愿支付费用维护生态系统功能，这将导致防治生态系统退化的行为供给严重不足，使区域防治生态系统退化的经济效益与生态效益之间出现矛盾。如果没有生态补偿机制，实现外部性的内化，以弥补生态系统退化防治者的经济损失，在防治生态系统退化问题上将出现"搭便车"的现象。

（二）生态系统退化防治的产权问题

我国农用资源的产权归村集体所有，集体所有制的产权被公认为不明晰的产权，公共资源在产权不清晰的条件下容易被滥用。资源的产权界定模糊，产权主体缺位，资源所有权与经营权未分离，产权市场缺失，使投资主体和经营者职责不明确，价格难以对资源合理配置发挥有效作用。

面对土地承包权可能发生变化的预期，每个农民都缺少长期经营某片土地的计划。农民的这种承包经营权缺乏强有力的法律保障和政策支撑，严重影响了农民参加生态系统退化防治的积极性。在生态系统退化治理初期，过早强调资本的平等有可能形成退化资源被经济大户垄断。农民参与不够，严重影响了生态系统退化的治理成效。

（三）生态系统退化防治与区域产业结构改进的关系问题

我国区域生态系统退化状况与该区域经济发展有着密切的相关性，不合理的经济发展模式导致生态系统退化的产生和加剧。每个阶段的区域发展对资源的依赖程度、对土地的利用结构和利用方式不同，进而会造成区域生态系统退化状况和程度的差异。经济发展初期，区域产业结构处在第一产业较大、区域经济发展分工处于初级产品和原材料加工格局时，将形成一种特殊的土地利用结构，经济发展对资源的依赖性很大，而且对资源的利用方式也十分粗放。这种经济增长建立在技术水平较低的基础上，依靠资源过度消耗来带动，缺乏增长后劲。

在生态系统退化地区的经济发展过程中，产业结构升级缓慢，加大了其对自然资源的依赖程度，使区域优势产业、特色产业的发展未能充分体现区域的比较优势，形成产业结构慢速提升与生态系统退化加剧的恶性循环。在区域经济发展中，需要及时改进产业结构，使区位优势得到充分发挥，以适应生态系统退化防治的进程。

二 中国生态系统退化防治问题的主要成因

（一）生态系统退化防治的政策和制度不完善

我国出台了一些生态系统退化防治政策，在减缓生态系统退化中发挥了重要功效。但是面临新时期的生态环境建设任务，部分政策的张力效应已滞后，政策自身也存在不少缺陷，政策相互间不协调，因而影响生态系统退化防治的效果。

目前，我国生态系统退化防治的激励措施单调，生态补偿政策缺位，农民或企业对生态系统退化防治不能形成稳定的收益预期，其投资的积极性不高。生态系统退化防治的制度安排不完善，需要政府提供更加有效的激励机制。

农村取消劳动积累工和义务工之后，生态系统退化防治的组织方式、制度安排和管理体制面临着挑战。随着大量农村劳动力向城市转移，对于生态系统退化防治这种劳动密集型的系统工程来讲，过去联合会战、集中统一等治理模式必将受到冲击。草场严重退化地区，草场资源有限、草场载畜量较低，分到各户的草场不足以维持温饱水平。于是，一些贫困户将草场转让给富裕户，导致富裕户过度使用租用草场，使草场进一步退化。

（二）生态系统退化防治的法律法规执行不严格

某些生态系统退化地区缺乏相应配套法规，依法保护资源和环境的意识相对淡薄，生态系统退化防治执法难。对于开发建设项目的生态保护和治理方案，相关行业部门没有进行严格把关。

部分开发建设项目为获取高额经济利益，冒着区域生态系统退化的风险。开发建设单位未向行政主管部门编制生态系统退化防治方案，依法承担防治生态系统退化的义务。这些机构仅重视项目的主体工程建设，不理会项目开发建设可能造成的生态系统退化和潜在危害。同时，整个项目设计和实施缺乏生态环境影响评价，甚至依赖于政府部门的公共投资开展自身的生态系统退化防治工作。

（三）生态系统退化防治的相关部门缺乏协商的平台

现行的管理体制中，生态系统退化防治的具体职责实际上分散在环保、水利、林业、农业等部门。在生态系统退化治理和防御等环节，生态系统退化防治的相关部门责任和义务不对等，缺乏相互交流和协商的平台，可能会导致部门自身设计出台的政策效应相互抵消。一些政策出台效应被估计过高，然而其对另一些政策造成的负面效应却被忽视，总体效应水平降低。

在生态脆弱地区实施的退耕还林还草工程、环境综合整治工程和水土保持工程等项目，尽管资金筹集渠道不同，执行部门不同，但是建设内容趋同。现行的农业、林业、水利和财政等部门多头管理的制度安排，造成项目分散和重复建设，资金使用效率较低，尚未形成生态系统退化防治的合力，更难以形成规模效益。

（四）生态系统退化防治的民主管理体制尚未建立

许多地区生态系统退化防治政策制定及其实施管理主要采取由上而下的方法，忽视了生态系统退化防治的主要群体即当地农牧民的意愿和利益。生态系统退化防治成为政府的行动，无法获得农牧民的积极响应和支持。农牧民的利益得不到充分保障，生态系统退化防治难以有效开展，其成果也难以维持，点上治理、面上破坏的问题不能得到根本解决。

在制定生态系统退化防治规划的过程中，其主要实施者（农牧民）参与程度较低。同时规划的制定者和实施者之间缺乏交流，存在严重的信息不对称，使规划难免流于形式。在许多地区尚未建立资源与环境保护的民主管理体制，使具有丰富的生态系统退化防治经验的农牧民不能适时与生态系统退化防治的决策管理层沟通交流。生态系统退化防治及其管理的规划往往是从工程的角度出发的，而来自农牧民的建议常常被忽略，致使制定的区域生态系统退化防治及其管理规划脱离实际，缺乏可操作性。

三　中国防治生态系统退化的对策

（一）完善生态系统退化防治政策

生态系统退化防治的政策要有连续性和稳定性，根据经济和社会形势的发展需要，可修订补充或制定新的政策，形成完善的政策组合，如保护土地退化治理者合法权益的政策、生态系统退化严重地区生态移民政策、生态系统退化地区扶贫开发政策、户包治理小流域优惠政策、贫困户承包"四荒"治理优惠政策等。根据农村当地实际情况，将防治生态系统退化的内容纳入乡规村约，以规范生态系统退化地区的生产建设活动。积极推动土地产权的市场配置，界定产权主体的责、权、利关系，遏制资源的流失和资源生产力的下降。在保证农民权利平等、机会均等、分配合理的基础上，提高资源利用效率。

（二）建立生态系统退化防治的制度创新机制

制度因素会对资源开发利用者产生不同激励机制，也将改变生态系统退化防治投资的收益效率。生态系统退化防治强调以恢复和改善生态环境为主，同时结合资源开发和产业建设。开展生态系统退化防治，需要从强制性制度管理向诱致性制度管理转变，实行多元投资机制、生态补偿机制、激励机制等制度创新，促进实现资源的可持续利用。在坚持"开发利用与保护并重"及"谁开发谁管护，谁破坏谁治理，谁利用谁补偿"原则、完善生态破坏限期治理制度和资源保护基金制度的同时，应不断深化市场机制在生态系统退化防治实践中的作用，加大开展有偿投资的生态系统退化防治力度。确立合理的退化土地防治组织管理制度，推动生态产业化发展，确保农业生态环境的改善。推动政府防治生态系统退化的管理方式从以微观管理、直接管理为主向以宏观管理、间接管理为主转变。注重市场经济与政府协调管理相结合，推动政府向"服务型"政府转变。培育生态系统退化地区的资源开发利用市场，促进资源的市场化配置。推行生态环境建设项目招标制，增强区域生态系统退化防治的投资效果。

（三）加强生态系统退化防治的法治化管理

生态系统退化防治的相关法律法规赋予资源利用与环境保护主管部门的审批、收费、监督等权力应得到保障和落实。在具体环境执法过程中，要依法征收生态系统退化防治的相关费用，使之成为保证生态系统退化防治法规贯彻实施的经济制约手段。在防治生态系统退化过程中，需要严格执行国家及地方的相关政策和制度规定，加大执法力度，提高执法水平，遏制边治理边破坏等不良的资源开发利用。此外，需要不断完善生态系统退化防治的法律法规体系，合理调节生态公益经营者与社会受益者之间的利益关系。对于列入国家计划的重点生态系统退化防治工程建设项目，按照项目法人制、招标投标制、建设监理制执行。

（四）凸显自然恢复与工程恢复相结合，推进重点工程建设

以自然恢复和人工防治并重为方针，落实工程建设责任制，强化以水土保持、防沙治沙为主的生态系统退化防治重点工程建设。健全生态建设标准体系，对工程质量进行严格把关，对资金实行严格管理，加强对生态系统退化防治成果的管护，确保重点工程稳步推进。建设水土保持、防沙治沙综合示范区，以点带面，使生态系统退化防治从点状治理向组团式治理发展。发展山区林草业，兼顾发展平原人工林，切实加强对干旱、半干旱地区的水源涵养林和天然植被的封育与恢复。严格禁止改变天然草场用途，实行"以草定畜"。采取适宜的生物措施和工程措施，改善天然草场生态环境，促进草场资源自我更新。

（五）优化林牧业结构，提高区域生态承载力

在区域资源开发过程中，应注重对自然资源的保护，防止新的生态系统退化情况发生。优化配置资源，协调资源利用在生产、生活和生态之间的关系。在生态系统退化防治的实践中，综合考虑自然资源的承载能力，因地制宜、因水制宜，保持生态系统退化地区人口与经济发展的长期动态平衡。

生态系统退化防治应围绕资源保护和环境整治，将当前各种先进的生态产业开发与利用技术相互融合。对生态脆弱的地区，采取生态移民措施，以减缓区域环境压力；对生态承载能力较低的地区，大力营造防护林带，实行退耕还林、退耕还草，防治风蚀和水蚀；合理控制生态系统退化牧区的载畜量，采取定期轮牧措施，防止过度放牧；工矿退化土地的防治应在开发建设的同时，重视生态重建。

（六）提升科技含量，构建综合防治的监测、预警系统

在生态系统退化地区，开展水土保持、植被培育等实用措施的技术研发，加强技术示范和应用推广工作，加快生态系统退化防治科技成果的转化，构建生态系统退化地区多层次、高质量、高效益的立体生态农业发展模式。同时，建立生态系统退化监测和预警系统，实施生态系统退化防治重点工程的动态跟踪监测。实行生态系统退化防治的监督管理公开公示制度，各级环境主管部门

定期发布生态系统退化防治公告。科学评价重点工程实施效果，确保区域资源的生态安全和环境改善。

（七）注重参与式生态系统退化防治的管理，开展利益相关方的能力建设

生态系统退化防治的主体能力建设是开展区域生态环境建设和资源可持续利用的关键环节。区域生态系统退化防治涉及水利、环保、林业、农业、国土资源等许多政府职能部门、各类型企业、城镇居民和农民，政府部门需要理顺不同群体间的关系，建立高效的协调管理机制，充分调动各利益相关方参与生态系统退化防治决策及行动计划的积极性，使生态系统退化地区的政府、社区和公众之间形成良好的伙伴关系。在各防治主体中开展实用技能和管理的培训教育，提高自身业务能力和实践水平，促进其相互激励、密切配合，发挥各主体作用。扩大公众参与的范围，提高参与水平，使公众对生态系统退化防治包括规划、设计等各个环节有知情权、参与权、决策权和监督权。将生态系统退化防治由自上而下为主的行政运行方式转变为以自下而上为主的改进运行方式，最大限度减免生态系统退化防治工程实施过程中的信息不对称，确保区域生态系统退化防治取得成效。

社区主导型草地共管模式：成效与机制

——基于社会资本视角的分析

陈秋红

一 序言

作为一种新的后发展地区的资源管理模式，自然资源共管在 20 世纪 80 年代末期开始逐渐兴起，并在近年来受到较多关注。不过，它在中国的起步较晚，国内的相关研究从 21 世纪初才开始出现。从国内现有的相关研究成果来看，其内容主要集中在综述国外资源共管的思想及理论方法（左停、苟天来，2005），介绍某些地区实施资源共管的做法、效果和经验（张宏等，2004；罗荣淮，2004；韦惠兰、何娉，2008），分析资源共管在中国的实施现状与存在的问题（黄文娟等，2008）等方面，而分析自然资源共管的内在机制的相关研究不多，且其理论基础主要为博弈理论、治理理论和集体行动理论，从社会资本视角展开的相关研究较少，将集体行动理论和社会资本理论结合在一起展开的研究则更少。同时，其研究对象主要为森林资源和自然保护区，对哈丁的"公地悲剧"中所涉及的草地（牧地）这一研究对象的相关研究略显不足。

在政府的推动下，草地共管项目目前在中国一些地区已经得到实施，典型的项目包括"高寒牧区高效畜牧业生态工程示范与技术推广项目"① "索加地

---

① 1999～2001 年，在香港乐施会和国际山地中心的资助与支持下，兰州大学干旱农业生态国家重点实验室在甘肃省玛曲县尼玛镇和欧拉乡以各利益群体共同参与的模式实施了这一项目。

区生物多样性保护与社区生计总体共管规划项目"① "滇西北农牧区生计改良项目"② "牧区综合发展项目"③ 等。这些项目的实施在保证社区主导型草地共管模式、成效与机制、农牧民增收、保护草地的可持续利用、促进各个利益群体的能力建设和优势互补等方面确实起到积极作用（晏兆莉，2006）。不过，上述项目都是由政府或有关机构自上而下通过行政力量干预或资金注入等方式推动，由科研机构或企业牵头实施的。在这种情况下，基层组织在实施这些项目时难免会有完成任务或追求政绩的嫌疑。即使没有这样的嫌疑，这些由外部力量主导的共管模式也与由社区主导的、内生性的共管模式有较大差异。社区主导型草地共管模式的实施成效如何？什么因素影响这一内生性制度的演进逻辑和内在机制？学术界虽然对这些问题有所研究，但从社会资本视角展开的分析很少，相关的实证研究更是不足。

鉴于此，本文引入一个基层自发的、由社区主导的草地共管（共同放牧管理）案例，在概括说明其主要特点的基础上，通过对比该嘎查（即村）与另一个处于同一地区、具有相同自然条件但实施不同草地管理模式的嘎查的草地保护状况和牧户生计发展情况来分析其实施成效，进而试图从社会资本的视角分析其内在机制形成的影响因素，以便为其他地区进行自然资源可持续管理的实践提供参考和借鉴。

二 社会资本、集体行动与自然资源共管：理论解释

自然资源共管是指多个组织或多个群体（包括自然资源的使用者和管理者、科研人员、环保主义者等利益群体）在既定的目标下，通过公正协商对特定地理范围或系列自然资源进行合作管理的情形和过程。在自然资源共管过程中，各利益主体需要自始至终就他们各自的责、权、利及行动措施保持沟通

---

① 2002～2004年，动植物保护国际组织在青海省玉树藏族自治州治多县索加乡实施了这个由多个利益群体参与的保护规划。

② 2003～2006年，云南省生物多样性和传统知识研究会与云南省畜牧局实施了这一项目，在云南省迪庆州小中甸镇采用参与式方法和机制实施了一系列饲料供给、牲畜繁殖和草地改良措施，在香格里拉县的拖木南和支特地区进行了草地共管试点。

③ 从1998年起，西藏扶贫基金会和西藏自治区扶贫基金会在西藏自治区那曲地区执行了这一项目，以共管方式对当地草地进行了管理和改良。

和协商，在遵循自然规律、关注可持续发展与共同认可有关条例和伦理的前提下，在实现各方管理利用自然资源的最终目的或最大利益的同时实现经济的可持续发展和自然资源的可持续利用（晏兆莉，2006）。在完全意义上，资源共管包括以下七个关键部分：第一，政府作为共管成员在共管中扮演着关键角色，并且，理论上，它应该以利益相关者的角色参与，而不是以受托人的身份来参与；第二，广义上而言，共管的目的不仅包括对资源的保护，还涉及对成员的权利和义务的配置；第三，在可持续的共管安排中，社区参与方（或资源使用者）需要对社区成员利用资源的时间和条件做出规定和限制；第四，在共管中，某类机构或群体能否成功行使其权利，取决于其他类机构或群体权利的行使，这些权利包括参与收集或分析有关信息和确定政策议程等；第五，理论上，在成熟的共管中，各方需平等地协商以实现合作并促进公民社会发育；第六，共管区域的排他权要得到保证；第七，完全意义上的共管更多的是基于群体的集体权利，而不是个体权利（Pinkerton，2003）。多方共同参与资源管理，参与者共同协商达成共识、共享权利和收益、共同承担相关责任，是共管的特征（左停、苟天来，2005）。从这些构成要素和特征来看，自然资源共管的实现实际上是一个集体行动问题，集体行动是自然资源共管最主要的特征。

社会资本是指与物质资本、人力资本相区别的，以规范、信任和网络化为核心的，从数量和质量上影响社会中相互交往的组织机构、相互关系和信念，即处于一个共同体之内的个人或组织通过与内部和外部对象的长期交往与合作互利形成的一系列认同关系，以及在这些关系背后积淀下来的历史传统、价值观念、信仰和行为范式（李惠斌、杨雪冬，2000）。社会资本对于个体之间实现合作和克服"集体行动的困境"具有重要意义。帕特南（2000）认为，造成不同区域社会治理绩效差异的原因在于一些基本的社会条件，例如公民的公共参与网络的形成、人与人之间的信任、大家共同遵守的规范等，即社会资本。"由于各种原因，在一个拥有大量社会资本存量的共同体中，生活是比较顺心的。……公民参与的网络孕育了一般性交流的牢固准则，促进了社会信任的产生。这种网络有利于协调和交流，扩大声誉，因而也有利于解决集体行动的困境。"而且，"公民参与网络社区主导型草地共管模式：成效与机制增加了人们在任何单独交易中进行欺骗的潜在成本；培育了强大的互惠规范；促进了交往，促进了有关个人品行的信息之流通。"（帕特南，2000b）因此，他强调，"走出集体行动困境的捷径之一就是大力发展社会资本"（帕特南，2001）。肯尼斯·纽顿（2000）认为，通过互惠和信任，社会资本把个人从缺乏社会良心和社会责任感的、自利的和自我中心主义的算计者转变为对社会关系有共同假设和共同利益的共同体中的一员，从而构成将社会聚合在一起的"黏合剂"。也就是说，社会资本有利于促进社会合作。奥斯特罗姆（2003）指出，社会资本概念是理解个体如何实现合作、如何克服集体行动问题以及达到更高程度的经济绩效的核心基础。她特别强调，任何社会互动领域内的自治体系都倾向于更为有效和稳定，并不是因为基层参与本身的突出效果，而是因为在这个过程中产生和存在不同形式的社会资本（郑传贵，2007）。

对于牧场、森林等公共池塘资源而言，可持续的公共池塘资源管理的集体行动机制需遵循以下八条原则：清晰界定资源边界，占用和供应规则须适合当地的实际情况，实现集体选择权的平等性，监督涉及资源管理和占用的各方，进行分级制裁，建立成本低廉且便利的冲突解决机制，保留自主设计地方性制度的权利，实施分权制管理体系（奥斯特罗姆，2000）。对草地等自然资源的共管要形成符合这些原则的集体行动机制，社会资本在其中发挥着重要作用。在社会资本的重要组成部分中，信任能促进社区资源的整合，降低交易成本；互惠不仅能增强信任，促进信息、知识等的交换与分享，还有利于人们形成长期的责任意识；相互认同和世代传递的公共规则、规范和约束可以有效地减少机会主义行为，使共管成员各方以信任的方式行动，这些被称为"博弈规则"的要素可以通过建立回报和惩罚机制直接影响共管成员或通过信息、技术建议、替代的冲突解决机制等间接帮助成员进行自我管理，从而可以使个体有信心从事集体活动；紧密的社会互动网络则能增加关系的重复和联系，进一步提高信任水平，进而有利于参与网络的稳定发展。社会资本虽然未必能对自然资源共管的集体行动机制中每一条原则的实现都发挥作用，但在整体上，社会资本有利于将自然资源共管中各方的力量整合起来，降低交易成本，有利于实现多方共同参与资源管理、共同协商达成共识、共同承担相关责任，从而提高参与各方对自然资源进行共管的集体行动能力。

三　社区主导型草地共管模式：做法与效果

（一）研究区域概况与调查说明

本文的案例区域和对比区域所在的 C 旗是一个以蒙古族为主、多民族聚居的边境少数民族牧业旗，位于世界著名的四大天然草原之一的内蒙古呼伦贝尔草原。在 20 世纪 80 年代初期，案例区域 A 嘎查的草地状况在全旗最差，牧民经济状况在全旗也最差。但是，2007 年，该嘎查牧民人均纯收入达 7335 元，72.6% 的牧户实现了小康，沙化草地仅占 2.66%（约 13.5 平方公里），成为全旗草地状况最好的小康嘎查。对比区域 B 嘎查在 20 世纪 80 年代初期草地状况和经济状况在全旗最好，但是，2007 年，该嘎查牧民人均纯收入仅 3020 元，51.2% 的牧户是贫困户，沙化草地的比例达 29.06%，成为全旗草地状况最差、经济较贫困的嘎查。案例区域 A 嘎查和对比区域 B 嘎查都分布在海拉尔河南岸的呼伦贝尔草原北部沙带附近，且都处于潜在沙质荒漠化区域。两者所处环境的自然、气候条件完全相同，而 B 嘎查的草地状况在 20 世纪 80 年代初还要好于 A 嘎查。可是，为什么在短短（相对于草地生态系统数千年的变迁而言）20 多年的时间里，A 嘎查能在实现牧业经济快速发展的同时改善草地状况，B 嘎查的草地生态系统却发生了逆行演替，出现草地生产力、经济潜力和生态服务性能下降或丧失的情况呢？

为了解上述两个嘎查草地管理的现实情况，探究上述状况发生的原因，笔者于 2007 年 9 月在内蒙古呼伦贝尔市 C 旗的这两个嘎查进行了牧户生计调查和走访。走访对象为嘎查、苏木和旗的相关干部。牧户生计调查的内容包括牧民及其家庭基本情况、牧民家庭经营行为、草地利用与保护方面政策的实施情况和牧民生态意识四项。调查采用问卷填写与入户访谈相结合的方式，由研究人员与熟悉当地情况并精通汉、蒙语言的调查员配对进行，如实填写问卷。随机选取调查样本时，笔者根据各嘎查富裕户、中等户和贫困户的比例分别确定样本数量：A 嘎查的样本牧户为 9 户，占牧户总数的 12.3%，其中，贫困户 2 户，占样本牧户的 22%；这一比例与全国第三次牧业普查中 A 嘎查贫困户占牧户总数的比例（20.5%）大致符合；B 嘎查的样本牧户为 10 户，占牧户总

137

数的 11.9%，其中，贫困户 5 户，占样本牧户的 50%，这一比例也与全国第三次牧业普查中 B 嘎查贫困户占牧户总数的比例（51.2%）大致符合。随机抽取的样本基本上能反映两个嘎查牧户的总体情况。

（二）研究区域的草地管理概况

在对两个嘎查进行调查后，笔者发现，导致上述状况发生的关键因素是草地管理模式的不同。在 1980 年以前，A 嘎查和 B 嘎查对草地实行的都是集体统一管理，即牲畜也由集体（嘎查或大队）统一调配与管理。1980～1983 年，嘎查集体在统一调配的前提下将草地划分为一些责任区，2～3 户牧户在责任区域内联合放牧，年末向嘎查上交一定比例的牲畜。在 1983 年"牲畜作价，户有户养，草场①公有，承包经营"的"草畜双承包"责任制实施后，其草地管理历程分为两个阶段：①1983～1997 年，在牲畜归户而草地没有分到户的情况下，"草场公有"、牲畜私有，两个嘎查实行的都是牲畜家庭经营与草地集体管理的方式。在这一体制下，作为公共资源，两个嘎查的草地在这一时期都严重退化。在 A 嘎查，嘎查集体为尽快实现牧民脱贫致富，放任牧民过度利用草地，导致草地的严重退化。在 1994 年左右，A 嘎查近 1/3 的草地处于退化、半退化状态。之后，A 嘎查汲取教训，对牧民利用草地的行为加强了管理与监督。②1997 年草地承包到户以后，尽管两个嘎查对草地的经营采取的都是以草地承包、牲畜私有、分散经营为主要形式的家庭经营方式，但是，在具体的管理模式上，两个嘎查存在差异：B 嘎查实施的是政府监督与牧户私人管理相结合的模式，而 A 嘎查则实施的是家庭分散经营基础上的由村委会监督的共同放牧管理，即由社区居民主导的草地共管模式。

A 嘎查在 1997 年落实"双权一制"政策②时，由于水源等地理因素的限制，不可能做到草地实际承包到户，因为海拉尔河从 A 嘎查北缘经过，要让所有牧户的家畜有机会饮到河水，就必须让所有牧户的草地有一侧靠近海拉尔河。所以，该嘎查的草地必须分成狭长的条块（一般只有 5～80 米宽，15～

---

① 草场包括打草场和放牧场。
② 即落实草牧场所有权、使用权，实施草牧场有偿使用家庭联产承包责任制。此处的"草牧场"即草场，包括打草场和放牧场。

2500 米长）。若以这种方式实行草地承包到户管理，草地的分户管理不仅增加了单个牧户的生产经营成本（包括围栏成本、牲畜远距离活动带来的掉膘等损失以及放牧难度的增加等），而且牲畜在狭长的草地上频繁活动也容易加剧草地退化，单个牧户较难对其草地进行有效管理。因此，在听取有关专家的意见、执行国家的各项草地管理制度与政策的基础上，该嘎查的牧民集体决定，把草地名义上承包到户，各户按照其所承包的草地面积放养一定数量的牲畜，嘎查内每个牧户的牲畜可以在其他牧户名义承包的草地上自由放牧，仍旧保持过去的集体利用方式。在这一管理模式下，社区集体的作用日益凸显，草地管理实际上实行的是社区主导型草地共管模式。A 嘎查实施的这一模式的主要特点可以归纳为以下三个方面。

1. 牧民、基层组织、有关技术部门多方共同参与草地管理

其中，社区牧民发挥着主导作用。不仅草地名义上分到户、实际进行集体利用的管理方式是社区牧民共同商议确定的，而且，打草场与放牧场的弹性管理、牲畜种类管理以及退化草地的生态建设规则也是牧民共同商议制定的，在实践中也得到牧民的有效执行。基层组织发挥着关键作用。嘎查领导班子工作能力强，在社区内有很高威望，他们不仅在组织牧民协商与实施相关共管规则、监督其执行情况的过程中发挥着关键作用，而且是牧民与上级政府、其他利益群体之间联络的桥梁。有关技术部门在共管中的作用则主要体现在与牧民共同对退化草地进行监测、评估和技术干预方面。

2. 在基层组织的领导下，牧民共同协商就草地共管的措施和规则达成共识

在对草地的弹性管理方面，对于打草场，嘎查在根据气候、草地质量状况等对打草数量进行适当控制（例如，只收割 1/2 或 2/3 面积的打草场上的草料，每年的控制数量存在差异）的基础上，再根据牧户的人口数量、名义上所承包的草地面积、当年放养的牲畜羊单位总数量①等把打草场分配到户，2000 年之前每年分一次。为保证每个牧户的打草场具有一定程度的稳定性，2001 年以后改为每 4~5 年重新划分一次。对于放牧场，其管理措施包括：①按照草地状况和每个牧户名义上所承包的草地面积约定各户的牲畜规模。具体而言，每户放养的牲畜羊单位数量与其名义上所承包的草地面积（公顷）之

---

① 大小牲畜的折算比例为：5 只羊 = 1 头牛。

间的比率不能超出 3:2①。不过，这一约定并没有成为死规定。在雨水充足、气象条件较好的年份，牧户所放养的牲畜数量可适度增加。同时，不同的牧户根据其自身的实际经济情况，也可以放养超出其约定数量的牲畜——只要超出部分不是太多。②在嘎查统一调配下对放牧场进行划区轮牧。在 6～7 月份，将放牧场中的部分优质草地实行完全休牧，牲畜在其他部分放牧场放牧；7 月份以后，再在这一部分经过休牧的放牧场上放牧，避免其他部分放牧场被过度利用。在牲畜种类管理方面，一方面，控制小牲畜（羊）的数量，嘎查干部带头多养奶牛，在近几年奶业由于"三聚氰胺事件"影响发展受阻后，嘎查干部又引导牧民多养肉牛；另一方面，在一定区域的放牧场内将大牲畜与小牲畜合理搭配放牧，限制小牲畜在具有一定退化程度的放牧场上频繁活动。在退化草地的生态建设方面，从 1997 年起，在国家草地建设项目资金的扶持下，对部分退化严重的草地②由嘎查内的牧民进行承包经营与管理。在 20 年的承包期限内，牧民需主要通过自筹资金③对严重退化的草地实行休牧等管理，待其恢复后再合理利用。

3. 限制出租草地，并在限制外来放牧牲畜种类的基础上对其收取草地利用费，草地利用的排他性能得到一定程度的保证

为防止草地租赁中承租方超载过牧、掠夺性经营等短期行为，A 嘎查不允许牧户将其名义上所承包的草地转包、租赁给他人。同时，由于草地没有围栏，A 嘎查难以阻止外来牲畜（主要为附近火车站周围居民所放养的牲畜）的进入。对此，为维护嘎查全体牧民的权益，A 嘎查对外来牲畜进行了有效管理。其管理内容包括：①对外来牲畜的种类做出限制，只准在放牧场上养牛，严禁放养对放牧场破坏较大的山羊和绵羊。②要求对外来牲畜采取集中放牧的方式，按牲畜数量收取草地利用费，并采取措施限制外来牲畜的数量。一方面，对常年在当地放牧的居民所放养的同一数量的牲畜逐年提高草地利用费的

---

① 例如，若一个牧户所承包的草地面积为 100 公顷，则他家饲养牲畜的合理数量为 150 只羊（单位），折合牛的数量为 30 头。

② 这部分退化严重的草地面积为 2266.67 公顷，当时该嘎查退化严重的草地总面积为 3666.67 公顷左右。

③ 在 2266.67 公顷退化严重草地的围栏管理所需资金中，牧户自筹资金所占比例约为 75%，国家或地方草地植被恢复与建设项目资金所占比例约为 25%。

征收标准（2006 年的收费标准为 10 元/头牛，2007 年为 30 元/头牛），通过压缩外来牲畜放养的利润空间来限制其放养规模；另一方面，对新增加的牲畜（无论是常年在当地放牧的居民所增加放养的牲畜，还是新进入当地放牧的居民所放养的牲畜）收取 2 倍的草地利用费。

（三）案例区域实施草地共管的成效

A 嘎查采取社区主导型草地共管模式，取得了很好的成效，不仅改善了该嘎查的经济状况和牧民的生活状况，保护了草地资源，而且提高了当地牧民的生态意识，改善了社区治理状况。

1. 纵向比较：案例区域经济发展状况与草地状况的变化

从牧民的收入增长情况看，在 1996 年末，A 嘎查牧民人均纯收入不足 1000 元，远低于呼伦贝尔市全市的平均水平（1995 年，呼伦贝尔市牧民人均纯收入为 1600 元）；而到 2007 年全国第三次牧业普查时，A 嘎查牧民人均纯收入达到 7335 元，远高于全苏木（即乡镇）4516 元和全旗 4735 元的水平。1997~2007 年 10 年间，A 嘎查牧民人均纯收入增长了 6 倍以上，而同一时期，B 嘎查牧民人均纯收入仅增长不到 2 倍。

从草地的变化情况来看，1996 年，A 嘎查有 1/3 的草地处于退化、半退化状态，而到 2007 年，退化草地面积的比例已不足 3%。1996~2007 年，尽管受气候因素影响，该嘎查草地的退化情况有所反复，并不总是处于退化面积减少、退化情况好转的状态，但总体上退化草地面积与过去相比大大减少了。并且，作为 20 世纪 80 年代 C 旗草地退化最严重的区域之一，A 嘎查近几年退化草地面积要比其所在镇的其他嘎查小得多。

2. 横向比较：具有相同自然条件的案例区域与对比区域的比较

在同一个苏木政府的管理下，具有相同自然条件的两个嘎查，在不同的草地管理模式下，形成了截然不同的发展状况：A 嘎查从 20 世纪 80 年代初期当地较贫困、草地退化最严重的嘎查转变为当地拥有最好草地条件的最富裕嘎查；B 嘎查则从 20 世纪 80 年代初期最富裕的嘎查转变为当地草地退化最严重、牧民生活最贫困的嘎查。并且，A 嘎查牧民的生态意识得到了提高，村庄治理状况得到改善。

（1）嘎查的草地得到保护甚至改善。从调查结果看（见表 1），目前两个嘎查的草地状况差异显著。2007 年，A 嘎查平均每户有打草场 157.4 公顷，放牧场 447.4 公顷，草地被沙覆盖面积 3.7 公顷，可利用草地面积①601.1 公顷；相比之下，B 嘎查平均每户只有打草场 80.5 公顷，放牧场 309.9 公顷，草地被沙覆盖面积达 80 公顷，可利用草地面积仅 310.4 公顷。

表 1　两个嘎查牧户经济状况与草地状况的比较（2007 年）

嘎查	家庭规模（人）	羊（只）	奶牛（头）	牛犊（头）	羊意外减少（只）	马（匹）
A（平均）	4	579	15	17	102	0.3
B（平均）	4	271	9	9	36	1.6

嘎查	人均毛收入（元）	棚圈面积（平方米）	棚圈初期成本（万元）	打草场面积（公顷）	放牧场面积（公顷）	严重退化草地面积（公顷）
A（平均）	11756.8	189.5	1.8	157.4	447.4	3.7
B（平均）	5968.4	56.5	0.1	80.5	309.9	80.0

（2）嘎查集体经济与牧户家庭经济得到快速发展。第一，由于草地得到保护甚至改善，A 嘎查因此具有更好的资源基础，牧户的生产力水平、生活水平比 B 嘎查提高得更快。由于户均可利用草地比 A 嘎查少了将近一半，B 嘎查牧户的生产力水平和生活水平相对更低（见表1），2007 年人均纯收入比 A 嘎查少了近 60%。第二，牧户较高的经济收入促进了其对棚圈等设施的投入，抗灾能力增强。在 A 嘎查，每户平均有棚圈 189.5 平方米，建造的初期成本平均为 1.8 万元，基本上为永久性棚圈。而在 B 嘎查，每户平均仅有棚圈 56.5 平方米，建造的初期成本平均为 0.1 万元，基本上是简易棚圈。第三，在共管模式下，通过收取草地利用费，嘎查集体经济获得较快发展，这为嘎查的发展提供了资金，使嘎查有能力拿出部分资源帮带社区内的贫困牧户，促进共同发展。2005～2007 年，A 嘎查集体先后拿出 18 万元为 9 户贫困牧户盖起了暖棚，为 1 户特困牧户盖起了住房；并将 71 头奶牛交给 15 户贫困牧户放养，每户只需在 3 年后归还给嘎查一头 2 岁牛。

（3）牧民的生态意识得到提高。在共管模式下，牧民参与草地管理对其自身素质提出更高的要求。同时，在参与有关管理活动的协商和实践过程中，

---

① 可利用草地面积等于该嘎查放牧场面积加上打草场面积减去草地被沙覆盖面积。

牧民对有关草地管理的政策法规、草地保护的科学措施等方面有了更多的了解，对他们把科学知识与传统管理经验和优良文化传承结合起来具有积极作用。总体上说（见表2），除对草地生态环境建设的态度外，实施社区主导型草地共管模式的A嘎查牧民的受教育程度、语言能力、对草地利用的态度都要好于实施政府监督与牧户私人管理相结合模式的B嘎查。虽然B嘎查中愿意为治沙事业进行义务劳动的牧民比例高于A嘎查（即对草地生态环境建设的态度好于A嘎查），但是，B嘎查中众多牧民的这种意愿是在单个牧户草地管理失效从而草地退化严重的现实下被迫形成的，是一种无奈之举，且仅仅体现在意愿上；而身处草地有效管理条件下的A嘎查中的牧民，这种意愿是自发形成的，并且，由于对生态环境具有更高的满意程度，A嘎查的牧民或许比B嘎查的牧民在草地生态环境保护方面具有更强的行动力。

表2　两个嘎查受调查牧民受教育程度、语言能力和生态意识的比较

嘎查	受教育程度（年）	语言能力	对《草原法》的了解	对草地利用的态度	对草地的责任感	对草地生态环境建设的态度	是否愿意移民
A（平均）	9.2	1.8	1.4	0.8	0.7	77.8	22.2
B（平均）	6.5	1.1	1.3	0.2	0.7	100.0	80.0

注："语言能力"指是否蒙语、汉语兼通，只会蒙语=1，蒙语、汉语兼通=2；"对《草原法》的了解"的选项和赋值分别为：阅读过《草原法》=3，对《草原法》有点了解=2，听说过《草原法》=1，不知道《草原法》=0；"对草地利用的态度"的具体问题是"您对'人可以对草地采取一切措施满足自己的需要'的看法"，其选项和赋值分别为：不同意=1，大体同意=-1，非常同意=-2；"对草地的责任感"的具体问题是"您对'下一代会找到解决草地退化的办法，人们现在不必为草地退化过多操心'的看法"，其选项和赋值分别为：坚决反对=2，不同意=1，同意=-1；以上四项的数值为两个嘎查样本牧民所做回答的平均得分。"生态环境建设态度"的具体问题是"您是否愿意为治沙事业进行义务劳动？"表中所列数据为样本牧民中愿意进行义务劳动的比例（%）；"是否愿意移民"的具体问题是"如果政府为了改善生态环境，给您提供一个在城市生活的机会并给予相应的经济补助，保证您的生活不低于当地城镇的中等生活水平，您是否愿意移民？"表中所列数据为样本牧民中愿意移民的比例（%）。

（4）社区治理得到了改善。在社区主导型草地共管模式下，牧民的民主意识等有了较大的提高，嘎查的基层组织有了较大改善，从而有力地改善了社区治理。在实施社区主导型草地共管模式后，A嘎查党支部先后被评为"自治区先进基层党组织"、呼伦贝尔市"农村牧区'五个好'嘎查党支部"、呼伦贝尔市"先进党支部"、旗"先进党支部"以及"五个好"党支部等。

由于 A 嘎查的草地共管实践是自下而上形成的，还处于不断的探索与完善之中。例如，共管区域的排他权不能得到绝对保证，在大部分草地没有围栏的情况下，时常有周边嘎查的牧户越过边界到该嘎查的草地上放牧。不过，总体上看，实施社区主导型草地共管模式取得的成效要远远大于所存在的问题，社区主导型草地共管模式适应了当地的自然条件和社会、经济环境，是一种具有较高效率的制度安排。

四 社会资本与草地共管：内在机制分析

草地共管实践为什么能在 A 嘎查获得成功？其主要原因是，作为社区的一种内源性力量，社会资本在草地共管内在机制的形成中发挥了关键作用，丰富的社会资本促进了社区的集体行动能力的提高，从而提高了资源管理效率。在政府监督与牧户私人管理相结合的草地共管模式下（例如 B 嘎查），由于社区这一主体没有参与进来，社区内社会资本对草地可持续管理的作用难以有效发挥，因而草地可持续管理和牧民生计发展问题也就无法从根本上解决。

具体来说，社会资本对草地共管内在机制形成的作用主要表现在四个方面。

1. 传统文化等社区基础有利于形成草地共管的认同机制

法国社会学家迪尔凯姆认为，把个体联系在一起的是社会成员共同的信仰、道德规范和价值标准，即"集体意识"（张敦福，2001）。作为蒙古族，当地的牧民有着共同的文化信仰和风俗习惯认同，都深受巴尔虎草原文化的影响。而在巴尔虎草原文化中，生态保护思想内容丰富、自成一体，包括"天人合一"的生态本原论、遵循自然的生态实践观、万物有灵的生态价值观、敬畏自然的生态伦理观和俭约实用的生态消费观等（王斯琴，2007）。"保护重于建设"的生态思想以及强调人与自然和谐共处等思想的草原文化传统在牧民的生产、生活中刻下了深深的烙印。例如，调查区域中，大多数牧民每年去"祭敖包"，他们都崇尚自然思想，尊称草地为"大命"，利用牛粪作燃料，对所饲养的牲畜极其爱惜，有些牧民甚至情愿让牛自然老死也不愿意屠宰。在共同的思想价值理念的影响下，牧民形成超越个别利益的群体认同。这种"同感"为牧民在社会生活中采取一致行动提供了依据，有利于增强牧民之间的凝聚力和牧民对所生存社区的依赖及归属感。基于这种普遍认同的力量，传统文化的内在聚合力使牧民愿意通过协商形成草地共管规则，愿意根据这些共管规则进行自我管理、自我约束和相互制约，愿意保护共同的家园。

2. 社区制度和社区组织等社区规范有利于形成草地共管的制度安排机制

牧民与当地自然环境世代相处，高度依赖草地，对草地有较深的了解，在管护和利用草地方面积累了相当丰富的传统知识。牧民所拥有的这些"地方性知识"和在实践基础上形成的与当地风俗传统相融合的村规民约是对草地共管极为有用的社会资本。以村规民约为代表的社区非正式制度为草地共管规则的形成奠定了基础，不仅降低了共管规则的形成成本，而且使共管规则更容易被牧民理解和实施，使自治性规范的自我约束力大大增强，因而是维护生态环境的成本较低且有效的手段，能和其他形式的正式制度一起共同促成社区草地共管这一集体行动。同时，村规民约等社区非正式制度还为牧民提供了解决个体间行为冲突的非正式机制，并为彼此间的信任提供了客观的保障。

得力的领导班子为社区主导型草地共管的实施提供了组织保障。作为嘎查的群众性自治组织，嘎查的村委会班子长期稳定，领导有较强的执行力和领导能力。嘎查领导以身作则，不仅在共管实践中率先垂范，还组织牧民自筹资金对退化草地采取围封等措施进行治理。正是有了这一强有力的领导班子作为草地共管组织，牧民有效的资源需求表达机制以及牧民间的事务协商机制和纠纷解决机制等才能以更低的成本形成。

3. 民间精英担任行政领导和社区信任有利于形成草地共管的运行机制

在 A 嘎查，领导班子尤其是嘎查党支部书记和嘎查达（即村委会主任）既是基层行政领导，更是村中能人，在嘎查内有较高威望。A 嘎查党支部书记自 1991 年上任以来，领导着相对稳定的行政班子，不仅积极跑项目、引资金，而且带领牧民坚持治理嘎查内的沙丘沙带。他本人不仅是呼伦贝尔市人大常委会委员，而且先后被评为自治区"优秀党支部书记""首届全国十大杰出青年牧民"等。在他的积极争取下，A 嘎查引进国家农村电网改造工程项目资金219 万元，率先在全市实施牧业输电线安装工程，牧民也由此实现了定居轮牧。作为在经济状况、社会资源、信息、能力等方面有优势的民间精英，他们本身就是社区稳定的中坚和凝聚人心的力量，在发展社区经济、调和社区的各种关系、调解社区的各种冲突等方面具有重要作用。同时，领导者"具有一定程度的工具性"，"在日益增长的社会资本中，领导者的作用是显而易见的。"（库托，2003）民间精英担任社区行政领导，实现了社区内民间自发机制产生的民间权威与农村社会中政治权威的统一，这有利于减少二者间的冲突，促进形成协商基础上的一致行动。嘎查能人被行政授权，实现了社区内以民间精英为主导的民间权力与通过选举产生的行政权力的有效对接，这一由下而上和由上而下的结合有利于草地共管的顺利运行。

作为社会资本的精神内核，信任能够促进社区建构起多元合作的参与网络和自治组织结构，提高社区成员的参与水平，有利于草地共管的实施。"乡土社会里从熟悉得到信任。"（费孝通，1998）经过较长期的互动和联系形成文化或价值观念的认同之后，嘎查内的牧民培育了强大的互惠规范。作为一个重复博弈的稳定群体，他们（从）"对一种行为的规矩熟悉到不假思索时的可靠性"（费孝通，1998）使嘎查内的牧民相信自己的付出必将得到与别人同样的回报。调查中有 A 嘎查的牧民说："自家饲养的牲畜数量只是偶尔超出约定的牲畜规模，不会长期超出的，别人家也不会。"牧民间互不戒备的信任有利于他们形成对共同规范的内在信任和对互惠利他行为的稳定预期，提高成员间相互合作的可能性。

4. 民间规范和社区联系有利于形成草地共管的监管机制

包括习俗、惯例等在内的民间规范，创造了一种非制度化的关系网络，任何做出违背其文化传统和公共约定规范行为的个人都会被社区其他成员所排斥。在 A 嘎查，在每户所放养牲畜的规模被约定的同时，当地并没有出台明确的相关惩戒规定。不过，调查发现，当地牧户所放养牲畜的规模基本上被控制在自家名义上所承包草地的承载力范围之内，没有超出其限定标准。究其原因，社区"存在着一种强有力地推动人们以有益于社会的方式行为而避免未来遭受报复的激励机制"（伯勒斯、基提斯，2003）。现有的民间规范已经形成针对非合作成员的惩罚机制，可以以较低的成本促使个体遵守规则。一方面，具有强烈互惠意识的牧民会对所放养牲畜的规模大大超出其约定数量的非合作牧民形成排斥；另一方面，当地实施的有关项目扶持和政策优惠都不会将这些非合作牧民列为参与对象，他们将被排除在受益者之外。因而，在嘎查这一共同体内，牧民会更加注重维持其在嘎查内部的地位和声誉。声誉受损的不确定性和违规的风险性，被强大的规范和密集的参与网络降到最低（帕特南，2001）。同时，在巴尔虎草原文化的影响下，当地牧民对保护其赖以生存的草地具有强烈的责任感，无论是在实施社区主导型草地共管模式的 A 嘎查还是在实施政府监督与牧户私人管理相结合模式的 B 嘎查，牧民"对草地的责任感"一项的得分基本一致，且都比较高。70%~80% 的牧民反对把治理草地退化的责任推给下一代，认为"自己这一代就对草地的退化与沙化防治有着重大责任"，认为"若现在不开始治理，下一代将不再拥有草地，治理草地的退化与沙化刻不容缓"。因此，在草地共同放牧这一集体行动问题上，牧民一般会将牲畜规模限定在约定数量以下，即使超出，超出部分也较少，从而形成"合作"这一良性的均衡结果。

"村庄基本上属于封闭、内聚、紧密的共同体。在这个共同体内部，农户之间存在着高频率的社会互动。"（郑传贵，2007）社区成员通过长期的互动交往"可以更多地发现其他成员的特点，近期行为和未来的可能行为。这种信息越容易得到和广泛传播，社区成员将会越有动力以一种促进集体效益的结果方式行动"。（伯勒斯、基提斯，2003）一方面，信息沟通、人际交往以及生产、生活互助能使牧民相互之间增进了解，减少草地共管实践过程中的摩擦；另一方面，在长期的互动交往社区主导型草地共管模式——成效与机制中，牧民之间形成恩惠"风水轮流转"的稳定的关系网络，"强烈的互惠动机将诱发有效的惩罚以维持团体高产出"（伯勒斯、基提斯，2003）。牧民在付出努力而得不到合理的预期收益的情况下，会愿意参与惩罚违规者，克服"搭便车"现象。这正是为什么 A 嘎查虽然没有出台明确的相关惩戒规定，但牧民仍然对违反共管规则将受到的惩罚了然于胸的原因。在个别牧民违反共管规则时，嘎查内的牧民一方面会为维护自身的利益而自觉地以疏远交往、与他人不断谈论其是非等方式对其进行惩罚，另一方面也会从这样的反例中得到警戒，从而避免自己出现违反共管规则的情况。

在社会资本促进草地共管实践的同时，由于保护了草地、促进了牧民的生计发展、改善了社区治理状况，草地共管实践也提高了 A 嘎查的社会资本水平。草地共管实践不仅促进了传统管理经验和规范等优良草原文化的传承与发扬，而且能提高牧民获取信息和接收信息的能力，他们因而能够在草地保护和利用方面进行更长远的规划，从而提高与强化其生活满意程度、对未来预期的乐观程度和居住意愿①。这将进一步增强牧民保护草地生态环境、建设美好家园的行动力。

五 结论和余论

基于上述分析,本文可以得出以下两点结论:第一,草地共管是一种有效的草地资源可持续管理模式。A嘎查所实施的社区主导型草地共管模式,尽管只是对原有集体管理方式的传承与一定程度上的创新,还并不是完全意义上的共管,但即使如此,这种具有社区主导型草地共管实质内容的草地管理模式在实践中取得很好的成效,促进了牧民增收、草地资源的保护和社区治理的改善,提高了牧民的生态意识。第二,社会资本在草地共管机制的形成和成功实践中发挥着关键作用。传统文化等社区基础有利于形成草地共管的认同机制,社区制度和社区组织等社区规范有利于形成草地共管的制度安排机制,民间精英担任行政领导和社区信任有利于形成草地共管的运行机制,民间规范和社区联系有利于形成草地共管的监管机制。

尽管农村基层在理论上对共管理念与模式缺乏了解,但事实上,从古至今,各地区在草地管理过程中都或多或少地有着共管的实践。可以说,草地共管一定程度上是在沿袭原有游牧体制并采用集体管理方式的基础上对管理组织、管理手段等的改良与创新。从这个意义上说,各地区都有对草地进行集体管理的历史传统与积淀。不过,本文案例中已被实践证明成功的社区主导型草地共管模式能否在其他地区即使是在附近的其他地区复制和推广呢?笔者认为,简单的复制是不可取的,推广起来也面临着诸多困难。且不说自然条件(难以改变)方面,不同地区的不同草地类型有不同的资源特性和对各项管理措施的不同响应程度,单就改善其他地区复制和推广这一模式所需要的社会条件来说,其难度都相当大。这些困难包括发展对成员形成强大道德约束力量的社会资本,建立起强有力的社区共管组织或基层组织,实现以民间精英为主导的民间权力与通过选举产生的行政权力的有效对接,取得社区内所有成员

---

① 在B嘎查,在给予相应经济补助的前提下,80%的牧民愿意移民到城镇生活;而在A嘎查,愿意移民的牧民比例仅为22.22%。

（以户为单位）的一致同意从而形成集体行动等。因此，在草地可持续管理实践中，各地区应结合当地的草地资源特征和社会、经济、文化背景，探索并建立起适宜的草地共管模式。

虽然本文案例中社区主导型草地共管模式的某些具体做法难以在其他地区复制，但其背后所体现的内在机制仍能为其他地区探索并建立起适宜的草地共管模式提供一定的启示。制度的形成与发展都是逐步演化的过程，不可能一蹴而就，关键是要去尝试。在这一问题上，政府不可强行在各地区推行草地共管机制，更不可强推一种统一的共管模式，而应在组织支撑、政策、信贷、技术等方面给予扶持，为各地区自发进行草地管理的诱致性制度变迁和形成可持续、内源式发展的合理路径创造条件。同时，各地区尤其应重视发展社会资本，加强对民间规范的尊重、对传统文化的传承和农村"熟人社会"的建设，并推进社区自组织发展。

参考文献

Pinkerton, Evelyn: Community-based Management & Co-management, paper presented to OMRN National Conference, http://www. maritimeawards. ca, 2003.

左停、苟天来：《自然保护区合作管理（共管）理论研究综述》，《绿色中国》2005年第8期。

张宏、杨新军、李邵刚：《社区共管：自然保护区资源管理模式的新突破》，《中国人口·资源与环境》2004年第3期。

罗荣淮：《以社区村民为主体的自然资源共管》，《绿色中国》2004年第10期。

韦惠兰、何娉：《森林资源社区共管问题初探——以甘肃白水江国家级自然保护区为例》，《林业经济问题》2008年第2期。

黄文娟、杨道德、张国珍：《我国自然保护区社区共管研究进展》，《湖南林业科技》2004年第1期。

晏兆莉：《牧野资源共管的理念与程序介绍》，载李向林、安迪、晏兆莉编著《天然草原共管国际研讨会论文集》，中国农业科学技术出版社，2006。

李惠斌、杨雪冬：《社会资本与社会发展》，社会科学文献出版社，2000。

帕特南：《独自打保龄球：美国下降的社会资本》，载李惠斌、杨雪冬主编《社会资本与社会发展》，社会科学文献出版社，2000a。

帕特南：《繁荣的社群——社会资本与公共生活》，载李惠斌、杨雪冬主编《社会资本与社会发展》，社会科学文献出版社，2000b。

帕特南：《使民主运转起来》，王列、赖海榕译，江西人民出版社，2001。

肯尼思·纽顿：《社会资本与现代欧洲民主》，载李惠斌、杨雪冬主编《社会资本与社会发展》，社会科学文献出版社，2000。

奥斯特罗姆：《流行的狂热抑或基本概念》，载曹荣湘（选编）《走出囚徒困境》，上海三联书店，2003。

郑传贵：《社会资本与农村社区发展——以赣东村为例》，学林出版社，2007。

奥斯特罗姆：《公共事务的治理之道——集体行动指导的演进》，于逊达、陈旭东译，上海三联书店，2000。

王斯琴：《内蒙古陈巴尔虎草原文化与草原生态保护研究》，中国农业科学院硕士学位论文，2007。

库托：《领导学的新视野》，陈志刚译，载曾荣湘（选编）《走出囚徒困境——社会资本与制度分析》，上海三联书店，2003。

费孝通：《乡土中国生育制度》，北京大学出版社，1998。

伯勒斯、基提斯：《社会资本与社区治理》，康之国译，载曾荣湘（选编）《走出囚徒困境——社会资本与制度分析》，上海三联书店，2003。

农民组织与乡村治理

农民专业合作组织与农业
社会化服务体系建设[*]

苑 鹏

一 农民专业合作组织：农户发展市场经济、
完善农业社会化服务体系的产物

改革开放以来中国农民合作经济组织的创新发端于农民专业技术协会的兴起。农民专业技术协会是计划经济体制向市场经济体制转型，发展农产品的商品生产，完善农业社会化服务体系的产物。

1981 年，中共中央《关于建国以来党的若干历史问题的决议》提出要发挥市场调节的辅助作用，要大力发展社会主义的商品生产和商品交换。中央的农业政策也由长期的"以粮为纲"，转向"决不放松粮食生产、积极发展多种经营"的新农业政策，中国的农业发展从此进入全面结构调整的新时代。广大农户对于新技术、新品种的强烈需求和渴望也随之空前高涨。而当时围绕为

---

* 本文系中国社会科学院重大课题"农民专业合作社与现代农业经营组织创新"（编号：YZDA2009）的阶段性研究成果。

粮食生产服务而建立的公共农技推广部门不能满足广大农户对经济作物生产的多元化技术需求。

于是，在农业结构调整中那些对技术变革有冒险精神，并善于将技术变革与市场需求有机地联系在一起的农户捷足先登，依托当地的科协组织，与当地有关的科研推广部门、大专院校以及有关部门联系，率先引进新品种、新技术，并逐步发展成为农业专业户、科技能人。这些技术领先者和最先采纳者的成功对周围农户产生了示范作用，这些农户在经济利益的驱使下，自动地紧随其后，模仿其技术行为，形成典型的"农业踏板"式的技术推广路径。而技术领先者也希望通过这些农户的行为趋同性，实现技术使用的规模经济，降低个人新技术的引进成本。双方的利益兼容，催生了民间各种类型的农民专业技术协会。

这些民间自发产生的农民专业技术协会共同的特点是：协会领办人通常是率先取得成功的技术能手、专业大户，协会的会员主体是与领办人从事相同农产品生产的、具有一定生产经验和生产规模的专业户和兼业户，成员具有同一性。协会以技术交流、技术培训、技术服务为主要业务内容，即开展农业技术推广是协会的组织宗旨。协会的运行机制遵循会员自愿入会、人人平等、共担风险、共享收益的基本原则。

中央及时洞察了农民的组织创新，1983年中共中央1号文件《当前农村经济政策的若干问题》指出，农村中有着大量的能工巧匠、生产能手、知识青年和复员退伍军人，要发挥他们的特长，支持他们建立技术服务组织。同时还及时地提出，合作经济要向各项生产的产前产后的社会化服务领域伸展，诸如供销、加工、储藏、技术、信息、信贷等各方面的服务。在中央政策的支持下，农民专业技术协会健康发展。它不仅弥补了农业公共服务的不足，为农户从事经济作物生产和畜牧生产等提供了有力的技术支撑，而且成为21世纪后蓬勃发展起来的农民专业合作社的母体。

二 以农民专业合作组织为载体，开展农业社会化服务具有独特的组织优势

政府农技推广体系始终是我国农业社会化服务的基础力量。农业部门

的多功能性，农业技术的公共物品性和外部性，以及农产品的社会属性等特点决定了公共部门在农业社会化服务体系中具有无法取代的基础性地位。但是建立在计划经济体制下的农技推广体系，在市场经济体制下面临着诸多挑战。一是农业推广组织体系的设置是按照行政区划，从供给方的意愿出发，而不是按照作物区划或生产布局，从满足需求方的意愿出发。因此，存在着无法有效配置资源、供求错位等潜在问题。二是农业推广体系的设置目标是满足小农大众对大宗农产品一般性技术服务的需求，而现实中的小农是一个异质性很强的综合体，其技术需求呈现分层次、多样化的结构特征，单靠政府的农业公共服务无法满足。三是在农业行政管理体制改革中，政府将农技推广体系市场化，在相当多的地方没有了经费保障，导致农技推广体系"线断、网破、人散"的状况多年来始终没有根本性的好转。为维持生存，农技推广部门依靠经营促推广成为一种普遍的做法。而推广公益性、为农民服务的目标与以经营促推广的手段存在的内在利益冲突，导致公共农技推广体系的"公共"品牌缩水，公众信任度下降。在一些农民眼中，他们已经蜕变为私人供应商的代理人或私人供应商。笔者在调查中了解到，基层农技推广人员的体会是，"经营促推广"的做法是"促了推广，坑了推广部门"，并且也没有改善农技推广人员的整体收入水平。2006年10月中国农学会受中国科协委托，对203个县全国2万余名"全国县域科技工作者状况调查"的统计结果显示，农技推广人员的工资收入低于所在县域同期城镇职工的平均工资水平，并且普遍存在工作条件差、工作设施落后等问题。导致农技推广队伍不稳定，整体素质不高，直接影响为农服务的效果。

经过十余年的农业产业化经营，私人部门已经成为农业社会化服务中的一支重要力量。由于占据技术、资本和人才等方面的竞争优势，私人企业在品种改良、新肥料使用以及新机械推广等方面发挥了重要作用。但是私人部门采取一种典型的以供应方意愿为出发点的技术服务和技术推广模式，其趋利本性使得他们在向农民提供服务时存在着难以克服的制度缺陷。由于农产品产出水平的影响因素复杂，并非仅由投入品所决定，与土壤、气候条件、管理水平等多种因素有关，存在着许多不确定的因素，因而私人企业存在利用买卖双方的信息不对称，提供虚假信息、夸大自有产品效果的负激励。例如笔者在东北某粮食大县调查时农民反映，全市销售的玉米品种达 200 多个，每家企业都说自己的品种好，农民自己根本没有能力辨识。并且私人部门提供的服务项目有很大的局限性，主要是围绕更好地推销自己的产品而展开，服务对象主要瞄准购买自己产品或服务的农户，服务群体具有特定性、狭窄性。由于服务对象农户在区域范围上比较分散，私人部门的服务成本也相对偏高。

而从农民专业合作组织多年的实践看，以其为载体开展农业社会化服务具有农业公共服务部门和私人部门所没有的优势，可以有效地弥补农业公共服务部门、私人部门的不足，形成政府、企业和农民组织三者互相补充的完整的农业社会化服务体系。

首先，农民专业合作组织的成员构成具有同质性强、地域集中的特点。加入农民专业合作组织的农户是从事相同农产品生产经营的同类农户，并且成员所在的区域相对集中，通常以同一村庄或相邻村庄为半径。农民专业合作组织的成员特性使得成员对农业社会化服务的需求一致性程度较高，同时也有利于农民专业合作组织以较低的组织运作成本开展服务，实现规模经济。

其次，农民专业合作组织的目标是为成员服务，以成员为导向，成员兼具所有者、推广者、使用者的身份，有利于提高农业推广的服务效果。成员是农民专业合作组织的所有者，同时也是农业技术及服务的推广者、使用者，合作组织成员的三位一体性，是其他任何农业社会化服务组织所不具有的特殊属性。农民专业合作组织的技术带头人不仅是技术服务的推广者，也是新技术、新品种的率先使用者。在开展某项先进适用技术或新品种的培训、推广中，他们率先采纳新技术、运用新知识、使用新设施。按照农业推广理论，如果推广者与使用者的经济利益是完全一致的，那么技术推广将产生非常显著的效果。

再次，农民专业合作组织实行入社（会）自愿、退社（会）自由的基本原则，加入组织是成员的自我选择，合作组织的正常运作依赖于成员联合一致的集体行动。这种组织制度和组织文化非常有利于新品种、新技术的顺利推广。农民专业合作组织在开展农业社会化服务中，成员的主体地位保证了成员是技术服务、技术推广的主动选择者，而不是简单的被动的接受者；保证了农业社会化服务的内容反映需求者、用户，即广大农户成员的要求，而不是技术提供者、传播者供给方的意愿，从而提高了农业技术推广和服务的有效性，以及供给方和需求方双方较好的吻合性。

三 在建设农业社会化服务体系中，农民专业合作组织发展前景广阔

20世纪90年代后期以来，我国的农业发展从增加产量为主进入优化结构、提高农产品品质、增强农产品国际竞争力、增加农民收入的新时期。"十一五"规划明确要求"推进现代农业建设，加快农业科技进步，转变农业增长方式，发展高产、优质、高效、生态、安全农业"。农业的多功能性更加突出，面对我国现代农业建设超小规模的农户主体，农业社会化服务体系创新与完善的任务也更加艰巨。

2006年的第二次全国农业普查资料显示，我国单纯从事农业生产的农户达到1.69亿户，占乡村农户总量的75%以上，比1996年第一次全国农业普查的农户规模提高了4000多万户，占乡村农户的比例提高了15个百分点以上；与此同时，农业兼业户的数量和比例大幅下降，仅有950余万户，占乡村农户的比例不足5%（见表1），它表明从事农业生产的农户的分散程度进一步提高。2006年的农业普查资料还显示，全国农业劳动力的人均耕地面积只有0.25公顷，其中东部地区仅0.15公顷。并且我国农业劳动力中初中以下文化程度的比例达到95%以上，其中小学比例占到41%，未上学的比例占到近10%。如果考虑到目前中国30岁以下90%的青年农村劳动力离开了乡村，农村妇女已经成为农业劳动力的主力军，占到实际从事农业生产的劳动力总量的60%以上，那么可以粗略地估计，实际从事农业生产的劳动力的文化程度大多数是在小学程度以下。而全国农业技术人员只有209万人，并且具有高级职称的仅占5%，初级技术人员的比例超过70%，显然如果主要依靠政府的农业科技服务和推广队伍建设农业社会化服务体系，就难以满足广大农户的需要。

表1 乡村农户构成情况

单位：千户，%

年份	合计	纯农户	农业兼业户	非农业兼业户	非农户及非经营户
1996	213828	126719	39012	27358	20739
比例	100.00	59.26	18.24	12.79	9.70
2006	222237	166903	9529	21190	24615
比例	100.00	75.10	4.29	9.53	11.08

资料来源：《中国第二次全国农业普查资料汇编（农民卷）》，中国统计出版社，2009。

为此，党的十七届三中全会提出要建立新型农业社会化服务体系。构建以公共服务机构为依托、合作经济组织为基础、龙头企业为骨干、其他社会力量为补充，公益性服务和经营性服务相结合、专项服务和综合服务相协调的新型农业社会化服务体系。并提出支持供销合作社、农民专业合作社、专业服务公司、专业技术协会、农民经纪人、龙头企业等多种形式的生产经营服务。党的十七届五中全会通过的《中共中央关于制定国民经济和社会发展第十二个五年规划的建议》进一步指出要支持农民专业合作社和农业产业化龙头企业发展，加快健全农业社会化服务体系，提高农业经营组织化程度。

从这些年的实践看，在推进农业现代化进程中，农民专业合作组织正在发挥着不可替代的重要作用。一是它有利于加快推进农业投入品的现代化进程。最突出的是引进推广新品种、广泛普及优良品种。目前，农民专业合作组织已经成为农业生产新品种、新技术使用的先锋队。很多合作组织有效发挥其组织优势，通过与大专院校、科研单位直接建立长期联系，成为农业科技成果转化、农业科技示范的重要试验地和前沿阵地。二是有利于加快农业生产管理的现代化。它是与投入品的现代化和规模化生产紧密联系在一起的。新品种、优良品种要求相配套的生产管理技术，从而促进了农业生产管理的现代化，以合作组织为载体，有助于推进农户建立生产记录制度和农产品质量可追溯管理体系，实现农产品的标准化、安全化生产。三是有利于农产品生产的专业化、品牌化、规模化。农民专业合作组织发展到一定阶段后，逐步从成员的技术联合走向销售联合，共同开展销售农产品业务，在终端客户的"倒逼"下，向着农产品生产的专业化、品牌化和规模化发展。据农业部的初步统计，目前我国20800多家的农民专业合作社取得无公害、绿色、有机等"三品"认证，它们当中有一批是从农民专业技术协会发展而来的。而广大农户通过采用新品种、新技术、新方法，使用标准化生产方式，提高了农产品的内在品质，提高了农产品的市场竞争力，最终增加了收入。并且，农户通过直接参与合作组织的各类活动，开阔了眼界，增长了才干，个人素质也有了不同程度的提高，人力资本的价值得以提升。

随着我国农业现代化进程的加快，农户生产经营专业化程度的日益提高，对于农业社会化服务的依赖性也将随之增强。农民专业合作组织将以其服务成员为宗旨的组织目标，农户同一性强的组织基础，以及兼具所有者、推广者和使用者的身份的成员制度等独特组织优势，成为完善农业社会化服务体系的一支重要力量。有效利用农民专业合作组织这一平台，将有助于在农村地区形成星罗棋布的农业新技术、新品种的试验、示范、推广以及生产的前沿阵地网络。

但需要指出的是，目前我国农民专业合作组织处在初级发展阶段，覆盖乡村的范围小，50%以上的村庄还没有合作组织，农户入社（会）的比例低，仅占农户总量的10%左右，并且领办人控制合作组织运作的现象突出，这种现状对有效发挥农民专业合作组织在农业社会化服务体系中的独特作用将形成严峻的挑战。从今后发展看，政府一方面要继续扶持、促进农民专业合作组织加快发展，扩大其在乡村、农户的覆盖面；另一方面要不断规范合作组织运行机制，引导合作组织实现全体成员在重大事务方面的集体决策，从制度上保障农民专业合作组织开展的服务活动充分反映、满足广大成员共同的意愿和需求，推进公共部门、私人部门和农民自我服务部门三者相互促进、相互补充的新型农业社会化服务体系建设。

中国农民专业合作社：
数据背后的解读[*]

潘 劲

一 问题的提出

自 2007 年《中华人民共和国农民专业合作社法》（以下简称《合作社法》）实施以来，农民专业合作社得到迅速发展。截止到 2011 年 6 月底，在工商部门登记的农民专业合作社达 44.6 万个，入社农户达 3000 万户，约占全国农户总数的 12%[①]。一些省（区、市）相继宣布已经消灭合作社空白村，还有一些省（区、市）则表示要努力在一两年内消灭合作社空白村。从公开的资料不难看出，农民专业合作社已经在农村遍地开花，每十户农户就有一两户加入合作社，农民专业合作社对促进农民增收起了很大的作用。而深入调查后发现，农民专业合作社并未得到广大农民的认可，农民对合作社的反应很茫然和漠然；即使是在合作社有所发展的地区，仍有大量农户没有加入合作社；在已经成立的合作社中，又有相当数量的合作社不再运营；而在运营的合作社中，又有大量合作社表现出与现行规制不相符合的特质。

学界有关合作社的研究文献十分丰富，从合作社产生的理由，例如可以获得规模经济、降低交易成本、减少中间环节等（Sexton，1986；Staatz，1984；Fulton，1995），到合作社运作的不同方式（Sexton，1990；Zusman，1992；Hendrikse and Veerman，2001），直至合作社存在的不足，例如低效率、产权

---

* 本文系中国社会科学院重大课题"农民专业合作社与现代农业经营组织创新研究"（课题编号：YZDA2009）的阶段性成果。本文的一些观点得益于与苑鹏研究员、杜吟棠研究员和郭红东教授的讨论，在此表示感谢。文责自负。

① 资料来源：《全国实有农民专业合作社 44.6 万个》，《农民日报》2011 年 8 月 10 日。

和代理问题等（Porter，1987；Cook，1995），都得到充分的阐述。有关中国农民专业合作社的研究文献也很丰富。以近期的研究专著为例，既有对中国农民专业合作社的理论与实践的综合性分析（例如张晓山、苑鹏，2010；徐旭初、黄胜忠，2009），也有针对农民专业合作社具体问题展开的分析，例如合作社的利益机制（孙亚范，2009）、合作社成员的异质性（黄胜忠，2008）、合作社的具体运作（韩俊，2007；郭红东、张若键，2010）。有关中国农民专业合作社的研究论文更是不胜枚举。

在上述有关农民专业合作社的理论研究中，尽管有针对合作社存在问题的研究，例如合作社发展中的股份化倾向（徐旭初，2005）、"假合作社"问题（付敏，2009），但都仅限于提出问题，指出合作社发起人的机会主义行为，并没有对其背后的深层次原因展开分析。鉴于此，本文拟从合作社发展数据背后所隐含的问题入手，重点分析这些问题产生的原因，并在此基础上做出总结性评述。

二 数据背后的问题

翻开相关部门提供的关于近几年当地农民专业合作社发展的资料，看到的都是每年几近翻番的发展数据和令人鼓舞的个案典型；访谈的合作社都有宽敞的接待室或会议室，室内墙上展示着不同层级政府及相关部门和组织颁发的奖状，张贴着合作社的各种规章制度，合作社章程也都明确载有民主的管理制度以及符合法律规定的分配制度；合作社负责人介绍的也主要是合作社所取得的成就及对当地经济发展的促进作用，找来座谈的农户也都纷纷称赞合作社发展所带来的好处。而在深入调查之后，尤其是在没有当地政府工作人员陪同的情况下走进村庄、走近农户之后，看到的却是另一番图景。

（一）农民对合作社的茫然和漠然

许多农民没有听说过合作社，更不知晓合作社怎样运作，而实际上本村就有人领办了合作社；一些对合作社有所知晓的农户对加入合作社并不感兴趣，认为它起不了什么作用；还有的农户表示，若不是笔者"按名索户"前往拜访，还不知自己是合作社成员……

（二）许多合作社没有开展活动

据东部沿海地区一个县级市农业经济管理部门介绍，在全市 300 多家农民专业合作社中，有 10% 的合作社没有开展活动，即是通常所说的"空壳"合作社。他们获得这一信息的方式是通过电话联系合作社的发起人，也就是说，是合作社的发起人自己反馈的信息。这说明，10% 还是一个很保守的数据，因为很多发起人不愿承认自己的合作社是个"空壳"。据一个直辖市郊区的农经站人员介绍，在该区的 500 多家合作社中，有 50% 的合作社没有开展活动。这是他们"接管这一工作后，在 3 个月的时间里一个一个摸出来"的数据。而在笔者走访的一个村，在其三家合作社中，有两家没有开展活动；另一家虽在经营，但村民却认为是"某某自己办的"，笔者也没有看到这家合作社的牌子，只是"老板娘"介绍说自己经营的是合作社。

（三）大股东控股较为普遍

在笔者调查的合作社中，许多第一大股东在合作社占有控股地位，而且其中不乏省、市示范社。如果说笔者的调查数量有限，欠缺代表性，不妨以浙江大学 2009 年 7~9 月和 2010 年 1~2 月组织学生对全国 10 个省 29 个地（市）的农民专业合作社的调查数据为例。在所调查的 442 家合作社中，第一大股东出资额占合作社出资总额的比例平均为 29.4%，有 25% 的合作社第一大股东的出资额所占比例超过 30%，有的甚至达到 100%（郭红东、张若健，2010）。

三 合作社成立的目的及农户的选择

在农民专业合作社"一片大好"发展形势之下，许多农户却对合作社反应茫然和漠然，还有相当多的合作社没有开展活动，如何解释这种看似矛盾的现象？针对发展中国家农民专业合作社未能发展的现象，有西方学者曾指出，其根本原因是合作社的原则和价值观与这些国家的体制框架不相符（Attwood and Baviskar，1988）；也有中国学者得出影响比较广泛的中国农民"善分不善合"的结论（曹锦清，2000）。如果说中国农民"善分不善合"，又如何解释目前合作社在中国的发展呢？

（一）成立合作社：对潜在利润的追求

按照新制度经济学理论，"如果预期收益超过预期成本，一项制度安排就会被创新"。制度创新的诱因就是行为主体期望获得"预期收益"超出"预期成本"的部分，而且这部分收益是在现有制度安排下无法获得的，即通常所说的"外部利润"或"潜在利润"。可以说，对潜在利润的追求，是"诱致人们去努力改变他们的制度安排"的主要原因。只要这种潜在利润存在，就表明社会资源的配置没有达到最优状态，从而有可以改进的空间。而潜在利润的来源至少有以下几种：规模经济、外部经济内部化、分散风险、交易费用转移或降低（戴维斯、诺思，1991）。

农民专业合作社是一种制度安排。成立合作社的过程也是新制度建立的过程。对于"农民想从合作社寻求什么"这一问题，Rhodes（1983）有着比较明确的概括：第一，净的经济回报（包括惠顾返还）一直是重要的（有时候是支配性的）动因；第二，必须确保产品的销路没有问题；第三，农民可以通过合作社寻求一些抗衡力量；第四，合作社能够帮助农民维持和扩大产能。Rhodes强调指出，净的经济收益是影响农民做出加入或退出合作社决策的关键性因素。净的经济收益就是成立合作社的预期收益。

但是，创办合作社也是有成本的，它包括合作社的组建和正常运行所需要的费用。只有净的经济收益为正，即预期收益大于预期成本，合作社的创办才有可能。对于普通农户来说，由于生产规模较小，他们对合作社所带来的收益预期有限，而组建合作社的成本却很高，因此，普通农户很难出面组建合作社。而对于专业大户来说，由于生产规模较大，他们对合作社所带来的收益预期很高，加之长期的大规模生产使他们建立起一定的购销渠道，积累了不少经营经验和建立了关系网络，从而能相应化解合作社的组建和运行成本。这也是目前中国很多农民专业合作社由专业大户发起的原因。这一点与发达国家农民合作社的发展历程有相似之处。

实际上，发达国家的农民专业合作社在创立初期并非如通常人们所想象的那样，是由农民自动组织起来的。例如，在瑞典，合作社最初是通过一些大农场主发起并说服众多小农场主参加而建立起来的（刘文璞等，1997）。日本农协在最初也只是由中上层农民组成①。大农业生产经营者在发达国家农民合作社的初期发展中起着主导作用。

不同于发达国家的是，中国农民专业合作社在组建伊始就处于农民高度分化、工商资本大量侵入农业的背景之下，合作社成员呈现较强的异质性：既有从事农业生产的农民，也有从事农产品经销、贩运以及其他职业的农民，同时还有从事资本化经营的工商企业。出于稳定货源、获得投资收益等目的，同时又由于拥有社会资源从而可以承担新制度创新的成本，一些非生产性的农民和工商企业便牵头创办了合作社。

（二）政策优惠也是一种收益

合作社作为弱者的组织，在其发展过程中始终都能得到各国政府在财政、税收等方面的支持和优惠。这种支持和优惠也可以视作一种收益，从而使合作社的收益具有多种来源。

通过规模经济、减少交易费用等形式所形成的净的经济收益，是合作社的持续性收益，伴随着合作社运作的整个过程，不妨将这部分收益称作"合作收益"。除此之外，政府以资金、实物或项目建设等形式对合作社的补助，也构成合作社收益的一部分，尽管它是非经常性的；在税收减免等优惠政策下，由于减少或免除了合作社的一部分税费支出，合作社的收益从而也会相应增加。本文在此将这两部分收益统称为"政策性收益"。

既然成立合作社的目的是追求潜在利润，那么，这种潜在利润就既包括合作社运行过程中的持续性收益，即合作收益，也包括非经常性的政府补助、税费减免等政策性收益。换句话来说，对政府补助和税费减免等政策性收益的追求也是合作社成立的目的之一。这就在一定程度上解释了所谓"空壳社"及"假合作社"存在的原因。

注册一个合作社的成本很低。据一位合作社发起人介绍："只要提供5个人的名单，写上出资额，签上字，就可以了。镇工商所有现成的章程，不需要

验资，也不收费。"合作社章程没有关于出资额的限制，出资额可多可少。同时，出资可以是现金，也可以以实物折价。例如笔者调查的一个合作社，在当地农业经济管理部门提供的登记表上标明的出资额为 300 多万元，成员有 5 户。在深入了解后，其实际情况是，该合作社的注册出资额由 5 户村民的果树折股构成，有 2 户村民的果树各折价 5 万元，2 户村民的果树各折价 10 万元，剩下的均为发起人的果树折价。据发起人介绍："果树折价也只是我们几个人在一起商量估出来的。当时听朋友说办合作社有补助，就和几个朋友一起办了。可办了以后也没拿到补助。现在仍是各干各的，没折股。"而他的几个朋友也都以类似方式注册了合作社。

由此可以看出，该合作社发起人，包括他的朋友，没有产生任何现金支出便成立了一个合作社，可见成本之低廉。而他的预期收益——"政府补助"，无论其数额为多少，都是"净的收益"，这种"净的收益"，对于农村中头脑比较灵活的人，包括一些非农产业从业人士，无疑是一个很大的诱惑。

公司组建合作社的目的就不只是获得政府补助了，税费减免是其组建合作社的重要推力。找来公司的一些农民客户，做一个公司与农户的出资清单，就可以注册一个合作社。公司基本上仍以原来的方式运作，但由于挂上了合作社的牌子，就可以规避很多税费。不用花费多少成本，就可以获得较大的收益，这是许多公司纷纷注册合作社的原因。

当然，以获取政策性收益为主要目的的合作社只是少部分，多数合作社是在以获取合作收益为主要目标的同时，利用各种机会获取政策性收益。

（三）农户的选择

合作社的发展受制于很多因素。例如，徐旭初（2005）、孙亚范（2009）分别从商品化水平、人们对合作社的认知程度、合作社企业家缺乏等角度予以了分析。正是诸如此类的限制性因素制约了合作社在很多地区的发展，也影响了不同地区合作社的发展水平。这也是广大农户没有加入合作社的重要原因。但是，对于同一地区相同环境下农户存在差异性选择的原因，即在合作社已有发展的地区，广大农户为什么仍然没有选择参加合作社或对合作社反应漠然，目前学界还没有给出令人信服的解释。其中固然有农民对合作社不了解，或发起者为防止利益扩散而不接纳过多农户等原因，但同时，还有其他因素影响农户的选择。

按照戴维斯、诺思（1991）的观点，从认知制度变迁到启动制度变迁有一个过程，这个过程就是制度变迁的时滞，它包括"认知和组织"、"菜单选择"、"启动时间"等，具体来说，就是认知新制度的好处、在不同制度之间进行筛选、发起制度变迁等。辨识合作社所能带来的潜在利润，在合作社及其他组织之间选择和比较，宣传和发动民众加入等，都需要时间。由于存在诸如此类的时间阻滞，合作社发起人不可能在一个时点或某段时间内同时发起创立合作社，这就决定了合作社的产生是一个逐渐的发展过程。同样，农户在选择加入合作社时也存在时间阻滞问题。

尽管有研究显示，入社农户所面临的农业生产及销售问题远少于未入社农户①，但是，毕竟农民对发生在自己身边的制度变迁以及自己相应的行为选择有一个认知和判断的过程。预期收益如何，所付出的成本是否在自己承受范围之内，对发起人信任与否，都在农户的考量之中。据笔者调查，收益预期不明，对发起者缺乏信任，是许多农户选择不加入合作社的原因。

不同人群存在着自然禀赋的差异。这种差异不仅是客观存在的，也是可以主观感知到的。资源禀赋低的农户能感知自己的劣势，从而有动机构建防范机制，以避免损失。相对于强势的合作社发起人和核心成员，农户能够感知自己在合作社中的劣势地位，这种地位使他们很难知晓合作社的具体运作情况以及收益情况。预期收益不明使农户在加入合作社问题上选择了观望。

对发起人信任与否也直接影响农户在加入合作社问题上的行为选择。即使对发起人信任，农户也不一定就选择加入合作社，因为还有其他因素的制约；但是，如果对发起人不信任，农户则会选择不加入合作社。农村这一熟人社会既有信任生成的土壤，也有不信任产生的温床。正是由于是熟人，才对其行为和个性有较多的了解，肯定的则给予信任，否定的则给予不信任。合作社的发起人一般在农村比较活跃，头脑灵活，善于捕捉机会，而有些村民往往看不惯这类人，给予这类人一些负面评价，例如"油头滑脑""不靠谱"，内心深处

---

① 在第四届农业政策与实践研讨会——"农民专业合作组织发展与制度建设"理论研讨会上，与会代表对该问题进行了较详细的阐述。参见李玉勤（2008）。

对其存在排斥心理。选择不参与、不加入这类人所发起组建的合作社正是这种心理自然而然的流露。

四　合作社的本质属性

对于合作社的本质属性，各国乃至各思想流派都有其不同的表述。有的侧重于它的企业属性，有的侧重于它的联盟特点。但是，各种表述都具有以下共同特征：合作社是一种经济行为；合作社满足的是成员的共同需要；合作社是由成员所有和控制的（Nilsson，1996）。如果以此来审视当下的中国农民专业合作社，会发现很多值得人们深思的问题。

（一）合作社原则：最后坚守什么？

合作社原则[①]是合作社的行动指南，是合作社的本质体现。在合作社160多年的发展历程中，合作社原则也历经变迁，具体表述也有不同，但其核心内涵始终没有改变，那就是：成员民主控制；盈余按交易额返还；资本报酬有限。《合作社法》列明了中国农民专业合作社应当遵循的原则：成员以农民为主体；以服务成员为宗旨，谋求全体成员的共同利益；入社自愿，退社自由；成员地位平等，实行民主管理；盈余主要按照成员与农民专业合作社的交易量（额）比例返还。应当说，《合作社法》所列明的五项原则基本上反映了合作社的内涵。

然而，现实中的中国农民专业合作社却使许多学者和从事合作社管理的实际工作者陷入纠结：绝大多数合作社的盈余以按股分配为主；许多合作社没有按交易额比例返还盈余，即使有，也只是"意思"一下，以应付有关部门的评估考核；民主管理流于形式，"民主议决"成为"通告议决结果"，大家举手通过；大股东控股普遍，单个成员持股超过百分之八九十的并不是特例……

面对如此现状，一些学者也由对合作社原则的坚守转变为对现状的默认，这是对现实的无奈，还是与时俱进？

---

① 对于合作社原则，不同国家、不同组织都有不同的表述，但最具权威性、在国际上通行的是国际合作社联盟所提出的合作社原则，尽管对这一原则也存在不同的质疑。

合作社原则，最后还能坚守什么？百分之八九十的股权掌控在单个成员手中，在这样的合作社中，还能有真正的民主吗？如果说合作社是低成本运作，没有多少盈余，从而不能按交易额比例返还盈余，人们对此还可以理解；那么，没有按交易额比例返还的盈余，却有按股分配的利润，这利润又是从何而来？如果合作社盈余全部按股分红，与交易额没有任何关联，这又与投资者所有的企业有何区别？

（二）合作社的产权及相关问题

合作社由成员所有并控制。成员通过投资入股，形成合作社产权。正如美国学者菲吕博腾等（1991）所指出的，"产权不是指人与物之间的关系，而是指由物的存在及关于它们的使用所引起的人们之间相互认可的行为关系，是一系列用来确定每个人相对于稀缺资源使用时的地位的经济和社会关系"。产权的形成方式和结构决定了成员在合作社中的地位和相互关系：成员共同分享合作社的产权（所有权）和控制权。成员地位平等、民主管理是合作社的一大特征，而大体均等的股权结构是实现民主管理的基础。

当然，股权相差多少才属于大体均等，这是个见仁见智的问题。由于成员的异质性在不断增强，成员持股比例的差距也在拉大。但是，有一点是确定的，相差巨大的持股比例，甚至单个成员的持股比例超过百分之八九十，则远超出人们对"大体均等"的认知底线。2005年实施的《浙江省农民专业合作社组织条例》规定，单个成员的股金最多不得超过股金总额的20%，这反映了该条例制定者的认知标准。在这一条例实施后，浙江省开展了合作社的规范化活动，一些合作社通过调整大股东股份，相应增加了合作社普通成员的持股比重。

但是，由于《合作社法》并没有限定单个成员的持股比例，这就使差距巨大的持股比例脱离了法律的控制。尽管《合作社法》规定，出资额较多的成员按照章程规定可以享有附加表决权，附加表决权总票数不得超过本社成员基本表决权总票数的20%。但是，大股东并不满足这20%的表决权，他要全面控制合作社。在大股东持有合作社绝大部分股份的情况下，普通成员也会默认持大股者有更多的表决权和话语权，这就形成事实上的大股东而非成员共同控制合作社的局面。大股东控制合作社，其最终目的是要使合作社的剩余以有利于自己的方式分配。

在成员同质性较强的合作社中，成员同为生产者，所持股份也大体相当，限制资本报酬、按交易额比例返还盈余尚可以被大多数成员接受。而在成员异质性较强的合作社中，由于既有生产者，又有非生产者即纯投资者，盈余主要按交易额比例分配则会受到挑战。如果持大股者同时又是生产大户，其经营规模远超过其他成员，是最大受益者，那么，大股东也许可以接受盈余主要按交易额比例返还；而如果大股东是非生产者成员[1]或其生产规模并不大，在大股东的控制下，合作社就不可能做出有利于普通生产者成员的盈余分配决策，按股分红就将是合作社的首选盈余分配方式。出于应付有关部门评估考核的需要，大股东会在利润中拿出一小部分作为盈余按交易额比例返还。可以说，在这些合作社中，按交易额比例返还盈余仅仅是作为应付检查从而获得政策性收益所必须付出的成本。

其实，大股东的股金分红也不能完全看作股金报酬，其中也包含一部分人力资本报酬。大股东一般是合作社的主要管理者，许多大股东在合作社中并不取酬，其收入均包括在一年一度的分红之中。这也就不难理解这样一种现象：合作社主要管理人员基本上是持股比重较高者；主要管理人员之间持股比重相差不大，从而其年终分红也大体相当——因为大家也都付出大体相当的人力资本。在管理人员少尤其是只靠一人运转的合作社，管理人员往往在合作社股金中持大股。只有通过股权占有的绝对优势，他才能获得高于普通成员的收入，从而使收入与其所付出的人力资本相匹配。因此，按股分红，大股东享有较高的投资回报，有一定的合理性。

但是，在合作社这一有着特殊内涵的组织中，股权差额应该有个限度。针对一些合作社规定单个成员的股金不得超过股金总额的20%，曾有国外学者在考察时提出，是否四五个股东就可以在合作社处于绝对控股地位（张晓山、苑鹏，2010）？而在大股东的股金超过总股金的绝大部分、盈余主要按股分红的合作社，就不是几个成员控股的问题了，而是一个成员就控制了合作社的绝大部分股份。这样的"合作社"，也就很难称得上是合作社了。

---

[1] 在合作社中，大股东是非生产者成员的情况很普遍。大股东既包括个人，也包括公司等法人。

（三）合作社的成员边界

合作社是归成员所有并为成员服务的。农户通过入股成为合作社的所有者，同时也就成为合作社成员，从而有权利获得合作社提供的服务。投资入股是合作社成员身份的重要标志。

不过，中国农民专业合作社的成员边界很模糊，不同合作社有不同的成员边界。有的以投资入股为标志，有的以在登记机关注册为标志，有的以与合作社发生交易为标志。与此相对应，也就有了持股成员、注册成员和交易成员。

为什么农民专业合作社存在很多未入股成员？据笔者调查，主要原因有以下几方面：第一，协会转制。《合作社法》颁布后，许多农民专业协会转变为农民专业合作社。然而，它们尽管挂上了合作社的牌子，但仍在以协会的方式运作，成员与原来的会员没有什么区别。第二，防止利益分散。一些合作社发起人和核心成员为了掌控合作社的话语权，使自身利益最大化，不愿将股份配置给普通农户。第三，规避风险。一些农户对合作社的预期收益不明，不愿入股，不愿承担风险，但又想获得合作社提供的服务。第四，一些农户"被成员"。有关这一点，笔者将在后文详述。

《合作社法》并没有规定合作社成员一定要出资。出资与否、出资多少以及如何出资，均由合作社章程规定。《合作社法》只要求合作社"置备成员名册，并报登记机关"。由于成员边界模糊，合作社成员的数量具有很大的不确定性。在《合作社法》开始实施的一两年内，有大量合作社登记注册。按照要求，在登记部门注册的成员名册要载明成员的姓名、公民身份证号和住所，同时要提供成员的身份证明。由于工作烦琐，一些登记管理部门为了减少工作量，在保证持股成员全部注册的前提下，要求合作社尽量减少非持股成员的注册数量，从而形成持股成员少于注册成员、注册成员少于交易成员的局面。近两年，由于国家对合作社的扶持力度加大，为了达到扶持标准或增加考核的权重，合作社存在一种扩张规模的趋势，交易成员的数量不断增加，从而出现成员泛化现象。例如，一个直辖市郊区的《农民专业合作社规范化管理评价标准体系》列明：成员在 50 户以上得 2 分，每增加 50 户加 0.5 分；培训成员100 人次以上得 2 分，每增加 50 人次加 0.5 分。按照这一考核标准，成员每增加 50 户，合作社就可以至少多得 0.5 分，如果增加培训人次数（这一指标很有弹性），加分则更高。在其他考核指标既定的情况下，增加分值就可以增大胜出概率。这样一来，合作社就有了扩张规模的激励，会通过各种手段将与自己交易甚至没有交易的农户变为合作社成员，从而出现许多农户"被成员"的现象——农户自己都不知道自己是合作社成员。

在成员边界问题上，合作社往往存在着两套标准：在寻求政府资助、争取项目以及应付各种考核时，合作社会尽可能地扩展自己的成员边界，以获得"带动农户数"的最高评分，这样，但凡与其交易的农户都成为合作社成员；而在涉及成员权益方面，例如在分享盈余以及政府补助量化时，又尽可能地缩小成员边界，往往以持股成员或核心成员甚至少数发起人为基数，以减少利益外溢。

《合作社法》规定，合作社盈余主要按与成员的交易额比例返还；国家财政补助形成的财产要平均量化给成员。而在许多合作社，其盈余只分配给持股成员，政府财政补助也按成员的持股比例量化，甚至被变相转变为发起人的个人财产，非持股成员并没有分享到合作剩余和政策性收益。

五　总结性评述

通过上述对农民专业合作社发展数据背后所隐藏问题的解析，笔者可以得出以下观点。

（一）对合作社的发展数据应有理性判断，不要放大合作社对农民的实际带动能力

农民专业合作社在促进农户增收方面的确起到很大作用，尤其在合作社比较发达的地区，这种作用尤为明显。但是，也应该看到，在合作社发展数据背后，还隐藏着很多问题。例如，人们可能提出疑问：在40多万家合作社中，有多少没有开展活动？在开展活动的合作社中，有多少是由广大成员分享收益？在3000多万个合作社成员中，有多少属于没有开展活动的合作社的成员？又有多少属于泛化的成员或"被成员"……

出于对潜在利润的追求，合作社得以产生；而由于种种原因，一些合作社处于停滞状态；同时又有新的合作社不断产生，还有合作社不断做大做强。以

上种种情况，都符合组织的演进规律。但是，如果仅从合作社的数量、资金规模以及带动农户数等数据单方面解析合作社的发展情况，而忽略了有相当数量的合作社处于停滞状态，又有相当数量的合作社没有惠及全体成员，还有相当数量的成员被泛化，那么，合作社的真实发展状况就会被误读，而在此基础上制定的政策也就难以取得预期效果。因此，应对合作社发展数据进行理性判断，不要放大合作社对农民的实际带动能力。

（二）激励与监管并重的合作社发展政策，才能取得政策的正效应

以政府补助、项目支持等为内容的激励型合作社发展政策固然可以在短期内见效，为追求政策性收益，大批合作社建立起来。但是，由于疏于监管，各种不合规范的合作社也大量产生。这就陷入一个悖论：政府希望通过合作社将农户带动起来，实现农民增收；而现实中，许多合作社由资本所有者和农村的精英群体主导，合作剩余和政策性收益并未被广大成员分享。当然，对于一些以合作社之名获取政策性收益的行为也不必苛责，善于利用政策捕捉获利机会也是一种理性选择。政府需要做的是完善政策体系，减少直至杜绝出现政策的这种负效应。这就需要制定激励与监管并重的合作社发展政策，以激励促发展，以监管促规范，使合作社在符合法律规定的框架下运作，实现政策的正效应。例如，对于不符合法规要求的合作社，要责其整改，否则就取消其政策优惠；对于未按要求使用或未按成员人均量化的政府补助款，应督促合作社按要求使用和按成员人均量化，否则可以收回。这样，才能使合作剩余和政策性收益惠及广大合作社成员。

（三）持有股份是成员身份的重要标志，也是成员行使民主权利的基础

合作社由成员所有并控制。农户成为合作社所有者的前提是投资入股，获得使用合作社服务的资格，从而实现所有者与使用者的身份统一。一个单纯的合作社服务的使用者，称不上真正意义上的合作社成员，而只是合作社的顾客，最多是在以潜在成员的身份与合作社发生交易。如果将所有使用合作社服务的农户视作合作社成员，那么也就无成员交易与非成员交易之别了。《合作

社法》规定，合作社成员以其出资额对合作社承担责任。没有出资也就无法承担合作社的责任，从而也就失去了成为合作社成员的资格。当然，在没有成员出资的合作社中，按照章程规定，可以不要求成员入股，但这必须以全体成员的统一约定为前提，而不能是部分成员出资，部分成员不出资。

实际上，许多未入股农户并未将自己视为合作社成员，也没有奢望分享合作剩余，他们仅以普通顾客的身份与合作社交易。合作社发起人出于规模扩张、获取政策性收益等目的，才把这些农户纳入合作社成员范围。当然，合作社发起人这样的行为也无可厚非。但是，既然将其视作合作社成员，并以这些成员为基数争取到政府补助，就应该让这些成员享受到应有的权利。

因此，应该创造条件实现潜在成员持股，使其能在使用合作社服务的同时，承担起对合作社的责任，成为真正意义上的合作社成员。具体来说，可以通过以下方式促成潜在成员持股：其一，通过惠顾返还金留存的方式形成成员股金。惠顾返还金并非一定要以现金形式返还给成员，也可以全部或部分留存在合作社形成成员股金。其二，加强对合作社扶持资金的监管，形成财产的部分要严格按法律规定，平均量化给每个成员，使广大成员分享政策性收益。

通过惠顾返还金留存和补助金量化形成成员股份，具有重要意义。首先，在合作社拥有一份股权，便能获得相应的年终分红和公积金量化份额，尽管最初数额很小，但可以改变农户对合作社"事不关己"的心态，激励他们关注和参与合作社事务；其次，可以稀释大资本对合作社的控制力，缩小悬殊的股权差距；最后，同时也是最重要的，拥有合作社股权也就成为合作社的所有者，从而有权利参与合作社管理，并监督合作社在政府规制下运作，这就在投资者导向型合作社中为生产者成员增添了一份抗衡的力量。

（四）合作社的未来走向将取决于政府导向和合作社相关主体间的利益博弈

合作社的未来走向首先取决于政府导向。政府导向包括政府规制、政府的支持与监管等。《合作社法》、《农民专业合作社登记管理条例》等有关合作社发展的法规相继颁布实施，对合作社从组建到运作都做了规制，政府也不断加大对合作社的扶持力度。目前存在的主要问题是监管缺失，致使广大合作社成员没有分享到合作剩余和政策性收益。正如前文所分析的，政府希望通过合作社将农村中的弱势群体即小农户带动起来；而现实中的大多数合作社由农村中的强势群体主导，小农户受益有限。是严格规制、加强监管，使广大生产者成员分享收益，还是维持现状，保护资本所有者的积极性？在这一问题上，政府的政策游移不定。因此，能否制定激励与监管并重的合作社发展政策，将直接影响合作社的未来走向。

同时，合作社相关主体间的利益博弈也会影响合作社的未来发展格局。合作社发起者或资本所有者与生产者成员在有关合作社发展方面存在着不同的价值取向。合作社发起者发起组建合作社的目的就是要获取利益。他之所以选择合作社而没有选择其他组织形式，主要是由于合作社能给他带来更大的收益：既可以获得合作收益，又可以获得政策性收益。但是，作为资本所有者，他有最大化资本收益的本能。如果政府政策游移、监管不力，或政策性收益减少或中止，那么他就有可能突破政府规制，使合作社向资本所有者尤其是少数发起人和核心成员倾斜；而如果政府加大扶持和监管力度，惩戒违规行为，他就会使合作社在政府规制范围内运作，向生产者成员倾斜。

相对于强势的合作社发起者或资本所有者，生产者成员在合作社中处于弱势地位，缺少对合作社的参与，缺少话语权。但是，也应该看到，成员对合作社的参与也有一个由懵懂到觉醒的过程。在加入合作社之前，可能由于不了解、不信任，农民对合作社有一种不闻、不问、不参与的心理；当他们感觉加入合作社可以解决产品销路问题时，便随大流加入，但并没有过多考虑产品销售之后的事情；随着与合作社交易次数的增多，尤其是随着对合作社知识的更多了解以及成员意识的增强，他们开始更多地关注合作社的运作、财务状况以及盈余分配等问题；进一步说，随着对相关法律知识的了解和维权意识的增强，生产者成员与资本所有者的谈判能力增强，从而能够参与分割利润的博弈，为自己争得法律赋予的应得利益，促使合作社按照法律规定或力量不断增强的生产者成员的意愿分配盈余。目前，在浙江省的一些地区，已经有成员向有关部门投诉合作社发起人的违规行为，追讨应该分给自己的盈余返还和政府补助的量化份额。

随着规模的扩大和专有资产的不断增多，合作社对成员的稳定惠顾更为依赖。成员退出，选择与其他组织交易，或者另起炉灶组建新的合作社，都对现有合作社构成重大威胁。这些都可以促使合作社的利益天平由向投资者偏斜转为向惠顾者偏斜。

当然，成员力量的增长要以政府的政策导向持续倾向于生产者成员为前提，同时也取决于资本所有者是否愿意在政府规制下等待生产者成员民主参与意识的觉醒，从而使其积蓄力量与自己分庭抗礼。

参考文献

Sexton, R. J.: The Formation of Cooperatives: A Game-theoretic Approach with Implications for Cooperative Finance, Decision Making, and Stability, *American Journal of Agricultural Economics*, Vol. 68, No. 2, pp. 423 – 433, 1986.

Staatz, J. M.: *Theoretical Perspective on the Behavior of Farmers' Cooperatives*, Ph. D. dissertation, Michigan State University, 1984.

Fulton, M.: The Future of Canadian Agricultural Cooperatives: A Property Rights Approach, *American Journal of Agricultural Economics*, Vol. 77, No. 5, pp. 1144 – 1152, 1995.

Sexton, R. J.: Imperfect Competition in Agricultural Markets and the Role of Cooperatives: A Spatial Analysis, *American Journal of Agricultural Economics*, Vol. 72, No. 3, pp. 709 – 720, 1990.

Zusman, P.: Constitutional Selection of Collective-choice Rules in a Cooperative Enterprise, *Journal of Economic Behavior and Organization*, Vol. 17, No. 3, pp. 353 – 362, 1992.

Hendrikse, G. W. J. and Veerman, C. P.: Marketing Co-operatives: An Incomplete Contracting Perspective, *Journal of Agricultural Economics*, Vol. 52, No. 1, pp. 53 – 64, 2001.

Porter, P. K. and Scully, G. W.: Economic Efficiency in Cooperatives, *The Journal of Law and Economics*, No. 30, pp. 489 – 512, 1987.

Cook, M. L.: The Future of U. S. Agriculture Cooperatives: A Neo-institutional Approach, *American Journal of Agricultural Economics*, Vol. 77, No. 5, pp. 1153 – 1159, 1995.

Attwood, D. W. and Baviskar, B. S.: Who Shares? Cooperatives and Rural Development, New York: Oxford University Press, 1988.

Rhodes, V. J.: The Large Agricultural Cooperative as a Competitor, *American Journal of Agricultural Economics*, Vol. 65, No. 5, pp. 1090 – 1095, 1983.

Nilsson, J.: Co-operative Principles and Practices in Swedish Agricultural Cooperatives, in Monzoìn Campos, Jose Luis et al.: *Co-operative Markets, Co-operative Principles*, CIRIEC International, 1996.

张晓山、苑鹏：《合作经济理论与中国农民合作社的实践》，首都经济贸易大学出版社，2010。

徐旭初、黄胜忠：《走向新合作——浙江省农民专业合作社发展研究》，科学出版社，2009。

孙亚范：《农民专业合作经济组织利益机制分析》，社会科学文献出版社，2009。

黄胜忠：《转型时期农民专业合作社的组织行为研究：基于成员异质性的视角》，浙江大学出版社，2008。

韩俊：《中国农民专业合作社调查》，上海远东出版社，2007。

郭红东、张若键：《中国农民专业合作社调查》，浙江大学出版社，2010。

徐旭初：《中国农民专业合作经济组织的制度分析》，经济科学出版社，2005。

付敏：《部门和资本"下乡"与农民专业合作组织的发展》，《经济理论与经济管理》2009 年第 7 期。

曹锦清：《黄河边的中国》，上海文艺出版社，2000。

〔美〕戴维斯、诺思：《制度变迁的理论：概念与原因》，载科斯等《财产权利与制度变迁》，刘守英译，上海三联书店，1991。

刘文璞、杜吟棠、陈胜华：《合作社：农民的公司——瑞典考察报告》，《中国农村经济》1997 年第 2 期。

李玉勤：《"农民专业合作组织发展与制度建设研讨会"综述》，《农业经济问题》2008 年第 2 期。

〔美〕菲吕博腾、配杰威齐：《产权与经济理论：近期文献的一个综述》，载科斯等《财产权利与制度变迁》，刘守英译，上海三联书店，1991。

青县模式：一种中国村庄
治理的创新机制

翁　鸣

近十年来，在我国村民自治进展尚未获得整体性突破的同时，一些地区进行了积极的探索，特别是针对制约村民自治发展的深层次问题，农村基层通过改革实践，在农村治理机制方面取得颇有价值的成果并积累了宝贵的经验，这对学者研究农村民主政治发展具有重要的意义。

一　问题的提出

村民自治作为我国农村改革的重要内容之一，虽然立法较早、实践期较长，但争议较多、进展缓慢。现阶段村民自治最突出的问题是"乡村关系"和"两委矛盾"，这些问题的解决需要借助农村政治体制改革。"乡村关系"的实质是国家政权与农村群众自治之间的关系，农村治理意味着多元主体共同参与农村事务管理，也就是说，从传统的国家权力对农村的管理方式向国家管理与农村自治相结合的治理方式转型。有的学者指出，村民自治作为一种来自乡村内生型的治理机制嵌入原有的自上而下的治理结构，必然会产生机制性摩擦，其中最突出的是纵向的行政机制与横向的自治机制的碰撞。[1] 我们对上百名县乡领导干部的专题调查表明[2]，其中大多数人表示，虽然理解村民自治是一种社会发展趋势，但是民主管理、民主决策、民主监督与现行的农村管理方式和运行机制仍有很大的差距，他们并不愿意主动地推动村民自治发展。

---

[1]　徐勇：《现代国家的建构与村民自治的成长——对中国村民自治发生与发展的一种阐释》，《学习与探索》2006 年第 6 期。

[2]　笔者在河北、河南、山东、北京等地农村调查记录。

农村"两委矛盾"可以理解为国家政权与村民自治不协调在村级组织层面上的凸显。在国家权力自上而下的运行体制下,党组织是国家权力在农村的主要代表和承担者,有关法律和文件明确规定,农村党组织是党在农村全部工作和战斗力的基础,是乡镇、村各种组织和各项工作的领导核心。① 村党支部是由本村党员选举产生或乡镇党委委任,而村委会的授权则来自全体村民,这种授权渠道和民意基础的差异,是造成农村"两委矛盾"的重要诱因,但实质上是国家政权与村民自治之间的矛盾。为了解决"两委矛盾",有关部门和部分省份推行党支部书记与村委会主任"一肩挑"的任职方式,虽然表面上解决了"两委矛盾",但又产生了权力过于集中难以制约和滋生腐败的问题,从而背离了村民自治的本意。山东莱西市(县)是一个典型案例,该县曾作为全国第一个村民自治示范县,由于村两委班子"一肩挑",出现了"家长制"和党政职责不清的现象,造成新的社会矛盾和问题。②

村民自治的反复实践表明,一部法律不可能解决村民自治的所有问题,"关键是建立有效的治理结构和制衡机制"③。为了突破上述困境并推动村民自治深入发展,必须从体制改革和机制创新上考虑,将农村党组织建设与农村民主政治建设有机地结合起来,探索一种党的领导融入并能驾驭村民自治的新机制和新路径,这是推进村民自治和农村治理的关键所在,也是本文研究的主要内容。中国农村改革具有两个鲜明特点:一是改革经验大多出自基层,二是改革实践往往先于理论创新。无论是包产到户、乡镇企业还是村民自治,都是基层干部群众为了谋求发展或走出困境而自发进行的改革。青县模式(村民代表会议)、邓州模式(四议两公开)、温岭模式(民主恳谈会)、巴州模式(民主监事会)等就是农村治理的成功案例。

尽管村民自治、农村治理和村级组织结构改革之间的逻辑关系看似简单明了,但是要破除传统体制的障碍并开拓创新一条切实可行的路径,却是十分艰难的事情,已有的文献对此缺乏足够的研究。大量的论文主要解释和分析我国村民自治发展为何如此缓慢,例如,村民自治发展面临的矛盾与问题(卢福

---

① 参见《中国共产党农村基层组织工作条例》,1999年2月;《村民委员会组织法》,1998年11月。

② 尹焕三:《村民自治运行中面临新的社会焦点问题研究》,《理论探讨》2011年第1期。

③ 张晓山、李周主编《中国农村改革30年研究》,经济管理出版社,2008,第33页。

营，2009；尹焕三，2011），村民自治的成效不够与这一制度走向专门化而与其他制度不能对接和整合有关（仝志辉，2008）。另一些论文则从逻辑推理上提出问题解决的设想，例如，中国的乡村治理体制需要相应的转型，实行国家治理与乡村自治的共同治理（徐勇，2007）。本文与这些文献的差异在于，本文是以青县农村治理改革的成功经验为研究对象，探讨在农村政治体制改革条件下农村民主治理的路径和机制。此外，有的地方官员描述了改革试验的过程和想法，但是其学术性、规范性明显不足。本文注重理论与实践的结合，试图从具体的制度改革和机制创新的角度，对突破制约村民自治发展的实践活动给予理论分析，并提出某些规律性的启示和政策建议。

本文选择青县模式[1]作为研究对象，这是由其创新价值和重要意义所决定的。首先，青县改革具有原创性。2002年青县开始以"村代会常任制"为特征的农村治理探索，逐步形成一种独具特色的农村治理新机制，从而探索和验证了我国民主政治发展在农村基层的实践路径。其次，青县改革具有深入性。青县改革的着力点是机制创新，而不是仅仅局限于方法上的创新，这与邓州模式有明显区别。邓州模式是在不改变村级组织结构的前提下，推行"四议两公开"的民主公开方法。再次，青县改革具有长效性。通过建立村民代表会议制度和调整村级组织结构，实现"民主管理、民主决策、民主监督"的制度化、程序化并具有可操作性，让农民群众真正成为农村的主人。与此相比，邓州模式、温岭模式和巴州模式等尚未涉及村级组织结构及运行机制。由此可见，在政治体制改革背景下研究农村自治模式，青县可以成为一个理想的研究对象。

二　改革的着力点：村级组织架构的调整

村民自治是我国农村民主政治发展的主要形式，村民自治实施的一个重要条件是国家向农民适当放权，正如邓小平所说："把权力下放给基层和人民，在农村就是下放给农民，这就是最大的民主。"[2] 村民自治作为我国基本政治

---

[1]　最初由中组部党建研究所《党建研究参考资料》（2003年12月）刊登的"青县模式：由村支书兼任村代会主席"一文提出，后被专家学者认可并被新闻媒体广泛引用。
[2]　《邓小平文选》第3卷，人民出版社，1993，第252页。

制度中的组成部分,其作用发挥需要有一系列具体制度的配合和支撑,而这些具体制度的探索和建立过程就是政治改革,即根据特定经济关系下不同利益主体之间的矛盾运动而对政治权力和政治权利进行变革和调整。从这个意义上讲,青县模式是基于村级组织结构变化的体制(机制)改革,这种改革富有想象力和创造力,既没有超越现行的国家法律政策的总体框架,又对传统的农村组织结构及职能设置、运作方式进行了整合和改革。

1. 改变了传统的村级组织架构

青县改革的精彩之笔,不仅在于建立了村民代表会议制度,而且赋予了村民代表会议某些实质性权力。所谓村民代表会议(以下简称村代会)是指由每5~15户村民推选的1名村民代表所组成,经村民会议授权行使对村政村务的议事、决策和监督职权。[1] 授权方式一般采取将授权事项写入《村民自治章程》草案,经村民会议讨论决定,即完成全体村民向村代会的授权。[2] 村代会设置主席一职,由全体村民代表采取投票或举手表决方式产生,主要负责村代会的召集和主持等工作。村代会一般每月组织召开一次,凡是涉及村庄发展和村民切身利益的重大事项都需提交村民代表讨论,三分之二以上村民代表的表决通过即形成决议。[3]

上述制度安排表明,青县的村代会已不是党支部或村委会的一个附属机构,而是由原来象征性民意表达的临时组织改建为常设性议事、决策和监督的实体组织。一方面,村民代表会议作为一个经常性的议事和监督平台,改变了由于村民会议的高成本和召集困难而造成村民自治难以深入的情况;另一方面,村民代表民主选举村代会主席,而不是由村支书或村委会主任直接兼任(这与其他地区的村民代表会议有着明显的区别),即村代会主席的授权来自村民代表集体,这对改变主要村干部个人决定会议是否召开发挥了关键性作用。村级组织架构由原来的党支部、村委会调整为党支部、村代会和村委会,这不仅更多地引入民主参与的成分,显著地增强了农民群众这一主体的作用,而且在一定程度上改变了长期以来村庄权力自上而下的运行方向,有利于形成

---

① 回永智主编《青县村治》,内部资料,2010,第5页。
② 回永智主编《青县村治》,内部资料,2010,第5页。
③ 回永智主编《青县村治》,内部资料,2010,第5页。

多种治理主体之间的认同与合作，有利于形成以农村党支部为核心、多元主体合作的环式治理结构。

2. 调整村级组织的职责和权力

青县在形成新的村级组织架构的同时，以制度安排的方式明确了党支部、村代会和村委会的职责和权限，并强调这三个村级组织是目标一致、相互配合的关系，各自具有不可替代的重要作用。党支部作为农村工作的领导核心，发挥执政党基层组织的政治优势，特别是组织优势、宣传优势和群众工作优势，以村代会为主要工作平台，通过组织和引导村民积极参与村务管理和科学决策以及落实村代会决议等活动，实现党对农村基层的领导。村代会是一个由群众推选产生、表达村民意愿并参与村庄事务管理的独立组织，它主要负责讨论和审议村庄经济社会发展的重要议案以及涉及村民利益的重要事项。村委会从原来"议行合一"的职能调整为村务管理职能，村委会负责执行村代会形成的决议以及日常村务的管理工作。

青县探索了新时期党的农村基层组织领导方式的转变路径。村民自治是在人民公社体制瓦解和家庭联产承包责任制兴起的背景下产生的，农村经济体制改革要求农村政治体制发生相应调整。原来"一元化"领导的权威主要是借助集体经济组织对生产资料的控制实现，而现在和今后的领导权威则要依靠足够多数村民的同意。[1] 因此，农村党组织必须改变原来僵化的"一元化"领导模式，由全面的、具体的领导方式转变为总揽全局、协调各方的领导方式，由行政领导方式提升为科学、民主、法治的领导方式。这种改革的根本原因就在于社会进步和农民群众对民主政治的要求，而代表人民根本利益的中国共产党人无疑应该成为这场政治改革的自觉者和领导者。但是，目前我国不少农村党员干部，包括部分地方领导干部尚未认识到农村政治改革的重要性、必要性和紧迫性。青县模式初步回答了在社会主义市场经济和民主法治背景下，怎样改革和加强农村党组织建设、巩固党在农村执政基础的问题。[2]

3. 加强村级组织之间相互制衡

青县改革注意权力制衡和防止权力过于集中，主要有四个方面：一是村庄

---

[1] 赵超英：《农村治理模式的认识与实践》，2004年12月29日。

[2] 《6325枚小圆章印证民主——来自河北青县农村的报告》，《人民日报》2007年4月2日。

议事机制发生改变。由原来党支部的"一元化"领导（特别是党支部书记个人决策）转变为党支部提出议案、村民代表集体决策。二是增强党支部、村代会对村委会的监督措施。村民理财小组审核村务开支并否决不合理的开支，民主监督小组负责村务公开制度的执行情况。三是农村党务工作公开和民主评议党员干部。党支部讨论决定及工作部署，除必须要求保密的内容外，一般每年应向村民群众公开两次，村民代表和党员对党支部班子进行一次民主评议。四是村委会具有提出复议的权力。如果村委会不同意村民代表会议的决议，可提出复议。对复议结果仍不能接受执行的，可提请召开村民会议表决。

现代政治学强调权力须与监督同行，因为缺少监督的权力必然导致腐败，绝对权力导致绝对腐败。防止权力腐败的两条路径是分权制衡和社会监督，前者是由承担不同功能的权力部门之间互相分立、互相制约，后者是指通过公民运用宪法和法律维护自身权益来抵制公权部门和当权者滥用权力。青县改革的一个重要探索，就是在村庄治理实践中运用分权制衡和社会监督，建立和健全农村民主监督制度，以遏制农村权力腐败。目前我国经济领域内腐败现象仍处于高发期，诱致农村腐败的外部因素增多，特别是城镇化进程带来的土地非农化，农业生产规模扩大带来的土地经营权流转，以及国家支持农业和农村的公共产品供给不断增加，使得农村干部手中权力和面临市场的诱惑力都明显增大。由于村民自治制度的不完善，不可避免地造成村级组织决策和管理上的漏洞，而这些漏洞就是农村腐败现象产生的系统性因素。从这个意义上讲，完善制度可以从源头上遏制农村腐败滋生。

三　改革的保证：运行机制和相关程序

农村治理创新是一个涉及多层次、多方面的改革实践，为了保证改革的深入性和长效性，必须建立相应的运行机制和相关程序。机制含有制度的因素，是在各种有效方式、方法的基础上总结和提炼而成，具有一定的系统性和理论性，它不仅要求相关人员共同遵守和执行，而且具有一定的理论指导作用。而单纯的工作方法往往体现为个人做事的一种偏好或经验，并未上升到理论层面，它可以根据个人主观愿望随意改变。

近年来，各地农村在农村治理方面创造了一些好的做法，但是任何方法都有一定的局限性，而且极易为人的意志所改变。要把农村治理已经取得的成果真正地巩固下来，并防止其消退和回潮，必须依靠制度的力量。因此，农村民主政治建设决不能只停留在做法上，而是要把实践中形成的并且被证明是比较成功的经验上升为制度，不仅如此，为了保证制度得到真正的贯彻落实，还需要将制度要求进一步具体化，展开成为可以实际操作并确有成效的工作程序。在农村治理机制和程序方面，青县提供了一个典型经验。青县模式既是对农村政治体制和机制中某些不合理部分进行改革，更是在创新意义上建立了农民群众能够参与管理、决策、监督的机制和程序。

青县模式是一个动态的循环系统，从机制运行的过程来看，其工作机理如图1所示。党支部领导体现在自身优势和组织、宣传、协调及监督等职能上，特别是发挥党员的先锋模范作用，引导村民代表管理村政村务，抓好群众关心的公共事务。对于重要村政村务，党支部征求、收集并归纳全村村民的意见建议，召开支部会议和党员会议，酝酿形成初步方案。党支部书记组织村代会主席、村委会主任商议并经两委班子集体讨论，完成提交村民代表决策的议案，把党组织的主张变成村民自治组织和农民群众的自觉行动。

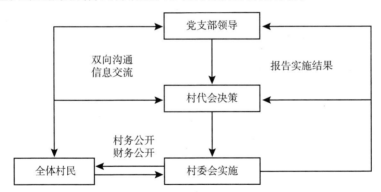

图1 农村治理新机制的运行机理

村代会决策是指村民代表讨论和审议村"两委"议案，并以会议表决方式进行决定。但是从村代会的形成和运行过程来看，村代会决策的效果与村民代表产生、村民代表与农户联系、村民代表议事、村民代表监督等环节密切相关（见图2）。为此，青县做出了相应的制度安排。例如，在村民代表产生环节，规定了村民代表的基本条件、推选办法等；在村民代表与农户联系环节上，规定了联系的频率、上传下达的要求等；在村民代表的议事环节上，规定了议事规则和程序，特别强调村民代表应独立思考和表达民意，并要求与会代表签章确认和存档备查；在村民代表的监督环节上，规定了村务财务公开的内容、时间、方式以及相应的民主监督措施。

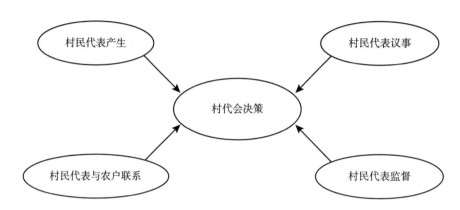

图2 村代会内部影响决策效果的主要环节

村委会实施两方面内容：一是村委会实施村代会决议，二是依法实行日常村务管理。需经村代会或村民会议讨论决定，并由村委会组织实施的事项包括：村庄发展规划和年度计划、村级财务预算决算和年度财务收支计划、村政发展规划、享受补贴的人数及补贴标准、村庄收益的使用、公益事业的经费筹集、建设承包租赁、村集体土地承包经营、宅基地的分配使用等。村委会在日常管理和落实决议过程中，如遇紧急情况可相机处置，但事后应及时向党支部、村代会报告。

信息公开、交流和反馈是机制运行的重要部分。这里有三方面内容：一是村务公开，包括村代会决议、上级政策规定、计划生育政策的落实、粮食直接补贴兑现、困难群众补助和救济等；二是村委会向党支部、村代会报告决议实施的过程、结果和财务收支等情况，主动接受监督；三是村民群众与村干部之间的交流，既有群众向村干部反映要求和建议，也有村干部主动征求群众的意见和建议，归纳和总结出具有代表性、方向性和规律性的问题，形成下一个工作循环的起始点。

为了保证农村治理机制的正常运行，青县制定一系列相关程序。以重大村务事项决策为例，凡是涉及重要村政村务、重大问题和与农民群众利益密切相关的事项，如村庄规划、集体土地承包租赁、集体资产处理、村干部报酬变动、农村宅基地发放、公益事业经费筹集、重大矛盾纠纷调处等，都要征求党员和村民代表的意见，并按下列步骤和程序进行决策①（见图3）。农村治理的程序化既有利于村干部依法履行职责，也有利于保障村民群众依法行使民主权利。将重要村政村务决策的方式、步骤、期限、顺序等内容法定化，使其决策过程成为一个由诸多环节共同构成的过程，从而约束个别或少数村干部随意决策，从制度化、规范性和可操作性方面让民主管理、民主决策和民主监督落到实处。

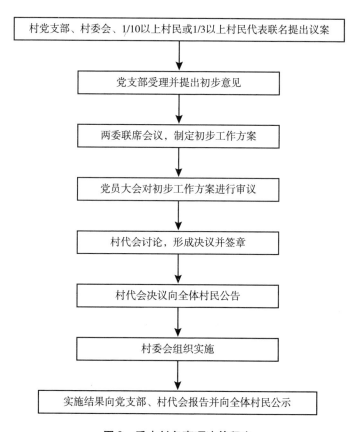

村党支部、村委会、1/10以上村民或1/3以上村民代表联名提出议案

党支部受理并提出初步意见

两委联席会议，制定初步工作方案

党员大会对初步工作方案进行审议

村代会讨论，形成决议并签章

村代会决议向全体村民公告

村委会组织实施

实施结果向党支部、村代会报告并向全体村民公示

图3　重大村务事项决策程序

---

① 中共青县县委：《青县村务运作规范》，2009年1月。

四 改革的评价：效果显著与启示意义

青县农村治理不仅取得当地社会经济和谐发展的明显效果，而且突破了传统体制和机制的束缚，成为我国农村民主政治建设的典范，为农村政治体制改革积累了宝贵的实践经验和理论探索。

（一）社会效果显著

1. 制度创新推进农村群众的民主参与

科恩提出，衡量民主的尺度有三个方面：广度、深度和范围。如果以上述标准来衡量，青县改革无疑是提高了农民群众民主参与的普遍性、充分性和有效性，这既体现为提高了村民群众有序参与村庄管理的人数和质量，又在一定程度上改变了仅由少数精英掌控村庄的格局，"使民主在人民的日常生活中发挥作用，即把民主控制的范围扩大到大多数人生活于其中的那些关键的制度中去"。[①] 经过 8 年多的改革实践，青县大部分行政村已经进入农村治理的良性循环过程，其主要特征为：村民代表会议制度常态化、人们的民主意识普遍提高、村庄事务管理逐步规范化、农民群众积极性明显提高、新农村建设呈现稳步发展。

2. 农村社会矛盾得到相当程度的化解

青县改革的实质是农民群众依法直接行使民主权利管理村庄公共事务和公益事业。由于实行民主管理，重要的村政村务必须经过村民代表集体审议决定，这在相当程度上消除了原来矛盾产生的源头和空间，尤其是化解了村干部权力之争引发的"两委"矛盾，以及村干部专断独行引发的干群矛盾。"青县模式"仅实行一年后，30 多个原来不团结的两委班子实现了合作共事。金牛镇的阎庄子曾是"两委"不团结的典型村，党支部书记和村委会主任争权力，村务工作难以开展。按照"青县模式"分工后，"两委"矛盾得到有效化解。[②]

---

① 赫尔德：《民主的模式》，中央编译出版社，1998，第 337 页。
② 《从"为民做主"到"由民做主"——探访青县村治新模式》，《沧州日报》2006 年 12 月 19 日。

3. 党组织执政能力在机制创新中提高

青县改革不仅没有弱化党的农村基层组织，而且提高了党组织的领导水平和群众信任度。青县在强调管理民主机制的同时，鼓励和提倡党支部书记经过民主、合法途径竞争当选村代会主席，这在农村基层党组织内形成激励机制，并增强了党组织执政能力的内生动力。2003 年、2006 年和 2009 年三届村级组织选举中，通过民主选举党支部书记兼任村代会主席的分别为：270 名（80.0%）、285 名（87.9%）、321 名（93.9%）；推选产生的党员村民代表分别为：2244 名（34.8%）、2622 名（41.5%）、2570 名（40.6%）。2003～2008 年青县平均每年发展农村新党员 500 名，比以前年份每年增长近 3 倍。

4. 村干部经济违纪案件呈现明显下降趋势

青县改革强调规范村干部的行为，即通过民主监督和权力制衡，防止村干部的独断专行和以权谋私，这对制约村干部经济违纪犯罪具有明显作用。据统计，村干部经济违纪违法案件占全县同类案件的比重，由 2002 年的 45.9% 下降至 2008 年的 12.9%。① 同时，农村群众对村干部的满意度呈现上升趋势。

需要指出的是，虽然青县农村治理实践取得显著成绩，但是全县 345 个行政村发展并不平衡。在总体上民主治理稳步推进的同时，还存在少数治理效果不明显或较差的村庄；农村妇女参与村庄民主管理明显不足，女性在村民代表、村委会委员和党支部委员中的比例分别为 2.28%、0.40%、1.24%；村民代表与村民之间联系的规范性不够等问题。

（二）青县改革的启示与意义

1. 只有政治改革才能破除体制性障碍

我国农村民主政治进展缓慢的根本原因，在于现实社会中存在着妨碍科学发展的思想观念和体制机制弊端，许多农村仍在沿用传统的"一元化"领导模式，它是以行政命令为主并排斥群众的民主参与，已不适应农村经济主体的自主性、多元化以及民主意识和民主要求，并可能在新的历史条件下产生脱离群众、执政能力弱化和消极腐败的危险，市场经济发展越来越迫切地要求政治体制改革。青县改革的启示在于：农村民主政治建设无法回避传统的体制机制

---

① 中共青县县委：《青县村治机制介绍》，2009 年 8 月。

障碍，我们应按照国家政治制度框架，在改革实践中建立和健全制度机制。

2. 实践中探索农村民主政治发展路径

青县改革不仅是消除我国政治体制的弊端，而且通过制度创新促进社会主义民主政治发展，具有建设性意义。青县并非最早提出村民代表会议形式，却是首先赋予村民代表会议以实质性权力，从而落实了广大农民群众的知情权、参与权、表达权和监督权。从制度供给的角度看，青县模式弥补了我国民主政治制度的具体实现形式供给不足的缺陷。青县为"坚持党的领导、人民当家做主和依法治国"有机统一贯彻落实到农村基层进行了大量的社会实践，并为我国农村民主政治发展提供了一条切实可行的路径。

3. 党组织执政能力是民主政治的保障

青县改革是在市场经济和民主法制背景下展开的，为提高农村基层党组织执政能力提供了有益的经验借鉴。从党组织的自身改革和完善来看，青县提出农村党员干部要转变思想观念，一是党支部树立"抓大放小"理念，突出总揽全局、协调各方的作用，集中精力抓方向、议大事、聚人心，着力解决全局性、政策性、群众性的重大问题，摆脱具体的、繁杂的村务管理；二是党组织主动融入以村民自治为特征的农村民主政治建设，通过合法、民主的途径取得具有群众基础的农村治理领导权。青县改革表明：提高农村党组织的科学理念和执政能力，是推动我国农村民主发展的前提条件。

4. 政治改革重在制度创新和意识培养

青县不仅重视农村民主治理的制度创新，而且注重干部群众的民主法治教育。青县改革者认识到农村政治改革的艰巨性、复杂性和持久性，保证改革持续深入发展的最好方法是培养千百万人对改革的认同和支持，让干部群众成为自发改革的原动力。2003~2007年，仅县委党校就举办有关农村治理方面的培训班60多期，培训农村干部、党员和村民代表9000余人次。青县改革表明：推进农村改革不能仅局限于方法创新，更应该注重深层次的机制创新和人们改革意识的培养教育。

5. 青县改革充分发挥示范和带动作用

青县改革的意义决不局限于一个县域的成功，而是对我国农村政治体制改革具有一定的影响力和带动力。在青县改革初期，面对来自有关部门的政治压力，青县坚持改革不仅为其他地区提供了经验借鉴，而且在政治上发挥了不可低估的鼓励和带动作用。2008 年伊金霍洛旗实施村民代表会议常设制①，2010 年肃宁县推行农村社会管理的"四个覆盖"②，就是汲取和借鉴青县经验的两个典型案例。我国农村政治体制改革只是开始揭幕，绝大多数地方尚未涉及实质性政治改革，从这个意义上讲，青县模式仍将继续为我国农村改革发挥示范和带动作用。

参考文献

张晓山、李周主编《中国农村改革 30 年研究》，经济管理出版社，2008。

徐勇：《现代国家的建构与村民自治的成长——对中国村民自治发生与发展的一种阐释》，《学习与探索》2006 年第 6 期。

尹焕三：《村民自治运行中面临新的社会焦点问题研究》，《理论探讨》2011 年第 1 期。

河北省纪委办公厅：《完善村民自治机制加强农村基层党风廉政建设的探索与实践——青县实行农村"村代会常任制"调查》，2007 年 2 月 5 日。

赵超英：《完善农村村民自治机制的有益探索》，《红旗文稿》2004 年第 23 期。

孙送春：《村民自治下村委会政策执行监督问题分析》，《农村经济》2009 年第 12 期。

张书怀：《制约村民自治的原因及对策探析》，《中国农村经济》1998 年第4 期。

赵超英：《"新模式"有利于加强党的领导》，《乡镇论坛》2005 年第 10 期。

翁鸣：《完善村民自治制度遏制农村基层腐败》，《反腐倡廉建设新经验与新对策》，中国方正出版社，2007。

梁军峰：《参与式民主研究》，河北人民出版社，2008。

白钢、潘迎春：《论坚持党的领导、人民当家作主和依法治国的有机统一》，《政治学研究》2010 年第 1 期。

---

① 李杰、刘海宇、谢平：《实行村民代表会议常设制的实践与思考——内蒙古伊金霍洛旗的调查》，《红旗文稿》2009 年第 22 期。

② 肃宁县委：《肃宁县推进"四个覆盖"资料汇编》，2011 年 4 月。

农产品市场与贸易

从主要经济因素分析中国
农产品价格走势

李国祥

长期以来，我国农产品价格一直存在较大幅度的波动。大致来看，进入21 世纪后自 2003 年第四季度开始，我国农产品价格已经历两轮大幅度上涨阶段。第一个阶段是 2004 年，第二个阶段是 2007 ~ 2008 年。比较而言，第二阶段持续的时间长，农产品价格上涨幅度明显比第一阶段大。其中，2004 年、2007 年和 2008 年，农产品生产价格较上年涨幅分别为 13.1%、18.5% 和14.1%。受国际金融危机冲击，2009 年我国农产品生产价格出现总体下跌，全年农产品生产价格比上年下跌了 2.4%。2010 年上半年，我国农产品价格总体上又呈现较大幅度上涨，引起了社会的广泛关注。今后我国农产品价格将会呈现怎样的走势？本文试图从主要经济因素分析判断我国农产品价格短期内的走势和长期变动趋势。

一 农产品供求关系变化与农产品价格波动

分析农产品供求关系变化对市场价格的影响，是农业经济学传统的研究范式。

无论是过去，还是现在，在对农产品价格进行实证研究时，一般是围绕着农产品供求关系的变化进行深入分析①②。概括地说，农产品供求关系变化与价格变动的关系是，当农产品供求关系趋于紧张时，农产品市场价格就会上涨，反之亦然。

随着我国农产品市场化改革的不断深化，农产品商品率已经达到相当高的水平，农产品市场是一个竞争相对比较充分的市场，农产品价格水平由经营者在要价和出价过程中形成。在农产品市场中，不同利益主体会依据其对市场供求关系的判断对价格进行博弈。

对农产品生产者来说，其要价必然会主要基于农产品市场供求关系的变化。通过调研，笔者得知农民对某种农产品市场供求关系变化的感受，多数情况下不是依据市场实际的供求关系的全部信息，而是依据某种农产品丰歉情况，即单产水平提高或者降低及其程度进行判断。

显然，在竞争相对比较充分的市场上，经营者在短期内可直接通过市场上供给量的变化，对某种农产品市场价格水平波动方向及其程度进行判断。但是，这种判断未必准确。特别是在全国统一市场形成后，在国际国内市场不断融合的情景下，一个局部市场短时供求关系的变化未必能够反映特定时间（如一个生产周期）供求关系的真实变化。

我国粮食已连续多年增产，且 2007～2009 年粮食总产量连续 3 年超过 5 亿吨，粮食库存充足。2009 年国内粮食产量 5.31 亿吨，加上净进口 0.49 亿吨，新增供给量 5.8 亿吨，意味着 2010 年国内粮食供给保障性好。但是，2010 年上半年部分粮食品种在局部地区仍出现明显上涨。这可能与我国局部地区 2009 年秋粮单产下降和 2010 年夏粮单产下降有关。

二 农产品成本上升与农产品价格变动

根据成本推动理论③，农业投入物价格上涨会推动农产品价格上涨，农业

---

① Ferris, John N. Agricultural Prices and Commodity Market Analysis. Boston MA：WCB/McGraw-Hill, 1998.

② Trostle, Ronald. "Global Agricultural Supply and Demand：Factors Contributing to the Recent Increase in Food Commodity Prices". USDA, Economic Research Service. WRS-0801, 2008, 5.

③ Engle, R. F. Testing Price Equations for Stability Across Spectral Frequency Bands. Economertica. 46, 1978.

投入物价格上涨会导致农业投入要素重新配置。在农业产出保持不变的前提下，如果重新配置后的农业投入无法完全消化因其价格上涨而带来的成本费用上涨，这些农业投入成本费用的增加最终必然带来农产品价格的上涨。

分析农业投入物价格上涨对农产品价格的影响，关键要看农业投入要素价格上涨是否带来了农产品成本费用的上升。假定农产品生产者是理性的，追求最大利润。如果农业投入价格上涨，带来成本费用的上升，按照边际成本等于边际收益原则，在农业投入物和产出物关系既定的前提下，要维持生产者积极性，必然会带来农产品价格相应上涨。

我国农业经济生活中，是否有实证资料支持农业投入要素价格上涨带来农产品成本费用上升，从而进一步推动农产品价格上涨？为了便于讨论，根据《全国农产品成本收益资料汇编》提供的数据，笔者特别选择种子、化肥、雇工和土地等 4 种要素，考察稻谷、小麦和玉米 3 种有代表性的主要生产要素的价格变化。

2008 年与 2003 年相比，我国生产的稻谷、小麦和玉米 3 种粮食投入物中，种子和化肥代表的可变投入物单位价格以及雇工工价和土地租金价格等都呈现明显的上涨态势，最小涨幅超过 80%，最大涨幅接近 150%。2003 ~ 2008 年，种子价格由 2.61 元/kg 上升到 4.72 元/kg，上涨了 80.84%；化肥价格由 2.87 元/kg 上升到 5.57 元/kg，上涨了 94.08%；雇工工价由 18.80 元/日上升到 46.36 元/日，上涨了 146.60%，土地流转租金由 790.95 元/hm^2 上升到 1494.30 元/hm^2，上涨了 88.92%（见表 1）。

表 1 2003 ~ 2008 年我国稻谷、小麦和玉米 3 种粮食主要投入物价格

年份 \ 类别	种子单价（元/kg）	化肥单价（元/kg）	雇工工价（元/日）	土地成本（元/hm^2）
2003	2.61	2.87	18.80	790.95
2004	3.16	3.73	22.51	811.05
2005	3.85	4.16	25.84	930.30
2006	4.07	4.14	30.26	1023.75
2007	4.25	4.19	35.59	1224.60
2008	4.72	5.57	46.36	1494.30
2008 年较 2003 年增长(%)	80.84	94.08	146.60	88.92

资料来源：国家统计局《全国农产品成本收益资料汇编》，中国统计出版社，2006、2009。

比较而言，市场化程度相对较高，或者说外购程度比较高的农业投入要素价格上涨幅度相对较大。种子可以留用，其市场化程度应低于化肥。2008 年与 2003 年相比，化肥单价上涨幅度大于种子近 14 个百分点。雇工完全属于市场化的，其工价在 2003～2008 年涨幅是最大的。我国实行家庭承包经营，农地流转虽然总体上趋于增加，但在粮食种植面积中大约占 10%。2003～2008 年粮食生产中流转地价格上涨幅度大于种子，但小于雇工和化肥。随着农业投入物市场化程度进一步提高，粮食生产的投入物价格估计会进一步上升。

从整体上说，2003～2008 年粮食生产的主要投入要素价格年际涨幅虽然变化很大，但种子、雇工和流转地价格均呈现上涨态势，化肥只有 2006 年比 2005 年下降了 0.02 元/kg。不同农业投入要素价格上涨幅度极不一致。相对来说，化肥价格的波动剧烈程度超过种子。而雇工工价自 2005 年起呈现明显加快上涨的态势，这可能与我国经济快速增长、农民工工资上升较快有关。流转地租金价格自 2004 年后呈现加快上涨的态势，这可能与我国取消农业税、不断加大农业补贴力度有关。

要回答农产品价格上涨与成本推动是否存在关联，必须进一步考察农业投入要素价格上涨是否导致农产品生产的平均成本的上升。农产品生产的平均成本是按照我国现有农产品成本核算体系，每公顷种植面积的总成本包括生产成本和土地成本两个部分。其中，每公顷种植面积的生产成本又进一步细分为每公顷的物质与服务费用加上每公顷人工成本。为了便于直接观察农产品成本与价格之间的关系，根据《全国农产品成本收益资料汇编》全部换算成平均成本与价格，即每公斤的价值量。

自 2003 年以来，粮食销售价格总体上趋于上涨。根据《全国农产品成本收益资料汇编——2009》，2003～2008 年，稻谷、小麦和玉米 3 种粮食平均销售价格由 1.13 元/kg 上升到 1.67 元/kg，上涨了 47.8%。对应地，2003～2008 年稻谷、小麦和玉米 3 种粮食的平均生产成本由 0.94 元/kg 上升到 1.06 元/kg，上涨了 12.8%。其中，稻谷、小麦和玉米 3 种粮食每公顷种子、化肥、农药和农膜 4 类物质投入费用同期由 1318.5 元增加到 2581.5 元，净增加 1263 元，增长 95.8%，其中化肥增长 104.5%。而 2003～2008 年我国稻谷、小麦和玉米 3 种粮食的平均土地成本从 0.15 元/kg 上升到 0.23 元/kg，上涨了 53.3%（见表 2）。可见，在粮食销售价格上涨的同时，粮食的生产成本和占用耕地成本也随之上升。比较而言，粮食的平均生产成本增幅相对较大，而生产粮食占用的单位土地成本增速相对较快。不同年份，稻谷、小麦和玉米3种粮食的平均生产成本和土地成本在单位价格中所占比重存在很大差别，也未呈现出一致性的上升或者下降趋势，但是，多年的稻谷、小麦和玉米3种粮食的平均生产成本和土地成本占单价的比重之和为70%～80%。这些现象至少表明粮食销售价格上涨与成本上升存在着相关性。

表2　我国稻谷、小麦和玉米3种粮食单位成本和销售价格情况

年份 \ 类别	平均销售价格(元/kg)	平均生产成本		平均土地成本	
		元/kg	占单价比重(%)	(元/kg)	占单价比重(%)
2001	1.03	0.87	84.01	0.12	11.61
2002	0.98	0.89	90.51	0.14	14.46
2003	1.13	0.94	83.32	0.15	13.55
2004	1.41	0.84	59.62	0.13	9.44
2005	1.35	0.92	68.55	0.16	11.71
2006	1.44	0.93	64.78	0.17	11.74
2007	1.58	0.97	61.68	0.20	12.61
2008	1.67	1.06	63.44	0.23	13.66

资料来源：国家统计局《全国农产品成本收益资料汇编》，中国统计出版社，2006、2009。

三　货币供给量增长与农产品价格波动

货币供给量增长是否会影响农产品价格的波动，国外学者很早就开展了货币供给量对农产品价格波动影响的研究。一些国外的学术性文献研究表明，美国在20世纪70年代和80年代曾针对货币供给量增长对农产品价格波动的影响进行了集中研究。Barnett等人选用Granger检验方法研究狭义美国货币供给量（M1）和广义货币供给量（M2）对农产品价格的影响，结论认为美国货币供给量没有直接影响农产品价格水平[①]。而经验研究表明，虽然不能发现广义

[①]　Barnett, Richard C. , David A. Bessler and Robert L. Thompson. The Money Supply and Nominal Agricultural Prices. Amer. J. Agr. Econ. 1983, 65.

货币供给量（M2）增长率变化直接影响农产品价格，但是美国货币供给变化对其农产品价格变动的滞后影响是存在的，仅仅是影响的滞后期并不确定，所以很难通过确定的滞后期来检验货币供给量变化对农产品价格水平变动影响的存在[1]。

通过对改革开放以来我国货币供给量年度同比增长率与农产品价格变动率的互相关分析，初步表明货币供给量增长率的变化总体上或者平均来说，对农产品价格变动的影响比较小。但是，这并不表明我国的货币供给量对农产品价格的影响不存在。实际上，影响农产品价格变动的因素很多，货币供给量对农产品价格变动的影响能否显现，不能仅仅从总体的影响或者说从多数年份货币供给量常规增长进行考察。

考察我国农产品价格年度波动与货币供给量增长之间的关系，不难发现，对应于农产品价格大幅度上涨阶段，往往在前期曾出现过货币供给量明显增长的历史；对应于农产品价格大幅度下跌阶段，往往在前期曾出现过货币供给量增长速度明显放缓的历史。

1987～1989 年，我国农产品生产价格较上年上涨率连续 3 年超过 12%。其中，1988 年农产品生产价格较上年上涨率达到 23.0%，1989 年农产品生产价格较上年上涨率仍然维持在 15%。对应地，1988 年流通中现金（M0）较上年增长率达到 46.7%，是 20 世纪 80 年代相当高的年份。

1993～1995 年，我国农产品生产价格较上年上涨率平均超过 20%。其中，1994 年和 1995 年农产品生产价格较上年上涨率分别为 39.9% 和 19.9%，是新中国成立以来罕见的农产品价格大幅度上涨的年份。对应地，1992 年和 1993 年狭义货币供给量（M1）同比增长率分别为 35.9% 和 38.8%，明显地高于一般年份的狭义货币供给量（M1）增长率。

我国的货币供给量增长对农产品价格变动的显著影响不但表现在货币供给量急剧增长的阶段，而且对应于货币供给量增长急剧变缓出现农产品价格明显下跌的情形。

1989 年，我国流通中现金较上年增长率由 1988 年的 46.7% 回落到 9.8%。

---

[1] Saunders Peter J. Causality of U. S. Agricultural Prices and the Money Supply: Further Empirical Evidenc. Amer. J. Agr. Econ. 1988, 86.

对应地，1990 年和 1991 年农产品生产价格分别较上年下跌了 2.6% 和 2.0%。

1997~2000 年，我国农产品生产价格连续 4 年下跌。其中，1999 年农产品生产价格较上年下跌了 12.2%。对应地，这 4 年狭义货币供给量（M1）同比增长率相对较低，特别是 1998 年狭义货币供给量（M1）同比增长率仅为 11.9%，呈现比一般年份货币供给量增长率明显低得多的情形。

可见，我国农产品价格大幅度上涨的前期，往往会对应于货币供给量急剧增长；而农产品价格明显下跌，往往会对应于货币供给量急剧回落。这种现象虽然不能说明货币供给量增长率急剧变化是农产品价格明显变动的充分条件，但可以认为货币供给量增长率急剧变化是农产品价格明显变动的必要条件。

四 农产品价格走势的展望

影响农产品价格波动的因素很多。除了气候灾害、动植物疫情病情等不可控因素外，一些经济因素，特别是农产品市场供求关系变化、农产品生产成本、货币供给量等对农产品价格波动的影响值得关注。从长期看，我国农产品市场供求关系仍然存在着周期性变化，反映到市场上必然会呈现出农产品价格的波动；随着经济发展，国内生产的农产品成本费用总体趋于上升，这必然带来农产品价格不断走高；货币供给量增长趋于稳定可能对农产品价格的影响呈现出明显的稳定性特点。从短期看，我国一些主要农产品市场供求关系可能趋紧，其价格仍将进一步走高；国内生产的不同农产品的投入要素价格短期内呈现出不同的变化方向，成本推动农产品价格上涨现象仍然会显现出来；2009 年明显加速的货币供给会在 1~2 年的滞后期助推农产品上涨。综合来看，我国农产品价格短期上涨压力大于长期上涨压力，但总体趋于上涨的势头不会改变。

1. 农产品供求关系变化及对农产品价格的影响

无论是短期，还是长期，我国农产品供求关系趋紧的基本态势无法改变。随着经济的发展，我国主要由耕地和淡水等农业资源严重不足所带来的农业弱势性日益显现。2008 年，中国进口大豆和油菜籽等油料 3873 万吨，直接进口豆油、棕榈油和菜籽油等食用植物油 853 万吨，如果按国内单产和出油率计算，相当于 0.4 亿 hm^2 的播种面积。而 2009 年，中国进口的油料进一步增加，达到 4584 万吨，食用植物油达到 930 万吨，如果按国内单产和出油率计算，相当于近 0.47 亿 hm² 的播种面积。农产品供给的增长越来越依赖财政的投入，国内农产品供给越来越依赖对国际市场的进口。

随着城乡居民收入水平的逐步提高，我国居民食品消费结构将不断转变。在经济发展的不同阶段，居民食品消费结构的转变速度存在明显差异，由此所引起的不同农产品的消费量和国内需求量的增长也会出现较大差异。随着居民对粮油和动物源性消费的需求增长，中国粮油争地矛盾日益突出。

农产品供求关系总体上趋于紧张，必然带来农产品价格上涨的长期压力。农产品供求关系趋于紧张，必然会增加对国际市场上的进口，这会带来国内农产品价格波动源的增多。除了国内生产的不稳定因素和需求变化外，国际市场的传导无法避免。

2. 农业投入要素价格变化趋势及对农产品价格变动的影响

在我国粮食生产中，种子、土地和活劳动投入等的市场化程度将进一步提高，这必将会带来农产品价格的不断上涨。在农业生产商品化、专业化和规模化驱动下，农民会更加注重外购优质种子、雇用更多劳动力和流转更大规模的土地生产粮食。从实际调查中了解到的一般情况来看，近年来，种子价格、雇工工价和流转地租金上涨势头明显。农业投入物价格上涨，必然会影响粮食生产的要素配置。面对耕地资源总量不足，我国必然会通过政策手段，如粮食最低收购政策和油料等的临时储备政策，相应地提高粮油等农产品价格，粮油等价格的上涨又会进一步带来农产品比价的调整，从而带来短期内部分或者某些农产品价格的上涨，在长期内最终会导致农产品价格总体上的不断上涨。

农业生产投入要素价格不但总体上趋于明显上涨，而且年际一般也呈现上涨趋势，这会强化农业要素供给者价格上涨的预期。显然，农业投入要素价格上涨预期的形成和强化，要么会制约农业要素市场化程度的提高，阻碍现代农业的发展；要么通过灵敏的市场反应机制传导到农产品价格上。无论哪种情形，在我国农产品供给总量不足的大环境中，都会带来农产品价格长期的上涨，并可能形成农业生产要素价格和农产品价格轮番上涨的困境。

3. 货币供给量变化及对农产品价格的影响

我国货币供给量增长与农产品价格变动的经验表明，货币供给量增长总体上对农产品价格涨跌的影响不明显，但是货币供给量增长率急剧变化对农产品价格的涨跌影响不可否认。

2009 年，我国为了应对国际金融危机冲击而实行了相当宽松的货币政策，货币供给量明显快速增长。根据《中国统计摘要——2010》，2009 年，我国金融机构贷款余额较上年增长 31.7%，为 1985 年以来最高增长速度；狭义货币供给量较上年增长 32.4%，为 1994 年以来最高增长速度。根据历史经验，2009 年货币供给量急剧增长，对农产品价格上涨的滞后效应将在 2010 年甚至 2011 年显现出来。尽管很难确切地估计出 2009 年货币供给量加速增长对农产品价格滞后影响的程度，但是可以判断 2009 年货币供给量加速增长对农产品价格滞后影响的累积程度应该不会低于 5%。

2009 年货币供给量加速增长对农产品价格影响的滞后期无论多长，基本上属于短期。从长期看，货币供给量的变化主要服从国家宏观调控的需要。考虑到我国经济高速增长已经维持多年，调整结构可能会成为今后若干年内优先选择的政策目标。如果我国经济不再把高增长作为优先追求的目标，则意味着我国货币供给增长可能会进入一个相对稳定的时期。进一步说，稳定的货币供给政策可能不会对农产品价格变动产生明显影响。

消费价格指数、农产品价格与货币政策[*]

——基于 2001～2009 年的经验数据

胡冰川

一 研究背景

2009 年下半年以来，中国居民消费价格指数（CPI）结束了从 2008 年 7 月以来连续下跌的态势，逐步企稳回升。与以往消费价格指数上涨相类似，其主要原因为食品消费价格指数止跌反弹（见表 1），其中粮食价格、鲜菜价格为主要推动力量，具体而言：①2009 年，政府大幅度提高了粮食收购价水平，从整体上推动了粮食价格平稳上涨；与 2008 年相比，2009 年，全国粮食价格水平上涨了 5.6%[①]，其中，2009 年下半年与 2008 年同期水平相比价格更是上涨了 6.3%。②2009 年全年，中国鲜菜价格水平较 2008 年上涨了 15.4%，其中，下半年同比价格水平更是上涨了 22.1%。在全年蔬菜增产的大背景下鲜菜价格逆势走高，其原因在于：第一，2009 年 10 月以来北方的灾害性天气对大棚蔬菜生产、陆地蔬菜生产产生影响；第二，汽油、柴油价格分别从 2009 年 6 月的每吨 6130 元、5390 元上涨到 11 月的每吨 7100 元、6360 元，分别上涨了 16%、18%，使得鲜菜流通成本进一步提高。

在粮食价格与鲜菜价格上涨推动消费价格指数回升的同时，值得关注的

---

* 本研究受中国社会科学院农村发展研究所"农村经济形势分析与粮食安全"课题与中国社会科学院重点项目"大宗农产品价格波动与宏观调控研究"（编号：YZDB2010－49）资助。同时，笔者感谢李周研究员、党国英研究员、杜志雄研究员、吴国宝研究员、刘建进研究员的修改意见与评价，当然，文责自负。

① 资料来源：《中国经济景气月报》2010 年第 1 期。

是，2009 年下半年以来，尽管肉禽及制品价格有所恢复，但仍未恢复到 2008 年的同期水平，这也与其他农产品价格的上涨形成鲜明的对比。其根源在于，2007 年中国肉类总产量特别是猪肉产量出现大幅度滑坡以后，市场肉类价格不断攀升，与此同时，政府连续出台了一系列鼓励生产的措施，以至于继 2008 年中国肉类总产量达到 7279 万吨的历史最高纪录之后，2009 年，中国肉类总产量更是达到 7650 万吨①的新高，由此产生的供给相对过剩就自然地表现为肉禽及制品价格的下跌。

表 1 居民消费价格分类指数

时期	CPI	食品	粮食	肉禽及制品	蛋	水产品	鲜菜	鲜果
2009 年 7 月	98.2	98.8	105.1	86.8	98.8	98.2	110.1	124.1
2009 年 8 月	98.8	100.5	105.2	90.5	100.9	98.6	121.8	122.1
2009 年 9 月	99.2	101.5	105.5	93.3	100.2	98.8	125.8	117.2
2009 年 10 月	99.5	101.6	106.2	96.1	101.2	101.4	114.8	112.3
2009 年 11 月	100.6	103.2	107.0	98.3	102.9	103.6	123.9	106.1
2009 年 12 月	101.9	105.3	108.6	98.3	105.5	105.7	136.2	106.8

注：价格指数上年同月 = 100。
资料来源：《中国经济景气月报》，相关月份。

二 农产品价格与通货膨胀的相关理论

长期以来，农产品价格波动一直受到很大关注。其中，国家统计局课题组（2005）与中国人民银行（2007）的《中国货币政策执行报告》均指出，粮食价格上涨对通货膨胀存在影响。根据新凯恩斯主义（Neo-Keynesian）关于成本推动型通货膨胀理论，农产品特别是粮食价格上涨，将不可避免地推高劳动力的生活成本，进一步推高工资水平，从而诱发通货膨胀，这一理论对 20 世纪 70 年代石油危机引发的通货膨胀提出十分有效的解释。同样，作为新凯恩斯主义的需求拉动型通货膨胀理论则与货币主义的解释较为一致，即货币的过

---

① 资料来源：国家统计局《中国统计年鉴 2010》，中国统计出版社，2010。

量发行，使得"太多的货币追逐较少的货物"，以至于总需求大于总供给而诱发通货膨胀。

根据历史上发生的通货膨胀，完全成本推动型通货膨胀或者完全需求拉动型通货膨胀都极为罕见。在实践中，通货膨胀往往是多种因素共同推进的结果，即萨缪尔森和索洛提出的"混合型通货膨胀"：如果通货膨胀是由需求拉动开始的，那么，过度的需求增加导致价格总水平上涨，价格总水平上涨又成为工资上涨的理由，工资上涨又导致成本推动型通货膨胀。对于混合型通货膨胀的生成可以用扩展的菲利普斯曲线做出解释：

$$\pi = \pi^e + f(u) + bZ \tag{1}$$

（1）式中，π 是通货膨胀率，e 表示通货膨胀预期，u 表示失业率，$f(u) < 0$，Z 表示生产要素价格上升对价格产生的冲击力，b 价格冲击系数，$b > 0$。如果 $e = 1$ 且 $Z = 0$，（1）式就变为：$\pi = f(u)$，这是菲利普斯曲线的标准形式。根据奥肯定律，（1）式可写成：

$$\pi = \pi^2 + f(x - x') + bZ \tag{2}$$

（2）式中，$x - x'$ 表示总需求对总供给的偏离程度。

根据（2）式，从宏观经济的角度来说，工资和原料成本的增加必然会导致成本推动型通货膨胀；需求因素对价格水平的影响是通过劳动力市场的松紧变化影响工资的变动来实现的：需求增加时，厂商将会扩大对劳动力的需求，在劳动力供给不变的情况下，对劳动力需求的增加将会使劳动力需求曲线上移，工资上升，进而影响物价水平的变动。据此，当农产品价格上涨以后，工资水平从 Z_1 上涨到 Z_2 时，通货膨胀率将从 π_1 上涨到 π_2（见图1）。

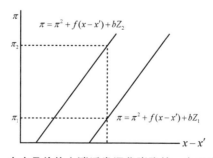

图1　农产品价格上涨诱发通货膨胀的一个理论解释

对于混合型通货膨胀而言，其实现路径主要为"直线型"和"螺旋型"。其中，"直线型"的生成路径主要是政府发行的货币过多和投资规模过大，导致商品市场上的过度需求，这也与货币主义的理论相一致；而"螺旋型"的生成路径则始于生产领域，通过市场传导和货币政策共同作用并最终导致"工资—通货膨胀"恶性循环。

基于这样的理论背景，在不考虑货币作用的前提下，由农产品价格上涨带来的工资水平上涨，将会带来通货膨胀，遵循这一逻辑，通货膨胀将不可避免地通过农业生产资料价格再次传导到农产品价格［见图 2（A）］，但是由于没有货币的作用，随着总价格水平上涨，市场供求将会达到新的均衡，通货膨胀将在市场新均衡出现以后结束。然而，如果在这一过程中存在超量货币的因素，那么在很大程度上，尽管价格总水平不断上涨，但是，市场供求的新均衡却很难达到，从而导致螺旋型混合通胀，使得农产品价格与通货膨胀间的关系变得十分复杂［见图 2（B）］。就这一点而言，由于经济政策以及经济运行环境的不断变化，农产品价格与通货膨胀间的关系也在不断变化。

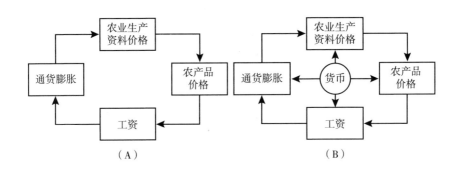

图 2　通货膨胀的理论表述

三　文献回顾

由于对通货膨胀缺乏独立的、确定的测量方法，在很大程度上，消费价格指数（CPI）便成为衡量通货膨胀的重要指标。毫无疑问，根据当前消费价格指数的核算方法，随着食品价格水平的提高，在"消费篮子"中其他商品价格水平不变的条件下，消费价格指数一定也会提高，毕竟食品价格指数占消费价格指数的权重为 33.6%[①]。如果国民经济的市场条件是一次出清的，那么，根据现有的消费价格指数核算方法，食品价格上涨不可避免地将会带来消费价格指数上涨，因此，控制消费价格指数的目标就可以通过控制食品价格指数来实现。但是在实践当中，宏观经济的市场条件并不是一次出清的，还存在货币因素，因此，食品价格与消费价格指数之间的关系就变得十分复杂：这就可能存在着当期的食品价格上涨是受到上一期的货币发行或者其他因素的影响，进而对下一期的政策产生某种影响，食品价格问题成为一个经济运行的内生问题。

基于这样的逻辑，卢锋、彭凯翔（2002）采用 Granger 检验方法对 1987～1999 年中国粮食价格与消费价格指数的关系进行分析，最终得出通货膨胀是粮食价格波动原因的结论[②]，对此，卢锋、彭凯翔提出的解释是，通货膨胀通过改变农户存粮行为来影响真实粮价，这一点与林毅夫等（Lin et al.，1997），Johnson and Song（1999）提出的观点相一致。卢锋、彭凯翔（2002）对原先的"粮价上涨导致通货膨胀"的假说提出很大挑战，并在很大程度上改变了人们对粮价波动的看法；一时间，学界就此问题形成很多相关的讨论与研究。赵国庆等（2008）利用 1953～2003 年的年度粮食价格指数与消费价格指数数据，采用与卢锋、彭凯翔（2002）相类似的方法，得出粮价波动与通货膨胀之间存在互为因果关系的结论；同时，该文也承认未将农业生产资料价格因素包含在内，由此可以这样认为：对于该结论，赵国庆等（2008）并没有十足的把握。另外，从时间序列模型数据质量的角度出发，用以实证分析的 1953～2003 年的年度数据较之 1987～1999 年的月度数据而言更加缺乏说服力。除此之外，关于粮食价格与消费价格指数之间关系的研究十分多样，结论也莫衷一是，例如李善同、王寅初（1996），韩俊（2007），范志勇（2008），石敏俊等（2009）都有过不同的论述。

从国内关于农产品价格与消费价格指数之间关系的研究来看，存在的一个

---

① 资料来源：国家统计局网站（http：//www.stats.gov.cn）。

② 卢锋、彭凯翔（2002）将 CPI 等同于通货膨胀。

基本前提假设为"货币中性",即农产品价格完全由市场供需决定,与货币流通无关;在这样的约束条件下讨论农产品价格与消费价格指数之间的关系,其实很难获得理论上的支撑,包括卢锋、彭凯翔(2002)以及赵国庆等(2008)的研究①。其实,根据 Dornbusch 的汇率超调理论,由于价格黏性,商品市场的价格调整速度慢于金融市场的价格调整速度,从而购买力平价短期不能成立而长期成立。根据该理论,Ordenand Fackler(1989)就通过向量自回归(VAR)模型分析了货币因素对农产品价格的影响。进一步说,Saghaian et al.(2002)根据美国 1975 年 1 月至 1999 年 3 月的数据,采用协整分析方法得出在短期货币供给发生变动的前提下,农产品价格的调整速度要明显快于工业产品,同时,汇率、货币供给与农产品价格在长期具有稳定关系的结论。再进一步说,Asfaha et al.(2007)基于误差校正模型(VEC)指出,在货币冲击的条件下,农业部门将承担部分成本上升的压力,即货币供给因素增加了农民的负担。与国内众说纷纭的研究结论不同的是,国外研究已经基本认定货币供给因素对农产品价格具有显著作用。

上述文献对农产品价格与消费价格指数之间关系的研究已经具有很强的代表性;而在实际经济运行当中,引起农产品价格波动的原因极为复杂,除货币因素外,仍存在很多其他因素:①农业生产成本变动,包括土地租金和物质费用变化;②城乡居民收入明显增加带来农产品消费结构升级,由此导致农产品需求持续快速增长;③受到国际农产品价格波动的影响,一方面,油料、大豆、棉花价格会随着产业链的延伸迅速变动;另一方面,国际农产品价格波动对国内农产品价格预期产生影响(李国祥,2008);④跨国公司控制市场、国际基金参与和投机农产品贸易(税尚楠,2008),例如 2007 年的全球粮价暴涨;⑤自然灾害频发、生产周期性变动等影响农业生产特有的因素对农业生产形成冲击(钟甫宁,2008),例如 2009 年下半年的蔬菜价格上涨。综上所述,在引起农产品价格波动的原因当中,既有内在的机理性原因,又有外在的偶发性原因,这些因素之间往往存在着千丝万缕的联系,对农产品市场价格的波动共同产生作用,使得市场变得异常的敏感和复杂。

①　卢锋、彭凯翔(2002)将 CPI 等同于通货膨胀。

四 数据与模型

(一)命题

根据通货膨胀理论,现实社会中通货膨胀往往都是混合型通货膨胀,这也意味着,如果按照连续的时间序列数据,采用类似 Granger 因果检验或者相关方法来研究农产品价格与消费价格指数之间的关系就有如验证"鸡生蛋、蛋生鸡"的悖论,这一点在赵国庆等(2008)的文章当中也有所提及。实际情况是,历史上的通货膨胀由于所处的背景以及触发机制不同,并不能套用一个固有的模式去分析,举例来说:如果采用 1950~2000 年的月度数据来分析农产品价格与消费价格指数之间的关系,由单一模型所得出的结论较难区分在不同历史背景条件下的逻辑关系。因此,本研究将重点分析 2001~2009 年消费价格指数与农产品价格之间的关系,并在此基础上进一步分析相关因素对农产品价格的影响。

第一,根据 Friedman 的货币主义理论与 Dornbusch 的汇率超调理论,货币扩张将先于商品价格的调整,并对商品价格产生影响。这也意味着,当前中国农产品价格波动在很大程度上受到货币发行的影响;同时,由于中国当前采取有管理的浮动汇率制度,汇率作为"减震器"的作用失灵,由此带来了消费价格指数的进一步上涨。

第二,由于国内农产品市场的开放程度较高,同时,中国又是全球最大的大豆进口国,国际农产品(特别是大豆)价格将随着中国农产品进口而输入,从而引发国内农产品价格波动,进而对消费价格指数产生影响。

第三,鉴于赵国庆等(2008)并未将农业生产资料的因素考虑在消费价格指数与农产品价格关系的模型中,同时,韩俊(2008)又认为农业生产资料是影响农产品价格的重要因素,根据宏观经济学理论,农业生产资料价格将对农产品价格产生影响。

(二)变量与数据

本研究采用的变量有:消费价格指数(CPI)、食品消费价格指数[①]

[①] 在本文中,食品消费价格指数作为农产品价格的指标。

（CPI$_f$）、货币和准货币（M2）、美元兑人民币汇率（Ex）、国际大豆价格（P$_i$）、农业生产资料价格指数（PPI$_{agri}$）。其中，消费价格指数、食品消费价格指数、货币供应量数据来自国家统计局相关月份《中国经济景气月报》；美元对人民币汇率来自美国联邦储备委员会①；国际大豆价格来自 IMF②；农业生产资料价格指数来自 Wind 资讯数据库③。研究时间范围是 2001 年 10 月至 2009 年 12 月，共计有 99 个样本。变量数据的描述性统计见表 2。

表 2 数据描述

	平均	标准差	最小值	最大值
CPI	108.5	7.5	97.8	121.4
CPI$_f$	123.2	20.0	96.3	159.4
M2(亿元)	319049.8	125680.3	151497.0	606223.5
P$_i$(美元/吨)	282.3	97.6	160.1	554.1
Ex(元/美元)	7.8	0.6	6.8	8.3
PPI$_{agri}$	120.6	22.1	96.8	163.5

注：CPI、CPI$_f$、PPI$_{agri}$均以 2001 年 10 月为 100。

CPI 数据以 2001 年 10 月为 100，最小值为 2002 年 7 月的 97.8，最大值为 2008 年 2 月的 121.4；CPI$_f$ 数据以 2001 年 10 月为 100，最小值为 2002 年 7 月的 96.3，最大值为 2008 年 2 月的 159.4；农业生产资料价格指数（PPIagri）以 2001 年 10 月为 100，最低为 2002 年 5 月的 96.8，最高为 2008 年 8 月的 163.5。根据图 3 所示：①自 2007 年 4 月至 2008 年 5 月，随着食品价格指数的不断攀升，消费价格指数也不断上扬；2008 年 6 月至 2009 年上半年，由于全球金融危机的影响开始显现，食品价格指数开始下跌，消费价格指数也呈现出一个较为稳定的状态；2009 年下半年以来，食品价格指数又进入新的上涨周期，消费价格指数开始稳步回升。②在很长一段时期内，农业生产资料价格指数要低于农产品价格指数，从 2006 年开始，农业生产资料价格指数逐步与食品价格指数趋于一致，并在 2008 年 4 月以后高于农产品价格指数。

---

① 资料来源：美国联邦储备备委员会网站（http：//www.federalreserve.gov）。

② 资料来源：国际货币基金组织网站（http：//www.imf.org）。

③ 资料来源：万得咨询网站（http：//www.wind.com.cn）。

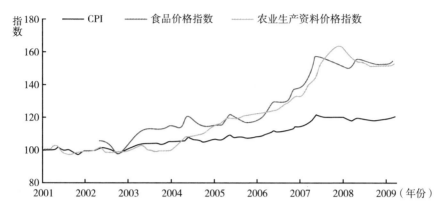

图3 消费价格指数、食品价格指数与农业生产资料价格指数

货币和准货币最小值为2002年10月的15.1万亿元,最大值为2009年12月的60.6万亿元;如图4所示,在2009年以前,中国货币供应量的增长速度基本保持稳定,随着2009年中央实施"适度宽松的货币政策",中国货币供应量呈现大幅度增长,2009年货币供应量较2008年增长了26.5%;特别是2009年下半年,货币供应量增速进一步加快,较2008年下半年增长了28.8%。

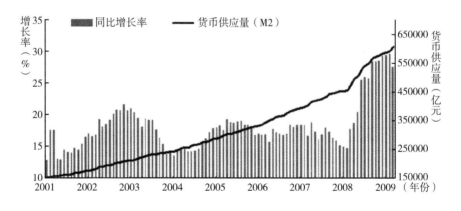

图4 货币供应量及同比增长率

国际大豆价格为鹿特丹的CIF价格,最低为2001年12月的每吨160.1美元,最高为2008年7月的每吨554.1美元,国际大豆价格在2008年后止跌回升,但仍然处于历史高位,2009年下半年以来又有所回升〔见图5(A)〕。美

205

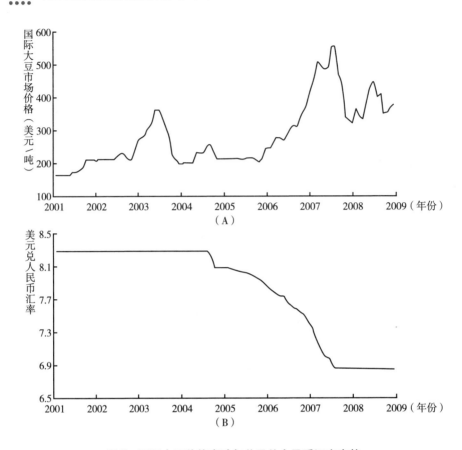

图 5　国际大豆价格变动与美元兑人民币汇率走势

元兑人民币汇率最低为 2009 年 11 月的 6. 8274，最高为 2002 年 3 月的 8. 2773。在 2005 年 7 月以前，人民币汇率基本盯住美元；从 2005 年 7 月至 2008 年 7 月，人民币逐步开始升值；到 2008 年 7 月，随着全球金融危机影响的显现，人民币汇率又重新盯住美元，如图 5 （B） 所示。

五　方法与结果

为理清消费价格指数、食品价格指数与其他变量之间的复杂关系，本研究采取向量自回归（VAR）模型，VAR 将系统中每一个内生变量作为系统中所有内生变量的滞后值的函数来构建模型，从而将单变量自回归（AR）推广到多元时间序列。该模型由 Sims（1980）引入，对解释经济系统中变量之间的关系有着十分重要的意义。其数学表达式为：

$$y_1 = A_1 y_{t-1} + L + A_p y_{t-p} + BX + \varepsilon_1 \tag{3}$$

（3）式中，y_t 是 k 维内生变量向量，X 是 d 维外生变量向量，p 是滞后期数。A 为 $k \times k$ 维矩阵，B 为 $k \times d$ 维参数矩阵，ε_t 为 k 维扰动向量。

为了研究消费价格指数、食品价格指数以及农业生产资料价格指数之间的关系，在 VAR 模型中，将这三个变量设为内生。同时，考虑到中国的货币供应和汇率政策受到政策影响和干预较大，在模型中设为外生；至于国际农产品价格，由于不受中国控制，独立于中国国民经济系统之外，但也对国内农产品市场产生影响，因此也设为外生。基于以上变量设置，模型估计结果如表 3 所示。

表 3 模型估计结果

	CPI	CPI$_f$	PPI$_{agri}$
CPI(−1)	0.770(−0.391)**	−1.029(−1.172)	−0.211(−0.600)
CPI(−2)	0.614(−0.387)*	2.738(−1.158)***	0.711(−0.593)
CPI$_f$(−1)	0.073(−0.129)	1.362(−0.385)***	0.081(−0.197)
CPI$_f$(−2)	−0.289(−0.127)**	−1.193(−0.379)***	−0.217(−0.194)
PPI$_{agri}$(−1)	0.111(−0.063)**	0.188(−0.188)	1.415(−0.096)***
PPI$_{agri}$(−2)	−0.181(−0.062)***	−0.447(−0.186)***	−0.564(−0.095)***
Ln[M2(−1)]	2.569(−0.624)***	6.453(−1.870)***	0.926(−0.957)
Ln(Ex)	−16.301(−25.423)	−31.125(−76.136)	−122.167(−38.966)***
Ln[Ex(−1)]	−7.159(−26.757)	−53.820(−80.129)	97.840(−41.009)***
P$_i$	0.003(−0.002)*	0.009(−0.005)*	0.000(−0.002)
常数项	8.490(−13.346)	39.080(−39.968)	18.781(−20.455)
R^2	0.994	0.992	0.998
调整后的 R^2	0.993	0.991	0.998
F 值	1362.739	1086.147	5111.331
Loglikelihood	−86.044	−192.439	−127.464
AIC	2.001	4.195	2.855
SC	2.293	4.487	3.147

注：* 表示在 10% 水平上显著，** 表示在 5% 水平上显著，*** 表示在 1% 水平上显著；括号内为标准误；另外，滞后阶数是根据 AIC 和 SC 值多次测试选取的最优结果。

通过该模型结果可以发现：

第一，从消费价格指数与食品价格指数相互关系的角度来看，2001 年 10 月至 2009 年 12 月，滞后一期食品价格指数对消费价格指数影响并不显著，同时，滞后二期食品价格指数甚至对消费价格指数的影响为负；相反，滞后一期消费价格指数对食品价格指数影响不显著，而滞后二期消费价格指数对食品价格指数产生了显著正影响。由此可见，消费价格指数与食品价格指数并不互为因果关系，消费价格指数与食品价格之间为单向因果关系，即消费价格指数上升带动农产品价格上涨，这也与卢锋、彭凯翔（2002）的研究结论相一致；而与赵国庆等的研究结论不同的是，赵国庆等（2008）在未考虑农业生产资料价格的条件下断定 1953～2003 年消费价格指数与食品价格互为因果，这点的确值得进一步探讨。

第二，从农业生产资料价格指数与食品价格指数相互关系的角度来看，在 2001～2009 年这一时期，滞后一期的农业生产资料价格指数并未对食品价格指数产生显著影响，而滞后二期的农业生产资料消费价格指数、农产品价格与货币政策价格指数对食品价格指数产生了显著的负面影响，这一点与理论不相符合，其原因在于模型中包含的货币因素对这一参数的估计结果产生了影响。

第三，从货币供应量的角度来看，很明显，货币和准货币的增长对消费价格指数以及食品价格指数都产生了显著影响，这也与货币主义的观点完全相符合；同时，汇率因素对消费价格指数以及食品价格指数的影响并不显著；另外，国际农产品（大豆）价格对国内消费价格指数的影响也较为显著，大致为当国际大豆价格每吨上涨 100 美元时，国内消费价格指数上涨 0.3。

六　结论与讨论

根据消费价格指数与食品消费价格指数、农业生产资料价格指数等因素之间关系的模型估计结果，可以得出如下结论：①在 2001 年 10 月至 2009 年 12 月间，中国消费价格指数和食品价格指数上涨的根源在于货币扩张，而并非食品价格上涨导致整体物价水平上涨，这一点是极为重要的。②汇率作为一个重要的政策变量，并未对中国的消费价格指数产生显著影响；尽管如此，当前的汇率政策很可能是导致货币扩张的内在原因，从而有可能间接对消费价格指数产生影响，但是，该命题未被包含在本研究之内。③关于农业生产资料价格，根据模型估计结果，尽管对消费价格指数和食品价格指数产生影响，但是，其影响的方向与理论并不一致，其可能的原因是货币因素已经包含这一影响。④由于中国是全球最大的大豆进口国，2009 年进口大豆 4255 万吨，因此，国际大豆价格市场波动较为容易地通过进口对国内农产品价格产生影响①，国际农产品价格会对国内消费价格指数和食品价格指数产生一定影响。

根据上述结论，为了控制国内消费价格指数水平，采取打压农产品价格的政策措施既不合理，也不可行。实际上，在经济运行过程中，一方面可以通过货币政策回笼流通中的超量货币；另一方面可以通过更为灵活与富有弹性的汇率措施充分发挥其"减震器"的作用，由此实现平抑消费价格指数的政策目标。农产品价格上涨一方面从统计上带来了当期的消费价格指数的上涨，另一方面也是过往总物价水平的当期体现。因此，平抑消费价格指数这一政策目标不应仅从农产品价格入手，而应考虑这一问题背后更为深层的政策根源。

参考文献

Lin, Yifu; Song, Guoqing et al. : *China's Grain Marketing and Price Volatility*, an unpublished report submitted to World Bank, 1997.

Orden, David and Fackler, Paul L. : Identifying Monetary Impacts on Agricultural Prices in VAR Models, *AmericanAgricultural Economics Association*, 71 (2), 1989.

Johnson, Gale and Song, Guoqing: *Inflation and the Real Price of Grain*, *Food Security and Economic Reform*, McMillan Press, 1999.

Saghaian, Sayed H. ; Reed, Michael R. ; Marchant, Mary A. : Monetary Impacts and Overshooting of Agricultural Prices in an Open Economy, *American Journal of Agricultural Economics*, 84 (1), 2002.

Asfaha, T. A. and Jooste, A. : The Effect of Monetary Changes on Relative Agricultural Prices, *Agrekon*, 46 (4), 2007.

李善同、王寅初：《部门价格变动与通货膨胀多部门动态模型分析》，《数量经济技术经济研究》1996 年第 10 期。

---

① 农产品价格变动之间具有同步性、传导性。

石敏俊、王妍、朱杏珍：《能源价格波动与粮食价格波动对城乡经济关系的影响——基于城乡投入产出模型》，《中国农村经济》2009 年第 5 期。

韩俊：《农产品供求与通货膨胀》，《中国发展观察》2008 年第 4 期。

李国祥：《全球农产品价格上涨及其对中国农产品价格的影响》，《农业展望》2008 年第 7 期。

钟甫宁：《如何看待当前国际粮食价格的上涨》，《上海交通大学安泰经济与管理学院报告》，2008。

税尚楠：《世界农产品价格波动的新态势：动因和趋势探讨》，《农业经济问题》2008 年第 6 期。

赵国庆、于晓华、曾寅初：《通货膨胀预期与 Granger 因果性研究》，《数量经济技术经济研究》2008 年第 4 期。

中国经济增长与宏观稳定课题组：《外部冲击与中国的通货膨胀》，《经济研究》2008 年第 5 期。

国家统计局课题组：《中国新一轮通货膨胀的主要特点及成因》，《统计研究》2005 年第 4 期。

程国强、胡冰川、徐雪高：《新一轮农产品价格上涨的影响分析》，《管理世界》2008 年第 1 期。

中国人民银行：《中国货币政策执行报告》，2007。

卢锋、彭凯翔：《中国粮价与通货膨胀关系（1987～1999）》，《经济学季刊》2002 年第 1 期。

范志勇：《中国通货膨胀是工资成本推动型吗——基于超额工资增长率的实证研究》，《经济研究》2008 年第 8 期。

中国粮食价格波动分析：
基于 ARCH 类模型*

罗万纯 刘 锐

一 引言

近年来，中国粮食价格频繁波动。1997～2007 年，籼稻、粳稻、小麦、大豆价格呈现相同的变化趋势，1997 年 3 月至 2003 年 9 月价格不断下跌，但从 2003 年 10 月开始价格不断上涨。玉米价格的波动与其他品种粮食价格的波动有些差异，1997 年 3 月至 2000 年 4 月玉米价格不断下跌，但从 2000 年 5 月开始呈现在波动中不断上涨的变化趋势。粮食价格的频繁波动对生产者行为、消费者行为以及宏观经济都产生了重大影响，因此，了解粮食价格波动的特征对采取相应政策稳定粮食价格具有重要的现实意义。

粮食价格波动问题一直备受关注，有很多学者从不同角度进行了研究。关于粮食价格波动的特点，冯云（2008）的研究表明，粮食价格波动具有集簇性和明显的非对称性。关于粮食价格波动的影响因素，Lappand Smith（1992）认为，粮食价格波动水平直接和间接受到宏观经济政策特别是货币政策的影响；钟甫宁（1995）强调了稳定的政策和统一的市场对避免粮食价格人为波动的重要性；柯炳生（1996）认为，农户的粮食储备及其市场反应行为是造成粮食价格波动的重要原因之一；谭江林、罗光强（2009）的研究表明，通货膨胀是粮食价格波动的 Granger 原因。关于粮食价格波动产生的影响，石敏俊、王妍、朱杏珍（2009）的研究表明，能源价格和粮食价格上涨及

* 本文得到中国社会科学院重点课题"中国粮食价格预测模型比较研究"的资助。中国社会科学院农村发展研究所各位专家、学者在双周学术交流午餐会上对本文的形成提出了建设性意见，在此表示感谢。

带来的饲料价格上涨和劳动力成本上升所导致的成本驱动效应对畜产品价格实际涨幅的影响在 44% ~ 59% ；对加工食品价格的影响较为显著，占加工食品价格实际涨幅的 74% 左右。能源价格上涨对 CPI 和物价总水平上升的推动作用大于粮食价格波动的影响。受粮食价格上涨的影响，城镇居民净收益减少，农村居民净收益增加。何蒲明、黎东升（2009）认为，中国粮食产量与价格波动均较大，并且价格波动比产量波动更大，对国家粮食安全造成不利影响；而粮食产量与粮食价格有密切的关系，粮食价格是粮食产量变化的原因。

从研究方法上来说，国外研究价格波动问题常常采用 ARCH 模型。ARCH 模型能准确地模拟时间序列变量的波动，使人们能更加准确地把握波动（风险）。国内应用 ARCH 模型的研究成果也比较丰富，现有的研究成果主要集中在股票市场和期货市场方面。比如，陈千里（2002）利用 GARCH 模型，以上证综合指数为对象，对中国股市波动进行了实证研究，并在中国股市的背景下对集簇性和不对称性的几种经济解释进行了理论分析。华仁海、仲伟俊（2003）运用 ARCH 模型对中国期货市场中期货价格、收益、交易量、波动性相互之间的关系进行了动态分析。刘宁（2004）应用 ARCH 模型对上海股市的波动进行了分析。唐衍伟、陈刚、张晨宏（2004）运用 ARCH 模型对中国铜、大豆、小麦期货市场的波动和有效性进行了研究。

总的来说，关于粮食价格波动和 ARCH 模型应用的研究成果非常丰富，为本文的研究提供了参考和借鉴。但是，现有研究还有进一步拓展的空间：一是目前关于粮食价格波动的描述性分析较多，但计量分析较少；二是利用 ARCH 模型研究粮食价格波动的成果很少，冯云（2008）的研究没有分具体粮食品种，从实际情况看，不同粮食品种价格的波动存在差异，因而有必要细分品种来研究。为丰富和深化现有研究，本文将利用 ARCH 模型对粮食价格的波动、波动的非对称性进行分析，主要验证以下几个问题：①粮食价格波动是否具有集簇性？②粮食市场是否有高风险高回报的特征？③粮食价格波动是否具有非对称性？在本文中，粮食品种指籼稻、粳稻、小麦、玉米、大豆；集簇性指大的价格变化往往跟随着大的价格变化，小的价格变化往往跟随着小的价格变化；非对称性指价格下跌信息引发的波动和价格上涨信息引发的波动不一样大。

二　研究方法

（一）波动分析

本文首先对价格序列和价格收益率序列进行描述性分析和单位根平稳性检验，然后设定均值方程并进行 ARCH – LM 检验，最后建立 GARCH 模型和 GARCH – M 模型。GARCH 模型主要检验波动是否具有集簇性；GARCH – M 模型主要检验粮食市场是否有高风险高回报的特征。

1.（G）ARCH 模型

自回归条件异方差（autoregressive conditional heteroskedasticity，ARCH）模型由 Engle（1982）提出，由两个方程组成：

$$R_t = X'\gamma_0 + \varepsilon_t \tag{1}$$

$$h_t = \alpha_0 + \sum_{i=1}^{q} \alpha_i \varepsilon_{t-i}^2 \tag{2}$$

（1）式称为均值方程，其中，R_t 为被解释变量，在本文中表示粮食价格收益率，X' 为解释变量，在本文中只包括 R_t 的滞后项；（2）式称为方差方程，其中，h_t 表示 ε_t 在 t 时刻的条件方差，在方差方程中它被定义为残差滞后项的加权平方和。（2）式中，$\alpha_0 > 0$，$\alpha_i \geqslant 0$，$i = 1$，$\cdots$，n，以确保条件方差 $h > 0$。$\sum_{i=1}^{q} \alpha_i \varepsilon_{t-i}^2$ 为 ARCH 项，如果 ARCH 项高度显著，说明粮食价格收益率具有显著的波动集簇性。

Bollerslev（1986）提出了（2）式的拓展形式，即广义自回归条件异方差（generalized autoregressive conditional heteroskedasticity，GARCH）模型。在 ARCH 模型的方差方程（2）中加入条件方差自身的滞后项就得到 GARCH 模型：

$$h_1 = \alpha_0 + \sum_{i=1}^{q} \alpha_i \varepsilon_{t-i}^2 + \sum_{j=1}^{p} \beta_j h_{t-j} \tag{3}$$

（3）式中，$\sum_{i=1}^{q} \alpha_i \varepsilon_{t-i}^2$ 为 ARCH 项，$\sum_{j=1}^{p} \beta_j h_{t-j}$ 为 GARCH 项，p 和 q 分别为

它们的滞后阶数，如果 ARCH 项和 GARCH 项都高度显著，说明粮食价格收益率具有显著的波动集簇性。为保证条件方差 h_t 非负，一般要求系数 $\alpha_i \geqslant 0$ 和 $\beta_j \geqslant 0$，但这个系数的非负性要求只是保证模型有意义的充分条件而非必要条件。GARCH 模型将波动来源划分为两部分：变量过去的波动 h_{t-j} 和外部冲击 ε_{t-i}^2，而 α_i 和 β_j 则分别反映了它们对本期波动 h_t 的作用强度。模型系数之和 $\sum_{i=1}^{q}\alpha_i + \sum_{j=1}^{p}\beta_j$ 的大小反映了波动的持续性，当它小于 1 时，说明冲击的影响会逐渐消失，当它大于 1 时，说明冲击的影响不但不会消失，反而会扩散。相对于 ARCH，GARCH 模型的优点在于：可以用较为简单的 GARCH 模型来代表一个高阶 ARCH 模型，从而使模型的识别和估计都变得比较容易。

2.（G）ARCH–M 模型

（G）ARCH–M（GARCH-in-mean）模型由 Engle，Lilien and Robins（1987）提出。在（G）ARCH 模型的均值方程（1）中加入 h_t 就转化为（G）ARCH–M 模型：

$$R_t = X'\gamma_0 + \lambda h_t + \varepsilon_t \tag{4}$$

（4）式中，λ 是条件标准差的一个倍数，若 λ 为正数，就意味着市场参与主体因风险增加而要求更高的收益，该参数用来验证粮食市场是否有高风险高回报的特征。

（二）波动非对称性分析

本文用门槛 ARCH（threshold ARCH，"TARCH"）模型和指数 GARCH（exponential generalized autoregressive conditional heteroskedasticity，"EGARCH"）模型对波动的非对称性进行分析，两个模型的估计结果可以相互验证。

1. TARCH 模型

TARCH 模型由 Rabemananjara and Zokoian（1993）提出，其条件方差方程为：

$$h_t = \alpha_0 + \alpha_1\varepsilon_{t-1}^2 + \beta_1 h_{t-1} + \phi d_{t-1}\varepsilon_{t-1}^2 \tag{5}$$

（5）式中，d_{t-1} 是虚拟变量，当 $\varepsilon_{t-1} < 0$ 时，$d_{t-1} = 1$，否则，$d_{t-1} = 0$。此模型中，价格上涨信息（$\varepsilon_t \geq 0$）对条件方差的影响为 α_1，而价格下跌信息（$\varepsilon_{t-1} < 0$）的影响为 $\alpha_1 + \phi$。如果 $\phi \neq 0$，表明波动具有非对称性。当 $\phi > 0$ 时，表明价格下跌信息引发的波动比价格上涨信息引发的波动大；当 $\phi < 0$ 时，表明价格上涨信息引发的波动比价格下跌信息引发的波动大。

2. EGARCH 模型

EGARCH 模型由 Nelson（1991）提出，其条件方差方程为：

$$\mathrm{Ln}h_t = \alpha_0 + \beta \mathrm{Ln}h_{t-1} + \alpha \left| \frac{\varepsilon_{t-1}}{\sqrt{h_{t-1}}} \right| + \gamma \frac{\varepsilon_{t-1}}{\sqrt{h_{t-1}}} \tag{6}$$

（6）式中，价格上涨信息（$\varepsilon_{t-1} \geq 0$）对 $\mathrm{Ln}h_t$ 的影响为 $\alpha + \gamma$，价格下跌信息（$\varepsilon_{t-1} < 0$）的影响为 $\alpha - \gamma$。如果 $\gamma \neq 0$，表明波动具有非对称性。当 $\gamma > 0$ 时，表明价格上涨信息引发的波动比价格下跌信息引发的波动大；当 $\gamma < 0$ 时，表明价格下跌信息引发的波动比价格上涨信息引发的波动大。

三 数据描述性统计分析

本文使用的是 1997 年 3 月至 2007 年 12 月的集贸市场月度价格（元/公斤）数据，数据来源于《中国农产品价格调查年鉴》（2004～2008 年，历年）[①]。

价格收益率以相邻月份粮食价格的对数一阶差分表示，即 $R_t = \mathrm{Ln}p^t - \mathrm{Ln}p^{(t-1)}$，其中，$p^t$ 和 $p^{(t-1)}$ 分别表示第 t 月和第 $t-1$ 月的价格。价格收益率的描述性统计量见表 1。籼稻、粳稻、小麦、玉米、大豆价格收益率的峰度都高于正态分布的峰度值 3，说明价格收益率具有尖峰和厚尾特征；JB 正态性检验也证实了价格收益率显著异于正态分布。

本文用 Eviews3.0 软件来进行计量分析。

---

① 国家统计局农村社会经济调查司：《中国农产品价格调查年鉴》（2004～2008 年，历年），中国统计出版社。

表1　价格收益率基本统计量

	籼稻	粳稻	小麦	玉米	大豆
平均值	0.0015	0.0011	0.0001	0.0032	0.0022
标准差	0.0319	0.0341	0.0281	0.0310	0.0251
偏度	1.9516	1.6686	0.2095	-0.1213	1.0825
峰度	14.3531	14.2284	6.2890	4.9020	7.6186
JB 正态性检验	774.6908	737.5269	59.0869	19.7606	139.8495
观察数	129	129	129	129	129

从价格收益率变化图（图1～图5）可见，籼稻、粳稻、小麦、玉米、大豆价格存在波动的集聚现象和异方差效应，为此，要对各个序列进行 ARCH - LM 检验，来判断它们是否存在异方差效应。

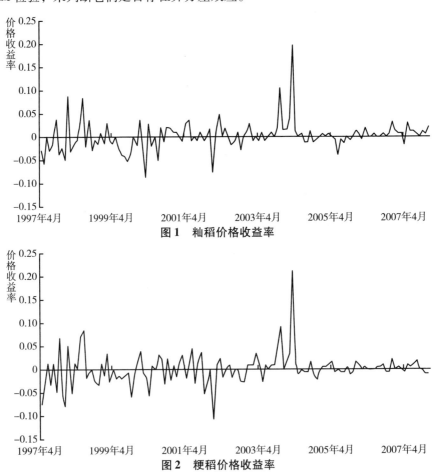

图1　籼稻价格收益率

图2　粳稻价格收益率

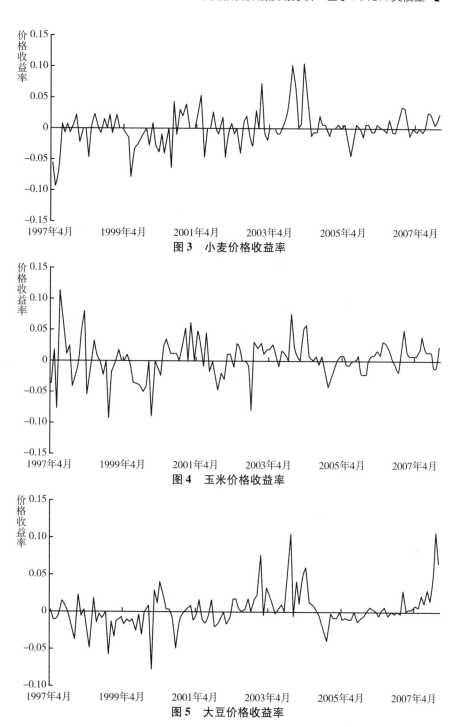

图 3　小麦价格收益率

图 4　玉米价格收益率

图 5　大豆价格收益率

四 模型估计结果

单位根平稳性检验结果表明：价格序列都非平稳，而价格收益率序列都平稳。ARCH – LM 检验结果表明：①籼稻、粳稻、大豆价格异方差效应不显著。②对小麦而言，选择滞后阶数为 5 阶时，检验概率 p 值小于 5%，说明残差序列存在异方差效应。至少存在 5 阶的 ARCH 效应。这就意味着必须估计很多个参数，而这很难精确做到，可以用一个低阶的 GACH 模型代替，以减少待估参数个数。③对玉米而言，选择滞后阶数为 1 阶时，检验概率 p 值小于 5%，说明残差序列存在异方差效应。根据 ARCH – LM 检验结果，本文对存在显著异方差效应的小麦和玉米市场建立 ARCH 模型。

（一）小麦

小麦市场的 ARCH 模型估计结果如下（见表 2）。

表 2 小麦市场 ARCH 模型估计结果

	GARCH	GARCH – M	TARCH	EGARCH
λ	——	0.01(0.11)	——	——
R_{t-2}	0.19(1.54)	0.21(2.01)	0.18(1.70)	0.18(1.72)
α_0	0.00(3.92)	0.00(3.65)	0.00(3.98)	−2.4(−3.86)
α_1	0.19*(1.87)	0.20(1.81)	0.35(2.31)	——
ϕ	——	——	−0.34**(−2.09)	——
β_1	0.49***(4.53)	0.50(4.27)	0.46(4.59)	——
α	——	——	——	0.23(1.46)
γ	——	——	——	0.14*(1.71)

注：括号中的数值为 z 统计值；* 表示在 10% 水平下显著，** 表示在 5% 水平下显著，*** 表示在 1% 水平下显著。

1. GARCH 模型估计结果

小麦价格收益率条件方差方程中，α 和 β 都在 10% 的水平下显著，表明价格收益率序列具有显著的波动集簇性。α_1 和 β_1 之和为 0.68，小于 1，因此，过去的波动对未来的影响逐渐消失。

2. GARCH-M 模型估计结果

小麦价格收益率均值方程中 λ 估计值为 0.01，但不显著，这反映了小麦市场没有高风险高回报的特征。

3. TARCH 和 EGARCH 模型估计结果

在 TARCH 模型中，ϕ 的估计值小于零，且在 5% 的水平下显著。在 EGARCH 模型中，γ 的估计值大于零，且在 10% 的水平下显著。这说明，小麦市场价格上涨信息引发的波动比价格下跌信息引发的波动要大，小麦价格波动具有显著的非对称性。

（二）玉米

玉米市场的 ARCH 模型估计结果如下（见表3）。

表3　玉米市场 ARCH 模型估计结果

	ARCH	ARCH-M	TARCH	EGARCH
λ	—	0.04(0.60)	—	—
R_{t-1}	0.43(4.08)	0.40(3.52)	0.39(3.51)	0.39(4.08)
α_0	0.00(8.38)	0.00(8.47)	0.00(8.7)	-7.48(-52.02)
α_1	0.43***(2.89)	0.38(2.69)	0.28(1.67)	—
ϕ	—	—	0.15(0.61)	—
α	—	—	—	0.57(3.04)
γ	—	—	—	-0.12(-1.32)

注：括号中的数值为 z 统计值；* 表示在 10% 水平下显著，** 表示在 5% 水平下显著，*** 表示在 1% 水平下显著。

1. ARCH 模型估计结果

玉米价格收益率条件方差方程中 α_1 在 1% 水平下高度显著，表明玉米价格波动具有显著的集簇性。

2. ARCH-M 模型估计结果

玉米价格均值方程中 λ 估计值为 0.04，但不显著，这反映了玉米市场不存在高风险高回报的特征。

3. TARCH 和 EGARCH 模型估计结果

在 TARCH 模型中，ϕ 的估计值大于零，但不显著；在 EGARCH 模型中，

γ 的估计值小于零，但不显著。这说明，玉米价格波动没有显著的非对称性。

总的来说，ARCH 模型的估计结果表明：小麦、玉米价格波动具有显著的集簇性；小麦、玉米市场没有高风险高回报的特征；小麦价格波动具有显著的非对称性，即价格上涨信息引发的波动大于价格下跌信息引发的波动，玉米价格波动没有显著的非对称性。关于产生波动集簇性的原因，目前有两种解释：第一种是将波动与宏观经济形势联系在一起，认为信息产生过程的序列相关性导致了波动的集簇性；第二种是认为市场上存在看法不同的风险厌恶交易者，Harrisand Raviv（1993）和 Shalen（1993）都提出了看法不同会产生波动集簇性的理论模型。从中国粮食市场的状况来看，笔者更倾向于第二种解释，因为中国粮食市场与宏观经济走向的联系比较弱，随着粮食市场化政策的实施，市场参与主体不断增多，人们对信息的理解方式有很大的不同，这导致价格波动集簇性的产生。对波动非对称性的解释，French，Schwert and Stambaugh（1987）和 Campell and Hentschel（1992）提出了波动反馈效应：在价格上涨信息的冲击下，增加的波动带来降低当期价格的效应与信息引起的价格上涨相抵消，从而使波动减小；在价格下跌信息的冲击下，增加的波动带来降低当期价格的效应与信息引起的价格下降相叠加，使波动增大。但是，粮食市场比较特殊，和股市存在较大差异，人们更关心价格上涨信息，存在"跌价无人问，涨价多头管"的现象，这导致价格上涨信息引发的波动比价格下跌信息引发的波动更大。

五　总结和讨论

本文通过对籼稻、粳稻、小麦、玉米、大豆价格波动进行分析，得出以下结论：①籼稻、粳稻、大豆价格没有显著的异方差效应。②小麦和玉米价格波动具有显著的集簇性。③小麦市场和玉米市场没有高风险高回报的特征。④小麦价格波动具有非对称性，即价格上涨信息引发的波动比价格下跌信息引发的波动大。

与现实相联系，模型估计结果表明：①小麦、玉米市场大的价格波动后面往往跟随着大的价格波动，小的价格波动后面经常跟随着小的价格波动，这说明，小麦、玉米价格波动在一定程度上是可以预测的。小的价格波动影响较小，但大的价格波动会对粮食产业发展、居民生活、宏观经济产生较大的影响，为稳定粮食市场，大的价格波动不可不防。②粮食市场没有体现出高风险高回报、低风险低回报的特征，这说明，中国粮食市场的大部分交易者在做决策时非理性因素大于理性因素，中国粮食市场有待进一步发展和完善。③对小麦市场来说，价格上涨信息引发的波动比价格下跌信息引发的波动大。为稳定小麦市场，要特别关注引起小麦价格上涨的因素并采取相应措施。

本文只是利用 ARCH 模型对不同品种粮食价格波动问题进行初步分析，未来的研究可以从以下几个方面进行深化：一是波动的溢出效应；二是 ARCH 模型的修正；三是 ARCH 模型在粮食价格预测中的应用。

参考文献

冯云：《中国粮食价格波动的实证分析》，《价格月刊》2008 年第 2 期。

钟甫宁：《稳定的政策和统一的市场对我国粮食政策的影响》，《中国农村经济》1995 年第 7 期。

柯炳生：《中国农户粮食储备及其对市场的影响》，《中国农村观察》1996 年第 6 期。

谭江林、罗光强：《粮食价格波动与通货膨胀关系的实证研究》，《价格月刊》2009 年第 3 期。

石敏俊、王妍、朱杏珍：《能源价格波动与粮食价格波动对城乡经济关系的影响——基于城乡投入产出模型》，《中国农村经济》2009 年第 5 期。

何蒲明、黎东升：《基于粮食安全的粮食产量和价格波动实证研究》，《农业技术经济》2009 年第 2 期。

陈千里：《中国股市波动集簇性和不对称性研究》，《湖北大学学报》（自然科学版）2002 年（第 24 卷）第 3 期。

华仁海、仲伟俊：《我国期货市场期货价格收益、交易量、波动性关系的动态分析》，《统计研究》2003 年第 7 期。

唐衍伟、陈刚、张晨宏：《我国期货市场的波动性与有效性——基于三大交易市场的实证分析》，《财贸研究》2004 年第 5 期。

刘宁：《对上海股票市场波动性的 ARCH 研究》，《兰州大学学报》（自然科学版）2004 年（第 40 卷）第 6 期。

Bollerslev, T.: Generalized Autoregressive Conditional Heteroskedasticity, *Journal of Econometrics*, 31: 307 – 328, 1986.

Campell, J. Y. & Hentschel, L. : No News is Good News: an Asymmetric Model of Changing Volatility in Stock Returns, unpublished manuscript, Princeton University, 1990.

Engle, R. F. : Autoregressive Conditional Heteroskedasticity with Estimates of the Variance of U. K. Inflation, *Econometrica*, 50: 987 – 1008, 1982.

Engle, R. F. ; Lilien, D. M. & Robins, R. P. : Estimating Time Varying Risk Premia in the Term Structure: the ARCH-M Model, *Econometrica*, 55: 391 – 407, 1987.

French, K. R. ; Schwert, G. W. & Stambaugh, R. E. : Expected Stock Returns and Volatility, *Journal of Financial Economics*, 19: 3 – 29, 1987.

Harris, M. ; Raviv, A. : Differences of Opinion Make a Horse Race, *The Review of Financial Studies*, 6 (3): 473 – 506, 1993.

Lapp, J. S. & Smith, V. H. : Aggregate Sources of Relative Price Variability among Agricultural Commodities, *American Journal of Agricultural Economics*, 74: 1 – 9, 1992.

Nelson, D. B. : Conditional Heteroskedasticity in Asset Returns: a New Approach, *Econometrica*, 59: 347 – 70, 1991.

Rabemananjara, R. & Zakoian, J. M. : Threshold ARCH Models and Asymmetries in Volatility, *Journal of Applied Econometrics*, 8: 31 – 49, 1993.

Shalen, C. T. : Volume, Volatility and the Dispersion of Beliefs, *The Review of Financial Studies*, 6 (2): 405 – 434, 1993.

进口奶粉对中国奶业的影响[*]

——黑龙江完达山乳业调研报告

刘玉满　李　静

进入 2010 年以来，乳品消费市场呈现较快的恢复性增长。在乳品消费需求的拉动下，不仅国内奶业生产实现了恢复性快速反弹，乳制品进口也创下历史新高。相关的统计数据显示，2010 年 1～7 月我国干乳制品进口量达 43.32 万吨，同比增长 25.56%；其中，奶粉进口 26.12 万吨，同比增长 75.39%；预计全年进口将突破 40 万吨。然而，进口奶粉的快速增长会给我国奶业带来哪些具体影响？带着这个问题笔者走访了完达山乳业。

一　三聚氰胺事件使完达山乳业面临竞争压力

完达山乳业是我国最著名的地方乳品生产企业之一，完达山乳品在我国许多地区已成为家喻户晓的知名品牌。完达山乳业作为中国为数不多的集产、加、销一体化的乳品企业之一，不仅有自己的奶源基地，所有的奶站也是企业的自有奶站。目前，企业的奶源基地饲养 40 万头奶牛，其中，饲养小区占 40%，自有牧场占 10%，其余为企业职工散养。同时，企业投入 3600 万元，建立了 200 个奶站，其中制冷式奶站 80 个。

完达山乳业是我国一个重要的奶粉生产企业。目前，企业年产 60 万吨生鲜奶，其中，50% 用于生产液态奶，另外 50% 用于生产奶粉。2009 年，奶粉产量达 6 万吨，其中，原料粉 2 万吨，其余为配方奶粉。完达山乳业的奶粉生产规模还在不断扩大，2009 年收购了圣元的宝泉岭乳业资产，将圣元年产 2

＊　基金项目，本次调研得到现代农业产业技术体系建设专项资金和农业部国际交流中心联合资助。

万吨配方粉的企业收入麾下。同时，投资建设的兴凯年产2万吨配方奶粉项目和双城年产3万吨成品粉包装生产线项目也已建成投产。

2008年三聚氰胺事件中，完达山乳业的产品未被检测出三聚氰胺，是国内少数未被牵连的几个企业之一。完达山乳业也因此在广大消费者心目中树立起诚信企业的形象，其品牌受到广大消费者的青睐。因此，三聚氰胺事件后，该企业的国内市场份额在不断提升。据了解，在三聚氰胺事件前完达山乳业的国内市场份额为1.2%左右，而事件后提高到2.4%。

尽管如此，这次事件还是使完达山乳业蒙受很大的经济损失。在三聚氰胺事件发生后的一段时期内，为了减少奶农的损失，完达山乳业照常收购奶农生产的生鲜奶并加工成奶粉，收购价一直维持在2.20~2.40元/千克，而当时有的乳品企业的生鲜奶收购价为1.80元/千克。原料奶粉的工厂成本约2.4万元/吨，而当时的进口奶粉价格甚至低达1.70万~1.80万元/吨。由于受到进口奶粉低价冲击，国内奶粉市场相当低迷，致使完达山乳业的奶粉销售出现严重的价格倒挂，仅此一项企业就遭受了巨大经济损失。

三聚氰胺事件不仅使完达山乳业蒙受很大经济损失，同时，也使企业完全丢失了国际市场。三聚氰胺事件前，企业奶粉出口表现出良好的增长势头，并且是由企业直接出口。2007年和2008年累计出口全脂奶粉达9000吨，出口的主要国家和地区包括刚果、苏丹、阿尔及利亚、埃及、孟加拉及我国台湾（出口给台湾恒天然）。但是，三聚氰胺事件发生后至今，企业的出口仍未恢复。事实上，2009年以后完达山乳业就没有了奶粉出口业务，奶粉生产全部供给国内市场。

完达山乳业奶粉生产面临着市场竞争的巨大压力。根据完达山乳业的介绍，按照生产用途不同，奶粉可分为原料粉和配方粉两大类，不同类奶粉具有不同的用途。原料粉的主要用途是生产乳饮料和冰淇淋，而配方奶粉是供婴幼儿和中老年人直接食用。完达山乳业的配方奶粉销售渠道有两条：一条是企业—经销商—门店；另一条是企业—经销商—分销商（批发）—门店。完达山乳业配方奶粉的销售地区主要有东北三省、河北、河南、山东、安徽等地。

目前，企业的原料粉完全生产成本为3.10万元/吨（不包括运输、销售成本）；其成本构成如下：生鲜奶占90%，制造成本（含折旧、人工、水、电等）占 10%。由于生鲜奶价格呈刚性增长，不存在降低原料粉生产成本的空间。原料粉的高成本生产，意味着企业无利可图，甚至是亏本经营。实际上，2010 年 7 月份进口奶粉的到岸价格低于国内企业奶粉的生产成本，当月进口奶粉的到岸价是 2.85 万元/吨，黑龙江奶粉的生产成本就是 3.10 万元/吨，而出售价只有 3.00 万元/吨，已形成价格倒挂。

由于生产原料粉已使企业处于负盈利状态，因此，完达山乳业只能把盈利点放在配方奶粉生产上，因为在配方奶粉的成本构成中，生鲜奶只占 70%，而制造成本和其他辅料（主要是添加的营养元素）各占 10% ~ 20%。但是，配方奶粉的市场竞争也相当激烈，特别是进口奶粉，对国内奶粉生产企业形成直接的冲击。

二　进口奶粉使完达山乳业受到直接冲击

与众多洋品牌开展市场竞争增加了完达山的市场促销成本。目前，国内奶粉市场的竞争主要表现为配方奶粉的市场竞争，而在配方奶粉的市场竞争中，婴幼儿配方产品的市场竞争尤为激烈。完达山乳业坦言，在众多知名洋品牌奶粉的市场竞争中，自己毫无优势，因为这些洋品牌早已凭借其在市场营销方面的经验夺得市场先机。完达山乳业为了与这些洋品牌争夺市场份额，不得不加大市场促销力度，例如，增加广告费、陈列费、门店推介、企业导购、售后服务、礼品等。据完达山乳业估算，由于促销费用的上涨，企业利润下降了10%。销售成本增加压缩了企业利润增长空间，2009 年在市场销售形势一片大好的情况下，完达山乳业利润率只有 1%。

国产乳制品丑闻不断使完达山乳业的客户不断流失。到 2009 年底，完达山乳业已经走出三聚氰胺事件的阴影，积压的 2 万吨奶粉也销售一空。然而，好景不长，国内媒体报道的"三聚氰胺奶粉重现江湖"、"某品牌婴幼儿奶粉含有雌激素"等事件使国人对国产奶粉刚刚恢复的信任再次出现危机。虽然经国家卫生部科学检测证实，该品牌婴幼儿奶粉雌激素检测符合国家标准，但国人因此而产生的国产品牌信任危机在短期内很难消除。受此影响，完达山乳业又开始出现奶粉积压的苗头，一些大客户表示要放弃与完达山乳业的继续合作，转向购买进口奶粉。完达山乳业估计，2010 年企业的老客户流失量很可能达到50%。

由于考虑到市场诚信和市场价格等综合因素，国内一些乳品加工企业已经完全放弃使用国产原料粉。完达山乳业也开始考虑使用进口奶粉。但是，到目前为止，完达山乳业生产的乳酸饮料和其他乳制品其原料粉都来自国产，还没有使用过进口奶粉。然而，由于国产奶粉的价格高于进口奶粉，如果继续以国产奶粉为原料进行生产，产品必然失去市场竞争力，企业很难在市场竞争中生存。因此，完达山乳业表示，如果进口奶粉的价格继续低于国内生产成本，为了企业自身生存，不排除也使用进口奶粉作为原料进行生产。

三 进口奶粉对国内奶业已经产生实际影响

中国奶粉产业具有先天的弱质性。根据完达山乳业介绍，现阶段国内奶粉产业的综合竞争力低于国际水平，主要体现在以下几个方面：第一，奶源质量低。欧盟的原料奶标准为：乳蛋白率为3.2%，乳脂率为3.7%，干物质含量为12.4%；而我国老国标的原料奶标准为：乳蛋白率为2.95%，乳脂率为3.1%，干物质含量为11.8%，主要营养指标都低于欧盟标准。第二，国产奶粉的营养含量低。进口奶粉的乳蛋白率和乳脂率分别为25%和28%，而国产的分别为23%和26%。第三，国产奶粉整体上安全性差。质量差，成本高，这是国内乳品企业的软肋。但是，进口奶粉质量也参差不齐，有些产品的质量也并不优，只是概念上的炒作。就配方奶粉而言，进口奶粉和国产奶粉实际上没有多大差别，甚至有些品牌的国产奶粉要好于进口奶粉，因为国产奶粉的配方是根据国人的生理需求制定的，所以，比进口奶粉更精细一些。

新国标进一步削弱了国内乳品企业的市场竞争力。如前所述，目前黑龙江奶粉的生产成本就是3.1万元/吨，而进口奶粉的到岸价只是2.85万元/吨。生鲜奶质量差是导致国产奶粉生产成本居高不下的主要原因。随着新国标把乳蛋白含量从2.95%下调为2.8%，黑龙江省对生鲜奶的收购基价也做了相应调整。由于新国标的实施，每吨原料奶粉的奶耗增加了0.5吨；由于生鲜奶基价的调整，每吨奶粉的生产成本增加了1500元。

国产奶粉已经在市场竞争中处于劣势。这主要表现在以下三个方面：

第一，新生婴儿的"第一口奶"已经被洋品牌垄断。洋品牌通过各种手段垄断了医院渠道，使一些大中城市新生婴儿降生后喝的"第一口奶"都是洋品牌，而国产奶粉只能作为"第二口奶"。因此，第一阶段婴幼儿配方奶粉市场几乎被洋品牌所垄断，国产奶粉只好在第二阶段和第三阶段与洋品牌展开竞争。第二，国产奶粉的市场份额不断被进口奶粉蚕食。2008年三聚氰胺事件前，国产奶粉市场占有率为60%，进口奶粉仅为40%。2010年，进口奶粉已经同国产奶粉平分秋色，各占50%。展望2011年，进口奶粉有可能超过50%的市场份额。第三，进口奶粉与国产奶粉的市场竞争正在延伸。以前进口奶粉所占领的市场主要是高端市场，如多美滋、惠氏、美赞臣、雀巢4家，各占有10%左右的市场份额。现在各种中小品牌和杂牌洋奶粉也纷纷涌入，同时向中低端市场挺进，直接蚕食传统的国产奶粉市场。在奶粉进口大幅度增长的情况下，国内大品牌企业可能会继续增长，但是，二、三线品牌将受到剧烈冲击，二线品牌将有1/3发生亏损，三线品牌则会100%发生亏损。

进口奶粉对奶业的冲击已经悄然形成。完达山乳业认为，2010年以来，进口奶粉量价齐升，对中国乳业已形成不利的影响，为奶粉产业的发展埋下了潜在的危机。目前，全国奶牛存栏量和原料奶产量已经出现增速放缓的迹象，究其原因，一是疫病导致奶牛存栏量的减少；二是三聚氰胺事件后，散养户被逐渐淘汰，奶牛进小区的政策使一些散养户放弃了奶牛养殖；三是随着劳动力成本的提高，养殖奶牛的比较收益下降。在这种情况下，奶牛存栏量和原料奶产量都不会迅速增长，而消费市场迅速恢复的需求会被进口奶粉所补充。2010年上半年在进口奶粉激增的情况下，国内市场反应平淡，恰恰说明了进口奶粉对奶业的冲击已悄然形成，可以说是2009年进口奶粉对国内市场形成冲击后遗症的鲜明表现。

进口奶粉已经影响国内奶业的进一步发展。在完达山乳业看来，进口奶粉对国内奶业的影响主要表现在以下两个方面：第一，对奶牛养殖环节的影响。进口奶粉每增加10万吨，将直接导致减少85万吨的生鲜奶需求，相当于减少了34万头奶牛养殖，直接影响3.4万人就业；第二，对乳品加工企业的影响。在国产奶粉和进口奶粉价格倒挂情况下，生产和供应型企业的出路只有亏本销售或形成库存积压，对于需求型企业可能短期内能在成本上获得收益，但是，一旦国内产业链遭到彻底破坏，国内原料奶粉将完全依赖进口，进口奶粉的高价时代必然到来，最终受害的还是国内企业。

四 完达山乳业对决策者的期待

乳品行业是关系国计民生的产业，产业关联度高，产业链条长。一旦乳品市场出现供需失衡，将很难在短期内恢复。从维护社会稳定、保护乳品行业发展、保护广大奶农利益等方面出发，国家有必要尽快出台保护政策。为此，完达山乳业对我国乳业的未来发展充满了期待，并提出如下几方面的建议。

第一，政府对中国奶粉产业应有一定程度的保护。中国奶粉产业具有先天的弱质性，其中一个重要方面就是国内生鲜奶的成粉率低。就原料粉生产而言，新西兰是 7.5 吨生鲜奶产 1 吨奶粉，我国是 8.5 吨生鲜奶产 1 吨奶粉。若按生鲜奶价格 3.00 元/千克计算，我国乳品企业每生产 1 吨原料粉，就要比新西兰企业多支付 3000 元的生鲜奶原料款。不仅如此，奶业新国标的实行则进一步推开了企业的生产成本，并由此进一步削弱了国内乳品企业的市场竞争力。由于新国标的实施，每吨原料粉的奶耗增加了 0.5 吨；由于生鲜奶基价的调整，每吨奶粉的生产成本增加了 1500 元。

第二，弘扬民族品牌。应统一进行组织策划，搞好民族品牌乳品的公益性宣传，通过专家和各种方式，宣传国产奶源、奶粉的优势，帮助消费者树立信心。建立乳品广告宣传审核把关制度，完善虚假宣传追责制。要让消费者明白，进口奶粉质量也各有差别，有些产品其实质量并不优，只是概念上的炒作。就配方奶粉而言，进口奶粉和国产奶粉实际上没有多大差别，甚至有些品牌的国产奶粉要好于进口奶粉，因为国产奶粉的配方是根据国人的生理特点制定的，因此比进口奶粉更精细一些。

第三，增加对奶粉加工企业的补贴。原料奶收购标准的降低，相当于原料奶价格的变相提高，前文已经提到，实施新国标使企业每生产 1 吨奶粉比过去增加 0.5 吨的奶耗，每吨成本增加 1500 元，这给企业带来巨大压力。建议在奶粉企业发生价格倒挂的情况下，国家在保护奶农利益的同时对企业原料奶收购进行补贴。同时，降低国标打击了消费者信心，政府忘掉了自己的责任——促进产业发展，政府应该与企业共同分担社会责任，而不应让企业独自承担。

第四，应改革和完善进出口贸易管理协调机制。加强和完善乳制品进出口贸易管理，加强信息沟通与平台共享，是维护奶业安全的一个重要环节。由于该目标和系统的复杂性，任何单个的部门难以完成。为此，要建立由农业、商务、财政、海关、质检等部门共同参加的协调工作机制，形成统一、稳定、规范、高效的农产品外贸管理和调控体制，确保农业贸易政策与国内农业发展政策的统一和协调。在这一框架下，对奶粉进口的信息来源的监管水平与行政管控效率可以得到很大的提升。

致谢：完达山乳业宋颐年董事长为本次调研组织了专门座谈会，贸易公司的王莹总经理为本次座谈专门准备了相关文字材料，笔者在此表示真诚感谢！

农 村 金 融

农户民间借贷的利率及
影响因素分析[*]

张元红 李静 张军 李勤

一 引言

最近，民间借贷的风险不断出现，引起了全社会的关注。实际上，关于民间借贷的研究近些年一直受到学术界的重视，国内外对民间借贷的研究也比较丰富。关于民间借贷的研究中，利率问题讨论最多，多数人认为农村民间借贷不受政府管制，其利率由借贷双方自由决定，能够真实反映局部金融市场资本稀缺程度和资金价格。

关于民间借贷利率的影响因素，布拉塔·加塔克和 Bottomley 等从供给的角度考虑了乡村资金利率的决定过程，认为乡村民间借贷管理费或交易成本不会很高，机会成本也很低，利息率主要取决于风险报偿和垄断利润两个

---

* 本文系中国社会科学院重大课题"中国农村民间金融研究"的最终研究报告的一部分，课题主持人为中国社会科学院农村发展所张元红研究员，李人庆和李勤博士等负责实施了农户样本调查。

因素。①② 周万阜认为，非正规金融市场利率的形成受市场准则和伦理准则的双重影响。③ 在市场准则下，利息体现为资金所有者让渡其资金使用价值的报酬；伦理准则下贷款者要考虑到人情关系及其他伦理规范。实际的市场利息率水平主要取决于非正规金融领域贷出者的垄断程度、借入者对贷款的需求弹性、正规信贷市场的信贷供给以及正规信贷市场的利率水平等。陈锋、董旭操对利率和通货膨胀的关系进行了分析，认为随着利率改革的深入，民间利率与银行利率的相关性增强。④ 同时，通货膨胀对民间实际利率的影响明显，但在时间上是滞后的。

对于部分民间金融利率高于正规金融利率的现象，人们提出了各种解释或假说。主要观点为：正规金融利率因政府管制而被扭曲，低于民间金融市场的均衡利率水平；农村经济主体面临的季节风险和市场风险，迫使非正规金融供给者索取较高的风险补偿利率、机会成本的补偿，以及索取额外的违法风险利率作为补偿；非正规金融资金来源的垄断性等。

Aleem 从信息不充分的角度出发，通过实际调查分析了信息不充分对贷款人放款成本的影响。他认为，借款人所支付的利息必须能够弥补贷款人在贷款过程中所发生的信息成本以及风险溢价等（其中信息成本在贷款人发生的总成本中占据很大的比重），非正规金融市场上的高利率是由于该市场上严重的信息不对称和高风险造成的。⑤⑥ Adams 等人认为高经营成本、高坏账率、资本短缺和季节性贷款需求是导致高利率的原因。Bell 等从正规金融市场和非正规金融市场的割裂性出发，分析了两者间的溢出效应，并认为：由于政府降低了贷款的利率，导致商业银行的赢利空间被压缩，信贷风险相对增加，使得银

---

① 〔苏〕布拉塔·加塔克、肯英恪尔森：《农业与经济发展》，华夏出版社，1987。

② Bottomley Anthony. Interest Rate Determination in Underdeveloped Rural Areas. *American Journal of Agricultural Economics*, 1975（57）.

③ 周万阜：《论非正规金融市场的利率形成》，《农村金融研究》1989 年第 3 期。

④ 陈锋、董旭操：《中国民间金融利率——从信息经济学角度的再认识》，《当代财经》2004 年第 9 期。

⑤ Aleem, Irfan. Imperfect Information, Screening, and the Costs of Informal Lending: A Study of a Rural Credit Market in Pakistan. The World Bank Economic Review, 1990（4）.

⑥ Adams, Dale W and Delbert A. Fitchett（eds.）, Informal Finance in Low-Income Countries. Boulder, Co. Westview Press, 1992.

行普遍惜贷或者要求增加担保，结果使更多的贷款需求者转向非正规金融市场寻求帮助，需求的增加使非正规信贷市场上的利率上升。[1]

张军运用信息不对称和过滤理论分析了农村民间金融市场双利率并存的现象，认为利率在民间借贷市场上具有过滤功能，非正规金融部门比较稳定的高利率是对农村金融市场上信贷风险分布不对称的一种反映。[2] 低利率或零利率通常发生在熟识度较高的人群中，在这种熟人借贷关系中，由于筛选问题并不重要，所以借贷常常是低息和无息的。王一鸣、李敏波认为，一个地区民间金融市场是非完全竞争性市场，民间利率和借贷由双方议价而确定。[3] 借助 Nash 议价可以解释民间市场的借贷利率及分割现象。谢平、陆磊在研究金融腐败时把企业在正规金融市场上的融资额、第一类租金函数和第二类租金额度作为外生变量，把企业进入民间借贷市场融资作为状态变量，因为金融机构存在隐性寻租，因此，正规金融市场利率与民间借贷利率没有本质区别。[4]

从以上的综述中可以看出，学者从很多角度考察了民间金融利率的影响因素，但是，许多解释都缺少实证的检验或在检验中存在数据资料不足和指标代表性不强等因素的困扰。另外，上述模型及分析中的一些因素很难定量处理，一些重要影响因素（如借贷双方的个人特性、地区差别）也很少被考虑。要弄清民间金融的合理利率水平和其决定因素，必须结合中国农村的实际情况，综合考察多种因素，用农户调查资料进行验证。

二 数据与样本

本项研究所用数据主要来源于专门为此项研究进行的农户调查，调查采取分层抽样的方法选择样本。样本省的选择以地区分类为主，尽量让每一种类型

[1] Bell, C. T. N. Srinivasin and C. Udry. Rationing, Spillover, and Interlinking in Credit Markets: The Case of Rural Punjab. Oxford Economic Papers, 1997 (4).

[2] 张军：《改革后中国农村的非正规金融部门：温州案例》，《中国社会科学季刊（香港）》，1997 年（秋季卷）。

[3] 王一鸣、李敏波：《非正规金融市场借贷利率决定行为：一个新分析框架》，《金融研究》2005 年第 7 期。

[4] 谢平、陆磊：《金融腐败：非规范融资行为的交易特征和体制动因》，《经济研究》2003 年第 6 期。

的地区都有代表；样本县、样本乡、样本村的选择主要考虑收入水平分组，在
五等分组（高、中上、中、中下、下）情况下，在中上和中下收入水平组各
选取一个样本；样本户的选择也考虑收入水平分组，在五等分组情况下，每组
各选取 6 户以上样本。调查过程中，合计收回样本 2018 份，经过校验、审录，
剔除了少部分不合格样本。另外，针对个别地区样本信息遗漏较为集中的情
况，组织了第二次补充调研。最终汇总录入的有效农户样本为 1882 个。样本
分布情况见表 1。

表 1　样本户省际分布

省份	样本户数	省份	样本户数
湖北	325	辽宁	155
河北	153	浙江	161
江西	308	江苏	144
宁夏	333	合计	1882
广西	303		

调查省份基本上代表了中国农村地区的不同类型。其中，辽宁代表东北地
区，宁夏代表西北地区，河北代表华北地区，湖北、江西代表华中地区，广西
代表华南地区，浙江、① 江苏代表华东地区。调查时间为 2006 年 7 月。

全部样本中，2005 年底时户均人口 4.35 人，户主平均年龄 46 岁，户主平
均受教育年限 7.5 年，家庭拥有的住房价值平均为 46704.48 元（见表 2）。

表 2　样本户家庭基本情况（户均）

类别	平均值	标准差	最小值	最大值
家庭人口（人）	4.35	1.46	1	12
户主年龄（岁）	46.22	10.79	20	94
户主受教育年限（年）	7.50	2.94	1	20
住房价值（元）	46704.48	61275.48	0	1150000

---

① 谢平、陆磊：《金融腐败：非规范融资行为的交易特征和体制动因》，《经济研究》2003 年
第 6 期。

收入方面，样本户 2005 年平均每户种植业收入 5189.88 元，养殖业收入 7694.93 元，工商运等收入 6451.66 元，工资性收入 8217.79 元，其他收入 687.32 元，收入合计 28241.58 元。支出方面，平均每户一般生产性支出 9413.85 元，生产性固定资产支出 2876.09 元，日常生活支出 9438.96 元，住房和耐用品支出 3892.46 元。初步核算，户均净收入 18827.73 元，人均纯收入 4614.79 元（见表 3）。

表 3   样本户家庭收支情况

单位：元

类别	平均值	标准差	最小值	最大值
种植业收入	5189.88	8406.44	0	150000
养殖业收入	7694.93	96742.20	0	3500000
工商运等收入	6451.66	34073.00	0	700000
工资性收入	8217.79	12437.63	0	160000
其他收入	687.32	5083.82	0	150000
收入合计	28241.58	102968.50	0	3504500
一般生产性支出	9413.85	82881.16	0	3000000
生产性固定资产支出	2876.09	23358.04	0	500000
日常生活支出	9438.96	14179.69	50	472000
住房和耐用品支出	3892.46	22459.98	0	650000
户均净收入	18827.73	38924.02	-449000	710000
人均纯收入	4614.79	10253.38	-112250	236666.7

与国家统计局有关数据进行对比，本次调查样本农户的收入水平略微偏高。不过，除了个别省以外，多数地区样本户农民收入与统计局数据比较接近，样本具有较高的代表性。

三　农户民间借贷利率基本情况

本课题组所做的 1882 户农户调查中，共有 1375 户曾经借贷民间资金，其中 393 户是在调查当年借入最后一笔民间资金的。以下对农户民间借贷利率的分析就基于这些样本农户的资料。

1. 农户民间借贷主要是无息借款

先看名义利率，1375 户曾经借入过民间资金的样本户中，最后一笔借款中只有 208 户样本明确需要付利息（名义），占 15.13%，其余 84.87% 的民间借款都属于无息借款；393 户调查当年借入民间资金样本中，只有 80 个样本明确需要付利息（名义），占 20.36%，其余 79.64% 的民间借款都属于无息借款。考虑到农户借款时有的需要请客、送礼或者提供特定帮助，笔者请农户将这些都折合成现金，在名义利率基础上再算出一个折合后的实际利率。由于样本农户在进行民间借贷时这方面的开支并不多（全部借入民间资金的农户中只有 7.2% 需要送礼，3.56% 需要请客吃饭，6.33% 需要提供特定帮忙），因此，考虑到这些交易成本后的实际利率情况与名义利率相差不大。附加交易成本后，1375 户曾经入过贷民间资金样本中，有 318 户样本明确需要付利息，占 23.13%；393 户调查当年借入民间资金样本户中，有 100 户样本明确需要付利息，占 25.45%，其余的民间借款都属于无息借款（见表 4）。

表 4　民间借入资金户借款利率分布情况（名义利率）

利率分布（%）	户数（户）	占比（%）
曾有借入资金样本户	1375	100.00
0%	1167	84.87
0~2%（包括 2%）	18	1.31
2%~6%（包括 6%）	41	2.98
6%~12%（包括 12%）	109	7.93
12%~24%（包括 24%）	31	2.25
>24%	9	0.65
调查当年借入资金样本户	393	100
0%	313	79.64
0~2%（包括 2%）	9	2.29
2%~6%（包括 6%）	13	3.31
6%~12%（包括 12%）	44	11.20
12%~24%（包括 24%）	10	2.54
>24%	4	1.02

注：调查时间为 2006 年，当年我国人民币贷款基本利率为 6% 左右。

2. 农户民间借贷利息比较低，高利贷仅属个别现象

全部 1375 户借入样本的平均名义利率只有 1.6%，考虑到相应交易成本的折合实际利率平均也只有 2%；393 户当年借入民间资金样本的平均名义利率只有 2.1%，折合后实际利率为 2.6%。这一利率水平远低于银行贷款平均利率（6% ~ 9%），甚至不及银行一年期存款利率。

表 5　民间借入资金户借款利率分布情况（实际利率）

利率分布(%)	户数(户)	占比(%)
全部曾有借入资金样本户	1375	100.00
0%	1057	76.87
0 ~ 2%（包括 2%）	87	6.33
2% ~ 6%（包括 6%）	73	5.31
6% ~ 12%（包括 12%）	102	7.42
12% ~ 24%（包括 24%）	41	2.98
>24%	15	1.09
调查当年借入资金样本户	393	100
0%	293	74.55
0 ~ 2%（包括 2%）	18	4.58
2% ~ 6%（包括 6%）	19	4.83
6% ~ 12%（包括 12%）	42	10.69
12% ~ 24%（包括 24%）	15	3.82
>24%	6	1.53

　　注：实际利率是指在农户借款名义利率的基础上，加上各种为借款而付出的请客、送礼、帮忙等折现后的利率。

1375 户借入民间资金样本中，只有 9 个样本支付的名义利息高于同期银行信用社贷款利率的 4 倍（高利贷），仅占 0.65%。

3. 民间借贷利率有上升趋势

图 1、图 2 展示了样本农户最近十年来民间借贷利率的变化趋势。总体来说，农户民间借贷中，无息借款比例有所降低，而有息借款比例有所上升，平均借款利率也有上升趋势，但并非稳定上升，年度之间波动较大。这可能与通胀率预期及正规金融部门的利率变化有关，也可能与民间金融市场资金紧缺程度等有关。

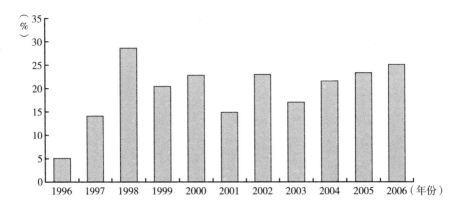

图1　1996~2006年不同年度付息（实际）农户占比情况变化

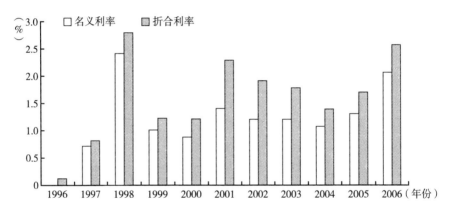

图2　1996~2006年农户民间借款利率变化*

注：农户民间借贷名义利率是指借钱时明确说明的利率，折合后实际利率是考虑与借款有关的其他附加成本后重新计算的利率，这些附加成本包括请客、送礼、帮忙等可计算的交易费用。

4.民间借贷利率存在明显的地区差别

本次调查涉及了8个不同省份，其中，浙江省农户借入民间资金的名义利率较高，折合交易成本后实际利率达到4.5%；宁夏农户借入民间资金的平均名义利率为4.3%，折合交易成本后实际利率达到5.4%；而相比之下，河北省农户民间借款利率平均只有0.4%。省际民间借贷利率存在明显差异（见图3）。

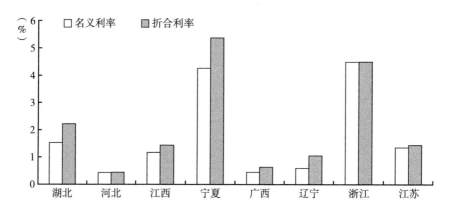

图3 部分省份农户民间借贷资金利率差别

四 民间借贷利率影响因素分析

关于民间借贷利率研究的经典模型，如苏布拉塔·加塔克（1987）和 Bottomley（1975）的 $r = \alpha + \beta + \gamma + \pi$（其中，$\alpha$ 为管理费或交易成本，β 为风险报偿，γ 为利息的机会成本，π 为垄断利润）中，主要是从供给角度考虑民间借贷利率的决定过程，但这一经典模型不一定完全符合中国的实际情况。由于传统文化影响深远，加上中国经济处于转轨时期，因此，必须结合中国农村的实际情况，重新考虑农村民间金融的利率决定模型。

笔者给出的民间借贷利率决定模型如下：

$$R = f(s, d, \alpha, \beta, f, c, i, z, o)$$

R 为民间金融利率，s 为民间资金供给状况，d 为民间资金需求情况，α 为管理费或交易成本，β 为风险成本，f 为融资的便利性，c 为传统文化因素，i 为通货膨胀率，z 为地域差异，o 为其他影响因素（如借贷双方的个性因素等）。

本次调查中，笔者设计了一些具体指标，以便体现上述模型中的各方面因素。因此需要有数据支持。可列入考察的指标包括：借款农户的资产状况、借款农户收入状况（人均净收入）、借款数额大小、借款时间、借款用途、放款人与借款人之间的关系、借款市场的空间大小（放款人居住距离）、正规金融市场和民间金融市场资金可得性、地区差异等。

经检验，借款农户收入状况（人均净收入）、借款市场的空间大小（放款人居住距离）等因素与农户借款利率关系微弱，统计检验不显著，因此，笔者逐步放弃了这些指标。最后确定进入回归方程的变量和指标为：

被解释变量：借款利率（折合交易成本后的实际利率）；解释变量：借款人房产净值，借款数额，借款年限，放款人关系远近（是否直系近亲），正规市场贷款难度（是否求借银行信用社），民间市场资金可得性（是否求借他人），地区差异（分省哑变量），借款用途（哑变量），常数项等。涉及具体金额数的指标取对数值。

使用的分析软件为Stata11。计算结果见表6。

结果表明，农户民间借款利率主要决定于以下五个因素：①取决于民间金融市场资金可得性，资金越难获得利率越高。②取决于借款人与放款人之间的关系，是否直系血亲直接影响利率水平，血缘关系越近利率越低。③取决于正规金融市场资金可得性，求借了正规金融市场但难以获得贷款时，相应的民间借贷利率也会越高。④与借款额度有关，数额越大，利率越高（数额大意味着风险高）。⑤取决于借款人的资产状况（本项显著性略低），借款人拥有不动产净值越多，贷款可保障程度越高，利率越低。

另外，在地区哑变量影响方面，浙江、宁夏等省区民间借贷利率较高，河北、辽宁等省民间借贷利率较低。在借款用途哑变量影响方面，经商办企业等营利性强的用途会导致利率升高；相反，用于看病、红白事操办等生活急需的贷款则只需要支付较低的利率，不过本项中某些变量的显著性略低。

如果说借款时间有差别，不同时期的通胀率和银行存贷款利率不同等会影响分析的准确程度的话，笔者选取2006年当年借入农户（393户）样本来进行同样的分析。由于只有当年数据，变量中不必再考虑时间因素，其他方程内容不变。回归结果表明，[①] 使用当年数据的分析结论与前文的结论总体上趋于一致，只是在个别变量的影响及显著性检验方面有些出入。

---

① 鉴于篇幅限制，当年样本的回归结果不再详细列出，有兴趣的读者可向笔者索取。

表 6 民间借贷利率决定回归分析结果 (全体借入户样本)

观察值:1375			
因变量:借款利率(折合交易成本后的实际利率)			
$R^2 = 0.1810$ $Adj\ R^2 = 0.1682$		$Prob > F = 0.0000$	
自变量	系数	标准差	T 值
借款人房产净值	− 0. 104567	0. 103749	− 1. 01
借款数额	0. 4296535 ***	0. 1292625	3. 32
借款年限	0. 0744994 *	0. 0381559	1. 95
与放款人关系远近	− 1. 932005 ***	0. 3083544	− 6. 27
正规市场贷款难度	0. 7956921 *	0. 4463458	1. 78
民间市场资金可得性	3. 158133 ***	0. 4108419	7. 69
省1(湖北)(缺省哑变量)			
省2(河北)	− 1. 486119 **	0. 61455	− 2. 42
省3(江西)	− 0. 1581801	0. 4692384	− 0. 34
省4(宁夏)	2. 377886 ***	0. 5964946	3. 99
省5(广西)	− 0. 9838689 **	0. 4723451	− 2. 08
省6(辽宁)	− 1. 390041 **	0. 6106403	− 2. 28
省7(浙江)	1. 883476 ***	0. 5895699	3. 19
省8(江苏)	− 0. 4617918	0. 7169821	− 0. 64
借款用途1(上学,缺省哑变量)			
借款用途2(盖房)	− 0. 3868458	0. 510591	− 0. 76
借款用途3(红白事)	− 1. 212894 *	0. 6395361	− 1. 90
借款用途4(看病)	− 1. 491734 **	0. 5839353	− 2. 55
借款用途5(其他生活开支)	0. 6732559	0. 6289821	1. 07
借款用途6(办企业)	1. 222408	0. 9609072	1. 27
借款用途7(经商)	0. 8989458	0. 572474	1. 57
借款用途8(外出打工路费)	− 1. 385786	1. 660803	− 0. 83
借款用途9(其他)	− 0. 3334651	0. 579367	− 0. 58
常量	− 0. 1329129	1. 41651	− 0. 09

注: *** 置信区间 >99% , ** 置信区间 >95% , * 置信区间 >90% 。

五 结论与政策建议

本次调查资料表明，目前大多数农户民间借贷仍然是无息借款，但有息借贷比例和实际借款利率都有上升趋势。农户民间借贷利率存在多样性，高利贷只是少数现象。低利率或者"零利率"很多时候只是一种表面现象，实际上放贷人会得到除利息之外的其他可货币化的收益（未来借款的承诺、劳力的补偿、商品购买的折扣）或非货币化的收益（亲情友情的延续、孤独感的排出等）。需要指出的是，有利率的民间借贷日益表现出商业化、正规化的特征。一是额度大，有利率的借款额度是无利率的借款额度的 3.3 倍；二是主要用于生产性、商业性开支；三是业缘关系更加重要，非血缘关系占 75%；四是多数有书面合同，有书面合同的占 60%。有利率的民间借贷看起来更正规一些，更加接近正规金融机构的借贷情况。

由于民间借贷对许多农户都具有不可或缺的支持作用，而且现实中农户民间借贷属于高利贷等违法现象极少，因此，政府应充分肯定和重视民间金融的积极作用。考虑到民间金融的差异化现象，应对不同的民间金融采取区别对待的政策。当然，还应注意部分地区农村民间借贷的大额化、商业化趋向，尽快建立适当的监测系统，加强对民间金融的监测和引导，及时将民间金融纳入法制管理的轨道。

小额担保贷款中的反担保问题

孙同全　潘　忠

　　作为就业促进政策的重要组成部分，我国自 2002 年开始实施小额担保贷款政策，为下岗失业人员创业和劳动密集型小企业吸纳就业提供融资支持。近年来小额担保贷款工作取得较快的进展，对扶持下岗失业人员和社会新增劳动力自主创业、带动更多人就业起到积极的促进作用。到 2009 年底，全国累计发放小额担保贷款达 560 多亿元，123 个小额担保贷款重点城市累计建立担保基金 62.44 亿元，累计发放担保贷款 82.33 万笔，共计 332.39 亿元，直接扶持自主创业 85.13 万人，带动就业 286.7 万人[①]。

　　小额担保贷款的通常做法是各地政府以财政出资设立担保基金，当符合条件的借款人向银行申请贷款时，由担保基金向银行提供担保，分担银行风险，使这些在一般情况下无法获得贷款的弱势群体得到贷款，从而达到稳定和增加就业的效果。由于担保基金在与银行的合作中常常要承担 100% 的信贷损失风险，所以，担保基金本身面临的风险是很大的。为了保证借款人偿还贷款，降低担保基金的风险，各地一般要求借款人为其所得到的小额担保贷款向担保基金提供反担保。但是，小额担保贷款的借款人普遍缺乏经济资本和社会资本[②]，难以提供符合要求的反担保，这已经成为阻碍小额担保贷款业务快速发展的重要因素。

　　那么，应该如何正确认识反担保？当前各地开展的小额担保贷款业务中反

---

① 中国就业培训技术指导中心：《2009 年 4 季度调度城市小额担保贷款发放情况统计》，http://www.lm.gov.cn/，2010 年 2 月 20 日。

② 比较常见的说法是：小额担保贷款的借款人"经济条件差、资产少、没有稳定的收入来源，反担保人要承担较大的风险，愿意为他们提供担保的人很少"。参见揭艳明《小额担保贷款政策落实难的原因及对策——以广西河池市为例》，《广西金融研究》2006 年第 10 期。

担保到底存在哪些问题？本文试图根据一些实际调研情况总结我国当前小额担保贷款活动中反担保方面存在的问题，并提出一些政策建议。

一　反担保在小额担保贷款业务中的一般用法

贷款担保的反担保在国际上是一种通行做法，是指当第三人为债务人向债权人提供担保时，第三人为了分散、化解风险而要求债务人向其提供的担保措施。反担保也是一种担保措施，是对担保的担保措施，旨在保护担保人的利益[①]。

在小额担保贷款的情况下，反担保就是借款人向担保基金提供担保，在其违约的情况下，担保基金按照约定代为偿还欠款，取得代位求偿权，借款人要以反担保向担保人偿还债务。

反担保的形式有很多，担保的各种形式同样适用于反担保。常见的反担保形式包括不动产抵押、动产和存货的抵押或质押，以及自然人或法人提供的保证等等。目前，我国小额担保贷款的反担保形式主要是自然人保证。在各地开展的小额担保贷款业务中，比较普遍的做法是要求借款人联系 1～2 个当地的公务员为其提供反担保。

二　小额担保贷款业务中反担保存在的主要问题

（一）对反担保形式限制过严

各地为了降低贷款风险，在反担保人的选择上非常严格，一般要求是公务员，因为公务员有稳定的收入和工作保障，而且政府有足够的手段制约有公务员身份的人，这样可以将小额担保贷款的风险降到最低。但是，小额担保贷款的使用者大多是下岗失业人员、返乡农民工和"毕业即失业"的高校毕业生，他们都是社会弱势群体，本来就缺乏社会资本，能够找到肯为自己贷款提供担保的公务员的人更是少之又少。由于存在这样的困难，有些地区将担保人的范

---

① 刘新来主编《信用担保概论与实务》，经济科学出版社，2006，第215页。

围扩大到有稳定收入的事业单位或国有企业职工。

但作为小额担保贷款的申请人来说，他们通常所具有的财产除了自身的住房外（有的甚至连房产都没有，比如刚毕业的大学生），几乎没有什么资产可以做抵押，其亲戚朋友大多害怕承担连带责任和贷款风险而不愿意为其出具担保合同或出面担保。所以，让他们提供反担保是一件很困难的事情。所以在很多地方，"小额担保贷款需求不大的主要原因就是找不到反担保人"。恩施市一些下岗失业人员申请贷款找不到反担保人，被迫写信请求州委书记担保，从而出现了"书记担保"现象。①

虽然通过信用社区建设可以部分解决反担保问题，但作用和覆盖的群体毕竟是有限的，阻碍了贷款的发放。

（二）对反担保比例要求过高

小额担保贷款针对客户的特殊性决定了这种贷款的风险是非常高的，但考虑到这项政策的公益性质，为了解决借款人提供反担保面临的困难，人民银行等部委下发的银发〔2004〕51号文件规定："反担保所要求的风险控制金额原则上不超过下岗失业人员实际贷款额的30%。各地可以研究采取措施，对具备一定条件的下岗失业人员取消反担保。"而且财政部与几个部委联合下发的财金〔2008〕77号文件再次提出："对于担保基金规模当年增长5%以上的地方，中央财政将按当年新增担保基金总额的5%给予资金支持……用于鼓励担保机构降低反担保门槛或取消反担保。"可以看出，为了让更多经济能力和社会资本本来就很差的借款人能够得到贷款扶持，中央政策要求和鼓励不断降低反担保要求。

但在各地实际工作中，反担保的比例基本上是100%的全额反担保。而全额担保会让反担保人承担更大的风险，降低了他们提供反担保的意愿。

（三）强迫公务人员参与提供反担保

就业为民生之本，促进就业已经成为各地政府一项重要的政治任务。作为

---

① 汪水文、雷宜水：《完善下岗失业人员小额担保贷款政策的建议》，《财政监督》2008年第10期，第44~46页。

完成这个政治任务的重要手段，小额担保贷款政策得到各地政府的高度重视。为了把小额担保贷款工作搞上去，有些地方政府采取强力手段，硬性要求所有公务员至少为一名小额担保贷款的借款人提供反担保。

担保关系是民事法律关系，民事法律关系的基本原则是当事人意思自由、自愿达成协议。强迫公务员提供反担保的做法已经违背这个基本原则，在实践中也不见得行得通。有些地方已经发生借款人违约，但是反担保人并没有履行担保责任的情况，使反担保不仅流于形式，难以起到降低风险的作用，而且，如果这种情况大面积地出现，还会影响政府的权威，有损建设诚信社会的努力。

（四）把重复担保当作反担保

在有些地方，由于没有相对独立的担保机构，缺少接受反担保的主体，为了降低担保基金的风险，小额担保贷款的经办部门在以担保基金为借款人提供担保的同时，还要求借款人向银行提供担保，担保形式可以是存单质押、财产抵押、保证人或借款人联保。在发生违约的情况下，有的地方优先使用担保基金，有的地方优先使用借款人的担保。他们将这些担保都称为反担保。

反担保是对担保的担保，是用来保护担保人利益的。上述做法实际上是由担保基金和借款人同时向银行提供了双重担保，只不过是在担保责任的承担顺序上不同而已，而担保基金并没有获得担保。如果这种情况是在没有独立担保机构情况下的无奈之举，担保基金也不应该承担第一位的担保责任，而且不应该为贷款提供全额担保，担保基金的担保只是弥补借款人自身担保品不足的部分。但是，有些地方的担保基金不但承担第一位的担保责任，而且承担了全部责任。

三 反担保与小额担保贷款业务之间的关系

对于应当坚持并严格执行反担保措施还是应该取消它，各地有不同的看法和做法。有人认为小额担保贷款中的担保基金作为公共财政的一部分，其数量有限，应该保值增值；反担保有利于防范潜在风险，保证担保基金的安全，使担保基金可以长久运转下去；应该坚持严格的反担保要求。也有人认为小额担保贷款是一项由公共财政支持、以公共效益为目标的政策性活动，为了提高覆盖率，使政策惠及更多的大众，以实现更好的公共收益，就不应设置诸如反担保这样的苛刻条件。而且，一些研究和实务工作者认为，反担保限制了借款人数量，制约了小额担保贷款业务量的扩大。但实际情况并不充分支持这种观点。

（一）反担保有助于保证小额担保贷款业务质量

国内外的小额担保贷款实践都证明，反担保可以防止将信贷风险完全转嫁到担保基金，从而在一定程度上防止借款人道德风险的发生，对借款人的履约还款起到一定的约束作用。所以，一定程度的反担保是必要的。

（二）反担保要求的高低与小额担保贷款发放量之间缺乏相关性

一个地区小额担保贷款业务开展得好坏，贷款额增长速度的快慢与反担保措施的使用并没有明显的相关性。例如，2009 年底，河南省濮阳市的小额担保贷款累计发放额为 8347 万元，在全国 123 个小额担保贷款重点调度城市列在第 10 位，连续四年位于河南省第 1。濮阳严格执行由自然人提供保证的反担保形式，但是保证人的范围有所宽: 从原来只能是公务员扩大到乡镇、村级干部及教师等拿财政工资的人。另外，他们借鉴农村小额信贷的一般做法，接受借款人相互联保的反担保形式。这样，严格之中有灵活，既控制了风险又扩大了业务量。

为了使好政策惠及更多的群体，进一步扩大放款量，北京市将反担保金额降低到 20%。但是，降低反担保要求的努力并没有带动小额担保贷款业务的增加。2009 年底北京市担保基金总额为 1 亿元，小额担保贷款累计发放额为 8981 万元，在全国 123 个小额担保贷款重点调度城市中名列第 82 位[①]。

重庆市在免除反担保方面也进行了尝试，针对部分下岗失业人员因无抵

---

① 中国就业培训技术指导中心: 《2009 年 4 季度调度城市小额担保贷款发放情况统计》，http：//www.lm.gov.cn/，2010 年 2 月 20 日。

（质）押物或无人提供担保而难以获得小额担保贷款的状况，专门建立了"绿色通道"，即仅由担保基金担保，个人不须提供反担保就可获得小额贷款。对通过"绿色通道"发放的小额贷款，到期不能按时还贷的，经承贷金融机构起诉判决后，其未还款损失（含起诉费、执行费）由市级财政承担40%，区（县）财政承担60%。但"绿色通道"的实际效果却不明显。2007～2009年，重庆市通过"绿色通道"贷款累计只有95笔，累计金额260万元。而同期重庆市的小额担保贷款发放总量为46766笔，共计约24亿元。"绿色通道"贷款笔数仅占2%，金额占1%。

（三）降低反担保要求不能带来贷款总量增长的原因

一方面，降低反担保要求增加了放贷风险。小额担保贷款针对的是没有条件获得正规金融服务的弱势群体，其基本特征是自身缺乏担保能力。理论上小额担保贷款本身的风险常常大于其他贷款业务，而反担保是降低风险的一种手段。如果取消反担保，贷款偿还的不确定性将会增加。加之目前我国征信系统不完善，借款人在没有反担保情况下违约的成本非常低，也增大了其违约的可能性。

另一方面，降低反担保要求增加了经办部门和人员的风险，产生了逆向选择。虽然经办部门及其人员都希望增加放款量，使政策惠及更多人群，但是，在现有的小额信贷工作绩效考核机制下，贷款回收率是最重要的考核指标。许多小额担保贷款的经办部门都是劳动就业服务部门及其下属机构，不管是机关还是事业单位，都在政府的行政体系内，如果小额担保贷款回收率下降，就会影响具体经办人员的年终考评，在奖金和升迁上都可能受影响，在同事中也没面子。这样，经办人员面临的风险和收益是不对称的，在降低反担保要求的情况下，多放款意味着增加自己的风险。所以，宁可让反担保的高门槛挡住一些需求，也不能让自己处于过大的风险当中。

降低反担保的另一个制度设计是建立信用社区，在这种情况下，社区常常为借款人承担明示的或默示的担保或反担保责任，这种责任常常表现为负责催收到期贷款或者追收违约贷款。由于现有的激励措施远远不能产生足够的激励作用，社区工作人员不愿意为自己找麻烦。这也是目前通过信用社区建设推动小额担保贷款发展效果不彰的一个主要原因。

四　改进反担保的政策建议

小额担保贷款业务的性质可以归纳为政策性资金和市场化运作的结合，是一个矛盾的统一体：既要实现政策效果，使政策效益最大化，又要注重经济效益，争取担保基金的保值增值、可持续发展，使政策成本最小化。所以，在政策上和实践中要把握好这两者之间的平衡，既不能为了降低担保基金的风险而简单地提高反担保要求；也不能简单地为了更多申请者可以得到小额贷款而降低或取消反担保要求。

首先，需要认识到反担保是必要的，或者说，对借款人的还款行为进行一定的风险防范约束是必要的。问题在于这种约束采取怎样的方法。

其次，反担保形式需要创新，如将反担保人范围从公务员扩大到有稳定收入的企事业单位人员、借款人多户联保等。还可以考虑采用更加灵活的财产担保方式，如重庆市接受借款人的唯一一套房产抵押担保，条件是房子的面积大于100平方米，这样，在贷款不能偿还时向借款人提供一套较小面积的房屋供其居住，这样就可以处置抵押的房产，以抵押房与较小面积房子之间的差价来偿还贷款。

再次，反担保不是担保基金防范担保风险的唯一手段。在小额贷款的风险控制中，除了担保之外，借款人的个人品格和还款能力（即经营项目的盈利能力）更显重要，这就是小额贷款风险控制的"3C"原则，即 Character（品格）、Capacity（能力）和 Collateral（担保）。在3个"C"当中，担保排在最后一位，也是最后的备用救济措施。

在以多种形式降低或取消反担保方面，有些地区进行了有益的尝试。例如，2009年云南省实行了"贷免扶补"政策，明确规定创业小额贷款免除反担保。这个政策针对的服务群体是特定的，是"有创业能力的大学毕业生、农民工、复转军人、留学回国人员等自主创业人员"。这一人群创业，不但可以获得无反担保贷款，而且还能获得税费减免、创业服务、资金补助等方面的配套政策扶持，可谓"全保姆式的孵化"。而且贷款偿还办法吸收了国际上小额信贷原理的精髓：分期还款，降低贷款风险。在江西，对于已参加创业培训的申请贷款人员，各地担保中心和经办银行在对其个人诚信、经营管理能力和经营项目等因素综合考察后，可以考虑免除其反担保手续。[①]

最后，小额担保贷款的风险控制是一项系统工程，反担保只是可以考虑采用的一种措施，需要将其与其他手段综合考虑使用。在这当中，除了关注对借款人行为的约束，同时应该注意对经办机构及人员的激励与约束的统一，改进绩效考核办法，使他们在重视风险的同时有足够的积极性推动小额担保贷款业务的发展。

参考文献

SarahGray 等：《小型/微型企业担保基金操作指南》，经济科学出版社，2002。

刘新来主编《信用担保概论与实务》，经济科学出版社，2006。

范冉冉、陈爱华：《当前中国小额担保贷款问题分析》，《时代金融》2008 年第 11 期（总第 380 期）。

侯强：《激励不足：下岗失业人员小额担保贷款的运行壁垒》，《当代经济管理》2008 年（第 30 卷）第 3 期。

刘能华、韩健、胡戎：《再就业小额担保贷款实证研究——以江西为例》，《商业银行经营管理》2000 年第 4 期。

人力资源与社会保障部就业促进司，中国就业培训技术指导中心组织编写《小额担保贷款事务指南》，中国劳动社会保障出版社，2009。

汪水文、雷宜水：《完善下岗失业人员小额担保贷款政策的建议》，《财政监督》2008 年第 10 期。

王平山、陈步宇：《对下岗失业人员小额担保贷款发展缓慢的调查与思考》，《海南金融》2005 年第 2 期。

---

① 刘能华、韩健、胡戎：《再就业小额担保贷款实证研究——以江西为例》，《商业银行经营管理》200 年第 4 期，第 47~50 页。

市场定位决定村镇银行的可持续性

任常青

自 2006 年银监会出台《关于调整放宽农村地区银行业金融机构准入政策更好支持社会主义新农村建设的若干意见》（以下简称《意见》）以来，以村镇银行、小额贷款公司和农村资金互助社为主要形式的新型农村金融机构成为我国农村金融市场中的一支新生力量。截至 2010 年 9 月末，全国三十多个省区市已开业的村镇银行有 233 家。其中，西部地区 75 家，占 32%；中部地区 63 家，占 27%；东部地区 95 家，占 41%。村镇银行的建立活跃了农村金融市场，有助于改变长期以来我国农村金融市场中机构形式单一、金融产品及服务供给不足、缺乏竞争的局面。但村镇银行作为一种新型农村金融机构，其成立的时间还不长，在发展过程中还面临着许多困难和挑战，既有来自政策和制度方面的挑战，又有对村镇银行自身机构能力的挑战。这些困难和挑战影响着村镇银行功能的发挥，也关系村镇银行的可持续发展。

按照《意见》的要求，村镇银行是为解决农村地区金融机构覆盖率低、金融供给不足和竞争不充分而设立的，村镇银行的服务对象应该是农户和农村小企业和微小企业。因此，在此市场定位基础上的村镇银行可持续发展是村镇银行面临的一个难题。国际经验表明，兼顾可持续性和覆盖面的农村金融机构与传统的商业银行在运作上应采取不同的技术和模式，只有建立适合的村镇银行商业模式，村镇银行的可持续发展才有可能实现。

一 村镇银行发展过程中亟须解决的问题

（一）村镇银行的市场定位需要明晰

村镇银行是一种特殊的农村金融机构形式，尽管它属于农村银行金融机构，但又区别于传统的商业银行，是被赋予特殊市场定位的金融机构。虽然《意见》对村镇银行的性质有明确的定义，但在实际操作中村镇银行定位不清的问题依然存在。这在一定程度上影响了村镇银行的发展和机构的生存力。

《意见》指出，建立村镇银行的目的是解决农村地区金融机构覆盖率低的问题。村镇银行建立在农村地区，是基于农村金融市场的金融机构，这就决定了其要为广大农户和农村小企业、微小企业服务。尽管这部分需求者的金融需求包括信贷、储蓄、转移支付等金融产品，但是，农村贷款难仍是目前农村金融市场的主要矛盾，解决农村地区贷款难应是村镇银行最主要的目的。不同于其他发展中国家，我国农村地区有覆盖率相对高的农村信用社和邮政储蓄银行，他们在农村地区的延伸基本上解决了农村储蓄难和汇款难的问题，但是，这些机构在提供信贷服务方面仍然有很大的不足。村镇银行的进入应该在提供信贷服务方面扮演重要的角色，而不应是"小而全"的商业银行业务在农村地区的延伸。

应当说，目前的村镇银行在定位方面有一定的偏差。已成立的村镇银行多数还没有准确将自己定位为为农户和农村企业提供信贷服务的农村金融机构。在建立初期，村镇银行基本上移植了发起行的商业模式，以传统银行的信贷技术提供大额贷款，过分注重吸收存款，注重盈利性强的中间业务和结算业务等，严重扭曲了村镇银行的宗旨和目的，不利于村镇银行的可持续发展。

（二）村镇银行是农村金融市场的竞争者还是补充者

这是困扰村镇银行发展的一个重要问题。虽然建立村镇银行的目的也是解决农村市场竞争不充分的问题，但是，在供需极度不平衡的我国农村金融市场，新进入的机构所扮演的角色更多的是市场的补充者，而不是竞争者，村镇银行也是如此。否则，村镇银行就会成为商业银行的复制品或另外一个农村信用社。村镇银行首先是一个市场的补充者，相对于农村信用社来说，村镇银行拥有较为完善的治理结构，没有沉重的历史包袱。如果与农村信用社竞争，村镇银行具有天然的优势。但是，农村信用社扎根于农村已有几十年，农户对农村信用社的认知度明显高于村镇银行。如果村镇银行也和农村信用社一样在农村市场中展开竞争，那么，村镇银行整体的优势并不明显。

村镇银行应该区别于传统的商业银行，也应区别于现有的农村信用社。村镇银行应该把扩展农村金融供给作为自己的使命，在金融创新和商业模式中探索出一条适合中国农村金融需求的新路子，而不是把竞争的目标放在与农村信用社和其他金融机构争夺所谓的"优质"客户上。由于大多数的农村信贷需求者没有在正规金融机构留有信贷记录，所以，实际上的"优质"客户存在于广大的信贷需求者中，这需要村镇银行去甄别和培育。与现有的金融机构争取客户并不能有效扩大农村信贷的供给，只不过是信贷量在不同机构之间的转移。

村镇银行应该扮演农村信贷市场的补充者角色。在传统商业银行机构撤离农村地区、农村信用社不能通过深化改革提高农村信贷有效供给的情况下，村镇银行应该通过信贷技术和信贷模式的创新探索农村信贷供给的新途径，而不是通过提供同质的信贷服务与其他金融机构争夺客户，也不应当急于把吸储作为衡量村镇银行业绩的指标。

（三）脱离农村不利于村镇银行的可持续发展

严格来说，我国的村镇银行大多脱胎于商业银行，机构的运作模式理念并没有多少创新，或多或少受发起银行的影响，把传统的脱离农村的理念融入新的机构。如果村镇银行在经营理念和服务方式上不能区别于发起行而有所创新，那么就谈不上是新型的农村金融机构。新型农村金融机构区别于现有农村金融机构的标志应该是能克服传统金融机构在服务农村方面所固有的缺陷和障碍。也就是说，在解决农村金融主要矛盾的过程中，通过创新的理念和技术，把信贷服务和产品传递给农村需求者。如果在这方面不能做好，那么村镇银行最终将脱离农村。目前村镇银行脱离农村，尤其是脱离小农户和微小企业需求者在很多地方已成为现实。如果这种现象得不到抑制将更加不利于村镇银行的可持续发展，因为脱离农村的农村金融机构无法找到可持续发展的路径。

（四）信贷技术创新是村镇银行可持续发展的基础

在为农户提供信贷服务方面，国外小额信贷的实践为我们提供了可供借鉴的经验。农村金融需求具有分散、小额、缺乏抵押物、信息不对称等特点，针对这些特点，一些成功的小额信贷机构通过担保替代、小组联保、动态激励和分期还款等创新方式克服了这些障碍，取得较好的成效。技术创新为金融市场的延伸提供了条件，也有效克服了金融市场中信息不对称所带来的道德风险和逆向选择，进而降低了提供农村金融服务的成本。

我国村镇银行是由现有的银行业金融机构发起成立的，发起机构大多是商业银行，具备商业银行的信贷技术和管理技术。从某种方面来讲，这些技术是一柄"双刃剑"，一方面它可以以较低的成本直接提供给村镇银行，比较容易地把现有的信贷技术、风险控制技术和人力资源管理技术移植到村镇银行；另一方面，在移植这些技术和方法的同时，也可能把商业银行不适合农村市场的理念和技术传递给村镇银行，这些理念和技术对于村镇银行来说可能起到适得其反的作用。村镇银行不是传统银行机构的延伸，而是一种创新的农村金融机构，需要拥有与传统商业银行不一样的信贷模式和信贷传递技术。对于村镇银行来说，创新信贷技术，开发新的信贷产品和信贷传递技术是一项长期的任务。

（五）村镇银行的覆盖面和可持续性

区别于传统的商业银行仅以利润最大化为最终目的，村镇银行应该以覆盖面和可持续性两个指标作为其成功的衡量标准。村镇银行的机构性质决定了它必须通过提高服务的覆盖率来实现机构的可持续发展，而不是仅仅依靠发放少数大额贷款实现短期盈利。覆盖面包括两方面的内容，一是服务的客户数量，二是低端客户所占的比例。这两个指标反映了村镇银行服务农村的能力和水平，而这也恰恰是村镇银行的主营业务。可持续发展是指村镇银行能够在不依赖外界补贴的情况下实现财务上的盈利，即收入能够覆盖成本并且有盈利。

兼顾覆盖面和可持续性对于村镇银行来说是一个挑战，也是村镇银行在市场生存中应该具备的本领。扩大覆盖面，尤其是增加对低端客户的服务会降低村镇银行的盈利能力。因为这部分客户所需的贷款额度较小，并且缺乏抵押物和担保，为他们服务的成本相对较高。如果村镇银行没有相应的小额信贷技术，想要实现可持续发展就有一定的困难。

二　促进中国村镇银行可持续发展

国际经验表明，兼顾覆盖面和可持续性不是不可实现的目标。那些为穷人和低收入人群、微小企业和中小企业提供信贷服务的金融机构通过采取合适的规避风险的信贷技术,有效地扩展了金融市场的边缘,将信贷服务覆盖到传统银行不能覆盖的地方,并且实现了财务上的可持续性。成功的小额信贷机构,如印尼人民银行、墨西哥的小额信贷机构 Compartamos 和印度的小额信贷机构 SKS 等已经上市融资,这也说明村镇银行可以做到覆盖面和可持续性的统一。

村镇银行的可持续发展不等同于传统商业银行的盈利性,它是建立在村镇银行服务农村基础上的可持续的金融服务。如果仅仅考虑盈利性,那么村镇银行就会放弃农村的低端客户,而转向高端客户市场。村镇银行的可持续发展需要其通过不断创新来实现。由于村镇银行建立的时间比较短,大多数村镇银行不拥有提供小额信贷的技术和手段,所以,我国村镇银行的可持续发展需要一个不断探索的过程。就我国村镇银行发展的现状来看,应该采取以下几方面的对策。

(一)尽快制定适合村镇银行特征的监管制度,确保村镇银行有一个明确的定位

目前对村镇银行的监管还不够明确,基本上借鉴了商业银行的监管条款,只是在存款准备金率、资金充足率等方面做了些调整。这些监管条款虽然考虑到了村镇银行的特殊性,但是,还没有触及实质性的方面,还没有体现出村镇银行地域性和服务低端市场的特征,对村镇银行的业务,尤其是信贷业务没有明确的监管要求,这会导致村镇银行失去发展的方向。村镇银行应该定位于农村信贷产品的提供者,是向农村输送资金的中介机构,监管机构应对其产品和服务进行监管,如果不能够做到服务农村地区,或者服务低端客户的比例达不到监管要求,就应当对其实施监管措施。可以参照一些国家的做法,要求各类商业银行将一定比例的信贷规模投放到农村,如果这些商业银行没有条件操作,可以委托村镇银行实施,以解决村镇银行资金不足的问题。

(二)村镇银行应建立以信贷业务为主导的商业模式

区别于商业银行,村镇银行立足农村,所服务的客户是众多分散的农户和微小企业,这对村镇银行的收入来源多样化是一个制约因素,也就决定了村镇银行不可能建立一个像商业银行那样收入多样化的盈利模式。村镇银行不应该

一开始就将吸储作为重点，这种现象之所以出现，很大程度上是受到传统商业银行的影响。如果对村镇银行的资金运用加以限制，那么村镇银行在没有拥有成熟的小额信贷技术之前，也就没有吸储的动力了。村镇银行应针对农村信贷市场的特点，借鉴国际成功经验，针对农村金融市场信息不对称、缺乏可执行的抵押物和担保、贷款额度小、期限短等特点，探索利用当地信息、担保替代、信用贷款、分期还款、动态激励等方式开发新的信贷产品以满足低端信贷市场的需求。目前，村镇银行多以提供抵押和担保贷款为主，而这部分贷款的需求并不大，多数需求者恰恰是那些无法提供抵押和担保的农户以及微小企业。村镇银行应该开发适合的信用贷款模式以扩大信贷供给，从而成为村镇银行自己的商业模式。

（三）通过降低成本提高盈利性

影响村镇银行可持续发展的一个重要因素是单位信贷资金的操作成本较高，这一方面是由贷款的额度小、农户居住分散等引起的，另一方面也是由于村镇银行自身的操作效率低导致的。村镇银行可借鉴成功小额信贷机构的经验，依靠技术创新降低成本。村镇银行的信贷成本一般由资金成本、贷款质量和操作成本三部分组成。资金成本很大程度上取决于筹资的利率和筹资成本，村镇银行可以通过不同的资金来源来降低资金成本。贷款质量是影响村镇银行成本的主要因素，实践证明，为低端客户提供信贷可以达到很高的信贷质量。这是因为低端客户通常会有较高的还款率，甚至有的可以达到100%的还款率。如果村镇银行采取的信贷技术和产品适合农村低端客户的需求，那么保持较高的贷款质量是可以实现的。操作成本占信贷成本的较大部分，也是可以通过村镇银行自身的管理加以控制的部分。地处农村地区的村镇银行由于定位普遍存在偏差，所以初建时期的投入成本非常高，这也是影响短期可持续性的一个重要因素。

（四）国家对村镇银行出台统一的支持政策

支持政策不仅仅局限在税收、补贴等方面，对村镇银行的资金来源也应有所保证，把村镇银行放在揽储上的力量释放出来，储蓄额不应该成为度量村镇银行业绩的指标。对于存款余额远大于贷款余额的村镇银行，应该对多余部分的资金进行调控，避免村镇银行成为农村资金外流的又一渠道。国家强制规定各类商业银行的涉农贷款比例，尤其是小额信贷的贷款比例，这部分资金可调剂给村镇银行用于发放农户贷款。村镇银行也应该成为支农再贷款的重要发放渠道。总之，对村镇银行国家的支持除了直接的减税、补贴以外，更重要的是制定保证村镇银行可持续发展的宏观支持政策。

农村政策与体制改革

惩罚承诺失信及农村政策扭曲[*]

谭秋成

20 世纪 80 年代中后期，中央在森严的金融管制旁边开了一个口子，允许乡村基层组织、农村信用社、农村供销社兴办合作基金会，希望农民在社区内相互调剂资金，发展农业和工商业，活跃市场交易，增加农民收入和农产品供给。中央政策将农村合作基金会定位于社区性资金互助组织。然而，因为无法监管，基层政府直接将合作基金会中农民的存款用于高风险建设项目、乡镇政府开支甚至个人消费。结果，合作基金会呆账、坏账大量产生，相当多的农民血本无归，农村社会冲突频繁发生。1999 年，中央以扰乱金融市场秩序为由关闭了农村合作基金会。由于呆账、坏账没有能够得到及时处理，农村金融市场多年萎靡，农民为讨债而不断申诉、上访。

因地方政府扭曲农村政策为自己谋利，最终迫使中央政府废弃该项政策的事例不只是农村合作基金会，乡村 "三提五统" 政策、粮食贸易管制政策等

---

* 本文为笔者主持的中国社会科学院重大项目 "我国农村政策的制定程序与实施机制研究" 的部分内容。感谢潘劲研究员、孙若梅研究员、魏明孔研究员、廖洪乐研究员、何广文教授、李锐教授为本文提出宝贵意见。对于文中的观点和可能出现的错误，笔者负全部责任。

亦是如此。2006年以来中央推行的社会主义新农村建设运动正面临着同样的命运,"村容整洁"已蜕变为地方政府驱赶农民上楼、掠夺农民宅基地的借口,中央政府用于兴建农村水利、道路等的专项资金被各级政府和部门克扣、挪用,甚至贪污。在中国这样一个中央高度集权的行政体制中,农村政策是党和中央政府在农村的意志体现,地方政府对农村政策的扭曲破坏了中央的权威。在上级党委握有下级政府主要负责人任命权的行政系统中,为什么会普遍发生扭曲农村政策这一逆中央意志而行事的现象?

信息不对称无疑是地方政府扭曲和改变农村政策的重要原因。根据标准的委托—代理理论,拥有私人信息的地方政府必然要在政策执行中抽取信息租金。中央高度集权的行政体制由于失去了投票选举和分权制衡两大强有力的监督工具,地方政府作为政策执行者更容易隐瞒信息,利用政策套利(谭秋成,2008)。但是,信息不对称并不是农村政策被扭曲的全部原因。现实中,人们观察到的一个普遍现象是:在责任已经明确的情况下,相当一批扭曲农村政策的地方政府领导并未被问责。笔者认为,正是中央政府事后惩罚承诺失信,放纵了地方政府扭曲农村政策为小集团或个人谋利的行为。

本文第一部分建立一个中央与地方政府就农村政策执行而展开的不完全信息动态博弈模型;第二部分分析地方政府执行农村政策时可能采取的策略;第三部分分析当中央政府采用"法不责众"规则时,地方政府如何合谋扭曲农村政策;第四部分是简单的结论。

一 农村政策执行的博弈模型

(一)偏好和策略

中央政府 G 制定一项农村政策以获得收益 R。R 可能是直接的财政收入,也可能是间接的收益,如农产品供给充足带来的社会稳定、农民对政府的支持等。中央政府是从自身的利益特别是从政权稳定这一角度来评价农村政策收益的。所以,R 未必是全部农民所期待的。R 的大小由政策适应性 θ 决定。假定政策适应性服从高或低的二点分布,即 $\theta \sim \{\theta_1, \theta_h\}$,当政策适应性低时,$\theta = \theta_1$,$R = R_1$;相反,当政策适应性高时,$\theta = \theta_h$,$R = R_h$。假定 $R_h > R_1$,即适应性高的政策给中央政府带来更大的收益。政策适应性与经济、社会、资源和技术条件相关。由于各地社会经济发展水平和资源条件的不同，一项政策在不同地区表现出的适应性并不相同。假定中央政府风险中性，其目标是最大化自己的收益 $\Pi = R$。

中央农村政策由地方政府 L 负责执行。这一政策可以给地方政府带来收益 r，r 包括政治提拔、在地方的权威、各种在职消费、其下属的福利甚至个人能收到的贿赂等。r 属于地方政府负责人的私人收益，不能被中央政府抽走用来增加自己的收益 R 或弥补其遭受的损失。$r \in \{r_1, r_h\}$，即政策适应性低时，$r = r_1$；政策适应性高时，$r = r_h$。假定 $r_h > r_1$，与中央政府一样，地方政府更喜欢适应性强的政策。

作为中央政府的代理人，地方政府与中央政府的偏好并不一致，存在自己独立的利益。$r_h > r_1$ 和 $R_h > R_1$ 并不意味着政策是自动实施的，因为地方政府可以扭曲政策以谋取更大的私利 r_m（超出保留效用[1]部分的收益）。当地方政府如实执行中央农村政策时，它选择了战略 s_0；当地方政府扭曲政策谋利时，它选择了战略 s_m。假定：①地方政府没有激励去扭曲适应性低的政策；②对于适应性高的政策，只有当 $r_m > r_h$ 时，地方政府才存在扭曲政策的动机；③扭曲政策损害了中央政府的利益，导致 $R_m = R_1$[2]，其中，R_m 为中央政府在地方政府扭曲农村政策时获得的收益，即地方政府一旦扭曲农村政策，中央政府只获得最低收益 R。中央政府希望地方政府如实执行政策以提高自己的收益 R，地方政府则考虑是否能扭曲政策以增进自己的利益 r。假定地方政府风险中性，其保留效用为 r_0，且有 $r_0 > w$，其中，w 为社会平均工资水平。不失一般性，假定 $w = 0$。地方政府的目标便是最大化其收益 π，$\pi = r_0 + r$，$r \in \{r_1, r_h, r_m\}$。

（二）信息结构和支付

在制定农村政策之前，中央政府会通过组织调查、听取各部门和各地区汇

---

① 本文中，保留效用是指担任地方政府负责人这一职务的各种收益，包括金钱的和非金钱的。

② 中央政府由于不完全了解地方的社会经济发展水平和资源条件，所制定的农村政策可能会脱离地方实际。虽然存在地方政府通过调整农村政策而提高政策适应性，从而既增加中央政府利益又增加地方政府自身利益的可能性，但是，本文在此主要关注中央政府与地方政府利益相冲突的一面。

报、在地方进行试验等多种渠道收集关于政策适应性 θ 的信息。但是，因为存在不确定性，无论怎么努力，中央政府也不可能准确知道各地区 θ 的实际大小。假定中央政府知道该项政策在全国的平均适应性为高的概率 p，政策颁布后，如果地方政府如实执行，中央政府得到的收益为 Π_0；如果地方政府扭曲政策，中央政府得到的收益为 Π_m。Π_0 和 Π_m 分别满足：

$$\Pi_0 = pR_h + (1-p)R_1 \tag{1}$$

$$\Pi_m = R_1 \tag{2}$$

政策颁布后，地方政府准确知道这一政策在当地的适应性。地方政府知道中央政府不了解当地实际的 θ。因此，如果该项政策适应性低，地方政府会如实执行；如果该项政策适应性高，地方政府将考虑是否扭曲政策为自己谋利。中央政府知道地方政府有扭曲农村政策的动机，为了保证自己的利益，决定对农村政策的执行情况进行事后检查。显然，中央政府只检查那些执行结果为 $R = R_1$ 的地区。假定事后检查是完全的，事后检查成本为 c。当中央政府发现 $R = R_1$ 是由地方政府扭曲政策所致时，它将给予扭曲政策的地方政府负责人处罚，假定最严厉的处罚是免职。地方政府知道中央政府的事后检查成本、事后检查概率和扭曲政策可能遭受的惩罚。假定地方政府负责人的时间贴现值为 δ[①]，$\delta = 1 - t$，t 为下一期的时间贴现率。当 $\theta = \theta_1$ 时，如果地方政府如实执行政策，得到收益 π_{01}。当 $\theta = \theta_h$ 时，如果地方政府如实执行政策，得到收益 π_{02}；如果地方政府扭曲政策未被中央政府发现，得到收益 π_{m1}；如果地方政府扭曲政策被中央政府发现，得到收益 π_{m2}。π_{01}、π_{02}、π_{m1} 和 π_{m2} 分别满足以下条件：

$$\pi_{01} = \frac{r_0}{1-\delta} + r_1 \tag{3}$$

$$\pi_{02} = \frac{r_0}{1-\delta} + r_h \tag{4}$$

---

① 之所以要贴现，是因为如果地方政府负责人如实执行政策，则可以长期担任政府负责人，以后仍能获得这部分收益。相反，如果被免职，以后他就没有这部分收益了。所以，他要权衡。

$$\pi_{m1} = \frac{r_0}{1-\delta} + r_m \tag{5}$$

$$\pi_{m2} = r_0 + r_m \tag{6}$$

（三）博弈顺序

①自然决定农村政策的适应性 θ 及地方政府的可得收益 r。

②中央政府制定并颁布这一政策，告之事后检查的可能性 β 和惩罚规则。地方政府知道真实的 θ 和中央政府事后检查的可能性。

③地方政府选择执行政策的策略 s_0 或 s_m。

④政策执行结束时，中央政府得到收益 Rl 或 R_h。在 $R = R_h$ 的情况下，博弈结束。在 $R = R_1$ 的情况下，如果事后检查成本大于预期收益，博弈结束；如果事后检查成本小于预期收益，博弈进入第五阶段。

⑤中央政府对政策执行情况进行事后检查，得知真实的 θ，决定是否惩罚地方政府。

⑥中央政府和地方政府各自得到收益 Π 和 π。

二 地方政府为何要扭曲农村政策

（一）信息对称时的选择

首先考虑中央政府与单一地方政府博弈的情形。假定信息是完全的，中央政府准确知道政策的适应性 θ，无须进一步对政策执行情况进行事后检查，依据政策结果 R，中央政府便知道地方政府是否如实执行了政策。当地方政府负责人如实执行中央政府的政策时，他得到的收益为 $\frac{r_0}{1-\delta} + r_1$ 或 $\frac{r_0}{1-\delta} + r_h$；相反，如果他扭曲政策来谋利，他将遭到免职惩罚，得到的收益为 $r_0 + r_m$。显然，地方政府负责人是否扭曲中央制定的农村政策，取决于他对这两种情况下所能获得的收益的权衡。

命题1：当 $\theta = \theta_1$ 时，地方政府不扭曲政策；当 $\theta = \theta_h$ 时，如果 $r_m - r_h >$

$\frac{\delta r_0}{1-\delta}$，即使信息是完全的，地方政府仍将扭曲农村政策来谋利。

命题 1 表明，如果扭曲政策后可得到的收益 r_m 非常高，担任地方政府负责人这一职务的保留效用 r_0 很低，以及地方政府的主要干部因 δ 较小而产生短视行为，地方政府将会有令不止，逆中央政府意志而扭曲农村政策。在一般的委托—代理关系中，如果信息是完全的，对代理人的激励将是充分的，委托人的收益将能完全得到保证。Grossman and Hart（1986）的不完全合约理论也表明，如果信息是完全的，合约双方将最大化自己的利益，不会产生专用性投资扭曲。命题 1 中，之所以会出现在信息完全的情况下中央政府的利益也可能受损的情况，是因为：①中央政府制约地方政府的手段受到限制，依靠免职不足以阻止地方政府的损人利己行为；②地方政府扭曲政策在前，中央政府实施惩罚在后，地方政府在这一博弈结构中具有先动优势。

（二）信息不对称时的策略

信息不对称时，地方政府握有关于政策适应性的私人信息，因而更有机会改变、扭曲政策，利用政策为自己谋得利益。中央政府知道地方政府的自利动机，为了减少损失，选择对政策执行情况进行事后检查的策略，核实真实的 θ 并决定是否追究地方政府的责任。事后检查的可能性取决于事后检查成本 c、政策具有高适应性的先验概率 p 以及因地方政府扭曲政策而遭受的损失 $R_h - R_1$。在执行政策之前，地方政府知道中央政府事后检查的可能性，从而能决定最优的政策执行方式。中央政府与地方政府之间博弈的策略构成不完全信息动态博弈。这一博弈的完美贝叶斯均衡由策略 s^*、β^* 以及信念 μ^* 构成。其中，$s^* \in S = \{s_0, s_m\}$，$\beta^* \in [0, 1]$，$\mu^* \in [0, 1]$，$\{s^*, \beta^*, \mu^*\}$ 满足以下条件：①给定 θ 与 β^*，地方政府选择最优的 s^*；②给定 s^* 与 μ^*，中央政府选择最优的 β^*；③μ^* 符合贝叶斯法则。

如果 $\theta = \theta_1$，地方政府选择 s_0，中央政府得到收益 R_1，地方政府得到收益 r_1。如果 $\theta = \theta_h$，地方政府选择 s_0 时，中央政府的收益为 R_h；地方政府选择 s_m 时，中央政府的收益为 R_1。所以，对于政策执行结果 R_h，中央政府可以肯定政策具有高适应性，即 $\theta = \theta_h$，并且知道地方政府如实执行了政策，于是有 μ（$\theta_h \mid R_h$）$=1$。相反，对于政策执行结果 R_1，由于 h 既可能是由于政策的适应性低造成的，即 $\theta = \theta_1$，也可能是地方政府扭曲政策所致，中央政府不改变关于政策适应性类型的先验概率，于是有 $\mu\ (\theta_h \mid R_1) = p$，$\mu\ (\theta_1 \mid R_1) = 1 - p$。当 $\theta = \theta_h$ 时，地方政府如实执行政策后得到收益 r_h，扭曲政策后得到收益 r_m。所以，如果不考虑中央政府的事后检查，地方政府如实执行中央政策的一个必要条件是 $r_h \geqslant r_m$。

命题 2：给定信念 $\mu\ (\theta_h \mid R_h) = 1$，$\mu\ (\theta_h \mid R_1) = p$，$\mu\ (\theta_1 \mid R_1) = 1 - p$，如果 $r_h \geqslant r_m$，则有 $s^* = s_0$，$\beta^* = 0$。也就是说，对于 $r_h \geqslant r_m$，即使没有中央政府的事后检查，地方政府对适应性高的政策仍然会如实执行。

$r_h \geqslant r_m$ 是由两个方面的原因造成的：其一，这项对中央政府非常有利的政策也恰恰是地方政府所喜欢的，即 r_h 较高；其二，该项政策没有给地方政府留下扭曲政策后获得较多收益的空间，即 r_m 较低。命题 2 说明，当 $r_h \geqslant r_m$ 时，中央的政策是自动实施的。所以，在事后检查成本高昂的情况下，中央政府制定农村政策时就必须考虑地方政府的利益需求，政策目标和执行手段必须简单、明了，尽量减少地方政府扭曲农村政策的机会。

当 $r_h < r_m$ 时，扭曲政策是有利可图的。这时，地方政府对高适应性政策能否如实执行取决于中央政府采取的策略 β 及在 β 既定下地方政府的收益。如果中央政府总是选择 $\beta = 0$，事后对政策的执行情况不再作任何检查，那么，地方政府无疑将选择策略 s_m。如果中央政府在得到的收益为 R_h 时选择策略 $\beta = 0$，在得到的收益为 R_1 时选择策略 $\beta = 1$，那么，地方政府选择策略 s_0 即不扭曲政策时可得到收益 $\dfrac{r_0}{1 - \delta} + r_h$，选择 s_m 即扭曲政策时可得到收益 $r_0 + r_m$。假定事后检查成本 c 由外生决定，中央政府观察到 R_1 进而对政策执行情况进行事后检查可得到的期望收益最高为 $pR_h + (1 - p) R_1$。无疑，当且仅当 $pR_h + (1 - p) R_1 \geqslant c$ 时，中央政府才会在收益为 R_1 时对政策的执行情况进行事后检查。

命题 3：定义 $c_{max} = pR_h + (1 - p) R_1$。给定信念 $\mu\ (\theta_h \mid R_h) = 1$，$\mu\ (\theta_h \mid R_1) = p$，$\mu\ (\theta_1 \mid R_1) = 1 - p$，且有 $r_h < r_m$。

①如果 $c > c_{max}$，对于地方政府，当 $\theta = \theta_1$ 时，采取策略 $s^* = s_0$；当 $\theta = \theta_h$ 时，采取策略 $s^* = s_m$。中央政府由于检查成本大于收益，得不偿失，选择 $\beta^* = 0$。

②如果 $c \leqslant c_{\max}$，并且 $r_m - r_h > \dfrac{\delta r_0}{1-\delta}$，对于地方政府，当 $\theta = \theta_1$ 时，采取策略 $s^* = s_0$；当 $\theta = \theta_h$ 时，采取策略 $s^* = s_m$。尽管事后检查对地方政府不起作用，中央政府仍将选择 $\beta^* = 1$。

③如果 $c \leqslant c_{\max}$，并且 $r_m - r_h \leqslant \dfrac{\delta r_0}{1-\delta}$，对于地方政府，当 $\theta = \theta_1$ 时，采取策略 $s^* = s_0$；当 $\theta = \theta_h$ 时，采取策略 $s^* = s_m$。由于事后检查对地方政府具有威慑效果，中央政府将选择 $\beta^* = 1$。

关于 $c > c_{\max}$，有两类特殊情形值得进一步讨论。一种情形是，事后检查可获得的收益 $pR_h + (1-p)R_1$ 虽然很高，但事后检查成本 c 更高，中央政府迫不得已而放弃对政策执行情况进行事后检查；另一种情形是，事后检查成本 c 并不高，但因为事后检查得到的收益 $pR_h + (1-p)R_1$ 很低，中央政府对政策执行情况进行事后检查是不值得的。如果 $c > c_{\max}$ 的情形属于前者，这意味着中央政府因地方政府扭曲农村政策而遭受很大损失；而如果 $c > c_{\max}$ 的情形属于后者，说明地方政府扭曲农村政策后对中央政府的利益影响不大。造成 $pR_h + (1-p)R_1$ 很低的原因有：第一，p 很低，即该项农村政策在全国的平均适应性不高；第二，$R_h - R_1$ 较小，即中央政府在地方政府扭曲政策后的损失不大。

当 $c \leqslant c_{\max}$ 时，如果 $r_m - r_h > \dfrac{\delta r_0}{1-\delta}$，扭曲政策是地方政府的上策，这类似于命题1的情形。这时，中央政府无论如何只能得到收益 R_1。尽管此时事后检查不能改变地方政府的策略行为，但在给定的信息结构下，通过事后检查政策执行情况，惩罚那些扭曲政策的地方政府负责人，可以威慑那些所得收益满足 $r_m - r_h \leqslant \dfrac{\delta r_0}{1-\delta}$ 条件的地方政府的政策扭曲行为。所以，中央政府仍须选择对政策执行情况进行事后检查的策略。在 $r_m - r_h \leqslant \dfrac{\delta r_0}{1-\delta}$ 的情况下，虽然扭曲农村政策仍然有利可图，但这一行为一旦被中央政府发现，地方政府扭曲政策之所得将不能弥补其所失。由于事后检查具有威慑力且于中央政府有利，中央政府将选择对政策执行情况进行事后检查的策略。

对政策执行情况进行事后检查要耗费人力和财力。为了节约成本，中央政府可以选择随机检查的方式。以一定的概率检查所得收益为 R_1 的政策执行情况，对扭曲政策的地方政府负责人予以撤职处罚，同样具有震慑效果。随机检查的效果由以下两个方面的因素决定：其一，选择检查的概率必须足够高，确实足以抑制地方政府谋私利的机会主义行为；其二，随机检查必须是承诺可信的。给定中央政府事后检查的概率 β，$\beta \in [0, 1]$，如果满足（7）式，政策适应性为 θ_h 的地区的地方政府将不会扭曲政策。相反，给定地方政府扭曲政策的概率 v，如果满足（8）式，中央政府将不会进行事后检查。

$$\beta(r_0 + r_m) + (1-\beta)\left(\frac{r_0}{1-\delta} + r_m\right) \leq \frac{r_0}{1-\delta} + r_h \tag{7}$$

$$R_1 + p(1-v)(R_h - R_1) \geq pR_h + (1-p)R_1 - c \tag{8}$$

命题4：如果 $c \leq c_{max}$，当 $r_m - r_h \leq \frac{\delta r_0}{1-\delta}$ 时，给定信念 $\mu(\theta_h \mid R_h) = 1$，$\mu(\theta_h \mid R_1) = p$，$\mu(\theta_1 \mid R_1) = 1-p$，博弈有如下混合均衡：

①如果 $\beta^* > \frac{(1-\delta)(r_m - r_h)}{\delta r_0}$，则有 $s^* = s_0$；

②如果 $v^* < \frac{c}{p(R_h - R_1)}$，则有 $\beta^* = 0$；

③如果 $\beta^* = \frac{(1-\delta)(r_m - r_h)}{\delta r_0}$，$v^* = \frac{c}{p(R_h - R_1)}$，这时，中央政府在是否对政策执行情况进行事后检查之间无差异，地方政府在是否扭曲农村政策之间无差异。

从命题4可以看出，β 与 $r_m - r_h$ 成正比，与 δ、r_0 成反比；v 与 c 成正比，与 p、$R_h - R_1$ 成反比。在命题4给出的混合均衡中，从节约成本的角度考虑，中央政府有时会容忍地方政府发生一定的扭曲农村政策的行为。如果预期地方政府扭曲农村政策后所获收益不高，地方政府主要负责人的保留效用较高而时间贴现率较低，中央政府可降低事后检查政策执行情况的概率；而如果地方政府负责人预期中央政府事后检查政策执行情况的成本高昂，政策适应性在全国各地区普遍较低，适应性高的政策与适应性低的政策给中央政府带来的收益差距不大，他就可能更多地扭曲农村政策以获取私利。

（三）政策含义

根据上述分析，可以得到以下政策含义：

第一，命题1、命题3和命题4表明，地方政府是否会扭曲农村政策，主要在于权衡 $r_m - r_h$ 和 $\frac{\delta r_0}{1-\delta}$ 的大小。极端地，当 $r_m - r_h > \frac{\delta r_0}{1-\delta}$ 时，即使注定要遭中央政府惩罚，地方政府仍会扭曲农村政策。其中，$r_m - r_h$ 为地方政府扭曲农村政策的赌注，$\frac{\delta r_0}{1-\delta}$ 为地方政府负责人担任其职务的保留效用贴现。所以，如果一项农村政策给地方政府提供了较高的扭曲政策的赌注，或地方政府负责人不太在乎其职位，这项政策就容易被地方政府扭曲。

第二，命题3和命题4表明，中央政府是否对政策执行情况进行事后检查及检查概率的大小与事后检查成本 c 紧密相关。较高的 c 增加了检查的难度，从而给地方政府提供了更多的扭曲农村政策以获利的机会。成本 c 的高低与政治体制和政府结构紧密相关。如果底层农民失去了监督的动力，中央政府成为唯一的监督者，在各个地方政府之间容易形成合谋对付中央政府的情况下，中央政府要了解地方政府执行政策的真实情况是非常困难的。在给定的制度环境下，事后检查成本 c 与政策本身的性质有很强的关联。如果一项农村政策目标含糊不清、内容模棱两可、政策手段也不明确，地方政府就获得对政策的解释权，从而很容易扭曲政策为自己的利益服务。在这种情况下要检查政策的执行情况，中央政府肯定不会取得什么结果，因为该项政策从一开始就没有将目标、任务、责任界定清楚。

第三，在事后检查成本 c 高昂的情况下，中央政府在制定农村政策时，不仅要考虑自己或农民的最大利益，而且必须考虑政策执行者——地方政府的利益。从政策执行的角度考虑，最优的农村政策是命题2所提出的、满足条件 $r_h \geq r_m$ 因而能自动实施的政策；次优的农村政策是政策赌注 $r_m - r_h$ 极低、不需要中央政府进行过多事后检查的政策；第三优的农村政策是 $R_h - R_1$ 非常小的政策，这类政策的特点是，即使政策被地方政府扭曲，中央政府也不会有太大的损失。

第四，命题1、命题3和命题4可以解释农村合作基金会为什么会失败。按照中央政府的政策目标，将农村合作基金会的资金贷给农民或农民企业家，当地经济可以加快发展，地方政府可以相应地获得更多的税收，主要负责人因为政绩显著而能获得更多提拔机会。但是，这些利益显著低于乡镇干部、农村信用社和农村供销社的负责人将农民存款贷给高风险项目后获得的回扣，更少于直接挪用、贪污这些资金所得。乡镇干部处于行政等级制的末端，农村信用社和农村供销社的负责人则基本上没有进入行政体制内。因此，担任官员的保留效用贴现对于他们是极低的。在农村合作基金会的运行过程中，中央政府无法知晓其贷款去向。等到部分地区发生存款挤兑风波或合作基金会破产事件时，中央政府才知道合作基金会在违规运行。扭曲政策的赌注高、担任官员的保留效应贴现低、事后检查成本高等因素同样可以解释"三提五统"政策为何最终被废弃。对于基层政府而言，将农村税费用于农村公益事业建设的收益显然不如将其用于乡镇干部福利、在职消费及办公开支，而中央政府要检查几万个乡镇的税费数额及用途是不可能的。

三 "法不责众"规则与农村政策扭曲

（一）"法不责众"规则

实践中，中央政府是与众多而不仅仅是一个地方政府进行博弈。此时，中央政府要检查农村政策的执行情况就更加困难，特别是当地方政府之间存在合谋情况时就更是如此。假定有地方政府 L_1 和 L_2 同时执行一项农村政策，L_1 和 L_2 有相同的偏好，满足 $r_h > r_1$；当 $r_m > r_h$ 时，它们都有动机扭曲中央制定的农村政策。由于不同地区在社会经济发展水平和资源禀赋上存在差异，不同收入阶层的农民也有不同的政策需求，因此，同一项政策在不同地区的适应性可能不同。对于地方政府 L_1 而言，这一政策的适应性强；而对于地方政府 L_2 而言，它可能感觉这一政策的适应性弱。假定地方政府 L_1 知道这项政策在当地的适应性 θ，它虽然不了解这一政策在其他地区真实的 θ，但可以根据自身条件推断其他地区的政策适应性 $\theta = \theta_h$ 的概率分布。假定 $\theta = \theta_h$ 在地区 L_1 的发生概率为 p_1，在地区 L_2 的发生概率为 p_2。

在同时执行中央制定的农村政策时，当面临 $\theta = \theta_1$ 时，L_1 和 L_2 都没有选择余地，政策执行后中央政府和地方政府得到的收益为 R_1 和 r_1；当面临 $\theta = \theta_h$ 且 $r_m > r_h$ 时，地方政府有机会扭曲农村政策而为自己谋利。由于不同地区的政策适应性不同，对于两个地方政府，中央政策将出现 4 种可能的执行结果，中央政府在两个地区得到的收益组合分别是：$\{R_1，R_1\}$、$\{R_h，R_h\}$、$\{R_h，R_1\}$ 和 $\{R_1，R_h\}$。对于政策执行结果 $\{R_h，R_h\}$，中央政府显然没有必要进行事后检查。但是，对于政策执行结果 $\{R_1，R_1\}$、$\{R_h，R_1\}$ 和 $\{R_1，R_h\}$，中央政府则有理由怀疑地方政府没有如实执行政策。对地方政府扭曲政策的这种行为，本文假定中央政府采用"法不责众"规则。

"法不责众"规则可以定义为：给定信念 $\mu[(\theta_h，\theta_h)|(R_h，R_h)] = 1$，$\mu[(\theta_1，\theta_h)|(R_1，R_h)] = 1 - p$，$\mu[(\theta_h，\theta_1)|(R_h，R_1)] = 1 - p_2$，$\mu[(\theta_1，\theta_1)|(R_1，R_1)] = (1-p)(1-p_2)$。当政策执行结果为 $\{R_h，R_h\}$ 和 $\{R_1，R_1\}$ 时，中央政府不会事后检查政策执行情况。但是，当政策执行结果为 $\{R_h，R_1\}$ 或 $\{R_1，R_h\}$ 时，中央政府在 $c \leq c_{max}$ 的情况下将对政策执行结果为 R_1 的地方政府进行事后检查。一旦发现是地方政府扭曲政策的自利行为所致，其负责人将遭受免职惩罚。

不同的博弈规则导致不同的信息结构和博弈双方可采纳的策略集。在"法不责众"这一规则下，当地方政府 L_1 发现扭曲政策有利可图时，它不仅要考虑中央政府事后检查的概率和可能实施的惩罚，而且要考虑地方政府 L_2 的选择及与之达成合谋的可能。中央政府为什么要采取"法不责众"的规则？一个主要原因是，如果同时惩罚两个地方政府，中央政府有可能遭到地方政府的联合反对，其权威将出现动摇。尽管行政上中央对地方行使控制权，省一级政府主要负责人由中央政府任命，但地方政府的支持是中央政府行使权力的基础。中央政府制定的政策、决议需要来自地方的人大代表举手表决，中央政府颁发的各项社会治理措施最终要依赖地方政府来贯彻执行。所以，中央政府不愿意因某项农村政策得罪所有或大部分地方政府。

（二）地方政府的行为

先考虑地方政府 L_1 的行为。如果 $\theta = \theta_1$，L_1 只能选择 $s = s_0$。但是，如果 $\theta = \theta_h$，L_1 既可选择 $s = s_0$，也可选择 $s = s_m$。当 $c \geq c_{max}$ 时，中央政府无力进行

事后检查，只要 $r_m > r_h$，L_1 将选择 $s = s_m$。当 $c < c_{max}$ 但 $r_m - r_h \geq \dfrac{\delta r_0}{1-\delta}$ 时，扭曲政策为自己谋利属于上策。无疑，地方政府 L_1 将选择策略 s_m，这一情形与前文关于中央政府与单个地方政府博弈的情形相同。

假定 $\theta = \theta_h$，且有 $c < c_{max}$、$r_m - r_h < \dfrac{\delta r_0}{1-\delta}$。在前文关于中央政府与单个地方政府的博弈中，如果博弈结果是分离均衡，中央政府将选择 $\beta = 1$，地方政府将选择 $s = s_0$；如果是混合均衡，中央政府将选择 $\beta \geq \dfrac{(1-\delta)(r_m - r_h)}{\delta r_0}$，地方政府将选择 $s = s_0$。然而，在目前"法不责众"的博弈规则下，地方政府 L_1 面临的策略就发生了变化，L_1 仍可能选择 $s = s_m$ 而不是 $s = s_0$。其可能情况包括：①地方政府 L_2 面临的政策适应性条件是 $\theta = \theta_1$；②地方政府 L_2 面临的政策适应性条件虽然是 $\theta = \theta_h$，但同时存在条件 $r_m - r_h > \dfrac{\delta r_0}{1-\delta}$；③地方政府 L_1 和 L_2 达成共同扭曲农村政策的默契，合谋欺骗中央政府。地方政府 L_1 在上述三种情况下选择 $s = s_m$ 都将导致 $\{R_1, R_1\}$ 这一"法不责众"的结局。

假定对于 L_1 和 L_2，都有 $r_m > r_h$、$c < c_{max}$、$r_m - r_h < \dfrac{\delta r_0}{1-\delta}$。图 1 反映了地方政府 L_1 和 L_2 同时执行中央制定的农村政策且都面临 $\theta = \theta_h$ 时展开的完全信息静态博弈的结果。当 L_1 选择 s_0 时，不论 L_2 如何选择，L_1 得到收益 $\dfrac{r_0}{1-\delta} + r_h$；当 L_1 选择 s_m 时，如果 L_2 选择 s_0，L_1 得到收益 $r_0 + r_m$；如果 L_2 选择 s_m，L_1 得到收益 $\dfrac{r_0}{1-\delta} + r_m$。因为博弈是对称的，同理可推得 L_2 与 L_1 相同的策略选择及收益。该博弈存在 (s_0, s_0) 及 (s_m, s_m) 两个纳什均衡，由于 (s_m, s_m) 帕累托优于 (s_0, s_0)，L_1 和 L_2 倾向于选择 (s_m, s_m)。如果 L_1 预期 L_2 采用策略 s_m，L_1 也将采用 s_m。同理，如果 L_2 预期 L_1 采用策略 s_m，L_2 也将采用策略 s_m。假定预期对方采用策略 s_m 的概率为 γ，当且仅当（9）式满足时，L_1 和 L_2 都将选择策略 s_m，即

$$\gamma\left(\frac{r_0}{1-\delta} + r_m\right) + (1-\gamma)(r_0 + r_m) > \frac{r_0}{1-\delta} + r_h \qquad (9)$$

图1　面临 $\theta = \theta_h$ 的地方政府 L_1 和 L_2 之间的博弈均衡

命题5：假定 $c < c_{max}$，且有 $r_m - r_h < \dfrac{\delta r_0}{1-\delta}$。在"法不责众"的规则下，面临 $\theta = \theta_h$ 的地方政府 L_1 和 L_2 如果预期对方选择策略 s_m 的概率 $\gamma > 1 - \dfrac{(1-\delta)(r_m - r_h)}{\delta r_0}$，双方都将选择 $s^* = s_m$。

由命题5可知，$r_m - r_h$ 越大，δ、r_0 越小，γ 便越小。换言之，如果扭曲政策能谋取到的私利越大、地方政府负责人这一职位的保留效用越低、地方政府负责人的时间贴现率（t）越高，那么，面临 $\theta = \theta_h$ 的地方政府即使预期对方选择策略 s_m 的概率较低，它自己单方面也会选择策略 s_m。进一步分析，如果地方政府 L_1 估计地方政府 L_2 扭曲政策能谋取到的私利大，且 L_2 负责人的保留效用低、时间贴现率（t）高，L_1 预期 L_2 将偏于选择策略 s_m，进而自己也将选择策略 s_m。

（三）政策含义

第一，在中央政府与单个地方政府的博弈中，如果 $c \leqslant c_{max}$，当中央政府观察到政策执行结果为 R_1 时，事后检查政策执行情况的概率为 $\beta = 1$。在知道中央政府必然会对政策执行情况进行事后检查的情况下，如果 $r_m - r_h < \dfrac{\delta r_0}{1-\delta}$，地方政府将如实执行中央政府制定的农村政策。在中央政府与两个地方政府 L_1 和 L_2 的博弈中，当中央政府采取"法不责众"规则时，如果 L_1 推测 L_2 面临政策适应性条件 $\theta = \theta_h$ 的发生概率为 p_2，那么中央政府进行事后检查的可能性将降为 $\beta = 1 - p_2$。面对"法不责众"的规则，地方政府的做法自然存在向政策适应性低的地区看齐的趋势。因此，中央政府制定的农村政策的适应性在地

区之间差异不能太大，以免给适应性高的地区找到扭曲农村政策的机会。

第二，当地方政府 L_1 预计与 L_2 能达成合谋默契的概率为 γ 时，中央政府事后检查政策执行情况的可能性进一步降为 $\beta = 1 - p_2 - \gamma p_2$。现实中，地方政府负责人之间的交往是很多的，例如可能曾经在党校共同学习，可能在对方地区任过职等。此外，地方政府 L_1 和 L_2 的负责人在任期内要执行一系列中央政策，他们之间的博弈近似于重复博弈。因此，地方政府之间达成扭曲中央农村政策的默契的概率是极高的。为防止地方政府在执行中央农村政策时形成合谋，中央政府可能会采取"锦标赛"这一激励方式，鼓励地方政府为达到政策目标而展开竞争。然而，如果各地在政策适应性上的确高低不同，地方政府在政策执行能力上也存在差异，"锦标赛"是不起作用的（Lazear and Rosen，1981）。在农民难以约束地方政府的背景下，"锦标赛"常常会助长基层政府弄虚作假、欺上瞒下、侵占农民权益等官僚恶习。

第三，在宪政和法治国家，政府与社会以及各级政府之间，权利是界定清楚的，并受宪法保护。在中央集权制国家，政府与社会以及各级政府之间的权利划分更似短期合约，可随时根据各方实力的消长重新谈判。"法不责众"根源于基本政治制度在划分权利时缺乏宪法承诺。当地方政府之间容易达成合谋的默契时，事后检查成本 c 及事后检查概率 β 就不是很重要了。如果中央政府要体现自己在农村的意志、保持自己的权威，它所制定的政策就必须满足条件 $r_h \geqslant r_m$，以达到其自动实施。

四 结论

本文解释了农村合作基金会、乡村"三提五统"政策、粮食贸易管制政策等为什么失败而最终被中央政府废弃。笔者认为，如果冒险扭曲中央农村政策可获得高额收益、地方政府主要负责人任职的保留效用较低、地方政府负责人对未来的时间贴现率高，中央政府声明要惩罚政策扭曲者的承诺是无效的；如果中央政府事后检查农村政策执行情况的成本高昂、地方政府预期中央政府将采取"法不责众"的规则，中央政府的惩罚承诺是失信的。当惩罚承诺失效或失信时，政策适应性高的地区的政策执行者将谎称本地的政策适应性低，扭曲农村政策以谋取私利。

　　笔者认为，在制定农村政策时仅有为农民利益服务的愿望是不够的，还必须考虑地方政府扭曲政策的可能性及扭曲到何种程度。农村合作基金会使无数农民血本无归，"三提五统"政策导致基层政府和农民冲突不断，社会主义新农村建设运动造成农民宅基地丧失，这些都是政策制定者始料未及的。从政策执行的角度考虑，最优的农村政策是地方政府如实执行时所得利益高于扭曲政策所得因而能自动实施的政策；次优的农村政策是扭曲政策的赌注极低，不需要中央政府进行过多事后检查的政策；第三优的农村政策是适应性高与适应性低之间的收益差额非常小的政策，这类政策的特点是，即使被地方政府扭曲，中央政府和农民也不会有太大的损失。

参考文献

Grossman, Sanford and Oliver, Hart: The Costs and Benefits of Ownership: A Theory of Vertical and Lateral Integration, *Journal of Political Economy*, No. 94, 1986.

Lazear, Edward and Sherwin, Rosen: Rank-order Tournaments as Optimum Labor Contracts, *Journal of Political Economy*, Vol. 89, No. 5, 1981.

谭秋成:《农村政策为什么在执行中容易走样》,《中国农村观察》2008 年第 6 期。

"多予少取"政策对贫困地区
农民增收和减贫影响研究

吴国宝　关冰　谭清香

　　根据新世纪前几年全国农民收入增速缓慢、城乡收入差距不断拉大、农村内需扩大受阻等形势，中央政府在试点和调查研究的基础上，于2003年底出台了《中共中央国务院关于促进农民增加收入若干政策的意见》，确定了后来被概括为"多予、少取、开放、搞活"的方针，相继出台了取消农业税、免除农村义务教育阶段学生学费、提供农业生产补贴（包括种粮补贴、良种补贴、农资综合补贴、大型农机具购置补贴等）、建立全国农村最低生活保障制度、建立全国新型农村合作医疗制度等公共政策。这些新出台的政策加上此前已实施的退耕还林还草补贴、农村扶贫、临时救济和救灾补助等政策，初步构成我国直接到户的支农、惠农政策体系。这一系列的支农、惠农政策，根据它们对农民收入形成的影响方式可大致划分为"多予"政策和"少取"政策两大类。"多予"政策包括①以支持农业生产为主要目标的支农政策，包括种粮补贴政策、良种补贴政策、农资综合补贴政策、大型农机具购置补贴政策；②对特殊群体的收入补助政策，包括农村最低生活保障制度、农村合作医疗制度、退耕还林还草补贴政策，农村扶贫、临时救济政策和救灾补助政策。"少取"政策包括取消农业税和免除农村义务教育阶段学生学费两项政策。

　　自这些"多予少取"政策出台以来，中央政府和地方政府投入大量的财力和人力资源来支持和保障其政策设计目标的实现。不过，迄今为止，对于这些政策实施是否以及在多大程度上增加了农民的收入、政策收益在不同利益的农民群体间的分配效应如何以及对减缓农村贫困做出多大贡献等问题，政府鲜有比较全面、严格的建立在可信数据支持基础上的分析和评价。有关"多予少取"政策对贫困地区农民收入增长、收入分配和贫困减缓的研究更加缺乏。

这种状况的存在，非常不利于政府和其他利益相关者全面、清楚地了解这些政策实施的效果、存在的问题。利用国家贫困监测住户调查资料，笔者对"多予少取"政策实施对贫困地区 2002～2009 年农民收入增长和减缓贫困的影响进行实证分析，以便帮助政府相关部门完善有关政策的设计和实施安排。

（一）问题的界定

1. 研究视角

上述"多予少取"政策对农民收入和贫困的实际影响涉及多个方面，也有多种不同的影响途径。但在本项研究中，笔者主要关注这些政策对农户收入增长、农民收入分配和农村贫困的直接影响。也就是说，笔者主要从农户的视角来研究这些政策的直接影响，而不考虑这些政策实施对影响区域和产业发展及对农民收入和贫困减缓产生的间接作用。当然，这样处理会在一定程度上低估"多予少取"政策的全面影响。

2. 研究时期

上述 12 项"多予少取"政策出台的时间和受益的范围存在较大的差异。比如临时救济、救灾政策存在已逾 50 年，到户扶贫政策实施也有 20 多年的历史，退耕还林政策自 1998 年开始在中西部地区实施。另外 8 项政策虽然试点的时间不一，但在全国的普遍实施是在 2003 年以后。考虑到可用数据方面的条件以及 2003 年的特殊性（当年发生了影响全国较大部分区域的严重自然灾害），笔者将 2002 年作为研究的基期，通过对 2002～2009 年在农户层面发生的政策性收入变化的分析，评估"多予少取"政策对农民收入和贫困减缓的影响。由于绝大多数政策是在 2002 年以后在全国范围内实施的，将政策性收入的变化作为"多予少取"政策干预的直接结果，基本上可以对近 10 年出台的主要"多予少取"政策的影响进行比较全面的评价。但会低估那四项在此之前即已在全国实施政策的完全影响，也会低估在 2003 年前相关政策先行试点地区的政策影响。

3. 主要政策

（1）取消农业税

我国的农业税费改革，首先于 2000 年在安徽进行试点，2003 年扩大到在全国范围内进行试点。到 2006 年在全国范围内全面取消了农业税。在取消农业税的同时，原来附着于农业税上的许多收费（所谓"三提五统"），由乡镇和村委会通过行政方式确定和定期收取调整为由村民或村民代表以"一事一议"的方式确定，收费种类和数量也大幅度减少。在 592 个扶贫开发工作重点县（简称扶贫重点县）中，2002 年有 82.44% 的农户上缴农业税，农民人均缴农业税 32.93 元，人均交费 13.6 元。到 2009 年，扶贫重点县已经没有农户再缴农业类税。

取消农业税以及调整对农民收费的确定方式、范围和数量，对受益农户的直接影响是减少税费支出、增加可支配收入。各农户受益的大小，取决于原有税费负担和计税（费）方式（按耕地、人口抑或二者合一）。为了评估取消农业税及相关改革对农民收入增长和分配的影响，笔者首先对 2002 年扶贫重点县农户上缴农业税和交费的决定作了回归分析。然后利用所得参数模拟 2009 年各农户减少的税费。

（2）免除义务教育阶段学生学费

对部分贫困家庭子女减免学杂费的政策，在我国尤其是贫困地区农村实施已有较长的历史。特别是 1996 年以后政府和社会力量采取教育扶贫的方式，帮助中西部贫困地区贫困家庭减免学龄儿童的学杂费已覆盖一定比例的农户。2002 年样本农户中已有 3% 的小学生和初中生享受社会捐助，新疆扶贫重点县中有 8.9% 的小学生得到社会捐助。到 2007 年在全国范围内免除了农村义务教育阶段学生的学费。

免除义务教育阶段学生学费，只影响家中有义务教育阶段学生且在上学的农户。而且免除学费，只减少学生家长的教育支出，不会直接增加农民收入。但是，如果我们将免除学费视为对有义务教育阶段学童上学农户的教育补助，并将教育当作人力资本积累和形成的过程，它就会增加受益农户的隐性或影子收入，免除义务教育阶段学生学费也就具有了一定的生产支持性质。

免除义务教育阶段学生学费政策受益的大小，主要取决于原有收费标准、家中义务教育阶段学生数量。

（3）农业生产补贴

在全国范围内实行农业生产补贴政策，始于 2004 年。主要补贴形式有农产品生产补贴、良种补贴、购置大型农机具补贴和农业生产资料综合补贴。各种农业生产补贴对农民收支的影响，因补贴种类而异。①主要农产品生产补贴

（包括粮食、大豆、油菜、棉花补贴）受益，取决于农户补贴产品的播种面积/耕地面积；②良种补贴的受益分配决定于良种使用面积和补贴方式（按耕地面积还是按良种采用面积）；③购置大型农机具补贴的受益分配，在正常情况下与当年购置大型农机具与否有关；④农业生产资料综合补贴，在多数地区实际操作中，主要依据耕地面积分配。

（4）农村最低生活保障

农村最低生活保障制度属于条件性转移支付，只有符合相关条件的农户或人群才能受益。而各地的农村低保标准存在较大的差异，部分省、市的农村低保标准，甚至比一些贫困程度比较深的扶贫重点县的农民人均纯收入还要高。从理论上说，农村低保受益的分配主要取决于确定低保对象时农户的人均纯收入。但由于缺乏所有农户的收入统计数据，在实际操作过程中，低保对象确定还受到许多非收入因素的影响。

（5）新型农村合作医疗

新型农村合作医疗制度，只有发生疾病且符合报销条件的人群才可受益。具体的农户受益与否及数量多寡，主要与其是否发生符合报销条件的疾病诊治、诊治费用与报销政策有关。

（6）其他

其他一些属于"多予"政策范围的政策，包括退耕还林补贴、救灾、救济、到户扶贫等，基本上属于条件性补贴政策。

（二）研究方法和数据

1. 研究方法

笔者对"多予少取"政策对农民增收和减贫影响评价所采取的研究方法，主要是将一项政策干预前后农民收支的直接变化视为该项政策的效果，然后据此估计该项政策对农民收入和贫困减缓的影响。在所研究的 12 项"多予少取"政策中，10 项"多予"政策起着增加农民收入的作用，2 项"少取"政策则起着减少农民支出的作用。"多予"政策与"少取"政策对农民收入的影响方向差异，要求采取不同的方法分别评估其影响。"多予"政策的影响可直接使用农户在研究期内新增的相应收入来体现；而"少取"政策的影响，由于农户社会经济条件变化难以直接进行比较，必须通过模拟分析来评估。具体的方法是，根据 2002 年农业税费的决定因素做出回归模型，然后利用所得参数估计取消农业税政策对 2009 年各农户的影响。

2002 年扶贫重点县农业税、费决定的回归模型中，包括家庭人口、人口平方、耕地、地形（平原、山区）和省哑变量。所有变量在 99% 置信度都具有统计显著性。利用回归参数模拟 2009 年各农户的税、费支出。模拟结果中有 1000 来户 2009 年模拟农业税为负值，用 2002 年各省人均值乘以 2009 年人口代替。

对减免义务教育阶段学生学杂费政策的影响，首先分别用 2002 年各省小学生和初中生（分住宿生和走读生）生均三项费用（学杂费和书本费、其他费用），模拟 2009 年小学生和初中生相应类别费用，然后扣除其当年的实际费用，据此计算各分项及其汇总的减支（增支）额。

2. 数据来源

本研究所使用的数据，为 2002 年和 2009 年国家统计局全国农村贫困监测住户调查数据。该数据来源于对全国除西藏以外的全部扶贫重点县的 53270 个样本农户，对全国扶贫重点县具有较高的代表性。

（三）"多予少取"政策收益的分配

1. 2009 年扶贫重点县农户人均从"多予"政策中增加收入174元，通过"少取"政策减少支出70元

根据扶贫重点县贫困监测住户调查资料，2009 年人均从 10 项"多予"政策中得到收入 174 元（见表 2），其中粮食直接补贴人均 60 元，退耕还林还草补贴人均 40 元，农业生产资料综合补贴人均 15 元，最低生活保障补助人均 19 元；与 2002 年相比，2009 年人均少缴农业税、费 45 元，取消义务教育阶段学生学杂费使扶贫重点县人均少支出 25 元。如果将减免的学杂费视为政府对农户的教育补贴，12 项"多予少取"政策所产生的收入，相当于 2009 年扶贫重点县农民人均纯收入的 8.6%。

2. 97.5%的人口从"多予少取"政策中受益，受益农户人均受益253元，但高收入农户人均受益金额显著高于低收入农户

12 项"多予少取"政策，既包括如取消农业税这样的具有普惠性质的政策，也包括如农村低保、退耕还林还草、救灾补助、新农合医疗费报销等特定的

政策，而且各项政策受益标准、计算规则不同，各项政策受益对象覆盖面和受益金额存在很大的差异。此外，估计的受益人口和金额是指与2002年相比，农户在2009年净受益金额大于零的人口数和金额而非在2009年从"多予少取"政策受益的绝对人口和金额。按照这种方法统计，2009年扶贫重点县中有97.5%的农村人口从"多予少取"政策中受益，"多予"政策和"少取"政策覆盖的农村人口比重分别为80.8%和97.2%（见表1）。在收入10等分农户中，底层10%农户从"多予"政策中受益人口比重最低，为77.2%，与最高受益人口比重相差5.4个百分点；各收入组从"少取"政策受益人口比重差异甚小。在各收入组中，"多予少取"政策受益农户人均受益金额随着收入等级的提高呈现自低到高的分布，底层10%农户人均受益金额最低，为197.3元；顶层10%收入组农户人均受益金额为429.3元，约比底层10%农户高1.2倍。

表1　2009年扶贫重点县农民从"多予少取"政策受益人口比重和金额

单位：%，元

收入10 等分农户	受益人口比重			受益农户人均受益金额		
	"多予" 政策	"少取" 政策	"多予少取"政策	"多予" 政策	"少取" 政策	"多予少取"政策
1	77.2	97.7	97.7	158.4	75.1	197.3
2	79.7	97.5	97.7	159.6	71.1	197.9
3	79.7	97.4	97.7	164.8	74.8	205.9
4	80.9	97.2	97.2	182.3	74.1	222.3
5	81.1	97.1	97.5	197.5	74.8	235.5
6	81.8	97.3	97.6	205.9	76.1	245.2
7	82.6	96.3	97.1	218.0	75.7	256.5
8	82.5	96.2	97.1	242.7	78.7	280.1
9	82.4	97.3	97.6	299.8	81.2	330.1
10	81.7	97.4	97.8	417.2	84.8	429.3
全国扶贫重点县平均	80.8	97.2	97.5	218.0	76.3	253.2

3. 农户从"多予少取"政策中受益存在很大的地区差异，总体上耕地多的地区农户受益较多

2002～2009年扶贫重点县农户从"多予少取"政策中人均受益244元（见表2），但地区之间农民人均受益存在很大的差异。人均受益最高的黑龙江省扶贫重点县农民人均受益高达861元，而人均受益最少的广西扶贫重点县农民人均

受益仅 128 元，前者是后者的约 7 倍。总体来看，人均耕地面积大的地区，如黑龙江、内蒙古、吉林、宁夏，农民人均从"多予少取"政策中受益额高，而人均耕地少的地区，农民人均受益额相对较低。人均耕地面积与人均受益额之间的相关系数高达 0.93。其原因在于我国现行的以"多予少取"方式实现的支农、惠农政策，主要以耕地面积作为受益分配的基础。在 12 项"多予少取"政策中，完全或主要以耕地面积为分配基础的政策包括取消和减免农业税、费，粮食直补、良种补贴、农资综合补贴和退耕还林还草。2009 年全国扶贫重点县这 5 项政策受益金额，占到全部 12 项政策受益金额的 69.1%。

这种与耕地面积高度相关的受益分配方式，固然与国家出台这些政策时稳定和增加粮食生产的初衷有关，但也说明我国目前实行的支农、惠农政策至少目前在实施结果上不利于人均耕地资源少的区域的农民。

表2 2009 年各地区"多予、少取"政策全体农户人均受益

单位：元，亩

地 区	"多予"政策	"少取"政策	"多予少取"政策	人均耕地面积
河 北	176.0	70.4	246.4	2.3
山 西	94.4	69.8	164.2	3.4
内蒙古	418.5	93.7	512.2	8.6
吉 林	360.1	153.1	513.2	7.9
黑龙江	610.2	250.4	860.6	11.3
安 徽	109.6	88.9	198.5	1.3
江 西	99.8	74.5	174.3	1.0
河 南	122.4	84.6	207.0	1.4
湖 北	117.6	82.7	200.3	1.1
湖 南	146.0	71.7	217.7	1.0
广 西	87.2	40.3	127.5	1.2
海 南	141.5	74.2	215.6	0.8
重 庆	149.1	70.3	219.4	1.0
四 川	157.9	78.2	236.1	1.2
贵 州	140.4	63.0	203.4	1.2
云 南	163.9	47.2	211.1	1.7
陕 西	194.7	46.4	241.1	2.3
甘 肃	245.0	53.9	298.9	2.2
青 海	213.5	48.7	262.2	1.3
宁 夏	295.7	52.7	348.4	5.7
新 疆	161.3	81.4	242.8	2.5
全国扶贫重点县平均	173.8	70.2	244.0	2.2

4. "多予少取" 政策受益的分配总体上更有利于高收入农户，低收入农户受益相对较少

尽管各项政策受益群体有差异，但总体上 "多予少取" 政策收益的分配有利于高收入农户。2009 年按人均收入排序位居上层的 30% 农户从 "多予少取" 政策中受益的份额都高于他们人口的份额（见表 3），人均收入最高的 10% 农户获得政策收益总金额的 13.3%；底层 60% 农户从政策中受益的份额都低于他们在总人口中的份额，其中收入最低的 10% 农户只获得政策收益总金额的 8.7%。形成这种分配格局的原因在于高收入农户从 "多予" 政策中受益显著多于低收入农户，底层 20% 低收入农户只获得 "多予" 政策收益总金额的 15.8%，而顶层 20% 高收入农户获得 "多予" 政策收益的 27.6%。"少取" 政策收益的分配总体上有利于低收入农户，尤其是低收入农户从取消义务教育阶段学生学杂费政策中受益多于高收入农户。低收入农户从该项政策实施中受益较多的原因是低收入农户人口中学龄儿童的比重高，2009 年底层 20% 农户人口中学龄儿童的比重为 14.3%，而顶层 20% 农户人口中学龄儿童的比重仅为 10.2%。

表3　2009 年扶贫重点县 "多予少取" 政策收益分配比重

单位：%

收入 10 等分农户	"多予"政策	"少取"政策	"多予少取"政策
1	7.7	11.3	8.7
2	8.1	10.6	8.8
3	8.1	11.0	8.9
4	8.8	10.3	9.3
5	9.4	10.1	9.6
6	9.6	10.1	9.7
7	10.0	9.4	9.8
8	10.7	9.4	10.3
9	12.4	9.4	11.6
10	15.2	8.5	13.3
全国扶贫重点县合计	100.0	100.0	100.0

表4 2009年扶贫重点县取消义务教育阶段学生学杂费收益分配和学龄儿童比重

单位：元，%

人均收入10等分农户	人均从取消义务教育阶段学生学杂费中受益（元）	在校学龄儿童占户口比重
1	29.1	14.8
2	27.3	13.9
3	29.4	15.0
4	26.4	13.9
5	26.1	13.8
6	26.1	13.4
7	23.1	12.9
8	22.0	12.1
9	20.4	11.4
10	15.6	8.9
全国扶贫重点县平均	24.9	13.2

5. 参加新农合农民医疗费报销额的分配，有利于具有更高支付能力的高收入农户

作为解决农村人口看病难和因病致贫的一种制度安排的新农村合作医疗制度，由于制度设计和安排上存在瑕疵，实际的利益分配仍有利于具有更高支付能力的高收入组农户。2009年扶贫重点县不同收入组农户，在患有大病人口比重、患长期慢性病人口比重、体弱多病人口比重以及当年发生大病治疗人口的比重等方面大体相当，可是实际得到的报销额却存在较大的差别。2009年扶贫重点县顶层10%最高组农户人均新农合报销额为36元（见表5），而底层10%农户人均报销额仅有3元，前者是后者的12倍。从实地调查情况来看，形成低收入农户与高收入农户在报销医疗费方面差异的主要因素包括：起付点较高和新农合定点医院选择过严，使没有能力到正规医院看病的低收入人群受益较少；正规医院看病需要病人家属先交钱，结账后再报销，使部分经济困难又借不到钱的低收入农户难以充分享受新农合报销的利益。

表5   2009 年扶贫重点县不同收入组农户人口健康特征和人均新农合报销额

单位：%，元

人均收入 10 等分农户	患有大病人口比重	患长期慢性病人口比重	体弱多病人口比重	发生大病治疗户人口比重	人均新农合报销额
1	0.5	1.5	4.2	3.1	3.1
2	0.4	1.3	4.4	3.0	4.1
3	0.4	1.4	4.2	2.9	4.0
4	0.4	1.5	4.0	2.9	5.8
5	0.5	1.3	3.8	3.0	8.7
6	0.5	1.5	3.7	3.0	9.0
7	0.4	1.4	3.5	3.3	12.4
8	0.5	1.5	3.4	3.0	12.9
9	0.5	1.5	3.5	2.9	17.8
10	0.4	1.8	3.5	3.0	36.0
全国扶贫重点县平均	0.4	1.5	3.9	3.0	10.5

6. 低保政策受益分配出现严重外溢现象

在 12 项"多予、少取"政策中，农村低保和扶贫是两项以低收入人群为受益对象的目标瞄准性政策。然而，从贫困监测住户调查数据来看，低保政策目标瞄准出现了严重的偏差。住户贫困监测调查指标，包括登记为低保户、低保人口和获得低保金指标。从统计结果来看，2009 年处于人均收入分配底层 20% 农户中登记为低保户的人口[①]仅占全部登记低保人口的 26.8% （见表6），收入最高的 20% 农户拥有全部登记低保人口的 13.0%。虽然，各地区农村低保标准存在较大的差异，不能排除少数地区的低保标准高于全国扶贫重点县平均的中等收入水平的情况，但在高收入组中出现这么高的登记低保户比例，着实令人吃惊！

2009 年全国扶贫重点县有 36.0% 登记为低保户的农户在调查年度内未得到低保收入，这使得对农村低保补助资金分配的瞄准性分析难以清楚分辨出瞄准方面出现的问题，究竟是由于瞄准安排方面的因素所致还是由低保资金分发滞后所致。不过从获得低保金的农村人口分配来看，上述高收入组农户获得低

---

① 2009 年有部分登记低保人口（占全部登记低保人口的 15.7%）的所在家庭未被登记为低保户，为方便处理，这些家庭被视为登记低保户。最后，在全部登记低保户家庭总人口中，登记低保人口占 50.1%。

表6　2009 年低保对象和低保补助金分配比重

单位：%

人均收入 10 等分农户	低保户登记低保人口占比	低保收入户家庭总人口占比	低保资金占比
1	13.0	12.6	10.7
2	13.8	14.2	12.4
3	11.4	13.0	11.4
4	11.3	11.7	11.8
5	10.6	10.9	11.2
6	10.1	10.6	11.3
7	9.0	8.7	9.6
8	7.6	7.8	8.0
9	6.9	6.1	7.0
10	6.1	4.4	6.6
全国扶贫重点县合计	100.0	100.0	100.0

保的情况确实存在。2009 年底层 20% 农户只获得扶贫重点县当年到户低保金的 23.1% ，顶层 20% 农户获得全部低保金的 13.6% 。低保金的分配在很大程度上背离了低保政策的设定目标。

为了更准确地考察上述低保政策收益分配偏差究竟是由于各地标准的差异所致还是实施中存在的问题所致，笔者利用民政部网站上公布的 2009 年各县的农村低保标准①对低保收益分配做进一步的分析。将年人均纯收入扣除人均低保金后低于各县低保标准定义为应得低保户，否则定义为不应得低保户。表7 是按 2009 年是否登记为低保户、是否得到低保金分类的应得和不应得农户的比例。

表7　2009 年登记低保护和获得低保金农户中应得和不应得农户比重

单位：%

	不应得	应得	合计
按是否登记为低保户			
非登记低保户	95.2	4.8	100.00
登记低保户	92.0	8.0	100.00
按是否获得低保金			
未获低保收入户	95.1	4.9	100.00
获低保收入户	93.0	7.0	100.00

① 取按季度发布的各县每人月低保标准的中位数乘以 12 作为该县每人年低保标准。

2009年扶贫重点县有5.1%农户在扣除低保补助之前家庭人均纯收入低于所在县的低保标准,而当年实际上有9.6%的农户得到低保补助。如果低保资金完全根据农户的实际收入进行分配,在理论上2009年低保政策完全可以实行应保尽保。

2009年应得低保的农户中只有13.1%在调查年度内得到低保金,也只有16.5%登记为低保户。在2009年扶贫重点县登记为低保户的农户中,有8%扣除低保金后人均收入仍低于当地低保标准的应得户,另外的92%属于不应得的;而在没有被登记为低保户的农户中,有4.8%应该享受低保。在2009年获得低保补助的农户中,有7%为确应享受低保的,另外的93%为不应享受低保的农户;在未获得低保补助的农户中,也有4.9%应该享受低保。可见我国扶贫重点县现有农村低保政策实施中,存在着比较严重的资源溢出和目标遗漏问题。这种低保资金分配严重偏离目标情况的出现,可能主要有四个方面的原因。第一,在不能对家庭收入进行准确统计或不能令人信服地确定低保受益对象的情况下,采取以人口特征代替收入作为确定低保受益对象的简单化方法导致低保瞄准出现偏差,如扶贫重点县中25.0%的家中有残疾人的农户被登记为低保户,其中88.1%为不应享受低保的农户;第二,至少部分地区还缺乏严格有效的低保对象确定、监督和审查制度与方法,来保证低保资源全部或主要分配给符合条件的低保对象;第三,低保对象确定和调整与农民收入实际变化之间存在时间差,这也可能导致部分应享受低保的农户不能及时得到低保补助;第四,部分地区低保对象确定过程中可能存在一定的干扰因素和政策偏差,将低保泛化为一种地方政府可控制的一般性补偿和激励政策工具,如用低保来补偿土地拆迁户、移民户等。

(四)"多予少取"政策实施对2002～2009年农民收入增长的贡献

增加农民收入,是中央出台"多予少取"政策的主要目标之一。这些政策的实施,确实对扶贫重点县农民收入增长做出重要的贡献。

1."多予少取"政策实施贡献了2002～2009年扶贫重点县农民收入增长的14.2%,对底层10%低收入农户增长的贡献率更高达31.5%

在12项"多予少取"政策中,除了免除义务教育阶段学生学杂费以外,都直接影响农民收入的形成。从 2002 年至 2009 年，扶贫重点县农民从"多予少取"政策中增加的收入，占到同期农民收入增长的 14.2% （见表 8）；这些政策实施所增加的收入，占到底层 10% 低收入农户同期收入增加额的 31.5%。显然，"多予少取"政策成为 2002～2009 年低收入农户收入增长最重要的来源之一。"多予少取"政策中对扶贫重点县农民收入增长贡献最大的分别是粮食直补、取消农业税费以及退耕还林还草。这三项政策分别贡献了 2002～2009 年扶贫重点县农民收入增长的 3.9%、2.9% 和 2.6%。如果将减免学杂费视为教育补贴，2009 年减免的义务教育阶段学生学杂费，相当于扶贫重点县农民人均纯收入的 1.6%。值得注意的是减免学杂费，对低收入农户的影响比其他农户更大。

表 8   "多予、少取"政策对扶贫重点县 2002～2009 年不同收入组农户增长的贡献

单位：%

收入 10 等分农户	"多予"政策								"少取"政策	
	小计	粮食直补	良种补贴	生资综合补贴	农机具补贴	低保金	新农合医药费报销	另外 4 项政策	取消农业税费	义务教育阶段学生学杂费
1	23.3	10.2	1.1	1.9	0.1	3.6	0.6	5.9	8.1	5.7
2	16.9	6.3	0.9	1.6	0.0	2.9	0.6	4.6	5.2	3.7
3	13.6	5.1	0.8	1.3	0.0	2.1	0.4	3.9	4.3	3.1
4	12.7	4.7	0.7	1.2	0.0	1.9	0.5	3.7	3.7	2.3
5	11.9	4.2	0.7	1.0	0.0	1.6	0.7	3.8	3.2	2.0
6	10.9	3.7	0.6	1.0	0.0	1.4	0.6	3.5	2.9	1.7
7	10.1	3.4	0.6	0.9	0.0	1.1	0.5	3.4	2.5	1.3
8	9.5	3.3	0.5	0.8	0.0	0.8	0.6	3.4	2.1	1.1
9	9.5	2.9	0.4	0.8	0.1	0.6	0.7	4.0	2.1	0.8
10	8.4	2.4	0.4	0.8	0.1	0.9	0.6	3.6	1.5	0.4
全国扶贫重点县	11.3	3.9	0.6	1.0	0.1	1.3	0.7	3.9	2.9	1.6

2. 减免义务教育阶段学杂费政策的效益被其他一些政策调整冲减

前文提到的减免义务教育阶段学杂费政策为扶贫重点县农民减轻了较大的经济负担，但令人遗憾的是同时实施的撤并农村小学校等政策，却增加了农民的教育支出，部分地冲减了减免义务教育阶段学生学杂费政策产生的正面效

益。2002～2009 年，主要由于减免学杂费政策的实施，扶贫重点县农村小学生和初中生生均学杂费和书本费分别减少了 63.8% 和 56.7%（见表9）。可同期由于交通费、寄宿费和生活费增加，小学生和初中生生均其他支出分别增长了 104.5% 和 77.4%。两项相抵，在此期间扶贫重点县小学生生均教育支出只减少 9.2%，初中生反而增加 1.4%。贫困监测农户调查数据表明，从 2002 年到 2009 年，扶贫重点县离学校路程在 1 小时以内的小学生的比例从 88.2% 降低到 85.4%；小学生和初中生寄宿的比例分别增加了 5.3 个和 6.2 个百分点（见图1）。

表9　2002 年、2009 年扶贫重点县义务教育阶段学生生均教育支出变化

单位：元，%

	2002 年		2009 年		2002～2009 年增长	
	小学生	初中生	小学生	初中生	小学生	初中生
生均教育支出	315.5	865.4	286.4	877.3	-9.2	1.4
学杂费和书本费	213.2	490.7	77.1	212.7	-63.8	-56.7
其他支出	102.3	374.7	209.2	664.6	104.5	77.4

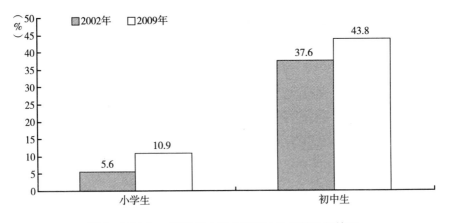

图1　2002 年、2009 年小学生和初中生住校比例情况

3.“多予少取”政策对农民收入增长的贡献存在较大的地区差异

由于各地区资源禀赋（主要是耕地）、农民收入水平和结构、地方财力和政策具体实施等方面的差异，“多予少取”政策对各地区农民收入增长的贡献，存

在较大的差异。在人均耕地较多的黑龙江、内蒙古和吉林，受惠于与耕地面积联系密切的农业税费减免、粮食直补和农资补贴等政策较多，"多予少取"政策对扶贫重点县 2002～2009 年农民人均收入增长的贡献显著高于全国扶贫重点县平均水平。比如黑龙江省，来自这些政策收益的贡献占到 2002～2009 年扶贫重点县农民人均收入增长的 45.6%（见表10），也就是说，在此期间黑龙江扶贫重点县农民收入增长的近一半是由"多予少取"政策实施所产生的。而这些政策对广西、山西和河南扶贫重点县农民收入增长的贡献率比较低，尤其是广西"多予少取"政策对扶贫重点县农民收入的贡献率仅为 6.1%。

表10 "多予少取"政策对不同地区扶贫重点县 2002～2009 年农民收入增长的贡献率

单位：%

	"多予"政策	减免农业税、费政策	前两项合计
河　北	11.2	3.2	14.4
山　西	8.4	4.4	12.8
内　蒙	31.4	5.4	36.8
吉　林	22.5	8.4	30.9
黑龙江	33.3	12.3	45.6
安　徽	5.2	3.5	8.7
江　西	7.6	4.0	11.6
河　南	5.8	2.8	8.6
湖　北	8.2	3.7	11.9
湖　南	12.3	2.6	14.9
广　西	5.1	1.0	6.1
海　南	9.8	1.1	10.9
重　庆	8.1	1.9	10.0
四　川	10.9	3.0	13.9
贵　州	10.1	1.9	12.0
云　南	10.6	1.7	12.3
陕　西	10.6	1.8	12.4
甘　肃	24.0	2.4	26.4
青　海	14.1	1.8	15.9
宁　夏	18.0	1.3	19.3
新　疆	10.4	4.4	14.8
全国扶贫重点县平均	11.3	2.9	14.2

（五）"多予少取"政策对扶贫重点县贫困减缓的影响

"多予少取"政策的实施，在增加扶贫重点县受益农户收入的同时，也对扶贫重点县农村贫困的减缓产生了重要的影响。

1. "多予少取"政策贡献了2002～2009年扶贫重点县农村贫困发生率减少的近30%

从2002年到2009年扶贫重点县农村贫困发生率，按当年全国低收入标准（2002年人均869元，2009年人均1196元）从33.5%降低到12.1%，减少了21.4个百分点。如果没有"多予"政策的实施，扶贫重点县2008年农村贫困发生率将上涨到16.2%，也就是说，"多予"政策对扶贫重点县农村贫困发生率下降的贡献率高达19.4%；如果农业税费还保持在2002年的水平，2009年扶贫重点县的贫困发生率将会高达13.4%，农业税费减免贡献了扶贫重点县贫困发生率减少的6%。如果将减免学杂费视为教育补贴，"多予少取"政策对2002～2009年扶贫重点县农村贫困发生率的贡献高达29%（见表11）。

表11　"多予少取"政策对2002～2009年扶贫重点县减缓贫困的贡献率

单位：%

	"多予"政策		减免农业税费政策		"多予少取"政策	
	贫困发生率	贫困深度	贫困发生率	贫困深度	贫困发生率	贫困深度
河　北	34.6	44.4	10.5	9.6	50.8	64.7
山　西	14.7	19.4	6.2	9.2	23.1	37.9
内蒙古	131.2	494.3	28.5	60.5	157.2	621.3
吉　林	37.9	300.6	10.7	106.8	54.8	469.7
黑龙江	44.0	35.0	15.5	10.1	62.5	60.1
安　徽	7.3	10.3	6.1	6.1	15.3	21.4
江　西	11.5	21.8	8.1	12.5	21.7	45.1
河　南	11.0	31.5	4.4	19.5	29.1	68.3
湖　北	41.3	21.9	42.7	11.3	71.2	48.3
湖　南	14.6	19.4	6.7	5.2	30.2	35.1
广　西	5.6	11.1	1.4	3.1	10.3	18.9
海　南	11.1	13.8	1.2	1.6	21.5	25.3
重　庆	17.1	18.8	2.7	4.1	25.0	29.9
四　川	12.3	17.8	3.0	2.9	23.2	28.3

续表

	"多予"政策		减免农业税费政策		"多予少取"政策	
	贫困发生率	贫困深度	贫困发生率	贫困深度	贫困发生率	贫困深度
贵 州	23.1	30.4	4.9	5.2	37.4	49.6
云 南	12.0	10.9	1.7	1.5	16.2	15.5
陕 西	10.3	11.2	1.5	2.5	14.3	17.2
甘 肃	72.6	181.4	14.3	23.8	99.6	256.6
青 海	21.7	19.4	4.6	3.3	30.2	28.3
宁 夏	18.6	41.3	1.4	2.6	23.7	52.5
新 疆	13.0	13.7	4.6	5.0	19.3	22.7
全国扶贫重点县平均	19.4	27.0	6.0	6.1	29.0	41.9

2. "多予少取"政策显著改善了仍处于贫困中的农户的收入状况,减小了扶贫重点县的贫困深度

尽管"多予少取"政策收益的分配,在总体上有利于高收入人群,但这些政策对低收入农户的相对影响却更大。除了临时救济、低保等重点瞄准低收入农户的政策以外,像农业税费减免这样的普惠政策,对低收入农户收入的增长的相对贡献也很大。"多予少取"政策的实施,贡献了扶贫重点县 2002 ~ 2009 年农村贫困深度降低的 41.9%,其中"多予"政策贡献了 27%,减免农业税费政策贡献了 6.1%。

3. "多予少取"政策对各地区扶贫重点县 2002 ~ 2009 年农村贫困减缓的影响存在很大的差异

由于"多予少取"政策在各地区间农户受益覆盖率、受益强度存在差别以及 2002 年各地贫困程度和贫困农户收入来源结构的不同,这些政策对各地区扶贫重点县 2002 ~ 2009 年农村贫困减缓的影响具有很大的差异。在受影响最大的内蒙古,"多予少取"政策对贫困发生率和贫困深度的影响都超过了 100%。也就是说,如果没有这些政策的作用,2009 年内蒙古扶贫重点县农村贫困发生率和贫困深度都将高于 2002 年的水平。另外,在甘肃、黑龙江、吉林和河北省,"多予少取"政策对扶贫重点县农村贫困发生率和贫困深度减缓的贡献都超过 50%。而在广西和陕西两省区,这些政策对贫困减缓的贡献都不及全国扶贫重点县平均的一半。

（六）改善"多予少取"政策对贫困地区农民增收和贫困减缓作用的建议

本项研究发现，"多予少取"政策自实施以来，虽然政策设计和执行还存在一些有待完善的地方，但对增加扶贫重点县农民收入、减缓贫困产生了重要的影响。根据本研究的分析，要继续发挥支农、惠农政策在贫困地区农民收入增长和贫困减缓中的积极作用，需要采取以下措施来完善现行政策。

1. 高度关注"多予少取"政策作用的持续性，加大支农、惠农政策的支持力度和广度

研究发现，"多予少取"政策，对 2002～2009 年扶贫重点县农民收入增长和贫困减缓起了重要的作用。但如果没有新的相关政策出台，政策支持力度和广度不加大，这些政策对农民收入增长和贫困减缓的相对作用会日趋缩小，将严重制约贫困地区农民收入增长和贫困减缓的进程。如果政府希望到 2020 年实现农民人均纯收入比 2008 年翻一番、消除农村绝对贫困的战略目标，在完善现行政策的前提下，继续加大中央政府和地方政府支农、惠农政策的支持力度和广度，是十分必要的。

2. 关注政策效应的地区差异，强化和增加政策性投入对人均耕地较少地区的支持

现有的"多予少取"政策收益的分配与人均耕地面积高度相关。这些政策在支持主要农产品生产的同时，也间接扩大了耕地富足地区与耕地较少地区间农民收入的差距。在继续实施保护农民从事粮食生产积极性政策的同时，中央政府需要适当地调整和强化对现行特定人群导向政策的投入力度，使人均耕地较少地区的农民也能够同等地分享国家经济发展的成果。

3. 关注政策瞄准的偏差，采取有效措施，加强政策瞄准的针对性

研究发现，现行的农村低保政策和新农合制度在实施过程中存在一定的瞄准偏差，农村低保目标对象遗漏与资源外溢现象还比较严重。有关部门应在充分调查研究的基础上，尽快完善目标对象选择、监管和审核的制度和方法，改善政策瞄准的有效性和针对性。

4. 关注各政策间作用的协调性，改善支农、惠农政策对"三农"工作的综合效果

由于种种原因，现行的一些支农、惠农政策在设计和实施过程中存在着一

定的相互不协调甚至相互抵触的现象。比如取消义务教育阶段学生学杂费政策，较大地减轻了学生家长的经济负担，提高了学龄儿童的入学率，但是撤并农村学校的政策又较大地增加了学生家长的其他教育支出，在很大程度上抵消了取消学杂费政策产生的积极效果。有关部门应加强出台政策的协调性，在出台与主要政策作用不一致或相冲突的其他政策的同时，最好能采取相应的措施减少政策的负面影响，以改善政策的综合效果。

论土地征收中的同地同价补偿[*]

王小映

在现实经济生活中，土地利用要受到土地利用规划的管制，土地市场价值会因为规划管制用途的不同而发生变化。比如，对农用地转用的政府控制和对农用地的保护，一方面会使建设用地相对于农用地产生规划管制性增值；另一方面，由于被保护的农用地只能按照农用地来使用或在农用地市场上转让，而建设规划圈内的农用地在未来可以作为建设用地使用，因此建设规划圈内农用地的市场价值和建设规划圈外农用地的市场价值也会表现出差异。在存在规划管制的情况下，要实现土地征收中的公正补偿，就必须通过适当的措施平衡土地利用规划对土地市场价值产生的影响，实现对各类土地财产在征收补偿中的平等待遇，也就是所谓的同地同价补偿，即在规划管制下，只要土地的现状用途相同、区位相当、条件相似，对其补偿水平就应当一致。公正补偿要求对所有被征收的土地提供公平保护和平等待遇。对被征收的农用地至少提供相当于公平市场价值的完全补偿，使土地业主不因土地规划用途等限定条件的不同而遭受财产价值上的贬损或获得意外所得，不因土地利用规划用途的不同或土地产权归属的不同而在土地征收中获得不同标准的补偿。在此基础上，与土地利用规划许可开发的具体用途和强度相关、超出公平市场价值部分的土地增值，才可以归公并为社会公平分享，也就是说，政府公共投资等引起的普遍性的土地增值是无须归公的。对于建设用地，只要土地使用性质相同、土地区位相当、基本条件相似，对其补偿水平就应当一致，不能因为用地者身份的不同或土地所有权的不同，而实行不同标准的补偿办法。

---

* 基金项目：国土资源部与联合国开发计划署（UNDP）项目（CPR/06/332）。

一　中国农用地征收中的同地不同价补偿问题

实现农用地同地同价补偿的一种简单方法就是土地发展权归公，即政府通过对规划许可转用的农用地进行统一征收或优先购买，将土地发展权收归公有从而实现一部分土地增值的归公和社会共享。土地发展权归公，是指将与土地用途转换等相关的土地发展权从土地财产权中分离出来并从土地财产者手中无偿征收回来，由政府统一组织实施与土地用途或土地使用性质变更相关的基础开发，之后再按照规划确定的新用途重新安排土地利用，从而由政府统一收回土地用途变更或土地使用性质变化引起的一部分的土地增值。

按照我国《土地管理法》，除乡镇企业用地、农村公共公益事业用地、农民宅基地，其他建设需要占用集体农用地的，都必须先由政府通过动用土地征收权来统一征收集体土地。依靠土地征收权，政府在支付征地补偿费或者由用地者先行垫付征地补偿费后，强制性地取得集体农用地并将之转为国有土地，然后再按照建设用地规划许可的土地用途予以统一供应。在此过程中，农民获得征地补偿费，政府取得农用地转用过程中的土地增值收益，即实现了土地发展权归公和土地增值归公。因此，我国的集体农用地统征制度同时是一种土地发展权归公的制度安排。

虽然对集体农用地实行统征和土地发展权归公的制度安排，有利于提高土地利用规划实施效率，有利于解决因规划管制引起的土地增值分配不公的问题，也有利于抑制土地投机。但是，在这种制度下，由于土地市场价值得不到显化，形成刚性的脱离市场价值的补偿制度。我国法定的农用地征收补偿标准按照农用地年产值的一定倍数计算，补偿标准基本上按照农业租金价值来确定，并不考虑与土地区位相关的预期增值。这种补偿标准脱离了土地的公平市场价值，导致不该归公的一部分土地增值在土地征收中也归公了。由于农用地的补偿脱离公平市场价值，远低于建设用地的补偿，形成对农用地补偿上的不平等待遇，形成转用和占用农用地进行开发建设和过度投资的利益激励，助长了土地征收事前的过度开发以及违法用地行为。同时，由于补偿标准低并在空间上和时间上缺乏应有的弹性，使得城市近郊区土地征收的法定补偿标准尤其难以执行，被征地农民的生产和生活难以通过法定补偿这种救济渠道得到妥善安置。

近几年，国家出台了一系列提高补偿安置标准的改革政策，要求土地补偿费和安置补助费的总和达到法定上限尚不足以使被征地农民保持原有生活水平的，当地人民政府可以用国有土地有偿使用收入予以补贴；各地开展了制定并公布征地的统一年产值标准或区片综合地价的工作，要求征地补偿做到同地同价；在城市规划区内，要求将因征地而导致无地的农民纳入城镇就业体系，并建立社会保障制度；要求对于征地补偿安置不落实的，不得强行使用被征土地。制定统一年产值标准和征地区片综合地价，在一定程度上提高了征地补偿标准。

然而，这些改革并没有打破传统土地征收制度的基本框架。由于对集体建设用地流转实行限制，对集体农用地和集体建设用地仍然实行统一征收的管理，城乡建设用地市场人为分割，城乡一体的土地市场体系没有建立起来，土地征收的范围仍然没有受到严格限制，征地补偿缺少公开市场价值做参照，征地补偿标准也不可能一步到位，因此，可以说，与市场经济相适应的土地征收公正补偿机制还远没有建立起来。

在征地补偿标准低的同时，由于土地补偿费分配使用不规范，也造成对一部分被征地农民的不公正对待。法律规定土地补偿费归农村集体经济组织所有，地上附着物及青苗补偿费归地上附着物及青苗的所有者所有。对于土地补偿费在农民集体经济组织内部的分配使用，法律则没有做明确规定。虽然近年来许多地方按照土地补偿费主要用于被征地农户的原则，制定完善了土地补偿费在农村集体经济组织内部的分配办法，但是，也有一些地方仍然没有制定相关管理办法。在实践中，有的地方将征地补偿的具体发放办法与土地调整结合起来。征地后没有条件调整土地的，或者被征地农户不愿意调回土地的，征地补偿费直接全额发放给被征地农户。村组通过安排机动地可以保证被征地农户获得与征地前同等份额和质量的承包地的，或者通过土地调整可以保证被征地农户获得与其他农户同等份额和质量的承包地的，除地上物补偿外，土地补偿费和安置补助费留归村组集体分享或兴办公益事业；通过土地调整，只能保证被征地农户获得部分土地实物补偿的，按照未能补回的土地发给征地补偿费。也有的地方，土地征收后一般不重新调整土地，但土地补偿费也留归集体，这种分配办法显然有失公平，事实上侵害了被征地农民的土地权益。

而就国有农用地的征收补偿标准而言，我国相关法律并没有做特别的规定，各地的具体做法也各异。在农用地的补偿上，有的地方对集体农用地和国有农用地实行同样办法和相同标准的补偿，如吉林省对国有农用地征收参照集体农用地征收相应标准支付土地补偿费以及地上附着物和青苗的补偿费，可以说做到了集体农用地和国有农用地征收补偿上的同地同价；有的地方对国有农用地和集体农用地实行不同的补偿办法和标准，如安徽省在收回国有农用地时并不支付土地补偿费，只支付青苗补偿费，特殊情况下支付困难补助费，这就意味着存在国有农用地和集体农用地征收补偿上的同地不同价的问题。

另外，在一般项目和国家重点项目的征地补偿上，存在同地不同价的问题。为了做好大中型水利水电工程建设征地补偿和移民安置工作，保障工程建设的顺利进行，国务院颁布的《大中型水利水电工程建设征地补偿和移民安置条例》明确规定，大中型水利水电工程建设征收耕地的，土地补偿费和安置补助费之和为该耕地被征收前三年平均年产值的 16 倍。对大中型水利水电工程实行有别于一般项目征地的补偿办法，实际上形成土地征收补偿中同地不同价补偿的不平等待遇问题。

二 中国建设用地征收中的同地不同价补偿问题

我国以二元土地所有制为基础，建设用地的取得与城乡企业、居民的身份相挂钩，形成城乡建设用地使用管理制度上的双轨制和城乡分割的建设用地市场。与此相一致，在许多地方，农村集体建设用地征收补偿和城镇国有建设用地征收补偿适用不同的法律法规，实行不同的补偿办法。

按照我国《土地管理法》，除了兴办乡镇企业、村民建设住宅、乡（镇）村公共设施和公益事业外，任何单位和个人进行建设需要占用集体建设用地的，必须先由政府将集体建设用地征收为国有后依法供应给用地者使用。对于集体建设用地征收转为国有时如何补偿，《土地管理法》并没有作专门的明确规定。不过该法第四十七条规定，征收其他土地的土地补偿费和安置补助费标准，由省、自治区、直辖市参照征收耕地的土地补偿费和安置补助费的标准规定。根据这一条款，许多地方参照征收耕地的土地补偿费和安置补助费的标准，制定了集体建设用地补偿标准。例如，安徽省《实施〈中华人民共和国土地管理法〉办法》规定，征收农民集体所有的建设用地的土地补偿费标准，为其所在村（组）耕地前三年平均年产值的 4～5 倍（低于一般耕地的补偿水平）；征收农民集体所有的建设用地的安置补助费标准，为其所在村（组）耕地前三年平均年产值的 2～3 倍（低于一般耕地的补偿水平）。按照农用地的征收补偿标准确定集体建设用地的征地补偿费，显然损害了集体建设用地者的权益。因此，也有一些大中城市已经开始参照城市房屋拆迁补偿办法对被征收的集体建设用地进行补偿。

在对集体建设用地实行统一征收的管制下，由于集体建设用地的流转在法律上仅限于村组集体经济组织内部，集体建设用地必须先经征收转为国有后才能进入市场，集体土地的市场价值得不到显化，在农村集体建设用地征收补偿中缺乏公开市场价值做参照，对集体建设用地又比照农用地的征收补偿标准进行补偿，直接导致集体建设用地补偿标准过低。集体建设用地的市场流转受到限制，意味着对集体建设用地事实上存在着不平等待遇。由于集体建设用地不能按照完全的市场价格在对外开放的公开市场上出售，只能在农村集体内部成员之间流转，导致农民宅基地等集体建设用地发生价值贬损。与城市建设用地相比，由于农村集体建设用地流转市场的开放程度受到限制，如农民宅基地不能向城镇居民和集体经济组织外的居民流转，导致农民不能通过城乡一体的土地市场参与分享经济社会发展带来的土地增值。在集体建设用地征收中，由于征地补偿缺少公开市场价值做参照，法定标准低且缺乏弹性，使得农民在集体建设用地征收补偿中受到不公正对待。

就国有建设用地来说，取得土地使用权的补偿适用《城市房屋拆迁管理条例》的规定。该条例第八条规定，房屋拆迁需要变更土地使用权的，必须依法取得土地使用权。国土资源部、财政部、中国人民银行印发的《土地储备管理办法》第十二条规定："因实施城市规划进行旧城区改建需要调整使用土地的，应由国土资源管理部门报经有批准权的人民政府批准，依法对土地使用权人给予补偿后，收回土地使用权。对政府有偿收回的土地，由土地登记机关办理注销土地登记手续后纳入土地储备。"这也说明在城市房屋拆迁中要对土地使用权进行补偿。也就是说，我国的城市房屋拆迁实质上包含了土地征收，城市房屋拆迁补偿包含了土地财产补偿。

按照《城市房屋拆迁管理条例》，拆迁补偿实行产权调换、作价补偿，或者产权调换和作价补偿相结合的形式。也就是说，城市房屋拆迁补偿可以采取实物补偿，也可以采取货币补偿，这两种补偿都包含了对土地的补偿。货币补偿一般根据房地产市场评估价格确定。例如，《安徽省城市房屋拆迁管理办法》第二十六条规定，城市被拆迁房屋的货币补偿金额根据房地产市场评估价格确定。房地产市场评估价格由具有法定资格的房地产评估机构以设区的市人民政府公布的货币补偿基准价为依据，结合被拆迁房屋的区位、用途、建筑面积、建筑结构、成新率等因素评估确定。

在对房地产补偿的基础上，城市房屋拆迁中还要对被拆迁人给予搬家补助费、临时安置补助费、停产停业引起的经济损失补助费等。被拆除房屋使用人因拆迁而迁出的，由拆迁人付给搬家补助费。在规定的过渡期内，被拆除房屋使用人自行安排住处的，拆迁人应当付给临时安置补助费。拆除非住宅房屋导致停产、停业或造成经济损失的，可以由拆迁人付给适当补助费。这说明，城市房屋拆迁法定的补偿除了土地补偿和房屋补偿之外，补偿项目还包含了室内的装修、设备等附属物的补偿、住宅搬迁补助、临时安置补助、停产停业补偿等。而对于集体建设用地，一般情况下只对房屋和土地进行补偿，很少对室内装修、设备等附属物进行补偿，很少给被征地者支付住宅搬迁补助、临时安置补助和停产停业补偿等。

总之，随着城镇房地产市场的发展，房屋和土地连体流通，房地合一的房地产的价格得到显化，在城镇房屋拆迁和旧城改造中已经对城镇国有建设用地和房屋参照房地产市场价格实行房地合一的补偿；而在农村集体建设用地征收中，由于集体建设用地的流转受到限制，集体建设用地和房屋的市场价值得不到显化，许多地方参照农用地补偿办法实行房地分离的补偿方式。由于适用的法律法规、补偿思路、补偿方法、补偿内容等不尽相同，同样区位、同样条件和同样用途的城镇国有划拨建设用地和农村集体划拨建设用地的补偿水平存在很大的差异，在集体建设用地和国有建设用地的征收补偿上普遍存在同地不同价的不平等待遇问题。

三 建立同地同价的公正补偿制度

进一步改革完善农村土地制度，必须从单项改革向综合配套、从城乡分割到城乡统筹转变，通过稳步开放集体建设用地流转市场，逐步缩小征地范围，统筹协调和改革完善国有土地与集体土地财产征收补偿办法，最终建立国有土地和集体土地同地同价的公正补偿制度。

一是逐步缩小征地范围，建立城乡统一的建设用地市场。考虑到改革的难易程度和有利于控制可能出现的风险，可按照由城镇规划圈外到规划圈内、由存量到增量、由一般集体建设用地到农民宅基地的路径来推进缩小征地范围、开放集体建设用地流转市场的改革。对于城镇规划建设用地范围内的集体建设用地，规划用作房地产用地、商业住宅用地等经营性用地的，可继续纳入政府土地储备体系，然后由政府以招标拍卖挂牌方式出让；对于城镇规划建设用地范围外的集体建设用地，规划用作工业用地等经营性用地的，可以无须征收转为国有，且以集体建设用地招标拍卖挂牌的方式在城乡统一的公开市场上进行出让。在统一规划管制下，对经营性用地，无论是国有还是集体所有，不分城乡居民身份和城乡企业身份，只要土地使用权性质相同，土地使用权的市场开放范围就应当一致，在市场开放上对国有土地使用权和集体土地使用权实行同等待遇，发展城乡一体的土地使用权市场，全面显化土地的市场价值。

二是建立国有农用地和集体农用地同地同权（土地使用权性质相同）同价的公正补偿制度。要充分考虑农用地的区位价值和预期增值，不断完善区片综合地价，通过3～5年调整和更新一次，稳步提高农用地的征收补偿标准。无论是集体农用地还是国有农用地，无论是规划为公共用途还是规划为经营性用途，无论是一般建设需要还是国家重点工程建设需要，无论是通过土地征收的方式转用还是通过政府优先购买的方式转用或者通过市场流转的方式转用，只要土地的区位相当、自然条件相似，对其补偿水平就应当一致，实现同地同权（土地使用权性质相同）的同价补偿。

三是建立集体建设用地和国有建设用地同地同权（土地使用权性质相同）同价的公正补偿制度。在稳步开放集体建设用地流转市场、建立城乡统一的建设用地市场的基础上，要逐步建立集体划拨土地和国有划拨土地的统一征收补偿办法以及集体出让土地和国有出让土地的统一征收补偿办法。无论是集体建设用地还是国有建设用地，无论是规划为公共用途还是规划为经营性用途，无论是一般建设需要还是国家重点工程建设需要，无论是被征收还是被政府机构收购储备或者通过交易许可流转入市，只要土地的区位条件相当、土地使用权性质和土地用途相同，对其补偿水平就应当一致，实现同地同权（土地使用权性质相同）的同价补偿。

县乡财政管理体制：特点、
问题与改革

冯兴元

一　引言

　　我国县乡财政管理体制存在着较大问题。迄今为止仍然缺乏在研究多级财政体制与结构背景下总体上分析县乡财政管理体制和县乡级政府事权和财权关系问题的研究。[①] 而县乡财政管理体制的真正规则框架恰恰需要在这一分析研究的基础上加以提出。很明显，县乡财政管理体制问题关系县乡财政困难问题，欠发达地区许多落后县乡严重依赖上级转移支付的问题，以及县乡财政支出效率低下的问题。本文首先结合对多级财政体制与结构的分析探讨对县和对乡财政管理体制的状况、特点、问题及其成因，梳理各级政府的事权、收入权和支出权的划分和运作问题，[②] 然后从规范角度提出解决县乡财政管理体制问题的一些思路。

[①] 朱刚等的研究课题对县乡财政体制案例进行了较好的比较分析，不过其重点不在多级政府的事权、收入权和支出权划分的研究。作为重要结论，该书明确提出了建立农村公共选择机制和农村基层民主制对于强化县乡财政约束的重要性。该书的很多数据截止至 2002 年，而此后我国县乡财政体制有了较多的变化（参阅朱刚、贾康等《中国农村财政理论与实践》，山西经济出版社，2006）。Herrmann-Pillath 等分析了在多级财政体制框架内古交市的财政体制状况和财政问题，以及地方公共产品与服务的提供和融资方式问题，但主要涉及古交这一县级市的情况，而不是县乡财政问题（参阅 Herrmann-Pillath, Carsten and Xingyuan Feng, Competitive governments, fiscal arrangements, and the provision of local public infrastructure in China: A theory-driven study of Gujiao municipality, China information, Vol. 18, No. 3, 2004, pp. 373 – 428）。

[②] 许多文献讨论了事权、支出权和收入权关系。但是事权概念比较模糊，不一定指称同一个事物。在现有文献中，狭义的事权一般仅指政府事务主办和管理权。这里的"主办"相当于公共产品与服务的提供，即英文中的"provision"。很多文献认为政府事权集中在地方层级。但值得注意的是，对此做出决策的权力往往不在地方层级。基于这一观察，与过去的文献不同，本文把事权细分为：税费的立法权和征收权，决定政府事务主办和 （转下页注）

二　中国上级政府对县财政管理体制及问题

当前我国采取"下管一级"的对县财政管理体制，具体分为"省管县"和"市管县"两种方式。与中央对省的分税制财政管理体制一致，我国省和地市对县的财政管理体制一般也统称为分税制财政管理体制。[①] 对县财政管理体制总体上呈现为行政权力集中体制前提下的分税（按税种分享）或分成（按比例分享）模式。这种分税制是不彻底的，它在政府间纵向收入划分上仍然带有许多旧体制的遗留特征，包括包干制和基数法成分，收入划分、上解、下划、结算均错综复杂，缺乏透明度。而且，分税或者分成模式是建立在按照企业隶属关系划分收入基础上的。[②]

（一）收入划分

按照国际通行做法，中央和地方的财政关系的调整，属于政府间权力的重新分配，应该通过立法解决，而不是由行政部门主导。但我国的政府间财政收入划分由行政主导。根据预算法实施条例，分税制财政管理体制的具体内容和实施办法，按照国务院的有关规定执行。

我国县政府的收入权尤其是征税权在总体上非常有限：一是包括省以及省以下地方政府没有税收立法权，而收费的立项权也由中央、省及一些较大的市确定，最终均要求由中央控制。县政府没有根据自己的需要在本地筹集收费的权力；二是根据 2004 年的《预算法》，地方各级预算按照量入为出、收支平衡的原

（接上页注②）管理权归属的权力，以及政府事务主办和管理权本身等权力。这一细分有利于增进我们在讨论政府事权、支出权和收入权划分时的针对性。很明显，我国并没有对税费的立法权和征收权以及决定政府事务主办和管理权归属的权力下放到各级政府，而是主要集中在中央，小部分也落在省级。除非另行说明，本文中的事权一般仍单指狭义事权，即政府事务主办和管理权。但本文将涉及对其他事权的分析。

① 比如财政部预算司在其 2003 年编著的《中国政府间财政关系》一书中，总体上把各省以下财政管理体制均称为分税制财政管理体制。参阅财政部预算司《中国政府间财政关系》，中国财政经济出版社，2003。

② 财政部 2002 年 12 月 9 日《关于完善省以下财政管理体制有关问题的意见》要求采用按税种或按比例分享等规范办法，打破按企业隶属关系划分收入的做法。

则编制，不列赤字，而且除法律和国务院另有规定外，地方政府不得发行地方政府债券；三是由上级政府决定对县分税制财政管理体制和收入的划分。

省或市对县财政管理体制主要涉及收入划分，主要针对一般预算收入，而非其他收入。具体做法是：首先，在中央政府通过对省的分税制财政体制从全省（包括县）拿去一大部分收入（中央固定收入和共享收入的中央部分）之后，省政府对辖内各地市、县再拿去一部分收入（分税制下为省固定收入和与市、县共享收入的省属部分）；其次，推行"市管县"财政体制的中心城市，往往还从辖内县市拿去一部分收入，往往以"集中一部分收入"的名义；再次，上至中央、下至地市的各级政府均对下级政府保留改变收入分配、集中收入的主导权，并控制部分可支配收入的转移支付。这里包括在一部分实行"市管县"的县，地市级政府向较落后的县提供一定转移支付补助。在收入划分过程中，上级政府一般重视维护下级政府的既得利益格局。上级政府一般会考虑不触及地方层面的既得利益，而考虑在未来收入增量中至少维持甚至增加从下级政府集中的收入比例（往往是针对某些税种；也有针对全部地方收入增量的情况）。由此形成上行下效、"下管一级"的收入划分办法。不过上级政府主导收入划分和集中地方政府财力的能力并非无限，它受到地方政府讨价还价能力、寻租能力、"藏富于民"、征收预算外收入和制度外收入、事实负债之类的对策性行为能力等因素的制约。

由于各省根据1993年《国务院关于实行分税制财政管理体制的决定》对省以下财政管理体制有其自主权，1994年后出台的对县财政管理体制与我国20世纪80年代和90年代财政包干时期一样呈现出体制多样性。一些学者因此把我国的财政体制称为"财政联邦制"，[①]"准联邦制"等。[②] 虽然所有省把

---

① 有关财政联邦制的描述，可参阅罗兰·热若尔《转型与经济学》，张帆、潘佐红译，北京大学出版社，2002；Herrmann-Pillath, Carsten, "Fiscal Federalism: The German Experience-Challenges to China", Report prepared for the OECD Development Centre, Paris, Duisburger Arbeitspapiere Aur Ostasienwirtschaft, Vol. 34, 1996。

② Herrmann-Pillath, C. 2009, An evolutionary approach to endogenous political constraints on transition in China, in Regime Legitimacy in Contemporary China, eds. T. Heberer & G. Schubert, Routledge, pp. 129 – 152. 罗伊·鲍尔也认为："这个不是一个联邦制国家，但其公共财政体制具有联邦制度的一些特征。"参阅罗伊·鲍尔《中国的财政政策 – 税制与中央及地方的财政关系》，中国税务出版社，2000。

各自省以下财政管理体制称作"分税制"，但有些属于分成制。即便是按照税种划分收入的体制，也因为带有旧机制的成分而不是完全规范的分税制。从各地区通行做法来看，除了分税制改革中上下划的税种外，其他原有的地方税收基本上仍按原收入级次划分，还有个别地区调整了营业税的划分办法。增值税上划中央75%以后，大部分地区将地方25%留给了市、县，小部分地区省与市、县共享收入。中央下划的税种及新开征的税收大部分地区实行了省与市县共享。[①]

1994年财政改革的具体运作结果是财政收入占GDP的比例上升，并且财政收入向中央高度集中。据统计，全国一般预算收入占GDP的比例1993年为12.3%，2007年上升为20.8%。中央占财政收入的比重1993年仅为22%，2007年上升54.1%。又据财政部提供的数据，2006年我国各级政府一般预算收入占一般预算收入合计的比重分别为：中央52.8%，省12.1%，地市级15.4%，县级13.8%，乡镇级5.9%，县乡两级合计19.7%（见表1）。

表1　2006年各级政府收入一览

单位：亿元，%

	金额					占比				
	全国合计	中央级	省级	地市级	县级	乡镇级	中央级	省级	地市级	县级	乡镇级
一般预算收入合计	38760	20457	4674	5986	5359	2284	52.8	12.1	15.4	13.8	5.9
基金收入	7253	1707	2158	1925	1424	39	23.5	29.8	26.5	19.6	0.5
预算外收入	6408	467	1951	1956	1813	221	7.3	30.4	30.5	28.3	3.4
合　计	52421	22631	8783	9867	8596	2544	43.2	16.8	18.8	16.4	4.9

资料来源：根据《中国财政年鉴2007》和财政部提供的其他数据整理。

对县财政管理体制的文本规定不包括一般预算收入之外的其他地方收入的划分，但其他一些上级政府文件规定了少数几种其他地方收入的上级统筹或者

---

① 财政部地方司主编《中国分税制财政管理体制》，中国财政经济出版社，1998，第14页。

上下级政府间的划分。比如四川省对社会保险基金实行全省统筹，又如山东省枣庄市台儿庄区区域内的国有土地有偿使用收入作为基金预算收入，市级暂按宗地成交价的8%分成，该市市中区区域内的国有土地有偿使用纯收益，市与区的分成比例为60%:40%。①

对于县乡财政来说，一般预算之外的收入是非常重要的。根据财政部提供的数据计算，2006年，全国政府性基金收入和预算外收入分别为7253亿元和6408亿元，其中县乡两级占比分别为20.1%和31.7%（见表1）。如果把一般预算收入、基金收入和预算外收入三项合计，县乡两级占比分别为16.4%和4.9%，合计21.3%。相对于县乡两级政府所面临的巨大支出责任，两者的收入占比处于较低水平。此外，债务收入对于维持包括县乡政府在内的地方政府的"吃饭财政"和"建设财政"比较重要。根据财政部财科所的最新估算，我国2008年底地方政府债务总余额在4万亿元以上。②

我们以四川省A县为例来分析县分税制财政体制。表2分析了2003～2006年四川省及省以下政府对A县的分税制财政管理体制情况。A县行政上归地级市Z市管辖。该县总人口154万，其中农业人口140万，属典型的丘陵农业大县、人口大县。2005年，全县国内生产总值实现63.3亿元，地方财政一般预算收入仅为8805万元。2003～2006年，中央和四川省抽取了源自A县的较多税收收入。Z市只是抽取了排污费的15%。在增值税方面，中央分得75%，地方分得25%，其中地方部分省分得8.75%，县分得16.25%（按收入所属地域分配）。从2007年1月1日起，四川省对A县开始实行"扩权强县"试点，包括推行"省管县"的财政管理体制。根据四川省《关于扩权试点县财政管理体制改革的意见》，③实行扩权强县改革试点的基本原则之一是确保既得利益，实行增量调控。以确保市、试点县（市）财政既得利益为前提，对以后年度的收入增量进行适当的调控。四川省扩权试点意见规定扩权试点县与市互不参与税收分享。与A县的原有财政管理体制一致。此外，所在市不再参与试点县非税收入的分享。按照经

---

① 枣庄市人民政府：《关于进一步规范国有土地使用权出让收支管理的意见》，枣政发〔2009〕12号。

② 韩洁、闻喧：《聚焦地方政府"债务风险"》，载《半月谈》2009年4月8日。

③ 四川省人民政府2007年7月10日《关于开展扩权强县试点工作的实施意见》附件。

济管理责任和事权划分原则，非税收入及相应的支出不作基数划转。这一点也有利于 A 县。因为正如上文所述，此前 Z 市只是抽取了排污费的 15% 。值得注意的是，下级政府对于下一期的收入划分无法建立真正的预期，比如根据四川省扩权试点意见，县级以下企业所得税 40% "暂留县级" 的分享办法（另外 60% 归中央）。

2005 年，四川省 A 县地方一般预算收入只有 8804 万元，地方一般预算收入总计 16436 万元（见表 3）。两者之间的差额为中央、省和地市从 A 县提取的收入，占地方一般预算收入总计金额的 46.4% 。该县的中央和省补助收入（包括各种税收返还）达到 59896 万元，县级基金收入为 1990 万元，县级预算外收入 7442 万元。全县可支配财力合计 7.8 亿元，为地方一般预算收入的 8.9 倍。该县财政自给率只有 23.3% ，其计算公式为：

$$财政自给率 = （地方一般预算收入 + 政府性基金收入 + 预算外收入）÷ 地方可支配财力 × 100\%$$

表 2　上级政府对 A 县的分税制财政管理体制（2003～2006 年）

收入类型		与中央、省、市、县、乡分享范围和比例
1. 税费收入		
税收	增值税	中央 75% 、省 8.75% 、县 16.25%
	消费税	中央 100%
	营业税	
	金融保险营业税	省 100%
	一般营业税	省 35% 、县 65%
	企业所得税	县属企业中央 60% 、县 40%
	个人所得税	中央 60% 、省 14% 、县 26%
	资源税	省 35% 、县 65%
	城市维护建设税	县 100%
	房产税	省 35% 、县 65%
	印花税	省 35% 、县 65%
	城镇土地使用税	省 35% 、县 65%
	土地增值税	县 100%
	车船使用和牌照税	县 100%
	屠宰税	已取消
	农业特产税	已取消
	契税	省 35% 、县 65%

续表

收入类型		与中央、省、市、县、乡分享范围和比例
其他收入	国有资产经营收益	县 100%
	国有企业计划亏损补贴	
	行政性收费收入	县 100%
	罚没收入	县 100%
	专项收入	排污费中央 30%、省 15%、市 15%、县 40%、教育费附加县 100%
	其他收入	县 100%
2. 税收增量返还	增值税返还	县 100%
	消费税返还	县 100%
	企业所得税返还	县 100%
	个人所得税返还	县 100%
3. 收入超基数增长部分		县 100%

资料来源：根据 A 县财政局提供的材料整理。

上述 A 县的各种财政收入和计算不含债务收入和社保基金。该县 2005 年底县乡债务余额达 14.4 亿元，为地方一般预算收入的 16.4 倍。此外，全县村社级债务总额为 8959 万元，每村平均 10 万元。村社级债务总额为各县地方一般预算收入的 1.02 倍。

农村税费改革也导致 A 县农业税收入的总体滑坡。据统计，2003 年该县农业税收入达到 5191 万元，占当年地方一般预算收入的 47.5%。到 2005 年，该县农业税收入下降为 0。可见，对于 A 县这种农业人口大县，农业税收入本来属于其主体收入。取消农业税之后，营业税成为其单一的主体收入。大量支出由中央和省政府的转移支付补足。

表 3　2005 年四川省 A 县财政状况一览

项目	金额
一、地方一般预算收入总计（万元）	16436
（一）地方一般预算收入	8804
（二）中央级收入	4991
（三）省级收入	2627
（四）市州级收入	14

续表

项目	金额
二、中央和省补助收入(万元)	59896
三、县级基金收入(万元)	1990
四、县级预算外收入(万元)	7442
五、全县可支配财力(万元)	78132
全县可支配财力占地方一般预算收入的百分比(%)	887.5
全县按财政供养人口计算的年人均财力(元)	30235
全国所有县级区划单位按财政供养人口计算的年人均财力(元)	32524
按全县人口计算的年人均财力(元)	558

（二）事权和支出责任的划分

我国中央和省财政管理体制中，中央政府过分强调财权的调整，而忽视了事权的调整。在政府间事权的划分上，存在着某种程度上的上下不明，你中有我、我中有你以及事权下放过低等问题。[①] 这一问题同样存在于省以下财政管理体制中。

1994 年分税制改革旨在提高财政收入占 GDP 的比重以及中央政府的财政集中度。根据 1993 年《国务院关于实行分税制财政管理体制的决定》（〔1993〕国发第85号），分税制财政体制改革中，中央和省按照中央与地方政府的事权划分，合理确定各级财政的支出范围，并根据事权与财权相结合原则，将税种统一划分为中央税、地方税和中央地方共享税。全国各地的省以下分税制财政管理体制也在名义上奉行这种按照事权和支出责任划分收入的原则。

上述原则就其本身形式而言符合国际上通行的做法：首先确定各级政府的事权，其次由政府的事权来决定其支出权，再次由其支出权来决定其收入权。但在实际上，我国的分税制财政管理体制从事权和支出责任划分方面与国际通行做法差别较大。其差别之处在于：一是我国的法律（宪法和地方各级人民代表大会和地方各级人民政府组织法）对地方政府事权（职权）规定得非常齐全，包括本辖区内的所有政府事务，每一级地方政府在其辖区内都有类似范围的职能（中央的国防外交除外），但并不是根据与各级政府级次相应的公共

---

① 上海财经大学公共政策研究中心：《2007 中国财政发展报告——中国财政分级管理体制的改革与展望》，上海财经大学出版社，2007，第178页。

产品与服务提供来界分各级政府的事权（见表4）；二是法律规定的各级政府事权（职权）意味着下级政府必须执行许多由上级政府决定命令的、交办的事情（这里称之为"上级交办制"），为上级政府向下级政府转嫁责任留出空间；三是我国的法律没有规定各级政府的支出责任，而是由行政部门出台的分税制财政体制文件确定。这些支出责任的规定涵括所有本级地方事务，事实上允许上级政府通过事权的下移把上级政府的支出责任变为下级政府的支出责任。《预算法》规定，中央预算与地方预算有关收入和支出项目的划分、地方向中央上解收入、中央对地方返还或者给予补助的具体办法，由国务院规定，报全国人民代表大会常务委员会备案。这一规定悬置了立法部门的权力，这本身也是违背国际上通行惯例的。后者要求通过立法部门和立法来牢牢把握政府间的财政关系。

从民主财政和财政联邦制角度看，对应于每级政府的公共产品与服务提供，均需要通过对应辖区的民主公共选择程序加以确定，每级政府在法律规定的事权范围内自治地提供本级公共产品与服务，以此对其辖区公民直接负责。这里，政府事权尽量放置在最低可能的级次上，也就是要遵从辅助性原则（principle of subsidiarity）。根据财政联邦制原则和辅助性原则，如果地方政府提供的地方公共产品与服务存在着外部性和溢出效应，则可考虑通过地方政府直接的自组织协议，或上级政府的参与（如转移支付或者共同提供）和接手（如转为自身的事权）来使之内部化。与这种民主财政和财政联邦制要求相对比，现有法律没有真正清晰划分各级地方政府的事权。此外，法律规定下级政府需要执行上级国家行政机关的决定和命令与上级国家行政机关或人民政府交办的其他事项，这意味着下级政府的自主性必然很差，其管理责任和支出责任容易为上级政府所左右。

《预算法》保证了地方预算自主权，实际上这种预算自主权是缺失的。它仅泛泛地涉及了中央政府与地方政府间支出的划分，中央政府对省以下各级政府之间的支出划分没有明确的指南，一般是采取"下管一级"的办法，即由上级政府顺次决定其下级政府的支出划分，地市政府决定县级政府的支出划分和县政府决定乡镇政府的支出划分，因此事权划分在各省和地区可能有所不同。[①]

---

① World Bank. "China National Development and Sub-national finance: A Review of Provincial Expenditures", Report No. 22951 – CHA, April 9, 2002.

表4　各级政府主要支出责任的基本概况

级别	分类		政府性质	主要支出责任
全国	中央		全国型	中央政权运转；国家安全、外交；中央直属企业投资补贴；国家重点建设；宏观调控；部属高校教育；重点国有企业社保；中央所办文化
省级	省（自治区）		区域型	本级政权运转；所属企业投资补贴；省内重大基础建设
	直辖市		城市区域结合型	本级政权运转；所属企业投资补贴；城市建设
地市级	地区		区域政府	本级政权运转；所属企业投资补贴；地区重大基础建设
	地级市	辖县	城市区域结合型	本级政权运转；城市教育；所属企业投资补贴；城市建设；区内基础建设；失业、养老保险和救济
		不辖县	城市政府	本级政权运转；城市教育；所属企业投资补贴；城市建设；失业、养老保险和救济
县级	县		区域政府	本级政权运转；教育；医疗卫生；支援农村支出；区内基础建设和城镇建设；计划生育
	县级市		城市区域结合型	本级政权运转；教育；医疗卫生；支援农村支出；城市建设和区内建设；计划生育；失业、养老保险和救济
乡级	乡镇		农村政府	本级政权运转；农村教育；计划生育

资料来源：据 World Bank（2002），田发、周琛影（2004），殷海波（2002）有关内容整理。

表5　2006年我国各级政府一般预算支出项目（部分）划分情况

单位：亿元，%

预算科目	金额						占比				
	全国合计	中央级	省级	地市级	县级	乡镇级	中央级	省级	地市级	县级	乡镇级
基本建设支出	4390	1484	1017	1098	711	81	34	23.2	25.0	16.2	1.8
企业挖潜改造资金	965	13	182	377	247	146	1.4	18.9	39.1	25.6	15.1
农业、林业、水利和气象支出	2161	1093	180	186	499	203	50.6	8.4	8.6	23.1	9.4
工业、交通、流通等部门的事业费	581	135	150	114	167	155	23.3	25.8	19.6	28.7	2.7
文体广播事业费	842	84	170	176	289	124	9.9	20.2	20.9	34.3	14.7
教育支出	4780	295	715	818	2428	525	6.2	15.0	17.1	50.8	11.0
医疗卫生支出	1320	24	269	362	6053	59	1.8	20.4	27.5	45.9	4.5
其他部门的事业费	1462	111	424	374	473	79	7.6	29.0	25.6	32.4	5.4
抚恤和社会福利救济	908	6	74	216	507	105	0.6	8.2	23.8	55.9	11.6
行政事业单位离退休支出	1330	109	251	249	581	140	8.2	18.8	18.7	43.7	10.5
社会保障补助支出	2124	241	764	683	414	23	11.4	36.0	32.2	19.5	1.1

续表

预算科目	金额					占比				
	全国合计	中央级	省级	地市级	县级	乡镇级	中央级	省级	地市级	县级	乡镇级
行政管理费	3356	461	361	763	1209	562	13.7	10.8	22.8	36.0	16.7
公检法司支出	2174	99	504	754	783	35	4.5	23.2	34.7	36.0	1.6
城市维护费	1537	0	95	656	655	131	0.0	6.2	42.7	42.6	8.5
本年支出合计	40423	10890	7099	8459	11277	2697	26.9	17.6	20.9	27.9	6.7

资料来源：根据《中国财政年鉴2007》、财政部提供的有关数据计算。此处均为本级支出。

由于大量地方公共产品与服务的提供是需要地方政府管理、支出或者代为支出的，地方政府的支出比例（包括县乡两级合计比例）较高。根据财政部公布数据，2008年地方一般预算收入只占全国一般预算收入的45.2%，而地方政府一般预算支出占全国一般预算支出的比例高达78.6%。2006年，地方财政支出占全部支出的比例为73.1%，其中县乡两级合计占比34.6%（见表5、表6）。① 县乡两级政府在教育支出、医疗卫生支出、城市维护费和社保费用（抚恤和社会福利救济与社会保障补助支出）等方面承担了很大的支出责任（见表5）。虽然中央近年来把农村基础教育纳入整个政府的事权范围并开始通过增加中央投入保障普及基础教育的资金供给，但县乡财政困难的问题仍然比较严重。

表6　2006年各级政府分级支出一览

单位：亿元，%

	金额					占比				
	全国合计	中央级	省级	地市级	县级	乡镇级	中央级	省级	地市级	县级	乡镇级
一般预算支出合计	40423	10890	7099	8459	11277	2697	26.9	17.6	20.9	27.9	6.7
基金支出	6993	1707	1751	1928	1536	71	24.4	25.0	27.6	22.0	1.0
预算外支出	5867	378	1801*	1807*	1672*	208	6.4	30.7*	30.8*	28.5*	3.5
合计	53283	12975	10652*	12194*	14485*	2976	24.4	20.0*	22.9*	27.2*	5.6

注：*为估算数据。预算外支出的省、地、县级占比采用预算外收入占比来估算，然后推导出三级预算外收入额和其他相关加总数据。

资料来源：根据《中国财政年鉴2007》和财政部提供的其他数据整理。

---

① 这里的财政支出不计2004年全国债务还本支出，增列偿债基金和财政收支结余。

（三）转移支付

1994 年以来，我国逐步建立了各种转移支付制度。根据国际上对转移支付种类的划分惯例，它们可以分为一般性转移支付和专项转移支付。一般性转移支付包括税收返还和财力均等化转移支付（一般性转移支付补助）。专项转移支付包括调整工资转移支付、农村税费改革转移支付补助、民族地区转移支付、原体制补助、专项转移支付补助和其他。① 2008 年，中央对地方含税收返还在内的转移支付总规模为 22945.61 亿元，占地方财政支出的 46.8%（见表 7）。这说明我国地方政府对中央转移支付的依赖程度非常高。

1. 中央对地方的转移支付

（1）一般性转移支付

①税收返还。1994 年的分税制财政体制改革将增值税和消费税纳入中央政府征收管理，同时设立了增值税和消费税的税收返还科目，保证各省至少能够保持 1993 年的增值税和消费税收入水平。当年的增值税和消费税税收返还额是在上年税收返还额的基础上，加上当年增值税和消费税收入增长的 30%。从 2002 年起，个人所得税和企业所得税也从地方税改为共享税，当年地方企业所得税②和个人所得税由中央和省级政府按 50∶50 的比例共享，从 2003 年开始，中央的共享比例提高到 60%。中央政府建立了相应的所得税返还科目，

---

① 这部分财政转移支付种类的区分和分析部分取自乔宝云、冯兴元、朱恒鹏《论我国财政转移支付规模及其方式对地方政府规模的影响》，内部文稿，2008。国内通常区分为三类转移支付：财力性转移支付、税收返还与原体制补助以及专项转移支付。其中财力性转移支付包括一般性转移支付、民族地区转移支付、调整工资转移支付、农村税费改革转移支付、年终结算财力转移支付。这种划分倾向于把财力性转移支付名下的一般性转移支付与非一般性转移支付混同，甚至等同于一般性转移支付，从而容易导致夸大一般性转移支付的比重。因此，在本文中我们沿袭国际上通行的分类方法。有关国内的通常分类方法，参见上海财经大学公共政策研究中心：《2007 中国财政发展报告——中国财政分级管理体制的改革与展望》，上海财经大学出版社，2007，第 213～214 页。

② 下列企业所得税收入归中央政府，不包括在这一共享政策中，如铁路运输、国家邮政、中国工商银行、中国农业银行、中国银行、中国建设银行、国家开发银行、中国农业发展银行、中国进出口银行、海洋石油天然气企业、中国石油天然气股份有限公司、中国石油化工股份有限公司。

以保证各省级政府的所得税收入不低于 2001 年的收入水平。

②财力均等化转移支付（一般性转移支付补助）。财力均等化转移支付是以公式为基础的一般性转移支付，在此我们称其为一般性转移支付补助。为了缩小地区间财力不平衡，1995 年中央政府首次建立了以公式为基础的财力均等化转移支付方式（2001 年前称之为"过渡期转移支付"）。以公式为基础的一般性转移支付补助额由三个因素决定：有关省份的标准财政收入、标准财政支出，以及该省的标准财政收支缺口占全国财政收支缺口的比重。以公式为基础的一般性转移支付补助资金总规模由中央灵活掌握，取决于各年度可用财力，尤其是新增财力。实际上以公式为基础的一般性转移支付补助额增长迅速，从 1995 年的 20.7 亿元增长到 2008 年的 3510.52 亿元。但 2008 年其占中央对地方转移支付总额的比重只达 15.3%（见表 7）。

（2）专项转移支付

按照上述国际上通行的分类口径，我国的专项转移支付在 2008 年达到 15152.9 亿元，占中央对地方转移支付总额的比重高达 66%。[1] 其中农村税费改革转移支付补助始于 2000 年，用以促进中央废除"三提五统"和逐步取消农业税政策的贯彻落实。[2] 这项转移支付的目的是填补由于农村税费改革导致的县乡级财政和村级收支缺口。2008 年中央政府安排农村税费改革转移支付补助达 762.54 亿元。此外，这里的专项转移支付补助也就是财政部通常说的"专项转移支付"。2008 年初有 174 个项目的专项转移支付补助。这种转移支付补助以项目为基础，并规定了专门的用途，如资助农业发展、支持基础设施建设、援助落后地区及提供自然灾害的应急资金等。2008 年，这些转移支付补助已经增加到 9966.93 亿元，占中央对地方转移支付总额的 43.4%。

---

① 根据财政部《关于 2007 年中央和地方预算执行情况与 2008 年中央和地方预算草案的报告》和《关于 2008 年中央和地方预算执行情况与 2009 年中央和地方预算草案的报告》推算，两个数据分别应为 7188.1 亿元和 9966.93 亿元。但 2007 年的数据在此引用谢旭人主编《中国财政改革三十年》一书中的数据，即 6898 亿元。参见该书第 91 页。

② "三提"是指三项村提留，包括村级收取的公积金、公益金和管理费；"五统"是指五项乡统筹，包括乡级征收的教育费附加、计划生育费、民兵训练费、乡村道路建设维护费和优抚费。

表7 2008年中央对地方的转移支付

单位：亿元，%

转移支付项目	金额
一、中央对地方的一般性转移支付	7792.71
一般性转移支付补助	3510.52
两税返还	3372
所得税基数返还	910.19
二、专项转移支付	15152.9
民族地区转移支付	275.79
县乡基本财力保障机制奖补资金	438.18
调整工资转移支付	2392.3
农村税费改革转移支付补助	762.54
义务教育转移支付	269.36
农村义务教育化债补助	150
资源枯竭城市财力性转移支付	25
定额补助（原体制补助）	136.14
企、事业单位划转补助	335
结算财力补助	354.66
工商部门停征两费转移支付	47
专项转移支付补助	9966.93
中央对地方转移支付合计	22945.61
占地方一般预算支出合计的比重	46.8

资料来源：根据2009年3月6日新华社供稿整理。

　　上述中央对省的转移支付很大一块涉及对中西部地区和县、乡、村级的转移支付。比如中西部地区财政支出平均54.4%的资金来源于中央财政转移支付。[①] 图1说明省级和省级以下各级政府一般预算收支缺口的弥补总体上均依赖于转移支付，尤其是中央政府的转移支付，图1大致体现了各级地方政府本级支出与本级收入的垂直差距。

2. 省和地市对下级政府转移支付

　　除了中央对地方的转移支付之外，各省和一些地市也对一部分县提供了一定的转移支付。其资金来源包括中央对地方的转移支付资金以及地方政府自身安排的资金。[②] 这些转移支付包括一般性和专项转移支付。

---

　① 根据财政部新闻发言人胡静林在2009年3月17日接受中国政府网专访时的介绍。

　② 谢旭人主编《中国财政改革三十年》，中国财政经济出版社，2008，第104页。

省以下一般性转移支付包括税收返还收入、体制补助和一般性转移支付补助。专项转移支付包括中央到县项目的省、市配套资金（如农村合作医疗基金配套资金），省、市自身的到县项目，还包括激励性转移支付，如"有奖代补"，奖励减少赤字，奖励财政收入上台阶等。各省对省以下政府的转移支付力度大小不一。仅少数省份建立了对下一般性转移支付补助制度，多数省份仅将中央直接对市县的转移支付和由其省级配套的资金下拨到市县，[①] 并且被动地提供一些中央政府要求提供的配套资金。一些较为贫困的县对中央、省和地市的转移支付的依赖度较高（见表2），省、地市安排的对下级政府转移支付制度主要服务于以下目的：第一，一般性转移支付补助旨在保障财政困难县的财力和基本支出需要，旨在实现省、地市内的某种程度的财力均等化；第二，专项转移支付包括为省、地市自身的专项转移支付补助，中央对县乡的一些项目提供规定的配套资金，还包括对县的激励性转移支付。一些省、地市根据县财政收入增长状况、县财政收入超过规定标准、财政平衡状况、归还上级政府债款状况、控制财政供养人员增长状况确定奖惩标准，提供相应转移支付，以作为正向激励。[②] 还有一些省安排了特困乡镇转移支付，比如安徽省就是如此。

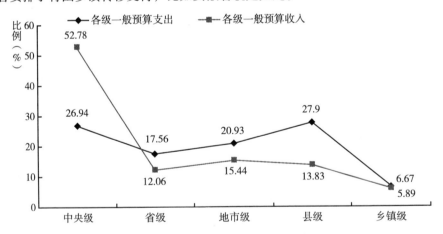

图1　2006年中国各级地方政府的一般预算收支缺口

资料来源：《中国财政年鉴2007》、财政部提供的其他有关数据。

---

① 王元：《改革完善财政转移支付制度》，载《中国投资》2008年12月27日。
② 谢旭人主编《中国财政改革三十年》，中国财政经济出版社，2008，第104~105页。

（四）分析县财政管理体制的问题及成因

县财政管理体制存在很多问题，其中总体性问题可以总结如下：一是现有体制保护了既得利益，强调财政收入增量调整，回避了财税体制改革中一些关键问题和矛盾，包括回避对事权和支出责任的真正明确划分，政府间财政体制没有法制化，而是行政化，并残留了旧有的包干制和基数法成分，原体制补贴、税收返还等许多做法人为造成县财政管理体制越来越复杂化，降低了体制透明度。二是现有体制中政府间事权和支出责任划分不清，现有法律规定了上级政府对下级政府的事权、变更、上收、下放、调整权力，导致下级政府的事权和支出责任不稳定、不明晰，为上级政府向下级政府转嫁支出责任提供了巨大的自由裁量空间。三是政府间的财力分配决策权集中在中央和上级政府，财力层层向上集中，事权与财权严重脱节，同时支出责任则往往层层下移，而且决定支出责任的主导权也集中在上级政府。下级政府做出对策性行动（包括征收预算外收入和制度外收入），以对冲上级政府的上述行为。四是税收的立法权高度集中在中央，收费的立法权高度集中在中央、省和一些较大的市，没有充分挖掘地方性税源的潜力，也没有赋予地方政府在一定范围内调整税率的权力。五是我国没有真正建立地方税收体系，省级以下政府缺乏正式的收入分配制度和主体税种，原有的地方主体税种容易被上级政府剥夺（比如通过把一些税种改为共享税）。地方政府本级收入对预算外资金、制度外资金和债务融资高度依赖。六是由于现有政府间财政管理体制建立在维护各级政府既得利益、强化增量收入的向上集中的基础上，虽然一般性转移支付补助额在近年来快速增长，但其总额仍然有限，不足以满足保障国家核定的基本公共服务水平意义上的基本财力均等化要求。七是分税制改革之后，随着收入的逐步上收和支出责任的逐步下移以及农村税费改革的进行（减免税，取消"三提五统"，减少甚至取消农民义务工、积累工投入等），贫困县由于收支缺口扩大，高度依赖转移支付。八是与上述因素相一致，很多地方的县乡政府在履行其本身应履行的和被上级强加的事权和支出责任的过程中，主动或者被迫举债，加剧其县乡财政困难。九是转移支付占许多贫困和较贫困地区地方可支配财力的比重过高，忽视了通过总体的正式收入划分增加地方本级财政收入，此外转移支付中用于弥补一般财力的一般转移支付占比过少，专项转移支付占比过大。

县财政管理体制还有一些具体的问题：一是"两税"的增量返还比例逐年降低，[①] 导致中央对地方的财政汲取加剧。二是目前政府部门专项资金越来越多，而且管理上严重缺乏透明度，使得掌握专项资金的政府部门本身成为利益集团，也成为政府之外利益集团寻租的对象，这也是大量专项资金项目效率低下的原因之一。三是在具体项目管理和分工上，政府之间的职责不清。一些项目究竟应由中央、省、地市还是县承担，或者各自负担多少，并不明确，存在一定的随意性，上级政府的自由裁量权过大。许多需要中央支出的项目，比如粮食风险基金、粮食自给工程、农业综合开发等项目，仍要求地方出钱，并规定资金配套比例，对贫困县带来较沉重的资金配套负担。[②] 四是财政支出结构不合理，一般预算基本上属于"吃饭财政"。我国大部分县（尤其是中西部地区）的财政支出中绝大部分是行政支出，有80%～90%用于保证工资发放和维持公共事业的开展。[③] 五是法定或者上定支出项目过多，"条条干预"严重。目前中央各主管部门的"条条干预"给地方财政安排财力、人力和物力带来一定的困难。在很多方面都有法定要求或者上定要求，比如很多法规政策对地方在农业、科技、教育、卫生、计划生育、文化宣传等几项重点事业上的支出，有的要求高于经常性财政收入的增长，有的要求占国内生产总值的比例达到一定水平，削弱了地方财政的自主权，造成地方财政支出的刚性化和地方财政支出结构的固化，加重了地方财政的支出压力。

上述问题的成因：一是每一级地方财政体制均是上级集中权力前提下的上级主导型分权体制，这种体制决定了上级政府可以根据自身需要和愿望或者出于某种公共利益理由考虑改变收入分配、集中收入，也可以不断改变和下移事权与支出责任；二是我国的各级政府事权和支出责任并没有得到明确划分，地

---

① 财政部预算司编《中国政府间财政关系》，中国财政经济出版社，2003，第132页。按照1993年的分税制办法，中央对地方的返还额是在上年返还基数的基础上再按上划两税增长率乘以0.3%的系数递增返还，并不是按上划两税绝对额的比例返还地方。与其他各省的发展趋势一致，从2000年到2005年，内蒙古两税返还增量占上划两税增量比重呈现下降趋势，由22%下降到11.8%。参见朱晓俊、张永军《树立藏富于民的财政发展观》，载《调查研究报告》2008年第10期。

② 参见财政部预算司编《中国政府间财政关系》，中国财政经济出版社，2003，第175页。

③ 郭世江、李长征、陈琳：《浅析县级财政摆脱困境的对策》，载财政部财政科学研究所网站，2005年12月21日。

方政府事权和支出责任当中有许多是执行上级政府政策法规的事权和支出责任，为上级政府调整和下移事权与支出责任创造条件；三是上级行政部门主导分税（经过立法机关通过《预算法》的不当授权）或者分成，而不是通过立法形式，为上级政府改变和集中地方收入创造条件；四是这种行政主导的分税制建立在原来的包干制和基数法基础之上，不是面向县政府和其他级次地方政府的事权和支出需要，不是根据国际惯例先划分事权和支出权，再确定收入权，导致许多县乡政府的本级财政收入与支出需要不匹配，出现较大收支缺口；五是农村税费改革导致县乡失去农业税和农业特产税收入，乡镇和村庄失去"三提五统"和其他税费来源，进一步扩大了收支缺口，使得一些地区县乡政府和村庄高度依赖中央和其他上级政府的转移支付。

三 分析乡财政管理体制改革及问题

在县内部，根据"下管一级"的原则，由县级政府确定对乡财政管理体制。1994 年以来，我国各地区的众多县均对县乡财政体制做了调整，使其呈现出体制多样性。此外，农村税费改革和农村综合改革试点等相关改革对县及乡财政管理体制有着重要影响。

（一）对乡财政管理体制的总体情况

我国县乡财政管理体制主要有以下五种形式：一是分税制财政管理体制，二是分税制与包干制相结合的体制，三是包干制，四是"乡财县（代）管"制度，五是其他对乡财政管理体制。与乡以上财政管理体制一样，我国基本上不存在完全规范的对乡分税制财政管理体制。所有对乡财政管理体制是由上级政府行政主导的，易被后者改变。

第一，分税制财政管理体制。这种类型的体制主要是以较规范的分税为前提，实行统一领导、分级管理、划分收入、核定收支的体制模式。比如重庆市垫江县一类乡镇中的新民镇、太平镇实行"明确收支，核定（收支）基数，定额补助（或上解），收入分成"就属于分税制财政管理体制（见表8）。在这种体制下，确定乡镇政府支出范围、划分税种、核定收支和确定定额上解或补助额后，省、地、县三级财政不再从乡镇地方税种中集中收入。这种体制虽然总体上是分税制，但含有基数法和少许包干制的成分。比如在垫江县体制下增支减收因素由新民镇、太平镇自行消化，乡镇体制基数不作调整，这一规定就体现了包干制特点；此外，定额补助（或上解）基数和收入分成比例的确定本身也隐含了些许包干制的安排。

第二，分税制与包干制相结合的体制。这类体制采取多种形式，比如"划分税种、核定收支、递增包干、超收全留、一定三至五年"，"划分税种，核定收支，收入超基数比例分成或增长分成"、"划分税种，核定收支，收入超基数递增包干"或者"划分收支、收支挂钩、递增上解（或递减补助）、超收全留、超支短收自补"等形式。在分税制和包干制"双轨并行"期间，这种模式属于乡镇财政体制的"主流模式"之一。[①] 比如，辽宁省东港市 2005 年就实行"划分收支、收支挂钩、递增上解（或递减补助）、超收全留、超支短收自补"的体制形式（见表8），财政收入基数大于财政支出基数部分实行递增上解（财政收入基数超出财政支出基数越大，上解比例越大）；反之，则实行体制补助。该市继续从各乡镇的实际超收分成中集中 10% 建立"乡镇财政发展调节基金"。

表8　一些县对乡财政管理体制及特点

区域	体制类型	适用时间	体制特点	说明
重庆市垫江县	分税制（对部分一类乡镇）	2008～2011年	—对一类乡镇中的新民镇、太平镇实行"明确收支，核定基数，定额补助(上解)，收入分成" —增支减收因素由乡镇自行消化，乡镇体制基数不作调整	—对增支减收因素由乡镇自行消化，乡镇体制基数不作调整 —含分税制、基数法成分，带有少许包干制成分
辽宁省东港市	分税制+包干制	2005年	—划分收支、收支挂钩、递增上解（或递减补助）、超收全留、超支短收自补 —继续从各乡镇的实际超收分成中集中10%建立"乡镇财政发展调节基金"	—财政收入基数大于财政支出基数部分实行递增上解，上解比例公式为：(1－财政支出基数÷财政收入基数)×100%；反之，则实行体制补助 —含分税制、基数法和包干制成分

① 黄道芬、许召主和周频：《刍议分税制下乡镇财政体制》，载《财政研究》1997年第10期，第62～63页。

续表

区域	体制类型	适用时间	体制特点	说明
福建省建阳市	包干制	2008年1年	—核定收支基数,收支包干,超收奖励,短收扣支,一定一年	—年终乡镇实际完成的财政收入除烟税外,超过市财政下达的收入基数部分按70%给予奖励,低于市财政下达的收入基数部分按70%相应调减乡镇的支出基数 —没有分税制,含包干制和基数法
四川省盐边县	乡财县(代)管	从2007年开始	—保证乡(镇)现有预算管理权不变,资金的所有权、使用权不变,财政审批权不变,独立核算主体不变,债权债务关系不变 —取消乡(镇)原有银行账户,财政资金支付实行集中审核、集中收付、集中核算	成立"盐边县乡镇财政管理中心"(以下简称"乡管中心"),为县财政局下属的副科级事业单位(内部人员比照国家公务员管理)
四川省A县	乡财县(代)管	2005年	—以收定补,最低保障,包干使用 —取消乡镇级收入和乡镇国库,将原乡镇级收入全部划为县级收入,县对乡镇重新核定上划收入的补助数 —在此基础上,结合全县财力状况,实行人均最低财力保障,按照"以收定补,最低保障"确定的财力由乡镇包干使用	含包干制成分
河北省部分县	统收统支	2006年以来	实行统收统支加激励的体制	

资料来源：参照有关县对乡财政管理体制文件。

第三，包干制。这种体制分两类做法：一是在县（市）核定乡镇收入基数和支出基数的基础上，对收大于支的部分实行定额上交、超收全留；对支大于收的部分实行定额补贴、短收自补，或倒扣支出；二是规定收入上交数（或支出补贴数），确定收入递增比例（或补贴递增比例），支出下放两不管，县（市）对乡镇只实行收入目标管理，超收奖励，短收处罚。[①]

[①] 黄道芬、许召主和周频：《刍议分税制下乡镇财政体制》，载《财政研究》1997年第10期，第62~63页。

比如福建省建阳市 2008 年的体制为"核定收支基数，收支包干，超收奖励，短收扣支，一定一年"。这里没有划分税种，只是核定收支基数，实行收支包干。

第四，"乡财县（代）管"制度。"乡财县（代）管"作为农村综合改革的内容实际上属于统收统支体制。根据 2006 年 7 月 28 日《财政部关于进一步推进乡财县管工作的通知》，除财政收支规模大，并且具有一定管理水平的乡镇外，原则上推行"乡财县管"。"乡财县管"工作的主要内容为：预算共编，账户统设，集中收付，采购统办，票据统管，县乡联网。由此取消了乡镇财政总预算会计，由县级财政部门代理乡镇财政总会计账务，核算乡镇各项会计业务。该体制相应取消了乡镇财政在各金融机构的所有账户，由县级财政部门在各乡镇金融机构统一开设财政账户，镇财政预算内外收入全部纳入县级财政管理。

四川省 A 县从 2005 年起实行"乡财县（代）管"体制。调整现行乡镇财政管理体制。① 其主要内容是：在原"定收定支、收支包干、上解（补助）定额"的乡镇财政管理体制的基础上，实行"以收定补，最低保障，包干使用"的管理办法，即取消乡镇级收入和乡镇国库，将原乡镇级收入全部划为县级收入，县对乡镇重新核定上划收入的补助数，在此基础上，结合全县财力状况，实行人均最低财力保障，按照"以收定补，最低保障"确定财力由乡镇包干使用。2005 年乡镇级上划收入补助额以 2004 年各乡镇工商税及契税实际完成数按 10% 增长计算。该县实行乡镇人均财力最低保障补助额制度，即按上述办法调整乡镇人均财力，人均财力低于 17500 元的补足 17500 元。此外，A 县从乡镇政府上划了除负债外的教育支出责任、专项补助乡镇利息支出，建立了乡镇机构基本运转经费保障，而且还实行县对乡镇财政激励约束机制，根据考核指标对乡镇财力实行以奖代补。表 9 说明了 A 县 2005 年全部乡镇的可支配财力即补助财力为 18434 万元。自实行"乡财县（代）管"之后，乡镇预算已经取消，相关收入科目变为补助收入（而不是一般预算收入）和上划收入。

---

① 参见《A 县人民政府关于调整乡镇财政体制的通知》（安府发〔2005〕93 号），2005 年 12 月 14 日。

表9　四川省 A 县 2005 年全部乡镇可支配财力情况

单位：万元

科目	金额
补助收入（县到乡）	18434
其中：一般转移支付	3622
工资增长补助	359
农村税费改革转移支付补助（不含中小学教师工资转移支付补助）	5703
取消农业特产税降低农业税率转移支付补助	6505
上划收入（乡到县）	3428

资料来源：A 县财政局。

　　总体看来，对于财力较为紧张的乡镇，"乡财县（代）管"可以发挥以下作用：① 一是减少乡镇开支，缓解县乡财政困境，堵塞了乡镇乱收费、乱开支、乱进人、乱举债的漏洞，确保乡镇按照"保工资、保运转、保重点"的顺序合理安排支出。二是巩固和深化农村税费改革，税费改革限制了乡镇收入规模，"乡财县（代）管"制度还控制乡镇支出。三是由县级财政承担乡镇财政的大部分支出职能，为县乡两级行政管理体制创造了条件。

　　第五，其他对乡财政管理体制。这里包括统收统支体制。比如河北省从2006 年开始主要推行两种对乡财政管理体制：其一为较规范的分税制，其二为统收统支加激励的体制。② 该县对经济发展水平和非农产业聚集度较高、财政收入规模较高的乡镇，实行"分级管理、支出定责、收入分享、责权统一"的相对规范的分税制财政管理体制。对于经济发展水平和非农产业聚集度低，主体税源不足，短期内不能成为中心区位，财政收入规模较小的乡镇，实行"收支统管、核定收支、超收奖励、节支留用"的财政管理体制，即"统收统支"体制。

（二）问题与成因

　　上述对县财政体制所面临的问题和成因分析，也适用于对乡财政管理体

　　① 参阅《安徽实行"乡财县管"、"省直管县"》，载中国经济网，2006 年 6 月 23 日。

　　② 《河北试行县对乡两种财政体制》，载《经济日报》2006 年 12 月 20 日。

制。此外，农村税费改革对乡镇财政管理体制有着较大的影响，而且农村综合改革所涉及的"乡财县（代）管"体制本身也有比较严重的问题。

农村税费改革对乡镇财政运行和村庄治理的影响体现在以下方面：一是税费改革减少并最终取消了农业税和农业特产税（烟草除外），使得县乡政府失去一个重要的税收来源，该税收来源就其规模而言对中央和其他级次的上级政府并不重要；二是作为乡镇和村庄重要收入来源的"三提五统"被取消；三是随着农业税的取消，乡镇和村庄原来作为农业税附加不合法征收的种种收费均无法征取；四是许多乡镇和村庄因此失去偿债的资金来源；五是很多村庄的村干部的工资和办公费用也失去资金来源；六是基础设施和基本公共服务失去资金来源。

农村综合改革所涉及的"乡财县（代）管"制度虽然有其有利的一面，但仍存在一些问题：一是"乡财县（代）管"事实上回归到统收统支的财政管理体制，取消了乡镇政府一级预算的自主性，与目前的预算法存在一定的冲突，因而同时存在一定的过渡性，还需要进一步的乡镇行政和财政体制改革；二是"乡财县（代）管"制度容易挫伤乡镇政府在促进本地经济发展中的积极性，对经济较发达的乡镇尤其如此；三是调拨资金时间和货币成本高，报销手续繁杂，票据流转不畅；四是信息成本高，乡镇政府对本乡镇的财政收支情况难以全面把握，询问不便；五是由于县乡管理中心与乡镇政府之间容易产生严重的信息不对称，易于造成对乡镇政府的支出事实失控，也为滋长腐败提供了土壤。

总体而言，"乡财县（代）管"体制问题反映了整个政府体制改革滞后，只寻求由上级政府的集中权力方式来解决所有乡镇政府的行政和财政问题，没有充分激发和利用基层自治管理、基层民主决策、民主管理和民主监督的潜在作用。

四 解决我国县乡财政管理体制问题的一些对策建议

为了解决当前我国县乡财政管理体制问题，应该真正明确各级政府事权和财权，实行真正的分税制，笔者提出如下建议。

1. 事权的划分

应该通过法律形式划分各级政府的事权。具体政策操作上应明确区分五类地方政府事权：地方政府现有事权、地方政府新设事权、上级政府委托事权、地方与上级政府共享事权中地方部分事权，以及未明确部分事权。未明确部分事权涉及法律未列举的地方性政府事权，在无特别规定时归属最低可能级次的政府。整个事权划分的基础是辅助性原则，这意味着政府的事权不包含个人、社会和市场本身即可承担的事务，也意味着尽量把事权配置给有能力承担相应政府事务的最低级次政府，当下级政府无法独立承担相应政府事务时，上级政府才考虑是否可以更经济地、辅助性地支持下级政府。

2. 支出责任的划分

与地方政府的四类事权和未明确部分事权相一致，可以区分五种支出责任：履行地方政府现有事权的支出责任，履行地方政府新设事权的支出责任，履行上级政府委托事权的支出责任，履行地方与上级政府共享事权中地方部分事权的支出责任；履行未明确部分事权的支出责任。与对上述地方政府现有事权的调整相对应，也应调整与之一致的支出责任。

3. 收入权的划分

与地方政府的五种事权和支出责任相一致，地方政府为履行这些事权和支出责任应该明确和获得对应的收入权。县乡级政府收入权的实现可按多种途径来实现：一是履行上级政府委托事权和相应支出责任获得上级政府对等的转移支付。二是除此之外，县乡级政府其他的收入权首先通过县与上级政府的收入划分来实现，县内收入可以通过灵活方式来解决（对部分乡实行分税制和其他财政体制），然后根据辅助性原则通过转移支付来解决。三是鉴于当前很大一部分事权和支出责任事实上集中于县乡两级，中央、省和一些地市存在过度集中收入的问题，可考虑通过省管县财政管理体制取消地市政府集中县财政收入的权力，并同时减少中央和省对县的收入集中。四是实行真正意义上的分税制，打破按企业隶属关系划分收入的做法，一律按属地征收原则划分收入。总体上通过重新划分收入，取消作为1994年财政改革过渡安排的原有基数法和包干制的残留成分，简化政府间的收入划分，提高财政透明度。五是要把真正意义上的分税制法制化，而不是停留在行政化层面，为此需要对预算法做出相应的修改。应把这种确定政府间财政管理体制的权力收归立法部门，不应该通过立法授权简单移交给行政部门。六是通过重新划分收入，县级政府应获得其主体税种。比如重新划定增值税地方分成比例，该比例可高于25%，同时取消税收返还和原体制补助，简化收入划分，省政府不从增值税地方分成部分集中收入。七是建立较为稳定和独立的地方税制，赋予省一级一些地方税的立法权，尤其是针对一些地方资源的税收立法权。八是对一些税种（如企业所得税）设置税率范围，允许县市政府根据实际需要在规定范围内自行决定实际加征率，由此引入一定程度的、规则的税收竞争。

4. 转移支付

政府间转移支付问题仍然很多，需要作如下改进：一是上级政府的转移支付应该允许地区之间存在财力差距，而不是绝对的财力均等化，可重点保证各地至少达到所统一要求的较低或者最低基本公共服务水平；二是加大一般性转移支付的比重，根据各地的最低基本标准支出需要和标准财力之间的差距来计算一般性转移支付，由此得出和提供所要求的最低一般性转移支付；三是应对委托给下级政府的事权和支出责任提供相应的转移支付资金，补偿后者的支出；四是共享的事权和支出责任中的下级政府部分虽由地方政府承担，但如果由于上级政府政策的原因而扩大，上级政府应提供相应的专项转移支付补偿或者通过立法规定相应的附加收入权；五是总体上应该通过赋予地方主体税种、征收地税的权力以及扩大地方的共享税分成，相应减少转移支付，提高财政支出效率；六是专项转移支付补助种类多、透明度低，应减少专项转移支付补助的数量，适当增加一般性转移支付额的占比，以此提高财政支出效率和透明度；七是随着一般性转移支付相对于专项转移支付的占比提高，减少对县乡政府的配套资金要求，过多的配套资金要求诱使县乡政府负债或者做假账。

此外，为了更好地推行上述对县财政管理体制改革，还需要进行行政区划改革，削减政府管理级次，同时促进地方财政民主。

参考文献

《安徽实行"乡财县管"、"省直管县"》，载中国经济网，2006 年 6 月 23 日。
《河北试行县对乡两种财政体制》，载《经济日报》2006 年 12 月 20 日。
财政部地方司主编《中国分税制财政管理体制》，中国财政经济出版社，1998。
财政部预算司编《中国政府间财政关系》，中国财政经济出版社，2003。
郭世江、李长征、陈琳：《浅析县级财政摆脱困境的对策》，载财政部财政科学研究所网站，2005 年 12 月 21 日。

韩洁、闻喧：《聚焦地方政府"债务风险"》，载《半月谈》2009 年 4 月 8 日。

厉征：《一般性转移支付由"养人"向"养事"转变》，载《中国税务报》2008 年 7 月 7 日。

罗兰·热若尔（2002）：《转型与经济学》，张帆、潘佐红译，北京大学出版社。

乔宝云、冯兴元、朱恒鹏：《论我国财政转移支付规模及其方式对地方政府规模的影响》，内部文稿，2008。

上海财经大学公共政策研究中心：《2007 中国财政发展报告——中国财政分级管理体制的改革与展望》，上海财经大学出版社，2007。

田发、周琛影：《重构地方政府间财政关系——基于政府财政层级变革的分析》，《改革》2004 年第 2 期。

王元：《改革完善财政转移支付制度》，载《中国投资》2008 年 12 月 27 日。

吴理财、李芝兰：《乡镇财政及其改革初探——洪镇调查》，载《中国农村观察》2003 年第 4 期。

谢旭人主编《中国财政改革三十年》，中国财政经济出版社，2008。

殷海波：《县级财政困境：形成原因及解决对策》，《中央财经大学学报》2002 年第 8 期。

张吉：《财政支出的省际差距比较》，载中华会计网校网站，2009 年 2 月 24 日。

朱钢、贾康等：《中国农村财政理论与实践》，山西经济出版社，2006。

朱晓俊、张永军：《树立藏富于民的财政发展观》，载《调查研究报告》2008 年第 10 期。

Herrmann-Pillath，C. 1996，Fiscal Federalism：The German Experience-Challenges to China，Report prepared for the OECD Development Centre，Paris，Duisburger Arbeitspapiere Aur Ostasienwirtschaft，Vol. 34.

Herrmann-Pillath，C. 2009，An evolutionary approach to endogenous political constraints on transition in China，in Regime Legitimacy in Contemporary China，eds. T. Heberer & G. Schubert，Routledge，pp. 129 – 152.

Herrmann-Pillath，Carsten and Xingyuan Feng. 2004，Competitive governments，fiscal arrangements，and the provision of local public infrastructure in China：A theory-driven study of Gujiao municipality，China information，Vol. 18，No. 3，pp. 373 – 428.

World Bank，China National Development and Sub-national finance：A Review of Provincial Expenditures，Report No. 22951 – CHA，April 9，2002.

城乡户籍制度的改革实践与政策建议

于建嵘　李人庆

一　户籍制度改革的背景与问题

城乡户籍制度是目前在我国被普遍批评的一种具有福利身份区隔和歧视性的制度。这一制度制定并形成于我国的计划经济时期，同时也被认为是"二元经济结构"的最显著标志之一。对于户籍制度改革的共识也是众多改革之中最为充分的。但是改革幅度很小，至今尚未大规模起步。同时它也是近年来如此众多的改革领域内对改革目标、方向与路径认识最不统一，被利益绑架最甚，最缺乏改革动力的一个制度。

目前我国有 2 亿多流动人口特别是 1.5 亿多的农民工，他们既是对我国工业化、城镇化、现代化建设做出巨大贡献的群体，也是大部分工作和生活在城市的常住人口，但是城乡户籍制度却把他们挡在了城市外，不能享受城市公共服务和分享城市发展的成果。当前对外来人口的管理与服务也成为社会管理中最突出的问题之一，也是最难解决的问题之一。如何能够积极稳妥地推进户籍管理制度改革，全面实行居住证制度，解决好流动人口在就业服务、子女上学、社会保障、医疗卫生、住房租购等方面的问题，真正实现城市公共服务由户籍人口向常住人口的全覆盖已成为当前促进人口城市化、转变经济发展方式、实现"以人为本"和科学发展观的本质要求。这是解决"三农"问题，实现城乡统筹和可持续发展，实现发展方式的根本性转变，实现共同富裕和社会公平正义的核心和关键所在。

如何在城乡户籍制度改革上有所突破，如何破解这一计划经济时期遗留下来的制度性难题是理论和实践上都不能回避的、迫在眉睫的问题。本文首先在总结户籍制度的历史变迁的基础上，梳理了户籍改革所面临的难题和困境；其次讨论了目前各地所进行的户籍制度改革的做法，特别是重庆户籍制度改革的理论与实践，并在此基础上进行了分析和评述；最后归纳总结了当前户籍改革的路径、方式和方法以及所取得的经验，并提出相应的政策建议。

二　对户籍制度的认知和户籍制度改革的争论

要对户籍制度进行改革，其中一个必要条件就是对它的本质、存在依据和条件、改变的动力和机制、所产生的问题与危害等一系列理论和实践上的问题有深刻的认知，只有在此基础上才能够产生解决户籍制度问题的社会共识、社会行动与社会政策。

1. 户籍制度的本质和核心是什么？支撑它存在的制度基础是什么？

户籍制度如果仅仅是一个制度性的歧视问题，我们既然有强有力的政府，那么为什么不可以一纸文件就宣布取消了呢？难道政府希望维持一个对农村居民歧视的制度？实践告诉我们，户籍制度的形成和改革，远远比我们所想象的要复杂得多。

实际上，并非户籍制度本身，而是其背后的一整套财政、社会管理体制和法律权利体系使其改革步履维艰。它是涉及面最广、涉及体制改革层次最深、涉及利益人群最多的制度，其本质是附加在它身上的各种社会福利和权利的区隔。首先，户籍制度是一个历史的产物，它所形成的城乡差别的制度性鸿沟已存在五十多个年头；其次，它并非一个人为制度设计的产物，而是计划经济演进的一个制度性结果。计划经济时期，中国形成多元公有制体系。多元公有制的基本含义就在于：社会保障和社会公共资源是一种有差别的、以某一核算单位为福利分享边界的制度。就城市来说，企业分为中央级、省级、县级，分为全民所有制和集体所有制，其中的福利分享是不一样的。农村在整体上与当时城市的社会保障体系是相脱离的，也就是说国家的社会保障并不覆盖农村。农村的社会保障依靠的是以生产队为基本核算单位的经济实体，主要依托的是土地上的农业产出。

户籍制度的内在逻辑形成于封闭内生工业化的计划经济发展战略。新中国刚刚成立的时候，国家并没有限制不同区域人口的自由流动，没有限制农村人口向城市的流动，但由于社会制度的重大变迁，使得全社会的生产结构、收入结构、消费结构均发生了重大变化。据统计，从 1954 年到 1960 年，全国人口的迁入、迁出的发生率，高达 35‰~50‰，绝对数波动在 2000 万~3000 万之间。而当时的城市总人口只有 6000 万~8000 万。就城市的就业来看，当时的产业工人只有 600 多万，失业人口在 400 万左右，而在此期间每年涌入城市的人口高达 500 万以上。面对当时我国历史上突然出现的人口流动大潮，政府被动地出台了一系列限制农民进入城镇的文件。1953 年 4 月 17 日，政务院公布了《关于劝阻农民盲目流入城市的指示》，"盲流"一词由此出现；1954 年 3 月，内务部和劳动部发文《关于继续贯彻劝止农民盲目流入城市的指示》；1956 年 12 月 30 日，国务院公布《关于防止农村人口盲目外流的指示》；1957 年 3 月 2 日，国务院公布《关于防止农村人口盲目外流的补充指示》；1957 年 12 月 18 日，中共中央和国务院联合发文《关于制止农村人口盲目外流的指示》。由此可见当时农村人口向城市流动问题的严重。1958 年，在全国人民代表大会常务委员会第 91 次会议通过《中华人民共和国户口登记条例》之前，公安部部长罗瑞卿就这一条例草案做了一个说明，其中第二部分专门讲"关于制止农村人口盲目流入城市的问题"。这一说明当中明白地表述了政府当时所遇到的实际问题，罗瑞卿说："我国社会主义建设的方针，是在优先发展重工业的基础上，发展工业和发展农业同时并举。无论工业生产和农业生产，都必须按照国家统一的规划和计划进行。因此，城市和农村的劳动力，都应当适应社会主义建设的需要，进行统一的有计划的安排，既不能让城市劳动力盲目增加，也不能让农村劳动力盲目外流。"这段话可以很好地用来解释我国城乡分割型户籍制度形成的内在逻辑，或者说是逻辑的起点。具体来说，大致表现为以下两个方面。

首先，在国家选择计划经济的体制，选择单一的公有制，并承诺代表工人阶级利益，保护全体劳动人民利益，而国家又不可能把推进工业化所必需的社会福利和保障覆盖到全体国民的情况下，实行多元化的有限公有制，即把社会福利与社会保障按区域、按所属层次、按核算单位分解开，形成有差别的社会保障制度就成为必然。差别的含义就在于，公有制是单一的，但在产权上并不单一属于国家，或单一属于"全民"，而是属于不同层次、不同区域、不同社区的群体。从社会保障的角度看，我国几乎不存在覆盖全体国民的"全民"所有制或"全民"公有制。但在资源有限的条件下，只有这样有限边界内的公有制，才能保证以计划经济的方式推进工业化建设。其次，新中国计划经济体制的确立，形成公有制对资源的垄断，导致原有市场经济体制下的资源价格、组合、分配、物流发生根本性的结构变化，其直接的反映就是对市场供给与就业的影响。1953 年，我国实行对粮食的统购统销政策。该项政策的核心要点是保证对城市的粮食供给。然而，取消粮食市场反而造成粮食供给短缺，城市粮食供给进一步恶化，可以说，粮食的统购统销政策是我国城乡户籍制度走向分割的第一步，同时也是最实质性的一步。1956 年国家大力推进高级社以后，原本可以在农村从事大量非农小私有经济活动的人口，被挤向城市。而城市大规模公有制经济的推行，特别是服务业的萎缩，又恰恰缩减了广泛的就业机会。这两方面的逆向调节，使得当时的人口问题迅速激化，加速了城乡户籍分割和户籍迁移设限政策的出台。

正是由于这一内在逻辑的自身演化，新中国逐步形成一种以户籍管理为手段的城乡分割、区域分割、行业分割、核算单位分割的多元公有制体系，也即多元社会保障体系。在这一体系之内，不仅是城乡之间不能自由迁徙，城城之间、乡乡之间单位与单位之间也不能随意变动户籍。也就是说，当初并非出于城市对农村的歧视才制定了专门的户籍制度，而是计划经济体制的内在逻辑决定了这一制度的形成。

1957 年 12 月中共中央、国务院联合发出的《关于制止农村人口盲目外流的指示》，要求城乡户口管理部门密切配合，通过严格的户口管理，切实做好制止农村人口盲目外流的工作。1958 年 1 月全国人民代表大会常务委员会第 91 次会议通过的《中华人民共和国户口登记条例》，标志着我国以严格限制农村人口向城市流动为核心的户口迁移制度形成。具体来说，这种户籍制度主要有四个方面的特点：①它把户口分为农业户口和城镇户口（非农业户口）两大类，而这种社会身份一旦确立，其后代子女均按照这一身份确定户口类别。②这种户籍制度与每个人的基本生活消费品定量配给相结合。拥有城市户口的人可以凭粮证和副食品供应证等享受国家低价供给的各种生活必需品；而农村户口的拥有者不享受这些供给，客观上形成吃商品粮和不吃商品粮的区别。③这种户籍制度与国家垄断下的劳动人事制度相结合，国家只负责城市非农业人口在城市的就业安置。1957 年 12 月国务院发布的《关于各单位从农村中招用临时工的暂时规定》要求城市各单位一律不得私自从农村中招工和私自录用盲目流入城市的农民，甚至还规定临时工亦必须尽量在当地城市中招用，不允许农村人口进入城市寻找工作。④这种户籍制度与社会福利制度结合在一起，确立了城乡完全不同的医疗、劳保、退休、住房、子女上学等福利保障制度，为城市居民提供了各种优先权①。虽然这种户籍制度所确立的城乡社会二元结构对于实现我国工业化起到一定的作用，"在人口大量过剩条件下，保证了国家集中财力建设社会主义工业化，推动我国的产业结构在 20 年左右的时间内走完了由以农业为主到以工业为主的历程"②。但同时，"在这种户籍制度下，我国城市居民和农村居民被强制性地划分为两大地位悬殊的社会群体"③，留下了严重的后患，那就是大量农民被束缚在土地上，留在农村，城市人口增长缓慢，城市化过程严重滞后于工业化过程，这就使"城乡之间的藩篱日益严密。乡村社会的全面发展受到很大制约"④。

总之，城乡户籍制度本质上就是将中国国民分为城市居民和农村居民，将中国国土分为城市国家所有和农村集体所有，城乡居民的就业、社会福利保障等一系列公共服务和公共品供给都是按照城乡有别的权利体系，按照城乡各自所属辖区政府或者社区群体，依照不同的标准进行保障的。说白了，户籍就是附着在每个中国公民身上的，从生下来就先天具有的一种福利身份制度。改革开放后，这种福利身份制度并没有随着计划经济的解体而消解，反而伴随着地方财政分权体制和改革开放的区域政策差异以及区位制度资源差异不断地扩大。

值得注意的是，即使是 1994 年后的财政分权改革，中央与地方政府之间税收划分模式发生了变化，但其支出责任并没有改变，依然沿袭了计划经济的特点，地方政府仍然要承担提供本辖区内户籍居民的基本公共品供给责任，如本地区的行政人员开支、基础教育、医疗卫生、社会保障、基础设施建设、城市建设和支援农业建设等支出。由于中国改革开放和工业化发展过程中采取了"让一部分人先富起来"的不平衡发展战略，使得不同地区之间和城乡之间原来计划经济时代相对比较一致的地区和单位差异在市场经济

---

① 于建嵘：《岳村政治：转型期中国乡村政治结构的变迁》，商务印书馆，2001，第 299~300 页。

② 秦兴洪等：《中国农民的变迁》，广东人民出版社，1999，第 314 页。

③ 许欣欣：《当代中国社会结构变迁与流动》，社会科学文献出版社，2000，第 113 页。

④ 郑杭生：《当代中国乡村社会转型的实证研究》，中国人民大学出版社，1996，第 310 页。

时代被放大了。并且，在资本稀缺的条件下，伴随着资本的积累，差距在不断地扩大，使得户籍制度的身份不平等的弊端在市场化过程中更加显露无遗。

农民工在城里干着辛苦的活儿，已成为新生工人阶级的组成部分，但他们实际上受到的是不平等待遇。"离土不离乡，成为离乡不离土"，即使离开了农业，离开了本地本省，农民工仍然归属于数百或数千公里外的出生地农村政府管理，而所在城市政府并没有为农民工提供社会福利的义务。农民工成为中国在工业化和社会转型过程中的一个独特的称谓，表现了社会结构和身份变迁中的尴尬。中国的城市化率统计当中，存在两种城市化率的差异，户籍城市化率跟常住人口城市化率的差距在 20 个百分点左右，这 20 个百分点就是农民工。他们是两栖的，当统计常住人口的时候算城市人，统计户籍人口的时候算农村人，使得中国人口分成三类，城市户籍人口一块，农村人口一块，还有农民工这一块。人口城市化相对于工业化、土地城市化水平的滞后，对中国社会经济的发展产生一系列的问题，造成城乡发展差距扩大，"三农"问题无法得到有效缓解，经济内需不足，社会经济发展不协调与不可持续。

总之，户籍制度是从计划经济脱胎而来的，户籍制度是历史的产物。为什么要改革它？现实要求就在于它与中国改革后市场经济的发展越来越不相适应。从社会伦理正义来讲，它与共同富裕、社会公正、公民权利等一系列社会进步发展的要求和社会主义宗旨、本质不相符合，与中国已签订的国际公约和一系列成文法律相抵触。户籍制度改革的滞后和所产生的问题充分反映了改革后中国社会经济发展的不平衡，经济发展相对超前，而社会管理体制却严重滞后。通过社会管理的改革与创新，积极稳妥地推进户籍管理制度改革，全面实行居住证制度，解决好流动人口在就业服务、子女上学、社会保障、医疗卫生、住房租购等方面的问题，真正实现基本公共服务由户籍人口向常住人口的全覆盖，已成为当前社会管理创新和社会建设的一项重要内容。正是在这个背景下，国家设立若干城乡一体化改革试验区，来推动城乡户籍一体化等政策改革。各级地方政府也在这个背景下，力图通过社会管理体制机制创新，突破已有的户籍制度改革瓶颈，通过缓解户籍制度约束来促进本地社会经济的协调与可持续发展。

2. 户籍制度改革的争论、误区与进展状态

正如前述，随着户籍制度的弊端日益凸显，在理论上对于户籍制度必须改革，大多数人对此并无异议。但户籍制度改革之所以进展不大和动力不足的一个主要原因，就在于在户籍制度如何改革的问题上存在很大的分歧。到目前为止，无论是政府，还是学术界对如何推进户籍制度改革仍然无法形成共识。一旦涉及实践层面如何改革，比如改革的重点放在哪里，改革的瓶颈、阻力和路径在哪里，改革的动力机制是什么，如何选择户籍制度改革的策略工具等一系列问题时，附着在户籍制度之上的相关社会经济管理体制、社会经济政策以及由此形成的社会利益分配格局的错综复杂性就开始产生制约作用，在"稳定压倒一切"和"发展就是硬道理"的思维下，户籍制度改革很难取得最终突破。

户籍制度改革之所以进展不大的另一个主要原因，就在于在户籍制度改革无论是在认识上，还是在实践中都存在一定的误区。什么是户籍制度中的核心内容？为什么户籍制度改革会这么难？这不仅涉及一个地方政府进行户籍制度改革的激励问题，也涉及对现阶段"城市户口"到底包含什么内容的认识问题。户籍制度改革是仅仅改革户口登记和居住登记管理制度，还是要改革附着在其上的福利保障制度和财政制度？户籍制度改革到底是按照目前的政策以中小城市（镇）为主，还是应该大中小城市都推进？户籍制度改革是应该让地方自主探索，还是需要中央的介入？是在给予流动人口户口时，要求来自农村的流动人口放弃其承包地甚至是宅基地，还是不提出这类要求？对这些问题，无论是既有的户籍改革探索，还是目前的一些认识，都存在不小的误区。

实际上，户口只是城市的"门卫"，而后面的利益才是掌舵人。人们一直把户籍制度改革的矛头对准公安部，但即使公安部把门完全打开，人们会发现门后的问题依然没有解决。这些问题最突出地集中在教育、就业和社会保障领域。未来户籍制度改革成功与否、民众是否满意就看这三块。社会保障是改革最艰难的一块。户籍制度改革不能就事论事、单线直进地改革，需要系统设计、协同一致才能够得到有效的解决。许多改革收效甚微的原因就在于缺乏改革的全局性和系统性。

虽然早在1992年，国家就成立了户籍制度改革文件起草小组，并于1993年6月草拟出户籍制度改革总体方案，提出取消农业、非农业二元户口性质，

统一城乡户口登记制度，实行居住地登记户口原则，以具有合法固定住所、稳定职业或生活来源作为基本落户条件，调整户口迁移政策的改革目标。但目前户籍体制改革仍然停留在主要依靠地方政府采取局部性改革的阶段。一些中小城市（镇）虽然改革进展很快，但由于其就业机会有限，公立学校教育质量偏低，并没有产生很大影响。近年来，中国在城市基本社会救助体系（如最低生活保障）和住房保障体系（如经济适用房和廉租房）建设上取得较快进展，但这些保障体系只面对具有本地户口的城市居民。虽然中央政府要求地方政府解决流动人口子女的就学问题，但并没有为此提供相应的财政资源，而地方政府也缺乏积极性去全面执行中央的政策。

如前所述，目前我国生活消费品基本实现市场化，而随着就业市场化和非国有企业成为城市就业的主要创造者，就业也逐渐与城市户口脱钩，比如一些城市政府提供的就业岗位，如环保、卫生之类的低端职位，也开始招纳外地人口。城市户口与就业的逐渐脱钩也就意味着户口与就业相关的社会保险（即所谓的"五险一金"，养老、医疗、失业、工伤、生育保险及住房公积金）脱钩，这些保险是由作为雇主的企业和作为雇员的个人（单独或共同）缴纳。因此，如果劳动者就业单位为其雇员上了这些社会保险，则不管该雇员是否有本地城市户口，都可以享受这些保险。从这个意义上讲，当前阶段某地城市户口主要意味着那些由该地政府所提供的、与城市户口相关的、具有排他性的三项公共服务：以城市最低生活保障为主的社会救助服务，以经济适用房和廉租房实物或租金补贴为主的政府补贴性住房安排，以及子女在城市公立学校平等就学的机会。其中最困难的是户籍制度改革中成本最高的流动人口居住问题，也即"低收入住房"问题。这在广义上是指由各种主体提供的，可以解决低收入人群基本居住问题的住房，并不意味着一定要由政府来提供保障，也不意味着社会福利，而是"居者有其所"。

户籍制度改革的第一个误区，是认为实质性的户籍改革应该主要在中、小城市进行，而大城市、特大城市太拥挤了，不宜进行户籍制度改革。但实际上，只进行 50 万人口以下的中、小城市户籍制度改革，其意义非常有限。很多大城市、特大城市，都已经吸纳、未来还将继续吸纳更多来自农村和其他城市的流动人口就业。以北京为例，到 2009 年末，实际常住人口 1972.4 万人中，户籍人口 1246 万；登记流动人口 763.8 万，其中在京居住半年以上的

726.4万。上海2009年常住流动人口达542万，广州2009年常住流动人口也超过600万，接近本市户籍人口，而深圳目前常住人口超过1400万，但户籍人口却只有200多万。人口向大中城市就业机会更多的地方集聚，固然部分是由于这些地区有更好的行政、财政资源，但更主要是由经济发展规律（城市规模经济和集聚经济）所决定的。除非我们要违背经济发展规律把产业从这些城市转移出去，否则只能让这些大城市的流动人口继续"流动"。

实际上，从1997年开始全国已有近400个小城镇进行户籍改革试点。1998年，各地逐步开放小城镇户籍。2000年，中央出台了《关于促进小城镇健康发展的若干意见》，规定对县级市市区及以下的城镇，只要有合法固定住所、稳定职业或生活来源的农民均可根据本人意愿转城镇户口。在这一政策推动下，各地对小城镇户籍限制开放也相应加速。2001年国务院批转公安部《关于推进小城镇户籍管理制度改革的意见》，对小城镇户籍限制进一步放宽，至此大多数小城镇的户籍基本上对本地区农民开放了。但有意思的是，这一系列小城镇户籍改革却并没有带来大量农民迁入小城镇的后果。尤其是在发达地区的中小城镇，户籍制度改革往往针对的是本地区内，最多是本省内的农村居民，而本地农民一旦想获得小城镇户籍，还往往要放弃农村土地与计划生育政策二胎指标，结果是这些地区的农民基本没有什么积极性去转为城镇户口。而在欠发达地区，中小城镇不仅缺乏稳定的就业机会，而且其本身能为居民提供的公共服务也非常有限，大部分农村人口宁愿去发达地区打工，也不愿在本地小城镇落户。

同时，在绝大部分能够提供较好就业机会，公共服务也相对完善的大、中城市，户籍制度改革则基本没有任何实质性的突破。要获得本地户口，外来人口一般要购买本地价格高昂的商品房，并获得有较高收入的本地就业机会。以浙江杭州这个在户籍控制方面较为宽松的城市为例，现有规定是外来人口只要有大学本科学历就可以直接获得杭州市非农业户口，但这个要求对绝大部分到杭州打工的农民工而言仍是天方夜谭。而在北京、上海等特大城市，要获得本地城市户口甚至需要投资几百万、上千万元，或在本地开办企业创造几百人以上的就业机会。

第二个误区，是认为在户籍制度改革进程中应该给城市政府充分的自主权，中央政府不应该深度介入。但实际上，若无来自上级尤其是中央政府的指导性政策、跨区域的协调，乃至对地方政府尤其是人口流入地的地方政府施加较大压力，跨地市、跨省的户籍改革问题很难得到解决。如果我们观察现有的各地户籍改革试点，就可以看到其主要对象是本省或本市范围内的农村人口，甚至有的只覆盖本地失地农民（往往是在低价征收农民土地之后）。但考虑我国人口迁移有相当比例是跨地区或跨省迁移，特别是从内地向沿海、从发达省份内部较不发达地区向更发达区域的迁移，这种完全由地方推动的改革基本无法覆盖那些来自外省、市的流动人口。光靠地方政府自身推进户籍制度改革，就很可能出现户籍制度改革中地方政府尤其是作为流动人口主要流入地的沿海地区地方政府将以农民工为主体的所谓"低素质"人口及家庭成员排斥在外的局面。如果是这样，户籍制度改革取得有效进展和突破根本无从谈起。

第三个误区是将征地拆迁或集中居住的农民作为户籍制度改革的主要对象，但这就涉及农民获得城市户口需要放弃什么的问题。实际上，我国近年来很多地方进行的户籍制度改革，本质上都是以给"城市户口"为名进行的"土地财政"行动。由于很多发达地区或城市郊区的农民，其土地本身就有较大的升值潜力，非农就业收入也不低，孩子原来就可以在本地公立学校免费入学，因此，城市户口对他们的意义并不大，但地方政府为了征收他们的农地和宅基地，却很有积极性为这些人"解决"户口。相反，对那些最需要城市户口的外来流动人口的户籍问题，地方政府则基本没有动力去解决。

总之，户籍改革的真正内涵不在于迁户口而在于待遇一体化，是以"住房、低保、教育"为核心的公共服务和福利保障制度，户籍制度改革的方向是减少户籍造成的公共服务差异。户籍制度改革未来的重点突破方向是大城市的户籍制度改革。户籍制度背后的核心是财政制度。户籍制度改革必须以外来农民工为主体。任何有关户籍制度的改革努力，如果不能切实以外来农民工居主体地位的外来人口为重点，就容易变成表面功夫。户籍制度改革必须服务于人口城市化，科学而渐进地降低大城市外来常住人口落户标准。从这个意义上讲，对当前中国的发展阶段而言，更有意义的城市化不是简单的城市常住人口增加，更不是城市面积的扩大和开发区、新城的大规模建设，而是尽享城市公共服务的市民增加。户籍制度本身的改革是一个目标而非手段：目标不能和手段混淆，简单地"宣布"取消城市与农村户口，很难有什么现实效果；手段恰恰需要跳出户籍之外，需要通过社会管理创新和探索公共服务的筹资创新，让"土地的城市化"为"人口的城市化"服务。

户籍改革已经进入综合和攻坚阶段，地方政府已成为改革的主角。改革意味着福利扩大化，是需要地方政府的财政支出作为支撑的。户籍制度改革呈现出一种自下而上的改革路径，即一些创新与进步都出自地方政府。涉及如此大的人群和根本性的制度，不是光喊就能解决问题，而是需要真金白银的。这就是为什么中央和各部委的浅层改革已到尽头、部分城市地区的单线突进也遭到阻力而中断的根本原因。已有的户籍制度改革的失败就在于：过分强调适应性和渐进性改革，忽视整体性和系统性的改革；过分强调单线突破或者仅仅是基层实践改革，而忽视顶层设计和配套改革；过分强调改革的应然，忽视改革所应具备的条件；片面强调现实条件，而不是力图通过制度改革创造条件。

户籍制度改革也需要注意以下几方面的问题：第一，地方政府的公共服务能力，即财政福利供给水平与能力十分重要，其供应能力越强则越有能力应对和化解户籍管制放松之后城市居民数量以及社会公共服务需求增加的压力与冲击。但是，这也需要地方政府有提供社会公共服务和保障能力的政治意愿。第二，户籍改革的底线是不能降低城市居民的既得公共服务及福利水平，必须以增量改革作为改革的突破方式和路径。第三，户籍改革在仍不能脱离目前财政分权和地方分灶吃饭的情况下，改革进展也取决于各地自身工业化和城市化所能提供的机会和空间。正是这种差异和地方政府的竞争使各地户籍制度改革呈现多样性和差异性特征。

三 户籍制度改革：各地实践

户籍制度改革未来的重点突破方向是大城市的户籍制度改革。

地方政府的户籍制度改革不同于中央部门的户籍制度改革，其改革具有综合性，是人口的城市化，而不是登记或者管理制度上的城市化。它也不同于中央政府推动的、全国统一进行政策试点的小城镇户籍制度改革。那是一种集权式的改革模式，即中央政府没有在改革中赋予小城镇社区以自主权。对于大中城市的户籍制度改革，总体上说，我国实行了一种分权型的改革模式。在政策实践中，尽管国务院于1998年批转了公安部《关于解决当前户口管理工作中几个突出问题的意见》，提出总的指导原则，但允许各大中城市根据当地的具体情况分别进行改革试点。与小城镇的户籍制度改革相比较而言，中央政府在一定程度上把各大中城市户籍改革的主动权赋予地方政府。从目前来看，各大中城市的户籍制度改革模式各具特色，一般又可分为两种类型：一种是地方政府总体上不以城市社区为中心设计改革方案，而把本行政区作为一个统一的社区，以拆除行政区内阻隔城乡的藩篱为目标，其典型是成都市、石家庄市及宁波市等。这种类型的改革在一个相对独立的行政区内明显具有集权式改革的特点。另一种是地方政府推行了以城市社区为中心的户籍制度改革，对外来人员和本行政区内的农村人口入户城区规定较为严格的审批条件。这一模式的典型是北京市，相对具有分权式改革的特点。

地方政府户籍制度改革是由各地政府按照各自情况来制定的，其适用范围也只限定在本地。具体类型可以按照区位分为沿海地区户籍制度改革和内陆地区户籍制度改革，也可按照规模分为大城市、超大城市的户籍制度改革和中小城市的户籍制度改革。其中以重庆市户籍制度改革影响最大，最具系统性和创新性。下面就三个地方的户籍制度改革进行简要的评述和分析。

1. 重庆户籍制度改革

重庆户籍制度改革具有很强、很鲜明的整体性和系统性的特点，被人们普遍称为"重庆道路"。问题的关键是它是否具有普遍意义和价值，能否复制到其他地方实施，对中国整体或者其他地方户籍制度改革提供了哪些经验和借鉴。

2010 年 7 月 12 日，重庆市政府第 75 次常务会议审议并原则通过了《重庆市统筹城乡户籍制度改革意见》及《重庆市户籍制度改革配套方案》。同年 8 月，被称为中国"最大规模的户籍制度改革"在重庆启动，其目标是"在 10 年内让 1000 万农民转为城市居民"。为了实现这个目标，市委、市政府采取了一系列改革措施，进行了相应的政策规划和制度设计，并对户籍制度改革的总体思路和政策体系进行了阐述。概括来讲，重庆户籍制度改革的总体思路就是：分阶段推进，分群体实施，分区域布局。

一是分阶段推进。户籍制度改革涉及面广，涉及群体多，推进难度大，不可能一蹴而就，必须分阶段有序推进。重庆户籍制度改革计划分两阶段推进。2010～2011 年，力争用两年时间新增城镇居民 300 万人，非农户籍人口比重由目前的 29% 上升到 37%。2012～2020 年，通过系统的制度设计，完善土地、住房、社保、就业、教育、卫生支撑保障机制，进一步放宽城镇入户条件，力争每年转移 80 万~90 万人，到 2020 年新增城镇居民 700 万人，非农户籍人口比重提升至 60%，形成自由互通、权益公平、城乡一体的户籍制度体系。

二是分群体实施。重庆户籍制度改革率先在有条件的重点群体中实施。2010~2012 年将重点解决两类七种重点群体的户籍问题，共 338.8 万人。第一类是有条件的农民工及新生代农民工，包括在主城区务工经商五年以上、在远郊区县务工经商三年以上的农民工，农村籍的大中专学生，农村退役士兵 3 个群体，约 294.1 万人。第二类是历史遗留户籍问题，包括已用地未转非人员、大中型水利水电工程建设失地未转非人员、城中村未转非人员、农村集中供养五保对象等 4 大群体，约 44.7 万人。解决好这两类群体的户籍问题，既满足已在城镇长期生活的有条件农民工的转户需求，又解决了因城市化用地产生的户籍遗留问题，为深入推进户籍制度改革奠定了基础。

三是分区域布局。户籍制度改革带来的一个不可忽视的问题是人口大量进入城市，这必然增加城市的压力，对社会稳定、城市发展等造成重大影响。重庆户籍制度改革实行分区域布局，按照宽严有度、分级承接原则，适度放宽主城区、进一步放开区县城、全面放开乡镇落户条件，力图通过规范设定准入标准，促进人口在主城区、区县城、小城镇三级城镇体系合理分布，使户籍转移呈现梯次渐进、分布合理的良性发展态势。

按照"三分"的总体思路，重庆户籍制度改革设定了土地、社保、教育、医疗、住房等一系列政策，概括起来就是"335"。(1) 3 年过渡。对农村土地处置设定 3 年过渡期，允许转户居民最长 3 年内继续保留宅基地和承包地的使用权及收益权。对转户居民自愿放弃宅基地使用权及农房的，对农村住房及附着物给予一次性补偿，并参照地票价款政策一次性给予宅基地使用权补偿及购房补助。对自愿退出承包地的，按本轮土地承包期内剩余年限和同类土地的平均流转收益给予补偿，从而避免了农村居民转户急转身。(2) 3 项保留，即允许农村居民转户后继续保留农村林地使用权、原户籍地计划生育政策照顾、农村种粮及农机具直补等与土地相结合的各项补贴共 3 项权益，最大限度地保障转户居民的利益。(3) 5 项纳入。农村居民转户后，在就业、社保、住房、教育、医疗五大保障上实现一步到位，与城镇居民享有同等待遇，真正体现"老有所养、学有所教、劳有所得、住有所居、病有所医"。

重庆案例的价值和意义并不在于户籍制度，而在于其背后的财政支撑以及获得财政支撑的制度逻辑。毕竟改革是有成本的，关键是如何利用城市化的土地增值降低农民进城的门槛和为农民工提供同等的公共服务。

重庆具有一个十分不同于其他城市和地区的社会结构特征，它是一个大城市和大农村并存的直辖市，2009 年人口 3300 万，其中 2300 万农民，重庆的 40 个县区包含 20 个贫困县区（其中 14 个是"国家级"的贫困县，多在三峡库区和与湖北交界的武陵山区），城乡统筹始终是重庆市发展的一个重中之重的问题。它既是重庆发展要解决好的问题，也是重庆改革要突破的现实问题。

重庆与沿海发达的广东、上海、浙江等地相比，其工业化水平还处在一个上升和发展期，而沿海地区限于劳动力短缺、土地紧缺和对外来劳工的过度压榨，已经越来越失去其在地区竞争中的优势地位。通过激烈的地区竞争，重庆先后与四个较关键的、赖以带动发展的"龙头企业"——美国的惠普公司、中国台湾的富士康、德国的巴斯夫公司、长安汽车公司签订了巨额订单和投资协议，为重庆工业化、土地增值及户籍制度改革提供了必要的物质基础。

其次是重庆成立了以公共利益为目的的国有投资公司。它们主要是八个基础设施和公共服务方面的国有投资公司，简称"八大投"，包括城市建设、高速公路发展、高等级公路、地产、城市交通、能源、水务（水资源开发、自来水供应、污水处理、水力发电）以及水利（灌溉和水资源管理保护）等领域。重庆把地方税收视作"第一财政"，把卖地收入作为"第二财政"，"第三财政"就是重庆国有资产收益。重庆国企每年为各级政府提供了大量税源和基础设施资金，市财政因此能够减少在基础设施上的很大一部分投入，更多地把钱用到社会保障、教育卫生事业和公共服务上。

由此可见，重庆财政模式的关键概念是用国有企业及资源的收益和增值来支撑政府工作，尤其是基础设施建设。而这些国企盈利并非由于自身的经营有方，而是很大程度上来源于城市土地开发和升值收益。

支撑重庆市户籍制度改革的，除了决策者的决心与勇气外，其最重要的支撑就是其独特的区位特点、工业化阶段特征和"第三财政"的制度模式。根据重庆市市长黄奇帆的说法，重庆由于国资增值而形成"第三财政收入"，使得政府的财政能力、底气很足。有了较多的财政收入，重庆也能在众多公共服务领域有更大作为，例如大力建造公租房。

重庆通过土地的工业化来促进人口的工业化和城市化，再通过人口的城市化释放农村人口对土地的占用和缓解过度拥挤，实现了以土地城市化来推动人口城市化，并在这个过程中通过一系列制度形式严格保证农民利益不被侵犯。城市化和户籍制度的空间难题通过制度机制转换以及时间延缓，解决了瓶颈问题。重庆把农民工进城问题和转户问题作为城乡统筹的突破口，从根本上讲这是一场以农民工城市化为主要特征，以解决农民工户籍问题为基点的改革。

重庆户籍制度改革和城乡统筹把五个方面的一体化作为核心：第一方面是城乡基础设施的一体化。第二方面就是农村的教育、卫生、文化等各类公共服务方面也要搞好，实现城乡统筹一体化的公共服务。第三方面就是要把农村的社会保障，包括农民的养老、医疗，农村贫困户的低保等保障制度建立起来，实现城乡一体化的社会保障体系。第四个方面就是城乡的要素市场要实现一体化。中国城乡割裂的二元结构的一个重要方面，就是城市和农村的市场体系是二元分割的，以至于农村的各种生产要素，跟城市的各种要素互相不能畅通地流转，这也是一体化的一个重要方面。第五个方面就是农民工的户籍问题。农民工户籍问题是需要用最大努力去突破的问题。前三个方面实际上是政府的公共财政怎么为农村服务的事情，农村的道路、自来水、污水处理或者其他基础设施是一个投入问题，农村的社会保障，包括养老保险、医疗保险和各种扶贫帮困的低保制度也是一个投入的问题。所以，前三个方面的一体化很大程度上在于政府和社会如何积累更多的资金，向农村合理地投入。第四个方面要素市场的流转则是一个市场体制深化改革的问题。第五个方面最为核心的是农民工的待遇问题，即农民工怎么进城，真正成为城市人口的问题。通过规划，按属地化原则，农民工在主城工作就在主城转户，在县城工作就在县城转户，在乡镇工作就在乡镇转户，这样整个重庆实际上有三个级别的城市化概念，分层次分梯度地进行转移。

重庆户籍制度改革过程中，坚持把农民工转户作为一个突破口。这项工作在具体推进的时候，有几个特点：第一，就是所有的农民工在户籍转成城市居民以后，同步实现所谓五个"一步到位"，实际上就是五个保障——养老保险与城市居民同等待遇，医疗保障同等待遇，低保同等待遇，住房、教育一视同仁、同等待遇。第二，农民工转户，是按照他的进城工作时间以及一些相关联的条件转户，绝不附加土地条件或者其他条件。农民工进城获得城市居民待遇，是以他的青春、劳动力和工作岗位为前提换来的，绝不用附加任何其他的条件。这是一个出发点的问题，也是宗旨的问题。第三，户籍制度的改革成本是通过土地升值和逐年分摊以及政府、企业、社会共担来解决的。

进城农民的土地流转与退出必须是自愿的，要按市场价值计算，不能低价征用，也不能强迫。政府要动用公共财政为农民工改善福利待遇，增大城市化、工业化进程中城市基础设施容量，提高公共服务的质量，满足包括进城农民工在内的整个市民群体的内在需求。

重庆为落实政策，实施了"五个禁止"或者"五个不许"的工作制度。第一，禁止在整个转户过程中下指标。不是说你搞得好的就评先进，而是不跟任何考核指标挂钩。这是一场改革，改革的过程是要宣传，要努力，要让大家理解，但是没有指标要求。第二，禁止转户与利益挂钩。第三，禁止强迫农民转户。第四，禁止强迫农民退地。整个转户过程跟农民退不退地无关。第五，禁止各种各样的用工变动。

按照《重庆市统筹城乡户籍制度改革意见》，2011年、2012年两年，重庆将有338.8万农村人口转为城镇居民，到2020年，累计实现1000万农民转户进城，约占现有农村人口的一半。

重庆是否为中国户籍改革提供新思路，走出了一条新路？目前还不能下结论，重庆还在改革路上，其独特的区位和直辖市等制度性优势也是其他地区无法企及的。但其发展方向无疑是正确的，在保证农民利益基础上实现城乡一体化的发展，着力于制度一体化，而不仅仅关注城市，也关注农村，把户籍和财政、土地制度的联动改革作为突破口，其制度和方式是值得学习借鉴的。

2. 成都户籍制度改革

2010年11月，成都市委、市政府出台了《关于全域成都城乡统一户籍实现居民自由迁徙的意见》。该《意见》指出，到2012年，成都将实现全域统一户籍，彻底破除城乡居民身份差异，建立户籍、居住一元化管理。居民可以自由迁徙，实现户口登记地与实际居住地一致。

在此之前，成都已经先后进行 4 次较大规模的户籍政策调整，包括：2003 年，取消入户指标限制，以条件准入制代替"入城指标"；2004 年，取消"农业户口"和"非农业户口"性质划分，统一登记为"居民户口"；2006 年，率先实现本市农民租住统一规划修建的房屋可入户；2008 年，实现本市农民租住私人住房可入户，打破由货币筑起的阻碍农民走进城镇的壁垒。①

在上述《意见》中，成都市提出了户籍改革的 12 项具体措施，这些措施归纳起来主要包括以下三个方面。

第一，实行居住登记制度。建立户口在居住地登记、随居民流动自由迁徙的统一户籍管理制度，实现居民户口登记地与实际居住地一致。同时，建立以身份证号码为标识，集居住、婚育、就业、社会保险等基本信息于一体的人口信息管理系统。通过改革，户籍成为居住登记管理的一种手段，城乡居民可以根据合法固定住所证明进行户口登记，户口登记时不但购房可以落户，而且租房同样可以落户。这样农村居民可以通过在城镇购房或者租房的方式落户城镇，灾后重建城镇居民也可以购买农民宅基地建房，并迁徙到农村。户口也随着居民的居住地变动而变动，实现了居住和户口登记一元化管理的目标。

第二，统一了部分城乡公共服务政策。成都户籍制度改革文件提出，建立城乡统一的就业失业登记管理制度，统一失业保险待遇标准；统一中职学生资助政策，对就读中等职业学校的本市所有户籍学生统一助学标准。要求各区县对城乡居民符合住房保障条件的家庭，统一纳入城乡住房保障体系；要求各区县首先统一城乡"三无"人员供养标准，对有条件的区县，建立城乡统一的低保标准；对暂不具备条件的区县，要求在 2015 年之前实现统一城乡低保标准。在社会保险方面，成都进行了较大的改进，将已有的非城镇户籍从业人员综合社会保险并入城镇职工社会保险。

第三，统一了部分城乡管理措施。成都市户籍制度改革文件在计划生育、

① 郑其：《2012 年城乡居民自由迁徙农民可带着"土地"进城》，《天府早报》2010 年 11 月 17 日。

义务兵家庭优待和退役安置、政治权利等方面实行统一管理措施。在计划生育方面，实现独生子女父母奖励政策城乡全覆盖；要求各区县实现统一的城乡义务兵家庭优待政策，并对入伍前没有土地承包经营权和林地使用权的退役士兵实行同等安置政策；提出城乡居民在户籍所在地享有平等的政治权利，平等享有选举权、被选举权和民主管理权利。[①]

3. 广东户籍制度改革

2010 年 6 月 7 日，广东省政府出台了《关于开展农民工积分制入户城镇工作的指导意见（试行）》，正式启动了"积分入户"的户籍改革探索。该《意见》指出，原则上农民工积满 60 分可申请入户，形式上很像加入外国国籍的技术移民，是有条件、有限制的人口城市化。

具体入户分值由各地根据当年入户计划和农民工积分排名情况调整确定。此后，广州、中山、东莞等地先后制定了农民工"积分入户"的具体实施细则。据悉，广东省计划到 2012 年，引导和鼓励 180 万名左右农民工通过积分制入户城镇，融入城镇。广东户籍改革有以下特点。

第一，在条件设置上，将入户条件细化为学历、技能、参保情况等多项指标，并赋予相应的分值，入户条件明确并量化。

第二，在社会导向上，既设有社会贡献等加分指标，又有违法犯罪等减分指标。比如，参加献血一次，参加义工、青年志愿者服务每满 50 小时，以及爱心捐赠每千元均积 2 分，但最高均不得超过 10 分；对违反计划生育和违法犯罪者设有减分条款。获得县级和地级以上表彰和荣誉的每次最高可积 60 分。

第三，在权限设置上，既强调全省的统一性，又注重赋予地方自主权。农民工积分制入户城镇指标由省统一指标和各市自定指标两部分构成，省统一指标在全省互认、流通和接续，各市的自定指标可根据当地产业发展和人才引进政策设定。[②]

综上所述，由于各地方政府进行户籍制度改革的社会背景、制度条件、发

---

① 国家发改委城市和小城镇改革发展中心：《成都户籍制度改革的调研报告》，城市中国网，http://www.town.gov.cn/a/yuqing/2011/0110/758.html。

② 邓圩：《户籍改革新突破：广东农民工积分可以转户口》，《人民日报》2010 年 6 月 8 日。

展阶段以及政治意愿存在着明显的差异,对他们的改革形成不同的约束条件,户籍制度改革也采取了不同的方法和路径。总体而言,户籍制度改革虽然在各地都进行了试点,但往往是与其资源和能力意愿相一致的。由于重庆城乡一体化改革具有内陆特征,因此倾向于采取城乡一体化的发展策略,而广东有很多外省的农民工,要解决这个问题,依靠原住民为主体的输入地政府似乎是不太现实的,而必须通过顶层设计和中央部分买单才能解决。

四 结论和改革建议

户籍制度既是一个历史遗留的问题,更是一个现实的亟待解决的问题;户籍制度改革既是利益权益的问题,更是关乎自由迁徙等一系列基本权利的问题;户籍制度改革既是一个关乎个体和地方发展的问题,更是关乎整个中国能否走出困境实现未来稳定和可持续发展的关键所在。从表面上看,户籍制度改革是一个关乎户口的问题,但实际上户口背后隐含着一系列不平等的、对农民歧视性的政策,是对基本权利和权益的侵犯;从表面上看,是户口准入和居住准入的问题,但实际上问题的关键并不在于能否进入,而在于进入后能否获得同等的待遇,否则户籍制度改革只是一场文字游戏。

户籍制度涉及一个民族国家的公民的社会公民权。所谓社会公民权是西方福利国家理论中的核心规范理念,代表的是国家对于公民面对社会风险时所负有的责任,以确保其生活福祉。社会公民权这个概念指涉的是国家提供社会福利或服务时,如何界定命运共同体之中不同成员彼此之间的权利与义务关系。而在现代的认知中,这个命运共同体便是指民族国家,将社会公民权和政治、经济等其他方面的公民权利结合起来,在国家疆界内保障主权。尽管社会主义国家和资本主义国家进行资源分配的政经机制不同,这样的空间意涵也没有改变。户籍制度中的"城镇/农村"区隔无疑是界定社会公民权的关键范畴,将市民与农民的相关社会权区别对待,形成中国福利体制的"一国两制",在国家疆域内用行政力量形塑出鲜明的阶层化社会公民权。地区性福利制度的兴起,重新划分了社会公民权身份的界限。地方政府在依据中央政府指示推行新的社会政策或是进行相关试点时,往往以自己的行政区划作为福利项目享有的界限;于是我们观察到"本地/外地"正成为一个更为明显的福利权利/义务边界，中国社会福利体制正在更细致地分化为不同的"福利地区"（welfare region），重新界定着社会公民权的形式与内容。户籍制度改革作为一种社会公民权确立过程，对于缓解社会冲突，对于国家认同、国家凝聚力和国家建设都具有十分重要的作用。

改革开放 30 多年，中国农民工已经悄然实现代际更新。从代际关系来看，20 世纪 80 年代农村政策放活以后，一部分农民"洗脚上田"进厂务工，他们亦工亦农，离土不离乡，成为最早的一代农民工；20 世纪 90 年代，随着沿海经济特区的快速发展，开始出现了一大批离土又离乡的进城务工农民。他们又分为两个明显不同的群体：一部分与第一代农民工一样下过田，绝大多数仍然把回乡务农作为最终的归宿；另一部分则是没有从事过农业生产，直接从学校出来就进城务工。他们有较高的文化水平和精神生活需求，渴望继续学习，重视技能培训，希望融入城市主流社会的愿望特别强烈，要求和城里人一样平等就业、平等享受公共服务，甚至得到平等的政治权利。这些把融入城镇作为最终归宿的进城务工群体，被称为新生代农民工。随着时间的推移，特别是大量 80 后和 90 后的加入，这部分农民工的人数越来越多，到目前约占农民工总数的 60%，他们已登上城市化的重要舞台，并成为产业工人阶层的主体部分。

然而，新生代农民工的生存和发展面临着十分现实的困境。由于现行的户籍制度，这些新生代农民工虽然有成为城里人的强烈愿望，有的也在城市里生活了十多年，可他们就是不能获得城镇户口，只能在长期打工的城镇暂居，因此，他们也就不能享受城市居民的社会福利以及最基本的社会保障，他们的下一代甚至没有资格同城镇居民一样获得最基本的教育权利。由于经济上的原因，这些新生代农民工绝大多数没有能力购买城镇的住房，甚至不能租住一个可以进行简单家庭生活的空间。由于文化上的原因，这些新生代农民工虽然对现代城市文明充满了渴望，却很难真正进入城市主流的文化生活，甚至不能获得基本的信任，遭受各种歧视。凡此种种现象，一直客观存在并越来越严重，是一个必须解决的社会问题。中央已提出着力解决新生代农民工问题这一任务，这是一个良好的开始，但如何"采取有针对性的措施"则是关键。据悉，2011 年 2 月底，一份经国务院常务会议审议通过并内部下发的文件（《国务院办公厅关于积极稳妥推进户籍制度改革的通知》）已经为未来户籍制度改革指出了方向，定下了调子。根据文件精神，未来的

"户改"仍将采取渐进式改革，不少人期待的"自由迁徙"在相当长的一段时间内仍不能实现。不过，各地在遵循中央"户改"基本原则的基础上，可以综合本地的资源禀赋和城市化策略，推行适合本地的户籍改革举措。

户籍制度改革不能一刀切，需要因地制宜和鼓励创新，也需要法律制度的配合和中央的顶层设计以及系统性的制度安排。通过梳理重庆、成都、广东三地户籍制度改革的做法和领会中央关于积极稳妥推进户籍改革的精神，可以看出，户籍制度改革的目标，是促进人口城市化进程，让农民工和农民也能享受到经济发展的成果；让经济结构更加合理，使经济发展更具有可持续性，城市经济更有活力，促进经济发展方式的转变；发挥城市在现代经济发展中的集聚和乘数效应，促进经济结构的调整，解决城乡发展不平衡的问题。户籍制度改革的核心就是要通过社会管理创新，促进人口城市化进程，扩大城市福利覆盖面，实现由户籍人口向常住人口的全覆盖，进而通过人口分布转移，减少农村人口，扩大农业生产规模，缩小城乡福利差距，促进城乡公共服务的均等化。城市化政策和户籍制度改革必须与土地、人口、财政政策改革相配套才可能取得成功。

笔者认为需要着力从以下几个方面来为户籍制度改革提供坚实的制度基础，为深化和全面推行跨地区或全国性的户籍制度改革，提供必要的准备。

第一，进一步完善城乡社会保障制度体系，注重城乡社会保障特别是低保的制度衔接。

第二，加快农村宅基地的确权改革，给予农民完整的土地使用权，保障农民合法的财产权利和权益，包括土地的继承抵押和转让的权利，促进农村土地市场建设和土地流转。

第三，大力开展城市廉租房的建设，促进低收入阶层的人口城市化。

第四，着力优先解决农民工二代的市民化问题，废除对他们在教育、医疗、工作、住房等方面一系列的歧视性政策，促进他们融入城市，提高他们的工作技能。

第五，修改和完善相关法律和政策，以常住人口作为城市提供基本公共服务的财政依据。对于人口城市化问题比较突出和财政比较紧张的城市，国家应在政策上和财政上予以相应的支持。

第六，户籍制度改革的根本出路还在于土地和财政制度的配套改革，这样才能实现户随人走，相应的福利保障也能够随着走。目前的人口流动是单向的流动，从福利水平低的地区向福利水平高的地区流动。各地需要为乡村和中小城市创造出一定的特色优势，鼓励人口的双向流动。

第七，户籍制度改革是城乡统筹发展的一个具体体现，其核心是城乡制度的一体化，应着力清理本身不合理的区域性政策，如入学和高考制度等，将过去注重效率取向的制度选择调整为注重公平取向的制度选择。

第八，户籍制度改革关乎公民社会权和民族国家的建构，不能仅限于地方制度的改革，中央政府应从国家建设和公民权的角度来制定户籍改革的相关法规，从法律制度上保证基本公民社会权。国家尤其是中央政府应当负起责任和义务。

参考文献

黄宗智：《重庆："第三只手"推动的公平发展?》，《开放时代》2011年第9期。

黄宗智：《中国发展经验的理论与实用含义：非正规经济实践》，《开放时代》2010年第10期。

李源潮：《重庆的改革为破解中国面临的难题提供新思路》，《重庆日报》2011年4月19日。

施世骏：《社会保障的地域化：中国社会公民权的空间政治转型》，台湾社会学工作坊"后社会主义转型中的阶级政治、公民权与社会福利"论文，2009年5月。

张玮：《中国户籍制度改革地方实践的时空演进模式及其启示》，《人口研究》2011年第5期。

李若建：《中国人口的户籍现状与分区域推进户籍制度改革》，《中国人口科学》2003年第3期。

对完善新型农村社会养老保险
制度若干问题的探讨*

崔红志

建立新农保制度是我国完善农村社会保障体系的重大部署。到 2012 年底，我国将实现新农保制度的地域全覆盖。但是，与地域全覆盖相比，如何使得更多的适龄农民参加这一制度是一个更重要、更艰巨的任务。为了实现这一目标任务，政府就需要不断完善新农保制度。本文基于实地调查，并结合有关社会保障的理论，就目前新农保制度建设中理论界和决策层较为关注的六个方面进行探讨。这六个方面分别是：是否应把新农保的自愿参保原则修改为强制参保、如何看待新农保制度中的捆绑政策、新农保制度是否应允许农民退保、如何看待目前新农保的保障水平、如何划分各级政府在新农保筹资中的责任、如何重构新农保经办服务体系。

实地调研的地区包括江苏省常熟市、河北省青县、河南省荥阳市和社旗县、重庆市酉阳县 5 个首批新农保试点县（市）。调研的时间为 2010 年 6～11月。调研的内容包括对上述 5 个试点县（市）10 个乡镇、18 个行政村的 405户农户问卷调查；与农民、农民代表、村干部的深度访谈；与乡镇干部、县乡村新农保经办管理和服务机构负责同志的座谈。

一 是否应把新农保的自愿参保原则修改为强制参保？

调查发现，新农保的参保率与人口全覆盖的目标有较大差距，其中，中青年农民的参保率尤其低。在农户问卷调查的 917 名适龄农民中，只有 448 人参

* 本文是"中国社会科学院国情调研重大项目"（2010年度）、中国社会科学院农村发展研究所创新工程"中国农民福利研究"的阶段性成果。

保，参保率不足50%。参保农民的平均年龄为42岁，主要集中在37~42岁以及55~59岁两个年龄段；未参保农民平均年龄为34岁，比参保群体的平均年龄小8岁，主要集中在20至30岁之间。

对于农民参保率较低的现象，一种比较流行的主张是放弃新农保的自愿原则，实行强制性参保。并且以新农保是社会养老保险为由，认为实行强制农民参保只不过是恢复其本来的属性。这种思路值得商榷。

1. 农民是否参保是理性选择的结果，而不是短视行为

社会保险强制性的理由之一是短视行为。农民是否存在着短视行为？应该承认，在新农保制度实施的初期，农民在是否参保缴费上的确存在着短视行为。他们不具有完全的推理和判断能力、较为准确的计算能力以及对未来正确预见的能力，从而导致他们在不完全、不正确感知的支配下而拒绝参保缴费。但是，改变农民的短视行为正是政府以及新农保经办和管理部门的责任和义务。而且，应该相信，随着时间的推移，农民会清楚地知道其自身的利益所在，从而修改其意识和行为中的短视性，由拒绝、观望或者茫然不知所措转变为积极参保缴费。因此，正确的政策导向是给农民时间来权衡和思考，而不是简单机械地把农民的自愿参保修改为强制参保。

同时，尤其值得注意的是，一些年轻农民不参加缴费不仅与其理性无知无关，而且恰恰是其认真衡量后的理性选择。例如在城保对农民放开的背景下新农保远低于城保的养老金待遇及投入待遇比、新农保对基金的保值增值没有承诺、对养老关系转移续接没有出台政策。在这样的背景下，以提高参保率而强制所有农民参保缴费，既是对农民选择权利的剥夺，也是对农民利益的剥夺。

2. 农民在参保决策中是否存在道德风险和逆向选择有待实证

道德风险和逆向选择是社会保险实行强制性的理由。所谓道德风险是指一部分人会利用社会和他人的利他心和同情心，对自己的老年生活问题不负责任，寄希望于社会和他人的救助来度过晚年生活。把新农保修改为强制性就可以减少不负责的农民或懒汉农民的道德风险。

但是，对于农民是否存在这种道德风险以及风险的程度和范围还是很不清楚的，是有待实证研究的。就我们对农民行为的观察，我国农民从总体上看在养老问题上的道德风险几乎不存在。我国农村的社会救助基于严格的、多方面的资格限制，而并非仅仅与收入相关联（如对农村五保户、低保户认定），政

府和社会并没有（或者极少）因为某人生活贫困而实施救助。至于因为信息不对称而出现的逆向选择，极少会出现在养老保险领域，因为人们在年轻时对其个人寿命的预测是困难的。

3. 城镇职工社会养老保险的强制性不能适用于农民

的确，发达国家的社会养老保险是强制性保险。我国城镇职工社会养老保险也是强制保险。但并不能得出新农保也应该实行强制性。

强制性之所以成为发达国家社会保险的特征与其社会保险的筹资结构有关。发达国家社会及我国的城镇职工养老保险是以雇佣关系为基础的。雇佣工人社会养老保险在筹资结构上由雇主和雇佣工人共同缴费并由政府财政提供补贴。如果不实行强制性，雇主就会从利益最大化出发而不给雇佣工人缴纳社会保险费。这种强制性更主要的是针对雇主的强制。而且因为存在着雇佣关系，也使得从工资中扣减社会保险费成为可能。而新农保的筹资结构则是由农民缴费和政府补贴所构成，不存在雇佣工人社会保险制度中的强制对象。农民是自雇者，也不可能像发达国家及我国城镇职工养老保险那样可以从工资中扣除保费。

发达国家社会保险及我国城镇职工社会养老保险的强制性还与资金运行模式有关。发达国家早期所实行的社会养老保险制度是现收现付性质。如果不强制实施，就有可能出现资金链的断裂。我国城镇职工社会养老保险之所以不断强调扩面和参保率，在很大程度上基于其名义上的混合制而非实际上的现收现付制。而在全新基础上起步的新农保则没有历史负担，其基础养老金由政府财政负担，个人账户资金则是完全积累制。即使不实行强制参保，也不会出现资金缺口的风险。

4. 坚持自愿参保仍能实现较高的参保率

坚持自愿参保是否能实现新农保制度的人口全覆盖？人口全覆盖当然是值得追求的。但如果实现这种人口全覆盖的手段不被农民接受，那么这种人口全覆盖就没有任何的实质意义。

而且，坚持自愿参保并非不能实现人口全覆盖。本项研究所调查的5个县（市）中，青县已经实现很高的参保率。截至2010年9月30日，该县共有187152名适龄农民参保缴费，参保率达到93.4%；这种地区个案表明，经过一段时间的积累和对影响制度适应性因素进行调整，在自愿参保的原则下仍然能够实现新农保制度的人口全覆盖。

还有必要指出的是，任何社会保险制度要想实现人口的全覆盖都是困难的，也需要很长的时间。我国城镇职工社会养老保险是强制保险，但参保率也并不高。发达国家在建立社会养老保险制度过程中也普遍存在较低参保率的现象。德国是世界上第一个实行社会保险制度的国家，1925 年，工伤、养老、医疗、失业四个核心险种全部建立起来，作为法定义务，适龄人员必须参加。但是，德国雇佣工人参保率呈现缓慢的上升过程，在有些年份甚至下降。1925 年，德国四大核心险种的参保率为 48.8%，到 1935 年，参保率为 57.8%，在 10 年时间中只提高了 9 个百分点。直到 1981 年，参保率才超过 80%（81.8%）。

二 如何看待新农保制度中的捆绑政策？

《国务院关于建立新型农村社会养老保险试点指导意见》指出，"新农保制度实施时，已年满 60 周岁、未享受城镇职工基本养老保险待遇的，不用缴费，可以按月领取基础养老金，但其符合参保条件的子女应当参保缴费"。这种把老年农民享受基础养老金与子女参保缴费之间挂钩的"捆绑缴费"，被一些学者称为新农保制度的创新。但实际上，捆绑政策缺乏理论基础，并会在实施中出现很多问题。中央应在政策导向上弱化父母享受基础养老金与子女必须参保缴费之间的关联，取消父母享受基础养老金与子女必须参保缴费之间捆绑的做法，从而使普惠制的新农保能够真正落到实处，使公共财政的阳光能够照耀到试点地区的每一个老年农民，尤其使那些困难家庭不被遗忘。

1. 捆绑缴费的假设与现实情况不符

如果农村适龄参保的年轻人会为了父母享受基础养老金而参保缴费，就有可能取得老年人、子女及制度本身的多赢。也就是说，捆绑缴费机制有效发挥作用的前提性假设是：子女为了父母能够得到养老金，会主动参保缴费。但是，这一假设条件与我国农村代际关系的实际情况并不相符。目前，我国农村子女赡养父母的能力尤其是赡养意愿较低，家庭保障弱化，子女并不会为了父母享受基础养老金而参保缴费。

让已经超过 60 岁的农民直接享受养老金，涉及的是公正对待老年人的问题。现在已经超过 60 岁的农村老年人是积蓄较少、自我养老能力较低的群体。

国家建立新农保制度的基本目的，正是通过政府买单以实现农村老年人口的社会保障权，"使得农民养老不犯愁"。但是，农户问卷调查显示，未能享受养老金的老年人大约占老年人口总数的 25%。造成这部分老人不能享受新农保养老金的主要原因是"有的子女没参保缴费"。另外，在捆绑缴费政策下，一些老年农民为了得到养老金被迫无奈代替子女缴纳保险费。而且，有时即使父母想为子女代缴，也会因为子女常年在外打工等较为普遍的现象而不能实现。

2. 社会保障制度中的权利与义务相对应不是捆绑缴费的理论依据

一种较为流行的观点认为，捆绑缴费政策体现了社会保险制度中的权利与义务相对应原则，世上没有绝对的权利，只有先尽到义务才能享受权利。笔者认为，用"权利与义务相对应"来解释捆绑政策的合理性值得商榷。第一，农民享受养老金的权利是一种不附加任何条件的绝对权利。第二，退一步说，即使老年农民享受基础养老金这一权利需要以其承担相应的义务为前提，也应该规定这些老年农民应承担何种义务，而不能把这一义务强加在其子女身上。权利（rights）与义务（duties）承担主体之间应该具有一致性，更何况子女的行为并不是他们的父母所能完全控制的。

3. 对捆绑缴费的效果不能过高估计

捆绑缴费政策的目的之一是促进年轻农民参保缴费以便提高参保率。但是，对这种促进作用不可高估。在被调查的已经参保的 448 人中，共有 144 人明确表示他们参保是由于或部分由于"为了父母得到养老金，被捆绑参保"，占参保人群的 32.14%。从这一比例看，似乎捆绑政策在促进农民参保缴费上的贡献大约为 1/3。但是，如果这些人不属于被捆绑对象，他们是否还会参保缴费？这一指标可以更加真实地检验捆绑政策的效果。问卷调查显示，如果不被捆绑，这 144 人中的 65.3% 表示仍会参保；22.2% 表示不确定是否还会参保。仅有 18 人明确表示将不会参保，占被捆绑缴费对象的 12.5%。

4. 捆绑缴费加剧了农村老年人口生存状况的差异

在捆绑缴费机制下，农村两类人群容易被排除在受益范围之外：一是极度贫困家庭中的老年人，他们的子女无力承担哪怕是最低标准的保费（每人每年 100 元）；二是家庭矛盾突出或子女不孝顺的老年人，他们的子女不愿或故意不参保。与其他农村老年人口相比，这两类人群对养老金的需求更加迫切但不能从新农保制度受益，从而加剧了农村老年人口生存状况的差异。

5. 放弃捆绑缴费有利于增加新农保的受欢迎程度，也有利于还地方政府和干部以清白

捆绑政策并不是新农保制度的首创。据了解，在老农保制度陷入僵局的情况下，我国一些地方即开始探索由地方财政支持的新型老年保障制度。早在2001年，江苏省常熟市即规定60岁以上的农村老年人口可以享受养老金，但要求其子女得参保缴费。河北省青县2008年所实行的合作养老，更把捆绑对象拓展到子女及配偶和孙子女及配偶。之所以实行"捆绑政策"，主要原因是其所实行的地方性新农保制度属于现收现付性质。也就是说，只有较高比例的参保率，才能维持制度的运转或降低当年的财政负担。但目前所实行的新农保制度中的基础养老金主要由中央财政承担；地方政府承担的"入口补贴""出口补贴"以及管理经费等都纳入地方财政的预算，不允许拿农民的钱抵财政应出的钱、不允许用参保农民的钱支付养老金。在这种筹资结构下，如果实行捆绑缴费政策，显而易见会出现的问题就是：根据人头划拨的基础养老金如果不按人头发放，那剩余的资金流向何处？在实地调查中，已经有很多农民发出这种疑问，并进行了猜想。有的农民说，这部分钱可能被领导贪污了。有的农民说，这笔钱被县里截留了。显然，捆绑缴费政策导致农民对基层政府和干部的误解，也降低了他们对新农保制度的认可。取消捆绑缴费政策，有利于增加新农保的受欢迎程度，也有利于还地方政府和干部以清白。

另外有必要提出的是，2011年7月1日正式实施的城镇居民社会养老保险制度并没有将老年人口享受基础养老金与子女参保缴费进行捆绑。《国务院关于开展城镇居民社会养老保险试点的指导意见》（国发〔2011〕18号）明确指出，"城镇居民养老保险制度实施时，已年满60周岁，未享受职工基本养老保险待遇以及国家规定的其他养老待遇的，不用缴费，可按月领取基础养老金"。而且"有条件的地方，城镇居民养老保险应与新农保合并实施。其他地方应积极创造条件将两项制度合并实施"。在调研的5个县（市）中，河南省荥阳市和重庆市酉阳县的新农保制度与城镇居民的养老保险制度已经实现一体化。笔者认为，在新农保与城镇居保已经和将要一体化的背景下，仅仅为农村老年人口直接享受基础养老金而做出的限制性政策规定，有悖于城乡老年人口基本权益平等的精神。

三 新农保制度是否应允许农民退保？

国务院指导意见没有就是否允许农民退保进行规定。但被调查的各试点县（市）大多规定了在参保缴费后不允许退保。例如，郑州市城乡居保实施办法指出，"参保后不能退保，只有出国（境）定居的参保人才可以退保，其个人账户总额（不含政府补贴部分）一次性退还本人"。新农保制度是否能够、是否应该允许农民退保？笔者的研究证明，新农保制度能够也应该允许农民退保。新农保坚持农民自愿参保的原则。但参保自愿与退保自由之间不可分割，退保自由是自愿参保的内在要求。没有退保自由，就没有真正的参保自愿。

1. 增强储蓄性养老保险制度的资金流动性是全球性趋势

新农保制度是一种储蓄积累式的养老保险制度。影响储蓄积累式养老保险制度吸引力的一个重要因素是个人账户储蓄资金的不能流动。自 20 世纪 90 年代起，一些国家就尝试改变这种状况。其主要做法是个人账户储存的资金可以提前支取，用于住房、失业、教育、医疗等方面。提前支取有两种方式，一种是贷款，即偿还性的提前支取；另一种是不用偿还的提前支取。在老农保陷入僵局时，我国也有一些地方进行了探索，试图把个人账户资金由"死钱"变成"活钱"。其中的典型是新疆维吾尔自治区呼图壁县，经办机构允许参保农民用自己持有的或借用他人的《农村社会养老保险缴费证》作为抵押物，依据一定程序和规定到指定银行办理委托贷款。其中，贷款额度为养老保险证面值的90%，贷款利率与银行同期贷款利率相同，贷款期限为 6 个月到 3 年不等。

2. 在全新基础上起步的新农保可以实行退保自由

各地新农保制度中不能退保这一规定，是从城镇职工社会养老保险办法中移植过来的。从历史因素看，城镇职工社会养老保险规定不得退保是一种无奈的选择。因为城镇职工社会养老保险中的个人账户并没有做实。参保职工所缴纳的保费和企业缴纳的统筹被迫用于为已经退休职工发放养老金。而且，从城镇职工社会养老保险的构成来看，其不仅包括个人缴费，还包括企业所缴纳的统筹。如果实行退保，企业统筹部分则不能退还。从这个意义上说，城保中的不能退保还有可能保护职工的利益。而新农保是在全新的基础上起步，没有必要照搬城保中不能退保的做法。

3. 退保自由可以破解新农保适应性问题

从实地调查来看，农民收入的有限性与收入多用途之间的矛盾、农民对政府和新农保制度的信任、农民因为城镇职工养老保险待遇高而想参加城保、农民的流动性与养老保险关系转移的困难、农民担心通货膨胀等现实因素是影响农民参保缴费及选择更高缴费档次的主要因素。应该说，这些问题都是影响新农保制度适应性的深层次问题，解决起来有难度也需要时间。例如，农民收入的制约需要依靠农村的持续改革和发展以及加快公共服务均等化的进程加以化解。又如，农民想参加城保而导致的新农保适应性问题，则要求不断提高新农保的待遇。但在很长的时期内，新农保要想达到城保的保障水平是不可能的（从2005年开始直到2011年，城镇职工养老金水平连续7年每年上调10%。2011年的新增养老金大约每月就达到100元，远远超过55元的新农保最低基础养老金）。但是，新农保制度不可能等到所有外部条件完善之后再实施。而且，尤其应该看到，上述这些深层次的影响因素与参保后不能自由退保密切相关。如果实行退保自由，就可以在一定程度上解决这些困扰新农保发展及适应性的问题。例如，在农民可以自由退保的情况下，农民基于消费优先序顾虑的问题就大大降低甚至不存在了。当他们参保缴费后而在教育、卫生、生产等方面急需用钱，可以通过退保而得到之前在新农保个人账户中的积蓄来应对。同理，其他几种因素均可以在自由退保的情况下得以缓解。

4. 退保自由是保护农民利益的机制

除了上述促进农民参保缴费这一功能性作用，退保自由的重要性还在于其是一种保护农民利益的机制。当农民有了退保权之后，政府和新农保部门就面临着压力，从而被迫采取各种措施来维持新农保制度吸引力以便减少农民退保。退保自由也具有监督新农保基金安全的功能。中央要求地方政府承担新农保的个人账户做实功能。"入口补贴"和"出口补贴"都要纳入地方财政预算。新农保工作经费也要纳入同级财政预算，"不得从新农保基金中开支"。但是，监督地方政府的行为是比较困难的。如果允许农民自由退保，地方政府在挪用新农保基金时就多了一重的顾虑。

5. 退保及保险关系转移时是否应该退还和转移个人账户中的政府补贴部分

个人账户资金的归属问题对年轻农民尤其是有外出打工意向的年轻农民的

参保意愿有较大影响。其中的重要原因之一是难以退保或者在退保时不退还个人账户资金中政府补贴部分而是仅退还个人缴费部分。笔者认为，应承认农民个人账户中积累资金的私人产权。也就是说，个人账户中的个人缴费和政府补贴的资金及利息均归参保人所有。农民在因转入城保等客观原因而退保时，这些资金应该全部退还给他们，而不是仅仅退还个人缴费部分。其原因，一是政府补贴是政府在动员农民参保缴费时给农民的许诺。二是因为参保农民参保缴费的资金在存银行的过程中发生了贬值。我国很多年来的实际情况是一年期银行存款的利率远远低于农村消费品价格指数上涨的幅度。从某种程度上说，政府补贴就相当于弥补二者之间的缺口。

农民在退保和养老保险关系转移时得到个人账户中的政府补贴部分有两个方面的好处。一是有利于防止政府补贴资金的不到位。二是有利于遏制地方政府在新农保宣传发动中制定和追求不切实际的参保率。

四　如何看待目前新农保的保障水平？

在所调查的 5 个县（市）中，酉阳县的基础养老金为每月 80 元，荥阳市为 65 元，社旗县为 60 元，青县为 55 元。这种保障水平是否适宜？较多的主张是应该给予农民国民待遇，大幅度提高农民的基础养老金水平。调查发现，目前新农保的基础养老金水平是适宜的，但应建立基础养老金的自然增长机制。

1. 基础养老金在促进农民参保缴费中发挥了基础性作用

对于农民参保缴费的直接原因，农户问卷给出 6 个选项，分别是"为了自己得到养老金"、"为了父母得到养老金，被捆绑参保"、"新农保有政府补贴，比在银行存钱划算"、"干部动员要求参加"、"被强制要求参加"和"其他"。结果显示，在已经参保缴费的 448 人中，共选择了 560 个原因。其中共有 312 人所选的原因是"为自己将来得到养老金"，占 69.6%。选择这个原因的农民占被调查农民总数的 55.7%。这一调查结果说明，新农保制度的出口补贴是农民参保缴费最主要的动因。

2. 养老金仅仅是农民老年生活保障的一种形式

农民的福利和保障形式通常是混合的而不是单一的，社会养老保险与土地保障、家庭保障、商业保险等保障形式之间绝不是非此即彼的对立关系。从工业化国家的实践来看，养老金只是老年农民生活来源的一部分，土地收益、个人储蓄性的商业保险等共同构成老年保障的多个支柱。西方国家在将农民纳入社会保障体系的同时，也重视土地的保障作用及其他方式的保障，如采取措施帮助农民提高土地的收益，鼓励农民参加个人储蓄性质的商业保险等。国务院指导意见提出新农保的目标是"保基本"，新农保的任务目标是"与家庭养老、土地保障、社会救助等其他社会保障政策措施相配套，保障农村居民老年基本生活"。

3. 应建立新农保基础养老金的正常增长机制

尽管目前新农保的养老金水平是相对适宜的，但同时应该看到在有了新农保制度后，农民会自觉不自觉地把养老金水平与城镇职工养老金、公务员养老金和农村教师的养老金进行对比，之后发觉受到不公正的对待。而且，新农保的基础养老金缺乏正常的调整机制。国务院指导意见指出，"国家根据经济发展和物价变动等情况，适时调整全国新农保基础养老金的最低标准"。但"适时调整"这一笼统、模糊的表述，不利于农民在参保时形成稳定的养老金标准的预期，从而降低其参保缴费的积极性，尤其不利于促使那些距离领取养老金时限比较长的年轻人参保缴费。社会保险法提出"国家建立基本养老金正常调整机制。根据职工平均工资增长、物价上涨情况，适时提高基本养老保险待遇水平"。两相对比可以看出，新农保的基础养老金与城镇职工养老金最根本的区别在于缺乏"正常调整机制"。因此，完善新农保制度，应在稳定目前基础养老金水平的基础上，建立正常的调整机制，稳定农民对养老金标准和保障程度的预期。

五　如何划分各级政府在新农保筹资中的责任？

1. 各级政府之间的财政分摊

中央政府与地方政府之间的筹资责任是比较明确的。中央财政负责中西部地区的全部和东部地区50%的基础养老金。其他责任则由地方财政承担，主要是入口补贴，高于基础养老金标准的出口补贴，对重度残疾人、计划生育家庭等特殊群体的优惠性补贴，新农保的经办服务体系建设费用和宣传发动经费，老农保的历史负担等，其中最主要的是人口补贴。

但是，如何界定地方政府之间的责任？笔者认为，在界定地方政府之间筹资责任中，总的原则是应强化省级财政的平衡功能，尽量减少或不让乡镇财政承担筹资责任。

省级财政应加强对省内财政能力较弱地区的财政转移支付，分担更大比例的保费补贴。如果没有倾斜的财政支持政策，贫困县就缺乏动力引导农民选择更高档次的缴费标准。在省级财政的平衡方面，江苏省的做法值得借鉴。江苏省规定，即使是中央财政对国家试点县所承担的50%的基础养老金（即27.5元），也由江苏省进行统筹分配，对于人均财力超过2000元的县（市），省级财政不给予补贴；1000～1400元的县（市），省财政提供每人每年20元的补贴；800～1000元的县（市），省财政提供每人每年30元的补贴；对于800元以下的县（市），省财政提供每人每年40元的补贴。江苏省的这种办法显示了省级财政在平衡地区之间财力差异上的努力，而不是无所作为。

之所以尽量免除乡镇政府的筹资责任，主要考虑的是乡镇财政承担筹资责任的效果不好。因为新农保工作主要依靠乡镇政府的推动，而其自身的财政能力较低。如果其同时承担筹资责任，会影响其推动这一工作的积极性。

2. 中央应明确新农保隐性财政负担由谁承担

新农保制度的计发办法存在着隐性财政压力。这是因为，新农保个人账户养老金的计发办法，采取了现行城镇职工基本养老保险个人账户养老金计发系数，即个人账户养老金的月计发标准为个人账户全部储存额除以139。按照这一办法，参保农民从60岁开始领取养老金，在将近72岁时，其个人账户中所积累的资金将全部领完。但是，我国农民在72岁时的平均余命为11.86岁，政府必须承担其间近12年的养老金支付。如果缺乏中央财政的支持，将很可能出现地方政府无力支付农民养老金的困难；或者导致地方政府被迫挪用当期的新农保基金，由此形成与目前城镇职工社会养老保险类似的养老金账户"空账"和"空转"。这使国家和政府对社会成员的养老支付矛盾不断积累和后移，潜藏着不可持续的风险。

这一隐性财政负担由谁承担是一个涉及新农保制度可持续性及在农村适应性的重要问题。在调研中发现，一些县（市）的新农保经办主管部门和县（市）主要领导密切关注这一问题。他们担心一旦这一责任由县（市）承担，将会给本级财政造成很大的压力。基于这种担心，他们对于提高农民的参保补贴标准很谨慎，也漠视农民是否会选择较高标准的缴费档次。

笔者认为，应由省级财政承担这一隐性负担。这既是由于省级财政的能力更强，也是由于在以县（市）为单位进行试点的情况下，县（市）是新农保宣传和发动的主体。减轻其承担的压力，有助于新农保工作的开展。

3. 新老农保衔接中的债务化解问题

国务院指导意见明确规定了试点地区新农保应与老农保衔接。但各地在执行中主要由于老农保资金亏空的问题，二者不能衔接。在被调研的几个县（市）中，社旗县的老农保仍由县民政部门管理，参保农民的个人账户积累资金约303万元。但是由于老农保从基金中提取3%的管理费等原因，目前实有资金规模只有200万元，亏空100多万元。青县老农保的参保人数共有1549人。其中2010年达到60岁的有69人。但是，青县老农保的资金被划拨到河北省和沧州市。姜堰市老农保资金中借款给市政府1000万元，民政局直接放贷393万元。

如果老农保参保农民个人账户积累资金的亏空问题不能得以解决，老农保的参保人就不能并入新农保。针对农保遗留的资金亏空问题，可以实行哪一级的问题就由哪一级来解决，"谁的孩子谁抱走"。总的看，老农保因为参保人数少，缴费水平低，相应所积累的资金规模也较小。只要有明确的政策，化解这部分历史欠债的困难并不特别大。但如果这一问题迟迟得不到解决，就会直接损害老农保参加者的利益，也将直接影响农民对政府信用及对新农保制度的怀疑。

六　如何重构新农保经办服务体系？

目前学术界对于新农保经办服务体系的滞后及重构存在共识。国务院关于开展新农保试点意见明确指出，"试点地区要按照精简效能原则，整合现有农村社会服务资源，加强新农保经办能力建设，运用现代管理方式和政府购买服务方式，降低行政成本，提高工作效率"。那么，政府应向谁购买服务？如何购买服务？笔者的观点是，完善新农保经办体系的方向是：在对服务类型进行分类的基础上，实施政府购买服务；把宣传发动工作下沉到村，由政府向村级组织和各类社会经济组织购买服务。

1. 村级组织已经是新农保宣传和发动的主体

对于村级组织在新农保宣传和发动中的重要性，政府及新农保主管部门有清楚的认识，也的确把这些工作下沉到村了。但是，政府总想着村级组织是万能的，把各种任务都压下去、分解下去，却又不配置或配置很少的财力。调查发现，尽管各试点县（市）在预算中安排了相应的工作经费并依据参保人数给予相应的补贴或奖励，但在县乡村三级之间的分配不合理。例如，酉阳县按照每参保 1 人给予 1.7 元的补贴，而在这 1.7 元中，县级经办机构可以得到1.2 元，乡村两级只有 0.5 元。在乡村两级的这 0.5 元经费又主要用于各乡镇经办机构的开支。由于村级组织缺乏相应的财力支持，也就缺乏从事新农保工作的积极性。如果这种状况能够得到改变，会明显地提高参保率，并降低宣传发动的成本。姜堰市俞垛镇的案例就是一个很好的证明。该镇制定了每新增参保一人，给予"一把手" 12 元的奖励。在新农保工作启动后不到一个月的时间内，全镇扩面 2805 人，完成全年目标任务的 61%。到 2010 年 6 月底，该镇的累计参保率 95.8%，基本实现了适龄人口的全覆盖。这一案例表明，向村级组织购买服务具有可行性。

2. 应探索实行政府向村级组织和各种社会经济组织购买服务

政府向村级组织购买服务的对象不应仅仅局限于村委会、党支部这一正式组织，而是应扩展到农村专业合作社、非政府组织以及各类农村自组织。在被调研的几个县（市）中，青县之所以在较短的时间内以较低的成本实现了很高的参保率，所依靠的是村组干部以及农村家族长、道德会成员的力量。应该说，其他地方并不能简单复制青县模式，因为这种模式是建立在其先前的农村治理结构改革及公民道德建设的基础上。但是，还应该看到，我国广大农村普遍存在着多种多样的社会组织。这些社会组织中的成员因为与一般农民身份的一致性（即他们既是新农保的宣传和发动者，又是新农保的参加者）、在村民中的威望高等个人特点，更适宜从事新农保的宣传和发动工作。由这些人向农民宣传和解释新农保政策，农民会较为容易地接受。

3. 向村级组织和农村各种社会经济组织购买服务有可能实现农村治理和新农保制度建设的双赢

我国农村民主政治建设滞后的一个重要原因是缺乏财务独立性。相应地，促进农村治理和民主政治的形成则需要对既有的资源配置方式进行改革。向村级组织和农村各种社会组织购买新农保服务就是对资源配置方式的改革。笔者一直认为，农村社会事业的改革和发展不应成为加强传统行政管理模式的载体，而应成为完善农村治理模式的契机，以此促进农民在农村治理中的参与和农村治理模式的渐进性转变。因此，笔者也认为由政府向村级组织和农村各种社会组织购买新农保服务的方式，优于完善村级代办员制度、建立村级社会保障和公共服务平台等主张。

世 界 农 业

美国农业资源和环境保护
项目分析及启示

张玉环

一　美国农业资源和环境
保护项目概况

　　美国政府在农业资源和环境保护方面的政策措施主要分三种：资金补贴项目、技术支持项目和规范化生产条款（compliance provisions）。其中，资金补贴项目为政策体系的主要部分，是本文着重介绍的内容。技术支持项目是政府在技术方面为愿意采取措施对自然资源和环境进行管理与保护的任何个人（主要是农牧场主）和机构提供帮助，受助者获得该项目的目的可能就是使资源得到可持续利用，也可能是取得申请政府资金补贴项目的资格。自 1985 年以来，联邦政府在技术支持项目上的支出每年有 5 亿 ~ 6 亿美元①。规范化生产条款是要求农牧场主在资源和环境管理方面达到政府的某些要求，诸如在

① 资料来源：美国农业部经济研究服务局网站（http：//www. ers. usda. gov）。

高度易侵蚀土地上耕种必须采取政府批准的水土保持措施、不能开垦湿地等，以此作为获得各类政府项目利益的前提条件，这项条款直接和间接影响近2亿英亩耕地（Cox，2007）。

资金补贴项目自20世纪30年代开始陆续设立，其中，历时较长、覆盖面积较大的是"减耕计划"和1956～1972年的"土壤银行"项目。但是，早期的各种有关项目和措施主要是以控制生产为目的。直到70年代以后，环保力量崛起，资源和环境保护开始受到广泛关注；同时，1972～1975年的全球粮食危机使得对美国农产品的出口需求激增，带来价格飙升，进而刺激农场主通过开荒扩大耕地面积和在土地上过度投资以提高单产。结果，水土流失加剧，灾害发生的频率和损失程度明显上升。农业资源和环境问题受到越来越多的关注。因此，当80年代初期再次出现农产品严重过剩的时候，退（休）耕就顺理成章地再次成为既保护资源和环境又减少产量的首要选择。在此背景条件下，1985年农场法案首先设立了退（休）耕还草还林项目，1990年农场法案增设了湿地恢复项目。以后的1996年、2002年和2008年农场法案又陆续增设（或补充修改）了环境保护激励项目、环境保护强化项目、农业水质强化项目、野生动物栖息地保护项目、农场和牧场保护项目以及草场保护项目。

这8个项目涵盖水土资源管理、野生动物栖息地管理和污染防治等农业乃至农村资源和环境保护的诸多方面，美国政府将这些项目进一步分为三类：①退（休）耕项目，包括退（休）耕还草还林项目和湿地恢复项目；②对利用中的土地（耕地、草地和私有非工业用林地）资源实施管理和保护的项目，包括环境保护激励项目、环境保护强化项目、农业水质强化项目和野生动物栖息地保护项目；③农牧业用地保护项目，包括农场和牧场保护项目以及草场保护项目，这类项目通过购买开发权阻止对土地的开发性利用。表1给出了这三类、8个项目的有关内容。本文重点介绍前两类项目中的4项，即退（休）耕还草还林项目、湿地恢复项目、环境保护激励项目和环境保护强化项目，其投资（预算）和面积分别占联邦政府资源和环境保护政策总投资（预算）和总面积的93%和97%以上。

表1　美国农业资源和环境保护项目概览

类型	项目名称	对象	激励手段	目标	主要措施	作用
以退（休）耕的方式保护土地和湿地资源	退（休）耕还草还林项目	高度侵蚀的耕地	补偿土地收入,分担种草种树成本,激励性补贴和技术支持	1989年以前:恢复植被,减少水土流失;1990年以后:恢复植被,减少水土流失,改善水质、空气质量和野生动物栖息地状况	退耕地休闲,或种草种树,恢复植被	改善生态环境
	湿地恢复项目	具有退化湿地特征的土地	购买开发权,分担恢复成本,提供恢复和保护湿地的技术支持	把湿地的功能和价值最大可能地恢复到自然状态,同时使其野生动物栖息地方面的作用和价值最大化	模拟天然湿地的地表形态和不同深度的水体	恢复湿地的生态环境条件、增加湿地内的生物多样性
对使用中的土地资源实施保护	环境保护激励项目	种养业生产用地	成本分担和激励性补贴	在促进农业生产发展的同时保护和改善环境质量	工程措施、生物措施和土地管理措施	环境质量达到相关规定的要求
	环境保护强化项目	使用中的私有耕地、草地和非工业用林地,以及印第安部落土地	成本分担、收入补偿、激励性补贴和研究示范活动的补贴	解决具体的资源环境问题	工程措施、生物措施和土地管理措施	保护和改善自然资源和环境,包括土壤、水和空气质量,生产更多的牧草,以及改善动植物生存生长条件
	农业水质强化项目	种养业生产用地	分担成本、激励性补贴和贷款	促进地下水和地表水资源保护	改善灌溉系统、提高灌溉效率,减少耗水作物生产,涵养水源,减少旱灾损失	保护水源,改善水质
	野生动物栖息地保护项目	私有农牧业用地,私有非工业用林地,印第安部落土地	分担成本	保护和强化野生动植物栖息地	种植当地品种的草、树等植被,建防火带,建设鱼类通道等	控制外来物种,重建当地植被,管理非工业私有树林,稳定各类水岸,保护、恢复和巩固独有的野生动植物栖息地,移除阻止水栖和陆栖物种迁徙的障碍

类型	项目名称	对象	激励手段	目标	主要措施	作用
通过购买开发权阻止对土地的开发性利用	农场和牧场保护项目	准备出售的耕地、草地和林地;这些土地包括基本农田,生产高价值产品的土地,包含历史或考古资源或者有强化州级政府相关保护性政策和项目作用的土地	为地方政府、印第安部落和非政府组织购买土地开发权提供配套资金	保持农牧场原貌,防止开发性利用	为开发权购买提供最高50%的配套资金	保护农业用地及其生态环境价值
	草场保护项目	私有草场和印第安部落草场	购买开垦、开发权,分担草地恢复成本	保持草场的可持续利用	土地管理,恢复草场(功能)的植被和结构性措施	持续生产牧草,增加动植物物种,改善草场的生态功能和价值

资料来源:①Cattaneo et al.（2006）;②Ribaudo et al.（2008）。

二 美国农业资源和环境保护主要项目介绍

（一）退（休）耕项目

1. 退（休）耕还草还林项目（Conservation Reserve Program）

退（休）耕还草还林项目由 1985 年农场法案授权设立, 1986 年开始实施。参加项目的农场主自愿退（休）耕, 联邦政府提供退（休）耕补偿;如果退耕农场主在退耕地上种草种树, 联邦政府再分担 50% 的种植成本。项目周期为 10~15 年（以 10 年居多）。期满后农场主可以再次申请以这些地块参加项目, 也可以恢复对这些地块的耕种, 但重新耕种时必须遵守生产规范化条款的规定。

启动时, 该项目范围为 1 亿英亩高度易侵蚀耕地（土壤侵蚀指数大于 8）。1990 年农场法案把联邦政府的几个重点生态环境保护区和州重点水质保护区等划入项目范围，使之扩大到2.5亿英亩；项目目标从减少水土流失扩大到包括净化水质在内的其他生态环境效益，选择项目用地的指标也从单一的土壤易侵蚀程度更改为一套环境效益指标体系。这套环境效益指标体系综合考察候选地块在保护和改善野生动物栖息地方面、改善水质和空气质量方面、减少水土流失方面、通过恢复和保护植被提供永久性生态环境效益方面的作用以及项目成本。一般情况下，申请参加项目的农场主在全国范围内排队，农业部农场服务局根据环境效益指标体系评估结果优先接受生态环境效益高、项目成本低的地块。但是，下述三类地块不用排队，随时申请、随时接受，并可获得额外的一次性和（或）年度补贴：①计划建成生态用地的地块，②联邦和州两级政府划定的生态环境保护重点地区内的地块，③把已开垦耕地恢复为原有湿地的地块。

根据项目的最初设计，自1986年起，每年退（休）耕地500万~1000万英亩，到1990年累计达到4000万~5000万英亩。之后，联邦政府几次修改项目面积目标：1992年下调到3800万英亩，1996年进一步下调到3640万英亩，2002年回调到3920万英亩，2008年又下调到3200万英亩。从实施情况看，自1990年达到3280万英亩以后，除少数年份外，累计面积基本保持在3000万~3500万英亩之间。表2同时给出了历年的项目支出数据。根据笔者计算，平均每英亩项目面积的成本在50美元左右。

表2 1986~2008年退（休）耕地还草还林项目累计面积和累计支出

单位：百万英亩，百万美元

	年份											
	1986	1987	1988	1989	1990	1991	1992	1993	1994	1995	1996	1997
累计面积	2.0	15.4	24.0	29.2	32.8	33.2	34.1	35.1	35.0	35.0	33.5	32.8
累计支出	8	697	1094	1416	1508	1641	1662	1684	1736	1733	1731	1732
	年份											
	1998	1999	2000	2001	2002	2003	2004	2005	2006	2007	2008	合计
累计面积	30.2	29.8	31.4	33.6	33.9	34.1	34.7	34.9	36.0	36.8	34.6	712.1
累计支出	1746	1491	1510	1656	1797	1829	1849	1863	1917	1962	1992	36254

注：累计支出包括退（休）耕补偿、种草种树成本分担、技术支持支出和具有激励性质的额外补贴。

资料来源：FSA/USDA；Conservation Reserve Program；Summary and Enrollment Statistics，2009。

2. 湿地恢复项目（Wetland Reserve Program）

湿地恢复项目由 1990 年农场法案授权设立，目的是把已开垦为耕地的湿地、正在耕种的湿地和经常遭受洪灾侵害的低洼耕地或牧草地恢复为湿地。项目初期对恢复工程的人工干预很少，主要是用直线型堤防和水坝把项目湿地围起来，期望在一段时间以后，湿地自动恢复功能。1996 年以后，政府加大了行动力度，把堤防和水坝改修成蜿蜒曲折的形状，通过工程措施改变项目范围内的地表形态和水文条件，帮助其恢复自然，以适应各类水禽生存的需要，最大限度地发挥其生态效益。目前，有关部门和参与者正在进一步努力，使项目区地表形态和水文条件多样化，以便于两栖动物、爬行动物和鸟类的生存，增加项目区的生物多样性。

湿地恢复项目中，联邦政府通过三种方式与农牧场主合作。一是政府出资购买项目土地资源的永久使用权（开发权），并支付 100% 的湿地恢复成本；二是政府出资购买项目土地 30 年的资源使用权（开发权），并支付 75% 的湿地恢复成本；三是农牧场主可以继续在项目土地上从事农业生产，但要至少花 10 年时间恢复湿地，政府分担其 75% 的湿地恢复成本。在前两项选择的情况下，农牧场主仍然拥有其对项目土地的所有权和非开发性使用权，可以从事垂钓和狩猎等娱乐性营利活动，也可以将湿地出租或转让，但任何活动和行为都以不改变湿地形态、不影响湿地功能为原则。以上三项选择的面积和资金构成情况见表 3。

表 3　1992～2007 年湿地恢复项目面积、支出及构成

	面积		支出			合同	
	数量 （千英亩）	构成 （%）	数量 （百万美元）	构成 （%）	单位面积 （美元/英亩）	数量 （份）	构成 （%）
购买永久开发权	1491.2	77.6	1942.3	89.7	1302.5	7570	74.5
购买 30 年开发权	255.8	13.3	171.7	7.9	671.2	1392	13.7
分担短期恢复成本	174.1	9.1	51.1	2.4	293.5	1202	11.8
合　计	1921.1	100.0	2165.1	100.0	2267.2	10164	100.0

资料来源：Siikam. kiand Ferris（2009）。

湿地恢复项目自 1991 年开始实施。前两年是在少数州进行试点，1994 年全面展开。联邦政府通过规定项目的面积来控制项目进展。1990 年规定的项

目面积上限是到 1994 年、1995 年达到 100 万英亩，2002 年把面积上限上调到 2275 万英亩，2008 年进一步上调到 3041 万英亩。由于这个原因，项目面积和支出的年际变化很大。总体来说，2000 年以前项目面积和成本同步上升，每英亩成本在 1000 美元上下；2001 年以后，支出上升的速度越来越快于面积增加的速度，表明单位面积成本逐年增加。

（二）对使用中土地的管理和保护

1. 环境保护激励项目（Environmental Quality Incentives Program）

环境保护激励项目由 1996 年农场法案授权设立，它的基本目标是为农牧场主提供信息、技术和资金支持，帮助其在保持原有生产的同时，改善环境质量，以达到各级政府对环境质量的要求。

希望参加环境保护激励项目的农牧场主，制订项目申请，申请中指明项目的位置、针对的问题、解决方案和所需要的成本。政府部门综合考虑所有申请所涉及问题的严重程度、项目生态环境效益的广泛性和长期性、与各级政府资源和环境保护规章制度的相关程度以及措施的成本—效益分析等因素决定接受哪些申请。

对于申请被接受的农牧场主，政府以两种方式提供资助：成本分担和激励性补贴。成本分担方法适用于工程设施建设和植被建设，成本分担的份额一般为 50%，最高达到 75%。激励性补贴用于鼓励农牧场主加强各类管理性措施，这些措施在没有补贴的情况下可能不会被采用。因而，激励性补贴的额度是根据估计，以达到激励其采取这些措施为限。2005 年，成本分担资金占项目总支出的 82%，激励性补贴占 18%（Soil and Water Conservation Society，2007）。

项目实施初期，受预算限制，65% ~ 70% 的申请被拒绝，结果挫伤了农牧场主参加项目的积极性，导致 1997 ~ 2001 年申请数量持续下降。此外，因为每年每个项目（农牧场主）的资助金额不得超过 1 万美元、整个项目期间资助金额不超过 5 万美元，有些农牧场主为了得到项目，故意压低预计成本，导致 17% 的工程设施中途而废，造成资源的浪费（Cattaneo，2003）。由于这些原因，2002 年农场法案授权大幅度提高项目预算，不再把农牧场主自报成本最低作为申请者的筛选条件，并把项目期资助金额上限上调到 45 万美元。结果，2002 年的申请者数量比 2001 年增加了 1 倍，维持了申请的竞争性。2008 年农场法案又授权把单个项目的总资助金额下调到 30 万美元。

1996 年农场法案规定，规模在 1000 头牲畜以上饲养场的废物处理工程设施建设，不属于政府资助范畴。2002 年农场法案取消了这项限制，而且，2002 年和 2008 年农场法案都要求项目 60% 的资金支出用于解决饲养业造成的水土资源污染问题。在 2005 年的项目资金中，保护水土资源（包括质量和数量）的支出占项目总支出的 73%，合同数占当年合同总数的 70%（见表 4）。

表 4　2005 年环境保护激励项目重点排序

项目环境目标	资金支出		合同	
	金额(百万美元)	构成(%)	数量(份)	构成(%)
改善水质	551.2	38.8	28325	35.7
改善耕地质量	246.7	17.4	15649	19.7
保护水源	236.2	16.6	11231	14.1
改善牧场生态环境	195.1	13.7	13206	16.6
改善野生动物栖息地	55.6	3.9	2597	3.3
保护植被	49.8	3.5	2745	3.5
改善空气质量	30.5	2.1	1503	1.9
改善林地生态环境	22.8	1.6	2383	3.0
保护湿地	9.6	0.7	295	0.4
改善人群卫生条件	8.0	0.6	385	0.5
保护耕地	3.3	0.2	119	0.1
其他	12.7	0.9	960	1.2
总　计	1421.6	100.0	79398	100.0

资料来源：Soil and Water Conservation Society and Environmental Defense（2007）。

2. 环境保护强化项目［Conservation Security Program（2002）/ Conservation Stewardship Program（2008）］[1]

环境保护强化项目根据 2002 年农场法案设立，2004 年开始实施，2008 年进行了较大修改。这个项目在保护对象——使用中的土地——以及申请方法和

───────────

[1]　本小节内容主要来自美国农业部经济研究服务局网站（http：//www. ers. useda. gov）。

程序上与环境保护激励项目相同，但在以下几个方面存在差异：首先，环境保护强化项目只包括使用中的耕地、草场和私有非工业用林地，但不包括养殖场垃圾和废水的储存、处理和运输等。其次，申请者必须没有参加联邦政府的其他资源和环境保护项目。再次，申请者必须已经在其生产过程中采取资源保护和环境改善的方法或措施，参加项目是为了在此基础上，解决其他重要的资源和环境问题。最后，在筛选项目申请者时，主要考虑5个因素：①现有方法和措施的作用程度，②项目中新采取方法和措施可能的作用程度，③可能解决的重要资源和环境问题的数量，④对其他资源和环境问题的作用程度，⑤项目的成本—效益分析（但不以成本最低作为接受申请的条件）。

环境保护强化项目对参加者的资金补贴根据需要确定，具体需要考虑参加者实施项目的成本、为实施项目放弃的收入以及项目的预期生态环境效益。一般5年项目期内对单个参加者的资金补贴不超过20万美元。

2008年农场法案要求农业部每年实施项目1277万英亩，平均成本保持在每年每英亩18美元。项目基本以流域为单位实施，但资金按州下拨。

三　美国农业资源和环境保护项目分析

（一）项目优缺点比较

根据投资额度判断，退（休）耕还草还林项目和环境保护激励项目是美国农业资源和环境保护政策体系中最主要的两个项目（见表5）。其中，退（休）耕还草还林项目适用于环境敏感、生态脆弱的地区，项目的优势在于单位面积的资源和环境保护效益高、执行和监督成本低。而且，退（休）耕补贴为参加项目的小型农场提供了稳定、重要的家庭收入来源。此外，在美国农产品生产长期过剩的情况下，退（休）耕还草还林项目还有助于减少农产品生产和政府的农产品价格（收入）补贴。

但是，另一方面，第一，退（休）耕还草还林项目的单位面积成本高，需要在退（休）耕地上采取大量的恢复性措施才能取得比较理想的生态环境效益。第二，退（休）耕可能会对当地的农业生产、农业投入品生产、农产品加工业以及税收等产生不利影响，所以，联邦政府要求一个县的退（休）耕项目［包括退（休）耕还草还林项目和湿地恢复项目］面积不得超过全县农业用地总面积的 25%。第三，较长的项目周期也不利于农场主根据市场变化调整生产。第四，如果参加退（休）耕项目的农场主通过开垦其他土地来扩大种植业生产或通过增加投入来提高种植业单产，就会部分抵消退（休）耕项目的生态环境效益。第五，如果退（休）耕合同到期后农场主恢复项目地块上的农业生产，退（休）耕项目的生态环境效益也就不复存在。

与退（休）耕还草还林项目相比，环境保护激励项目适用于解决因种养业肥料和废物流失造成的面源污染问题、高生产力耕地的水土流失问题和农业资源的可持续利用问题。该项目的优势是成本低，在对土地的经济利用过程中进行资源和环境保护。例如，通过改变耕作方式减少水土流失基本不需要资金投入；参加项目的农牧场主与联邦政府分担成本，不仅节省项目支出，而且增加了参加者对项目措施的责任；解决更大范围的资源和环境问题，且作用持久。环境保护激励项目的缺点是：①有些措施在时间上与生产活动有冲突；②因为项目覆盖面积大（包括使用中的耕地、草地和私有非工业用林地）、项目中可以使用的方法和措施多（达到 151 种）（Lambert et al.，2006），所以，在评估问题、制订规划和实施措施的过程中，可能需要大量的技术支持；③有些技术支持方面的需要难以得到满足，有些措施存在监督上的困难或者实施成本过高；④对项目的需求大于供给，因此，需要很多信息和资源才能有效地分配有限的项目资金。

（二）项目投资比较

如前所述，退（休）耕还草还林项目自 20 世纪 80 年代中期开始实施，持续 20 年之后，大量的高度易侵蚀耕地退出了耕种。然而，高度易侵蚀耕地不到美国耕地总面积的 1/3，而且，以农业为主要收入来源的农场，无论规模大小，一般不可能以大量耕地退（休）耕的方式进行资源和环境保护。为此，2002 年农场法案把退（休）耕还草还林项目投资在所有农业资源和环境项目总投资中的比重从 90% 左右下调到 50% 左右，2008 年农场法案又进一步下调到 40% 左右（见表 5）。与此同时，对使用中的土地（包括耕地、牧场和私有非工业用林地）进行资源和环境保护越来越受重视。其原因是：

首先，这些土地面积广大，只有对它们采取措施，才有可能取得资源和环境保护的实质性进展。其次，有些资源和环境问题，例如面源污染问题，只有通过对使用中的耕地采取措施才能取得治理效果。再次，对于以农业为家庭主要收入来源的农场来说，只有在使用土地的同时采取措施进行资源和环境保护，才是可行的。所以，2002 年农场法案大幅度提高了环境保护激励项目的投资比例，2002～2007 年项目年均投资达到 8.2 亿美元，为 1996～2001 年项目年均投资 2 亿美元的 4 倍多，2008 年农场法案把项目年均投资预算进一步提高到近 15 亿美元。尽管如此，环境保护激励项目的总投资仍排在退（休）耕还草还林项目之后，在联邦政府所有农业资源和环境保护项目中位居第二（见表 5）。

表 5　美国主要农业资源和环境保护项目成本、预算和面积

单位：百万美元，百万英亩，%

		2002～2007 年支出		2008～2012 年预算		2005 年项目面积
		金额	构成	金额	构成	
以退（休）耕方式保护土地和湿地资源	退（休）耕还草还林项目	11165	56.4	9662	39.6	35.8
	湿地恢复项目	1560	7.9	1936	7.9	1.8
	小计	12725	64.3	11598	47.5	37.6
对使用中的土地（耕地、草地和林地）资源实施保护	环境保护激励项目	4919	24.8	7325	30.0	104
	环境保护强化项目	882	4.5	3792	15.5	11
	农业水质强化项目	330	1.6	280	1.3	—
	野生动物栖息地保护项目	213	1.1	425	1.7	3.3
	小计	6344	32.0	11822	48.5	118.3
通过购买开发权阻止对土地的开发性利用	农场和牧场保护项目	499	2.5	743	3.0	0.5
	草场保护项目	230	1.2	240	1.0	0.9
	小计	729	3.7	983	4.0	1.4
合　计		19798	100.0	24403	100.0	157.3

资料来源：①http：//www.ers.usda.org；②The US Congressional Budget Office；③Cox（2007）。

（三）项目参加者构成

农业资源和环境问题的多样性、农场类型和情况的复杂性决定了影响农场主选择资源和环境保护项目和措施因素的多样性。有研究结果表明，在所有影响因素中，最重要的两个是农场主面对的资源和环境问题以及农场类型

（Lambert et al.，2006）。地处环境敏感、生态脆弱地区的农场主可能选择退
（休）耕项目，农场存在面源污染的农场主更愿意在利用土地的同时采取资
源和环境保护措施。从农场类型来看，小型农场特别是以非农收入为家庭主
要收入来源的居住型农场和退休型农场，更可能选择退（休）耕项目。相
反，以农业为主业的农场，特别是农业产值高的大中型农场，愿意为改善农
业生产条件增加投入，因而更愿意选择对使用中的土地进行资源和环境保
护。根据美国农业部经济研究服务局的一项调查（Cox，2007），在退（休）
耕还草还林项目的参加者中，各类小型家庭农场的比例为86%，大型家庭
农场和非家庭农场的比例为14%；在环境保护激励项目的参加者中，小型
家庭农场的比例为55%，大型家庭农场和非家庭农场的比例为45%（见
表6）。

表6　参加退（休）耕还草还林项目和环境保护激励项目农场的构成

单位：%

| | 小型家庭农场 | | | | | 大型家庭农场 | | 非家庭农场 | 合计 |
| | 资源有限型农场 | 退休型农场 | 居住型农场 | 经营型农场 | | 大型农场 | 超大型农场 | | |
				小型农场	中型农场				
农场数量	9	16	40	19	6	4	3	3	100
耕地面积	3	7	14	16	16	15	23	6	100
种植产值	1	2	5	5	11	17	44	15	100
养殖产值	1	3	7	6	11	10	44	18	100
退（休）耕还草还林项目	7	21	28	20	10	5	5	4	100
环境保护激励项目	11	1	4	7	32	6	29	10	100

注：美国农业部把所有农场划分为小型家庭农场、大型家庭农场和非家庭农场三大类。其中，
小型家庭农场进一步分为资源有限型农场、退休型农场、居住型农场和以农业为主业的经营型农场
四类，大型家庭农场进一步分为大型农场和超大型农场两类。经营型农场包括小型农场和中型农场。
资源有限型农场指的是农业年产值低于10万美元、农场总资产少于15万美元、家庭年总收入低于2
万美元的农场。退休型农场为由退休人员经营的农场（不包括资源有限型农场）。居住型农场指的
是农场主不以农业为主业，但选择居住在农村的农场（不包括资源有限型农场）。因为居住在农村
代表着一种生活方式，所以，这种农场也叫生活方式型农场。经营型小型农场为农业年产值低于10
万美元的农场（不包括资源有限型农场）；经营型中型农场为农业年产值在10万~25万美元之间的
农场。大型家庭农场为农业年产值在25万~50万美元之间的农场，超大型家庭农场为农业年产值
大于50万美元的农场。非家庭农场为由企业集团经营或雇用管理者经营的农场。

资料来源：Cox（2007）。

四 美国农业资源和环境保护项目的两点启示

1. 扩大资源和环境保护项目的覆盖面

美国农业资源和环境保护政策体系从针对高度易侵蚀耕地的退（休）耕还草还林项目开始，逐渐增加项目和措施的多样性，以适用不同资源和环境问题以及不同类型（特点）农场的需要。中国政府自1998年以来相继启动了一系列资源和环境保护项目，这些项目的作用类似于美国的退（休）耕还草还林项目和湿地恢复项目。但是，在治理农业面源污染方面，中国还没有相应的项目，甚至面源污染防治还没有被提上议事日程。因此，中国有必要借鉴美国十几年的实践经验，尽快设立相关政策项目。

2. 使用经济激励手段

美国在农业资源和环境管理的过程中，不仅政府立项帮助农场主解决资源和环境问题，以达到各级政府对环境质量的要求，而且，在解决问题的过程中，政府广泛使用了经济手段。其中，政府与农场主共同承担项目成本的好处有三个：一是激励农场主参加项目，二是节约政府的项目成本，三是促使农场主承担项目责任。长期以来，在中国的资源和环境管理中，法律制度手段有余，而经济措施不足。美国的有关做法尤其值得中国在各类农业和农村项目中借鉴。

参考文献

Cattaneo, A. : The Pursuit of Efficiency and Its Unintended Consequences: Contract Withdrawals in the Environmental Quality Incentives Program, *Review of Agricultural Economics*, 25 (2): 449 – 469, 2003.

Cattaneo, A. et al. : *Balancing the Multiple Objectives of Conservation Programs*, Economic Research Report Number 19, 2006.

Cox, Craig: . U. S. Agriculture Conservation Policy & Programs: History, Trends and Implications, in: Kaush Arha et al. (eds.): *U. S. Agricultural Policy and the 2007 Farm Bill*,

Woods Institute for the Environment, Stanford University, 2007.

Lambert, D. et al. : *Working-Land Conservation Structures*: *Evidence on Program and Non-Program Participants*, a selected paper submitted for the AAEA meetings in Long Beach, CA, July 23 – 26, 2006.

Ribaudo, M. et al. : *The Use of Markets to Increase Private Investment in Environmental Stewardship*, Economic Research Report Number 64, ERS/USDA, 2008.

Siikam. ki, J. and Ferris, J. : *Conservation Reserve Program and Wetland Reserve Program—Primary Land Retirement Programs for Promoting Farmland Conservation*, Resources for the Future, 2009.

Soil and Water Conservation Society and Environmental Defense: *Environmental Quality Incentives Program (EQIP)*, Program Assessment, 2007.

耕地数量变化和经济发展
关系的实证研究

——基于多国经济数据

张海鹏

可持续发展的基本含义可以理解为，要在经济发展的同时保持资源环境存量不变或增加，尤其需要保持的是对于人类生存和发展具有不可替代作用的资源。耕地作为人类不可代替的自然资源的基础，其数量和质量决定着一个国家或地区社会经济的可持续发展能力。改革开放以来，中国经济持续快速发展，城市化和工业化进程不断加快，但快速的经济发展往往伴随着大量耕地转换为工业用地、基础设施用地和住宅用地，中国耕地总量的减少速度随经济增长明显加快。1978～1995 年我国耕地年均减少 26 万公顷，1997～2008年耕地的年均减少量提高到 69 万公顷。耕地数量的急剧下降，使如何协调经济发展和耕地保护之间的关系成为社会经济发展中必须面对的重大问题。只有正确认识经济发展与耕地非农化的变化趋势，才能妥善处理二者的关系。因此，首先需要弄清楚经济发展和耕地数量变化之间的关系是什么。这可以从中国过去的历史数据中寻找答案，通过总结和归纳中国自身经济发展和耕地数量变化的规律，甄别影响耕地数量变化的关键性因素，从而为国家制定耕地保护政策提供依据。但是，这可能会使人们的目光更加专注于中国自身的独特性，而忽视一些更为本质的东西，甚至误入歧途。任何事物都是有本质特征的，耕地资源的利用也不例外。全世界有两百多个国家和地区，它们在面积、人口、经济发展程度、社会制度以及文化习俗等方面存在着大大小小的差异，从而造成耕地资源利用的方式也不尽相同。但是，这些各不相同的耕地利用方式中又必然隐含着某些共同的特征，这些特征就可以称之为一般规律。

本文的主要目的是使用多国的经验数据，通过适当的计量经济方法，简单、明了地刻画耕地数量变化和经济发展之间的关系，从而为中国的耕地保护提供一个参照系。

一　研究综述

关于耕地数量变化与经济发展的关系没有太多理论支撑，其中有代表性的是库兹涅茨曲线假说。环境经济学家在研究环境污染和经济发展的关系时发现，在一定收入阶段，污染强度随经济发展而上升，达到一个转折点之后开始下降，呈现倒 U 形曲线的关系，这被称为环境库兹涅茨曲线假说。而后有研究将其延伸到耕地保护领域，假定耕地数量变化和经济发展之间也呈倒 U 形曲线的关系。曲福田等最早提出耕地数量变化和经济发展关系的库兹涅茨假说，并通过对国内 6 个典型地区经济发展过程中耕地损失的分析验证了这个假说。蔡银莺等通过对深圳等五个城市的进一步研究，认为耕地资源流失量与人均 GDP 的演化规律基本上符合库兹涅茨曲线的一般特征。何蓓蓓等采用 1986 ~ 2004 年全国数据对经济增长与耕地流失之间关系的实证研究也表明，中国的耕地非农流失与经济发展的演化规律基本符合库兹涅茨曲线的特征。以上的实证研究主要是采用时间序列数据，事实上，随着经济现象的复杂化和经济学理论的深化，单纯应用截面数据或时间序列数据来分析经济理论、寻找经济规律和预测经济趋势存在一定的偏差。面板数据由于扩大了样本信息量，控制了不可观测经济变量所引致的估计偏差，因而提高了模型设定的合理性及参数估计的有效性，能够更准确地揭示经济行为。为了弥补方法上的不足，李永乐等利用中国 1999 ~ 2003 年省际面板数据再次验证了经济增长与耕地非农化之间的关系满足库兹涅茨曲线假说。吴群等通过国际比较揭示出，不同的经济发展阶段，耕地数量变化存在着不同的特征。该项研究结论表明，借助国际数据，采用合适的方法应该可以进一步刻画出耕地数量变化和经济发展之间的一般规律。

与以上研究主要考察经济总量（或者是收入水平）对耕地数量的影响不同，有些研究者开始直接探讨耕地变化与工业化、城镇化的关系。那么工业化、城市化和耕地数量变化之间是否存在库兹涅茨曲线关系呢？大多数国家经验表明，经济发展的过程是一个城市规模不断扩大、城市用地不断扩张的过程。城市化的发展依赖于基础设施，基础设施的扩张也会增加对土地的需求。有研究表明，城镇化是耕地减少的直接原因，并测算出城镇化对耕地减少的直接影响在 5% 至 10% 之间。与此同时，农用地生产率与工业用地生产率之间的差异以及土地利用方式转变过程中的土地价值增值，也是引起土地非农化的根本因素之一，工业和服务业投资的增加过程往往也是耕地资源从农业向非农产业转移的过程。所以，城市化和工业化都需要占用大量的土地。从目前来看，大部分的实证研究集中于探讨城市化和耕地数量变化之间的关系，而对工业化和耕地数量变化关系的实证研究较少。事实上，在工业化以及城镇化的不同阶段，耕地需求并不相同。工业化对耕地规模的影响在工业化初期是较为直接的，而当城镇化启动之后，工业化对耕地规模的影响就不如城镇化那么直接和明显了。因此，耕地减少与城镇化、工业化的关系可能并非简单的线性关系。工业化是生产活动向工业部门集聚的过程，而城镇化是人口向城镇集聚的过程，内在机理的不同导致它们对耕地的需求强度不同。对日本、韩国、中国台湾地区 1979 年以来城镇化、工业化与耕地变化的关系进行数量分析可以发现，日本、韩国、中国台湾的工业化、城镇化与耕地减少的协动形态均呈现"倒 U 形"曲线关系，但在拐点时间上彼此间存在较大差异。中国大陆的工业化与耕地减少呈现"倒 U 形"关系，但城镇化与耕地减少的"倒 U 形"关系不明显。可是正如研究者所指出的，这几个研究样本与中国大陆有着相似工业化路径和城镇化道路，正是基于这一点，工业化、城市化和耕地数量变化关系的库兹涅茨曲线假说的可信度降低了。因此，需要纳入更多的研究样本，才能够获得有力的支持。而且，上面的研究依然是基于时间序列数据进行的，结论存在偏差的可能性很大，这进一步增强了使用更多国家的样本进行面板数据模型分析的必要性。

二 数据来源与模型设定

本文数据主要来自联合国粮农组织数据库 2 和世界银行数据库 3。1961～2008 年，很多国家由于独立、合并等原因改变了领土面积，这些国家林产品的统计就发生了变化；而且，相当多的国家独立前的数据本身就难以获得，如苏联解体以后，各加盟共和国解体前的各种数据就难以获得。为了保证数据的连贯性，本文仍将这些新独立国家看作一个经济体进行分析。这类国家包括苏联、南斯拉夫、捷克斯洛伐克以及埃塞俄比亚。最终，本文得到包括 130 个样本国家的数据，统计描述见表 1。这 130 个国家在 2008 年耕地面积总量占到全世界的 95% 以上，其 GDP 在全球也占 95% 以上的比重，样本的代表性不成问题。

表 1　样本的统计描述

变量	平均值	标准差	最小值	最大值
耕地面积	8591.11	24044.16	14.40	188557.00
耕地变动率	0.42	2.34	-22.29	34.02
人均 GDP	4915.21	7486.46	79.39	41133.49
城市化水平	44.07	23.42	2.17	97.91
工业化水平	29.43	11.38	3.59	94.23

表 1 中的耕地变动率通过公式（1）计算得到：

$$L_{i,t} = \frac{S_{i,t-1} - S_{i,t}}{S_{i,t-1}} \times 100\% \tag{1}$$

其中，$L_{i,t}$ 为 i 国 t 年的耕地变动率；$S_{i,t}$ 为 i 国 t 年的耕地存量。当 $L_{i,t} > 0$ 时，耕地数量递减；$L_{i,t} < 0$ 时，耕地数量递增；$L_{i,t} = 0$ 时，耕地数量不变。本文中耕地变化应该为广义上的耕地变化，不仅包括交通、住宅、工厂、商业等用地，也包含灾毁、生态退耕等减少的耕地。此外，本文对耕地存量发生突变年份的数据进行了处理，消除了一些耕地存量"突兀点"的年份。城市化水平使用一国城市人口占该年全国总人口的比重表示；而工业化水平采取一国工业增加值占该国 GDP 的比重表示。

为了观察耕地数量变化和经济发展、城市化、工业化之间是否出现库兹涅茨曲线所描绘的模式，我们利用下面的计量经济模型来观察各国的耕地数量变化和经济发展、城市化、工业化水平之间的关系：

$$S_{i,t} = \alpha_0 + \beta_1 \ln y_{i,t} + \beta_2 \ln y_{i,t}^2 + \mu_{i,t} + \nu_{i,t} + \varepsilon_{i,t} \tag{2}$$

$$S_{i,t} = \alpha_0 + \beta_1 \ln y_{i,t} + \beta_2 \ln y_{i,t}^2 + \beta_3 U_{i,t} + \beta_4 U_{i,t}^2 + \beta_5 G_{i,t} + \mu_{i,t} + \nu_{i,t} + \varepsilon_{i,t} \tag{3}$$

$$S_{i,t} = \alpha_0 + \beta_1 \ln y_{i,t} + \beta_2 \ln y_{i,t}^2 + \beta_3 I_{i,t} + \beta_4 I_{i,t}^2 + \beta_5 G_{i,t} + \mu_{i,t} + \upsilon_{i,t} + \varepsilon_{i,t} \tag{4}$$

其中，$S_{i,t}$ 为 t 年份、第 i 个国家的耕地数量变化率，$\ln y_{i,t}$ 和 $\ln y_{i,t}^2$ 则分别为 t 年份、i 国以 2000 年美元价格计算的人均 GDP 对数及平方项。人均 GDP 代表一国的经济发展水平，由于这一变量的分布严重右偏，所以我们对其取了自然对数。我们的目的是观察上述方程中的系数 β_1、β_2、β_3、β_4 的符号和显著性是否符合倒 U 形关系。需要说明的是，$G_{i,t}$ 代表人均 GDP 增长率，加入它是为了考察更快的经济增长是会加快还是减缓耕地变化速度。一方面，经济增长较快的国家往往是穷国，耕地变化较快；另一方面，经济增长较快的国家很可能耕地利用效率提高，耕地数量变化较慢，而且这一变量的符号不确定。我们采用了国家时间双向固定效应面板回归，目的是控制没有进入回归的国别因素和时间变化趋势的影响。$\mu_{i,t}$ 是国家的虚拟变量，反映了国家间持续存在的差异。$\upsilon_{i,t}$ 是年度虚拟变量，主要控制除经济增长以外，随时间变化的因素所发生的影响。$\varepsilon_{i,t}$ 则是与时间和国家都无关的随机扰动因素。

三　回归结果及解释

（一）耕地数量变化和经济发展水平的关系

表 2 是式（2）的回归结果，揭示了耕地数量变化和经济发展水平之间的关系。该表中的三列内容分别是对 47 个国家、91 个国家以及 130 个国家的回归结果。虽然我们对结果的报告，是按照从 47 国到 91 国然后再到 130 国的顺序，事实上，我们在进行回归时，是从相反的方向进行的，也就是逐步削减样本的数量。之所以会选择不同的样本大小进行回归，主要是因为考虑到数据质量问题。在数据库中，很多国家尤其是经济落后国家的数据质量是非常差的，既存在严重的数据缺失，也存在一些数据错误，为了提高研究结论的可信度，我们逐步剔除掉了一些样本。但是，从表 2 的结果来看，无论是采用哪些样本，耕地数量损失和人均收入水平之间都存在着倒 U 形的库兹涅茨曲线关系。从国际上来看，美国、加拿大、法国、瑞典等发达国家已经实现转折，进入耕地损失率随经济发展水平上升而下降甚至耕地数量增加

的阶段。其原因在于这些国家土地利用逐步走向集约化,经济增长的耕地代价性损失减少,这些国家越来越注重生态和环境的保护,主要依赖资金和技术密集而非耕地密集来发展经济,耕地数量的减少还体现在退耕还林还牧等保护措施减少方面。

表2 耕地数量变化和经济发展水平的关系:双向固定效应模型回归结果

	47 国	91 国	130 国
人均 GDP 对数	1.61** (2.49)	782.309 (2.40)	1.145 (2.16)
人均 GDP 对数平方	-0.11** -(2.58)	-0.07** -(1.98)	-3.45** -(2.33)
固定效应:国家	包括	包括	包括
固定效应:年份	包括	包括	包括
常数项	-6.22** (-2.88)	-7.17** (-1.84)	-144.83* (-1.83)
R^2			
组内	0.0508	0.0134	0.0880
组间	0.0051	0.2267	0.0001
总体	0.0331	0.0310	0.0708

注:括号中的数值为 t 检验值,***、** 和 * 分别表示在1%、5%和10%的置信水平上显著。

(二)耕地数量变化和城市化水平的关系

表3是式(3)的回归结果,反映了耕地数量变化和城市化水平之间的关系。从表3可以看出,耕地数量变化和城市化水平之间并不存在倒 U 形的库兹涅茨曲线关系,而是存在着正 U 形曲线关系。即随着城市化水平的提高,耕地损失率逐步下降,过了转折点以后,随着城市化水平的继续提高,耕地损失率开始上升。这和李魁的研究结论正好相反,这就表明在个别国家存在的库兹涅茨曲线假说在全球范围内并不成立。造成这一结果的原因可能在于城镇化模式。朱莉芬等研究发现,不同城镇化模式对耕地的影响也不同,在其他条件相同的情况下,相对于农村住宅建设用地而言,城镇化对耕地减少还起到一些

缓解作用。也就是说，随着城市化的逐步启动，城市比农村更加能够集约利用耕地，因此，耕地损失是逐步下降的，待城市化进行到一定程度以后，农村住宅建设基本停止了，这时候的耕地损失就直接体现为城市的扩张了。从表3还可以看出，人均 GDP 增速对耕地损失率提高有推动作用，即经济增长速度越快，耕地损失越快，这和经济学推断是一致的。

表 3　耕地数量变化和城市化水平的关系：双向固定效应模型回归结果

	47 国	91 国	130 国
人均 GDP 对数	3.31 ** (2.29)	2.95 ** (2.57)	23.64 ** (1.96)
人均 GDP 对数平方	-0.20 ** (-2.29)	-0.18 ** (-2.23)	-3.60 ** (-2.22)
人均 GDP 增速	0.008 (0.38)	0.06 *** (4.16)	0.39 *** (5.34)
城市化水平	-0.10 * (-1.85)	-0.05 (-1.47)	-0.61 ** (-2.47)
城市化水平的平方	0.001 ** (2.48)	0.006 ** (2.28)	0.01 ** (2.02)
固定效应:国家	包括	包括	包括
固定效应:年份	包括	包括	包括
常数项	-11.96 ** (-2.27)	-11.44 ** (-2.83)	-96.73 (-1.16)
R^2			
组内	0.0548	0.0194	0.0946
组间	0.0833	0.1653	0.0006
总体	0.0336	0.0303	0.0543

注：括号中的数值为 t 检验值，*** 、** 和 * 分别表示在 1%、5% 和 10% 的置信水平上显著。

（三）耕地数量变化和工业化水平的关系

表 4 是式（4）的回归结果，反映了耕地数量变化和工业化水平之间的关系。从表 4 的回归结果来看，工业化水平和耕地数量变化之间不存在显著的相关关系，即使根据 91 国的回归结果，工业化水平和耕地数量变化之间存在着正 U 形的关系，这也和李魁的研究结论正好相反。

表 4　耕地数量变化和工业化水平的关系：双向固定效应模型回归结果

	47 国	91 国	130 国
人均 GDP 对数	1.35 ** (2.01)	2.25 (1.56)	15.32 (1.14)
人均 GDP 对数平方	- 0.10 ** (- 2.22)	- 0.13 ** (- 1.28)	- 0.16 * (- 1.69)
人均 GDP 增速	0.003 (0.14)	0.06 *** (4.02)	0.67 *** (5.72)
工业化水平	- 0.05 * (- 0.80)	- 0.07 (- 1.45)	- 0.47 ** (- 1.23)
工业化水平的平方	0.0008 (1.04)	0.001 ** (1.43)	0.01 (1.18)
固定效应:国家	包括	包括	包括
固定效应:年份	包括	包括	包括
常数项	- 4.32 * (- 1.84)	- 9.23 * (- 1.87)	2.01 (0.04)
R^2			
组内	0.1517	0.1775	0.1775
组间	0.0116	0.0001	0.0001
总体	0.0200	0.0998	0.0998

注：括号中的数值为 t 检验值，*** 、** 和 * 分别表示在 1% 、5% 和 10% 的置信水平上显著。

四　结论

第一，从世界范围来看，耕地数量损失和人均收入水平之间都存在着倒 U 形的库兹涅茨曲线关系。这一假说，无论是采用 47 个国家、91 个国家还是 130 个国家的样本都得到验证。

第二，从世界范围来看，耕地数量变化和城市化水平之间并不存在倒 U 形的库兹涅茨曲线关系，而是存在正 U 形曲线关系。

第三，从世界范围来看，工业化水平和耕地数量变化之间不存在显著的相关关系。

第四，人均 GDP 增速对耕地损失率提高有推动作用，即经济增长速度越快，耕地损失越快。

参考文献

曲福田、吴丽梅：《经济增长与耕地非农化的库兹涅茨曲线假说及验证》，《资源科学》2004 年第 26 期。

蔡燕鸢、张安录：《耕地资源流失与经济发展的关系分析》，《中国人口资源与环境》2005 年第 15 期。

何蓓蓓、刘友兆、张健：《中国经济增长与耕地资源非农流失的计量分析——耕地库兹涅茨曲线的检验与修正》，《干旱区资源与环境》2008 年第 22 期。

李永乐、吴群：《经济增长与耕地非农化的 Kuznets 曲线验证——来自中国省际面板数据的证据》，《资源科学》2008 年第 30 期。

吴群、郭贯成、方丽平：《经济增长与耕地资源数量变化——国际比较及其启示》，《资源科学》2006 年第 28 期。

贾绍凤、张军岩：《日本城市化中的耕地变动与经验》，《中国人口资源与环境》2003 年第 13 期。

吴先华：《耕地非农化研究综述》，《地理与地理信息科学》2006 年第 22 期。

郝寿义、王家庭、张换兆：《日本工业化、城市化与农地制度演进的历史考察》，《日本学刊》2007 年第 1 期。

李魁：《东亚工业化、城镇化与耕地总量变化的协动性比较》，《中国农村经济》2010 年第 10 期。

朱莉芬、黄季焜：《城镇化对耕地影响的研究》，《经济研究》2007 年第 2 期。

图书在版编目（CIP）数据

中国农村发展研究报告. 9/李周，魏后凯主编. —北京：社会科学
文献出版社，2016.5
ISBN 978 - 7 - 5097 - 8668 - 0

Ⅰ. ①中…　Ⅱ. ①李…　②魏…　Ⅲ. ①农村经济发展 - 研究报告 -
中国　Ⅳ. ①F32

中国版本图书馆 CIP 数据核字（2015）第 313808 号

中国农村发展研究报告 No. 9

主　　编／李　周　魏后凯

出 版 人／谢寿光
项目统筹／邓泳红
责任编辑／陈晴钰

出　　版／社会科学文献出版社·皮书出版分社（010）59367127
　　　　　地址：北京市北三环中路甲 29 号院华龙大厦　邮编：100029
　　　　　网址：www. ssap. com. cn
发　　行／市场营销中心（010）59367081　59367018
印　　装／北京季蜂印刷有限公司

规　　格／开　本：787mm × 1092mm　1/16
　　　　　印　张：24.75　字　数：416 千字
版　　次／2016 年 5 月第 1 版　2016 年 5 月第 1 次印刷
书　　号／ISBN 978 - 7 - 5097 - 8668 - 0
定　　价／89.00 元

本书如有印装质量问题，请与读者服务中心（010 - 59367028）联系